内蒙古自治区长城资源调查报告
战国赵北长城卷

内蒙古自治区文物考古研究所　编著

文物出版社

图书在版编目（CIP）数据

内蒙古自治区长城资源调查报告. 战国赵北长城卷/内蒙古自治区文物考古研究所编著. —北京：文物出版社，2018.6
ISBN 978-7-5010-5538-8

Ⅰ. ①内… Ⅱ. ①内… Ⅲ. ①长城-调查报告-内蒙古-战国时代 Ⅳ. ①K928.77

中国版本图书馆 CIP 数据核字（2017）第 311690 号

内蒙古自治区长城资源调查报告·战国赵北长城卷

编　著　内蒙古自治区文物考古研究所

责任编辑　冯冬梅
特约审稿　李克能
责任印制　陈　杰

出版发行：文物出版社
社　　址：北京市东直门内北小街 2 号楼
网　　址：http://www.wenwu.com
邮　　箱：web@wenwu.com
经　　销：新华书店
印　　刷：北京荣宝燕泰印务有限公司
开　　本：889×1194 毫米　1/16
印　　张：26.75
版　　次：2018 年 6 月第 1 版
印　　次：2018 年 6 月第 1 次印刷
书　　号：ISBN 978-7-5010-5538-8
定　　价：360.00 元

本书版权独家所有，非经授权，不得复制翻印

《内蒙古自治区长城资源调查报告·战国赵北长城卷》编纂委员会

主　　编：张文平

副 主 编：苗润华　马登云　李恩瑞

撰　　稿：丹达尔　魏长虹　赵栩田　李艳阳　杨建林　达　赖
　　　　　胡怀峰　王　浩　刘伟东　翟　禹　程建蒙　菅　强
　　　　　王丽娟

绘　　图：马登云　刘　媛　丹达尔　腾　和　苗润华

摄　　影：苗润华　马登云　李恩瑞　李方舟　赵栩田　七十四
　　　　　岳够明　徐　焱

拓　　片：许　魁　袁　媛

序［一］

长城是中华民族悠久历史与文化的代表性建筑，是历史留给我们独一无二的文化遗产。1987年，长城以悠久的历史、磅礴的气势、绵延万里的雄姿以及独特的历史、科学和艺术价值，以明长城山海关、八达岭、嘉峪关等重要段落为代表，被联合国教科文组织整体列入世界文化遗产名录。

中国长城的主体是北方长城，即中原王朝为抵御北方游牧民族而修建的长城。中国北方长城的分布，有其独特的规律，即东西大体分布于北纬40°～44°线范围之间，形成了学术界惯称的"北方长城地带"或"北方长城文化带"。内蒙古地区属于北方干旱草原与干旱农业的交界地带，历来是北方游牧民族与中原王朝互相争夺的战略要地，也是民族融合和经济文化交流的前沿地带，从而成为中国北方长城分布的重点省区。

近代以来，自强不息的中华民族在抵御外侮的历程中，长城逐步成为凝聚民族和国家的象征，成为抵抗侵略的象征。新中国成立后，党和政府历来高度重视长城保护和研究工作。20世纪80年代，邓小平同志亲自倡导的"爱我中华，修我长城"活动，极大地推动了长城保护工作。2003年4月，国家发展改革委、公安部、财政部、国土资源部、建设部、文化部、环保总局、旅游局、文物局等九委部局联合发布了《关于进一步加强长城保护管理工作的通知》。2006年，国务院颁布了《长城保护条例》，这是目前世界上唯一一部对已建文物颁发的国家级法律文件，使长城保护工作走上了有法可依的轨道。

2006年，国家文物局根据国务院《关于加强文化遗产保护的通知》精神，制定了《长城保护工程（2005～2014年）总体工作方案》，明确了长城保护工程的总任务和总目标。2007年4月，国家文物局在全国涉及长城遗迹的十五个省市自治区，正式启动开展长城资源调查工作，力争完成摸清长城家底，建立长城记录档案、地理信息数据等工作，为下一步实施长城保护工程打下坚实基础。

根据《全国长城资源调查工作总体方案》的工作要求，内蒙古自治区文化厅、文物局制定了《内蒙古自治区长城资源调查总体实施方案》。首先，自治区文化厅、文物局与自治区测绘事业局成立了自治区长城资源调查领导小组及项目办公室，由主要领导亲自挂帅，直接领导组织内蒙古长城资源调查工作。然后，在自治区文物考古研究所设立了自治区长城资源调查项目办公室，负责长城资源调查项目的具体实施。参加了国家文物局举办的长城资源调查培训之后，自治区文化厅、文物局又举办了自治区级的培训。自治区培训结束后，举行了"内蒙古自治区长城资源调查启动仪式"，自治区党委、政府对本次长城资源调查工作极为重视，出席启动仪式的自治区领导亲自为调查队员授旗，给予调查工作以极大鼓舞。自治区文化厅、文物局为各长城调查队购置了专门的车辆，配备了各种专业的现代化调查设备。

调查队员主要由自治区文物考古研究所、自治区航空遥感测绘院和各盟市、旗县文物考古部门的专业人员组成。内蒙古大学、内蒙古师范大学等大专院校历史、考古专业的一些本科生、硕士研究生，也参与了调查工作。田野调查工作集中于2007~2010年间进行，2007~2008年调查了全区的明长城，2009~2010年调查了全区的秦汉及其他时代长城。4年间，自治区长城资源调查项目组先后共组建了43支调查队，参加调查人员共近150人。

在4年的田野调查中，调查队员们翻山越岭，风餐露宿，凭着坚韧不拔的奋斗精神，踏遍了全区12盟市的76个旗县（区），对长城本体及其附属建筑等文化遗存进行了规范科学、认真严谨的测量，记录采集了大量翔实的信息数据资料，整理形成13000余份田野调查登记表。调查队运用现代科技测量手段和地理信息系统，结合传统的考古调查方式，圆满完成了全区历代长城的调查任务，取得了丰硕成果。

通过调查，全面准确地掌握了内蒙古自治区境内历代长城的规模、分布、构成、走向及其时代、自然与人文环境、保护与管理等基础资料，获取了长城沿线及两侧各1千米范围内的基础地理信息数据和专题要素数据。通过调查，获得了包括文字、照片、录像以及测绘等大量第一手资料，全面掌握了全区历代长城的保存状况，首次完成全区历代长城长度的精确量测，新发现了一批长城遗迹，取得了多项研究成果。同时，此次调查也培养了一批研究长城、保护长城的业务人才，必将成为今后长城保护管理方面的中坚力量。此次长城资源调查的基础信息资料，必将为今后我区长城保护、研究、管理、利用等工作奠定坚实的科学基础。

在调查期间，自治区文化厅、文物局和自治区文物考古研究所领导多次亲临调查第一线，现场指导、安排部署长城资源调查工作，慰问看望一线队员；多次组织召开业务培训班、工作讨论会，确保了我区长城资源调查工作高水平、高质量完成。2009年4月，我区明长城资源调查工作，顺利通过了国家文物局长城资源调查项目专家组的全面检查验收。2011年5月，我区秦汉及其他时代长城资源调查工作，顺利通过了国家文物局长城资源调查项目专家组的全面检查验收。

全国长城资源调查成果统计，中国历代长城墙体总长度为21196.18千米，分布于北京、天津、河北、山西、内蒙古、辽宁、吉林、黑龙江、山东、河南、陕西、宁夏、甘肃、青海、新疆15个省、自治区、直辖市，包括各类长城遗存43721处，包含了东周、秦、汉、北魏、东魏、西魏、北齐、北周、唐、北宋、金、明等十多个朝代。其中，内蒙古历代长城墙体长度为7570千米，约占全国长城墙体总长度的35%；内蒙古长城的时代，包括了战国燕、战国赵、战国秦和秦代、汉代、北魏、北宋、金代、明代等多个历史时期。综此，内蒙古是全国拥有长城时代最多、长度最长的省区。

长城资源调查田野工作结束之后，2011~2016年期间，自治区长城资源调查项目组组织业务骨干，不间断地开展了调查资料整理与调查报告编写工作。共计划完成编写调查报告8部，分别为《内蒙古自治区长城资源调查报告·明长城卷》《内蒙古自治区长城资源调查报告·北魏长城卷》《内蒙古自治区长城资源调查报告·东南部战国秦汉长城卷》《内蒙古自治区长城资源调查报告·阿拉善卷》《内蒙古自治区长城资源调查报告·鄂尔多斯—乌海卷》《内蒙古自治区长城资源调查报告·战国赵北长城卷》《内蒙古自治区长城资源调查报告·中南部秦汉长城卷》《内蒙古自治区长城资源调查报告·金界壕卷》。目前已出版5部，本次出版的《内蒙古自治区长城资源调查报告·战国赵北长城卷》是第6部。8部长城调查报告，涵盖了内蒙古境内的所有长城资源。

长期以来，内蒙古自治区党委、政府非常重视长城保护工作，取得了显著的成效。目前已有鄂尔多斯市战国秦长城、阴山秦汉长城、居延汉长城、金界壕、清水河县明长城等长城段落被国务院公布为全国重点文物保护单位，除此而外的其他长城段落均于2014年公布为第五批内蒙古自治区文物保护单位。各级政府在长城保护工作中投入了大量人力、物力和财力，建立了长城"四有"档案，实施了一批长城抢救保护项目。在长城资源调查基础上，我区加大长城保护力度，在呼和浩特市、包头市、巴彦淖尔市、鄂尔多斯市、乌兰察布市、兴安盟、呼伦贝尔市、阿拉善盟等盟市，对战国秦汉、金代、明代等不同时期长城开展了重点段落保护维修工程。《内蒙古自治区长城保护规划》已于2016年底编制完成，规划将对全区长城的保护、管理和展示利用工作具有重要的指导意义。

同时我们也清醒地认识到，长城的保护是一项涉及社会经济发展、城市建设、群众生产生活等多个方面、复杂艰巨、紧迫繁重的综合工程。目前长城依然面临各种人为和自然因素破坏的威胁，个别地方和部门急功近利，片面追求局部经济效益，忽视长城保护，法治观念淡漠，不履行审批程序违规建设，造成长城破坏的事件屡有发生。

当前我国经济建设高速发展，长城保护迎来了难得的历史机遇，同时也面临着前所未有的挑战。要按照依法管理是关键、规划优先是前提、健全体系是基础、科学保护是保障的工作思路，切实做好长城保护工作。各级政府要严格执行《中华人民共和国文物保护法》、《长城保护条例》，提高长城保护意识，坚决遏制惩治任何破坏长城的违法行为；加快各时代长城详细保护规划的编制工作，科学合理地划定长城保护范围和建设控制地带，避免建设性破坏；建立健全长城保护管理体系，进一步明确保护标志，建立管理机构、群保网络和管理设施，完善长城档案资料。同时在出版长城调查报告的基础上，推动开展长城历史文化价值、整体防御体系、保护技术方法、机构管理模式等全面综合研究；建立长城数据库和地理信息系统；保护项目要全面规划，分步实施，抢险加固优先，重点段落维修展示。

三十年前，邓小平同志倡导的"爱我中华，修我长城"掀开了长城保护的新篇章，如今保护长城就是保护历史，就是守护文明，就是传承文化已成全社会的共识。保护长城对于保证我国文化安全，构建和谐社会，建设中华民族共有精神家园，尤其是在我国经济社会高速发展的今天具有非常重要的现实意义。

长城保护工作，责任重大，使命光荣。下一步，自治区文化厅、文物局要继续深入学习贯彻习近平总书记关于文物工作的重要论述，落实自治区人民政府《关于加强自治区境内长城保护工作的意见》，进一步提高对长城保护工作的认识，本着对历史负责、对人民负责的态度，扎扎实实做好自治区的长城保护工作，不断探索保护管理利用新途径，切实加大工作力度，全面推进长城保护工作，力争使内蒙古的长城保护工作走在全国前列。

是为序，并向参与长城资源调查的所有人员和长城保护工作者致以崇高的敬意！

内蒙古自治区党委宣传部副部长
内蒙古自治区文化厅党组书记、厅长 佟国清
2017年3月

序［二］

战国赵北长城，是内蒙古境内修筑最早的长城。关于这道长城的修建，《史记》最早作了记载，此后郦道元在《水经注》中有所提及。将赵北长城的遗迹真正作为考古调查的，还是1954年内蒙古文物工作队成立以后的事。

内蒙古文物工作队是内蒙古自治区文物考古研究所的前身，在20世纪90年代，内蒙古自治区文物考古研究所的前辈学者李逸友先生，对赵北长城的调查研究最为深入。李先生通过调查认为，赵北长城的东端在今乌兰察布市兴和县境内，未进入河北省，西端在今巴彦淖尔市乌拉特前旗乌拉山山前，未跨越明安川进入后套平原北侧山系。李先生的这些认识，大方向是正确的。通过本次长城资源调查工作，对赵北长城的东西端点有了更为明确的认识，东端点终止于兴和县城关镇脑包窑村东1.8千米处，恰好是今天内蒙古自治区与河北省的省区界，西端点终止于乌拉山前大沟口东侧的小红石沟。有的专家认为，河北省境内也有赵北长城分布，但我们的确未发现赵北长城从内蒙古进入河北省。所以，河北省以前认为的赵北长城，在这里要打一个大大的问号。

以上说的是赵北长城的东西端点问题，再谈谈赵北长城为后代沿用问题。以前的观点，有赵北长城为秦代、汉代、北魏、唐代等多个时期沿用的说法。赵北长城为秦代沿用，《史记》有记载，公元前214年，秦始皇命大将蒙恬主要将原来秦、赵、燕三国的长城连接了起来，形成所谓的"万里长城"。由于秦朝国祚短暂，很难在赵北长城沿线发现秦朝沿用的遗迹，但通过对内蒙古中南部地区战国秦汉长城的综合调查研究，可以认为，秦始皇长城沿用赵北长城，仅限于今乌兰察布市卓资县卓资山镇以西部分。从卓资山镇附近向南，顺着大黑河的支流牛角川河河谷，秦始皇长城从岱海盆地东北部向黄旗海方向延伸而去。

汉代从西汉王朝建国伊始，就开始加筑沿用赵北长城，《史记》记载为高祖二年（公元前201年）"缮治河上塞"。汉朝对赵北长城的沿用，东端终止于今卓资县旗下营镇西南的察哈少山，从察哈少山向东北，西汉王朝在灰腾梁之上新修筑了一道长城，与加筑沿用赵北长城的阴山汉长城连接了起来。在汉代，自东向西，阴山汉长城属于云中郡、五原郡的主防线，长城沿线的障城、烽燧，是都尉治下的候官、部、燧治所。

有学者认为，北魏泰常八年（423年）于长川之南修筑了长城，沿用的是赵北长城。通过调查研究，历史上根本不存在这样的一道北魏长城，这里的长城不是现代意义上的长城，而是一座军事性城邑，因位于长川之地，所以名为长城。用英文表述这个问题，可能会更清楚一些：It was not the Great Wall, it was a military castle named Changcheng。北魏防御柔然，主要采用的是以六镇为主的镇、城、戍三级军事建制的游防体系，而非凭依长城作线性防御。

唐朝防御突厥，在河套地区建三受降城，同时在阴山地区设置有烽燧线。唐朝的烽燧是哪些？迄今未能予以辨识。这是一个有待解决的学术问题。

这样，大体以卓资山镇为界，以东的赵北长城为单纯的战国时代遗存，主要由长城墙体、障城两类遗迹组成，不见烽燧。而从卓资山镇往西，尤其是从察哈少山往西，阴山汉长城与战国赵北长城混同于一线，如何分辨两个时期的遗迹，是一个大问题。本调查报告尝试做了一些遗迹的分类工作，但由于是大规模的田野调查，很难做出非常细致的判断。汉长城，主要由长城墙体、烽燧、障城三类遗迹组成。哪些墙体是汉代的？哪些障城是汉代的？赵北长城本身有没有烽燧？都需要将来做局部严谨的调查，甚至试掘工作，作出更为明细的判断。包头市文物管理处的苗润华研究员，在乌拉特前旗乌拉山前的长城墙体之上，新发现了马面遗迹，是战国的马面还是汉代的马面？这依然有继续考证的必要，当然从经验上来看，汉代的份儿大一些。

以上的认识，是我看了他们编写的调查报告之后的体会，的确在前人的基础上有前进、有突破。调查队员们不仅仅是对长城遗迹的简单记录，而是作了深入的研究工作，试图构建与历代长城相关的防御体系。

为了长城，他们是下了相当大的功夫的。抛开田野调查的辛苦不说，在后期的资料整理和研究中，没有相当顽强的毅力，是难以全面完成海量的调查资料整理及报告编写任务的。作为本报告副主编之一的苗润华同志，每天对着计算机写写画画，眼睛出了问题，视力严重下降，但他还是边治疗边坚持完成了任务。主编张文平同志，统筹编写多部长城调查报告，还时不时被借调至自治区文物局做行政工作，他是下了大决心，费了九牛二虎之力，才写出了这些调查报告。

长城资源调查工作启动之时，我当时还是自治区文物考古研究所所长，让张文平同志挑起这一重担，我推荐，自治区文化厅的高延青厅长、刘兆和副厅长都是认可的。高厅长语重心长地对张文平讲，年轻人借这个机会，多跑一些地方，争取成为内蒙古长城的 No.1。刘兆和副厅长与我一样，对张文平一直很赏识，对他的工作予以全力支持。刘厅长多年前已从厅领导岗位上退了下来，但他一直关注着内蒙古的文物事业，并继续发挥着余热。我两年前也从内蒙古博物院院长的岗位上退休了，现在受自治区文化厅的委托，在做"万里茶道"申遗工作。文物工作是一项艰苦的工作，但也是一项非常有意义的工作。只要在精力许可的情形下，我会继续为内蒙古文物事业的发展添砖加瓦，也将一如既往地支持热爱这一事业的年轻人。不忘初心，继续前行，是我们共同的最好勉励。

是为序。

内蒙古自治区文物考古研究所原所长
内蒙古博物院原院长、研究员　塔拉
2017年3月

目 录

序［一］ ... 1
序［二］ ... 5

第一章 概 述 ... 1
一 调查工作的缘起与经过 ... 1
二 历史记载与前人调查、研究成果综述 ... 2
三 本次调查的主要认识 ... 4

第二章 乌兰察布市战国赵北长城 ... 7
一 乌兰察布市兴和县 ... 7
（一）长城墙体分布与走向 ... 7
（二）长城墙体与单体建筑保存现状 ... 8
二 乌兰察布市察哈尔右翼前旗 ... 13
（一）长城墙体分布与走向 ... 14
（二）长城墙体与单体建筑保存现状 ... 14
三 乌兰察布市集宁区 ... 19
（一）长城墙体分布与走向 ... 19
（二）长城墙体与单体建筑保存现状 ... 20
四 乌兰察布市卓资县 ... 22
（一）长城墙体分布与走向 ... 22
（二）长城墙体与单体建筑保存现状 ... 23

第三章 呼和浩特市战国赵北长城 ... 37
一 呼和浩特市赛罕区 ... 37
（一）长城墙体分布与走向 ... 37

（二）长城墙体与单体修筑保存现状 ·· 38
　二　呼和浩特市新城区 ·· 41
　　（一）长城墙体分布与走向 ·· 41
　　（二）长城墙体与单体建筑保存现状 ·· 41
　三　呼和浩特市回民区 ·· 58
　　（一）长城墙体分布与走向 ·· 58
　　（二）长城墙体与单体修筑保存现状 ·· 58
　四　呼和浩特市土默特左旗 ·· 64
　　（一）长城墙体分布与走向 ·· 64
　　（二）长城墙体与单体建筑保存现状 ·· 65

第四章　包头市战国赵北长城 ·· 81
　一　包头市土默特右旗 ·· 81
　　（一）长城墙体分布与走向 ·· 81
　　（二）长城墙体与单体修筑保存现状 ·· 82
　二　包头市东河区 ·· 86
　　（一）长城墙体分布与走向 ·· 86
　　（二）长城墙体与单体修筑保存现状 ·· 87
　三　包头市石拐区 ·· 95
　　（一）长城墙体分布与走向 ·· 96
　　（二）长城墙体与单体建筑保存现状 ·· 96
　四　包头市青山区 ·· 111
　　（一）长城墙体分布与走向 ·· 111
　　（二）长城墙体与单体建筑保存现状 ·· 111
　五　包头市昆都仑区 ·· 124
　　（一）长城墙体分布与走向 ·· 124
　　（二）长城墙体与单体建筑保存现状 ·· 125
　六　包头市九原区 ·· 136
　　（一）长城墙体分布与走向 ·· 136
　　（二）长城墙体与单体建筑保存现状 ·· 137

第五章　巴彦淖尔市战国赵北长城 ·· 157
　一　长城墙体分布与走向 ·· 157
　二　长城墙体与单体建筑保存现状 ·· 158
　三　乌拉山当路塞 ·· 188

第七章　结　论 ··········· 190
一　本次调查的数据统计 ··········· 190
二　墙体构筑特点 ··········· 191
（一）墙体构筑地形地势的选择 ··········· 191
（二）墙体构筑材质分类 ··········· 193
三　烽燧构筑特点 ··········· 194
四　障城构筑特点 ··········· 194
五　战国时期赵北长城沿线的行政军事建制 ··········· 197
六　汉代赵北长城沿线的行政军事建制 ··········· 197
七　北魏是否沿用战国赵北长城 ··········· 198
八　战国赵北长城沿线可能存在唐代烽燧 ··········· 199

参考文献 ··········· 201

地图·彩图 ··········· 203

后　记 ··········· 398

插图目录

图一	桌子山障城平、剖面图	29
图二	城卜子障城出土陶文拓片	30
图三	察哈少障城采集陶片	35
图四	察哈少障城采集板瓦	35
图五	西乌素图长城4段剖面图	63
图六	纳太长城1段沿线采集陶片纹饰拓片	84
图七	纳太长城1段、克尔玛沟烽遂采集陶片标本	84
图八	南福永居1、2号烽燧采集陶片纹饰拓片	97
图九	后坝障城平面图	100
图一〇	后坝障城与后坝长城7段采集陶、瓦片纹饰拓片	101
图一一	克尔玛沟障城平面图	104
图一二	大庙烽燧采集陶、瓦片纹饰拓片	108
图一三	大庙烽燧采集陶、瓦片标本	109
图一四	三元沟长城2段沿线采集陶、瓦片纹饰拓片	110
图一五	东边墙烽燧采集陶片标本	114
图一六	前口子烽燧采集陶片纹饰拓片	121
图一七	前口子烽燧采集陶片标本	122
图一八	西水泉2号烽燧采集陶片纹饰拓片	127
图一九	西水泉长城3段沿线采集滚压斜线纹带陶片拓片	127
图二〇	西水泉长城7、9段沿线采集陶片纹饰拓片	129
图二一	卜尔汉图烽燧采集陶、瓦片纹饰拓片	133
图二二	哈德门沟古城平面图	135
图二三	哈德门沟古城采集陶、瓦片纹饰拓片	136
图二四	乌兰不浪障城采集陶片标本	143
图二五	梅力更召障城主障平面图	151
图二六	梅力更沟障城平面图	151
图二七	梅力更沟障城采集陶片纹饰拓片	152

图二八	大坝沟障城平面图	179
图二九	哈日宝力格障城平面图	180
图三〇	公庙障城平面图	185
图三一	公庙障城采集陶片纹饰拓片	186

地图目录

地图一	内蒙古自治区战国赵北长城总分布图	207
地图二	乌兰察布市兴和县战国赵北长城分布图	209
地图三	乌兰察布市察哈尔右翼前旗、集宁区战国赵北长城分布图	211
地图四	乌兰察布市卓资县战国赵北长城分布图	213
地图五	呼和浩特市市属三区战国赵北长城分布图	215
地图六	呼和浩特市土默特左旗战国赵北长城分布图	217
地图七	包头市土默特右旗战国赵北长城分布图	219
地图八	包头市市属五区战国赵北长城分布图	221
地图九	巴彦淖尔市乌拉特前旗战国赵北长城分布图	223

彩图目录

彩图一　脑包窑长城（西北—东南）　　224
彩图二　大田士沟长城1段（西北—东南）　　224
彩图三　大田士沟长城4段（北—南）　　225
彩图四　芦草沟长城2段（南—北）　　225
彩图五　小哈拉沟长城2段（北—南）　　226
彩图六　小哈拉沟长城2段末端墙体（南—北）　　226
彩图七　小哈拉沟障城（北—南）　　227
彩图八　大青山西南部的山险：小哈拉沟长城3段航片（西南—东北）　　228
彩图九　上大涧沟长城2段前小段墙体（西—东）　　230
彩图一〇　上大涧沟长城2段后小段墙体（西—东）　　230
彩图一一　圪塄营长城（西北—东南）　　231
彩图一二　举人村长城1段（西北—东南）　　231
彩图一三　边墙渠长城1段遭破坏墙体（东南—西北）　　232
彩图一四　边墙渠长城1段墙体断面上暴露的夯层（东南—西北）　　233
彩图一五　乔龙沟长城（东南—西北）　　233
彩图一六　翁家村长城（东南—西北）　　234
彩图一七　建于长城墙体内侧的翁家村障城（东南—西北）　　234
彩图一八　喜红梁长城1段谷地中的墙体（西北—东南）　　235
彩图一九　喜红梁长城1段后小段墙体断面（南—北）　　235
彩图二〇　董家村长城后小段墙体（西南—东北）　　236
彩图二一　董家村障城（东—西）　　236
彩图二二　半哈拉沟长城（东南—西北）　　237
彩图二三　半哈拉沟障城（东南—西北）　　237
彩图二四　十六号村长城2段（东—西）　　238
彩图二五　北六洲长城1段（东北—西南）　　238
彩图二六　十二洲长城1段（东北—西南）　　239
彩图二七　十二洲障城（西北—东南）　　239
彩图二八　西九洲长城（东—西）　　240

彩图二九	宋泉村长城 1 段前小段墙体（东南—西北）	240
彩图三〇	宋泉村长城 1 段后小段墙体（东南—西北）	241
彩图三一	宋泉村障城东墙（东—西）	241
彩图三二	宋泉村障城城内现状（西北—东南）	242
彩图三三	宋泉村长城 3 段前小段墙体（东—西）	242
彩图三四	宋泉村长城 3 段后小段墙体（东—西）	243
彩图三五	顶兴局长城 1 段（东—西）	243
彩图三六	顶兴局障城（西北—东南）	244
彩图三七	三股泉长城（东南—西北）	244
彩图三八	高凤英村障城（东南—西北）	245
彩图三九	东边墙障城（西北—东南）	245
彩图四〇	西边墙长城 1 段（东北—西南）	246
彩图四一	西边墙障城（东北—西南）	246
彩图四二	西边墙长城 3 段（西南—东北）	247
彩图四三	胜利长城 2 段（西南—东北）	247
彩图四四	西湾子长城 2 段前小段墙体（东北—西南）	248
彩图四五	西湾子长城 2 段后小段墙体（东北—西南）	248
彩图四六	共和长城 1 段中小段墙体（东北—西南）	249
彩图四七	后卜子长城 1 段前小段墙体（东北—西南）	249
彩图四八	后卜子障城（东北—西南）	249
彩图四九	后卜子障城航片	250
彩图五〇	后卜子长城 2 段后小段墙体（西南—东北）	252
彩图五一	山印梁长城 2 段后小段墙体（西南—东北）	252
彩图五二	边墙村长城 1 段中小段墙体（东北—西南）	253
彩图五三	边墙村障城（东南—西北）	253
彩图五四	官营盘长城 1 段（东北—西南）	254
彩图五五	官营盘长城 2 段（西南—东北）	254
彩图五六	少岱沟长城（西南—东北）	255
彩图五七	桌子山障城内部（东南—西北）	255
彩图五八	城卜子障城城内（南—北）	256
彩图五九	城卜子障城北墙（西南—东北）	256
彩图六〇	城卜子障城南墙夯层	257
彩图六一	泉子梁长城 1 段（南—北）	257
彩图六二	泉子梁长城 3 段（北—南）	258
彩图六三	苏木庆湾长城（东—西）	258
彩图六四	后营子长城 2 段（东—西）	259
彩图六五	后营子长城 2 段（西—东）	259
彩图六六	头道营长城后小段墙体（东—西）	260
彩图六七	偏关卜长城（西—东）	260

彩图六八	太平村长城（东—西）	261
彩图六九	察哈少长城1段（东北—西南）	261
彩图七〇	东干丈长城3段（东—西）	262
彩图七一	东干丈长城3段墙体断面夯层（西—东）	262
彩图七二	西干丈长城1段（东—西）	263
彩图七三	西干丈1号烽燧（西北—东南）	263
彩图七四	西干丈长城5段墙体冲沟断面（西南—东北）	264
彩图七五	西干丈长城6段残留墙体（西北—东南）	264
彩图七六	西干丈长城7段（东南—西北）	265
彩图七七	西干丈2号烽燧（南—北）	265
彩图七八	前板旦石沟长城2段（东—西）	266
彩图七九	前板旦石沟烽燧（西—东）	266
彩图八〇	前板旦石沟长城4段（东—西）	267
彩图八一	界台1号烽燧（东—西）	267
彩图八二	界台长城4段（东—西）	268
彩图八三	界台长城4段墙体与界台2号烽燧（西北—东南）	268
彩图八四	水泉石沟长城2段（东南—西北）	269
彩图八五	面铺窑长城1段（东—西）	269
彩图八六	面铺窑长城3段（东—西）	270
彩图八七	面铺窑烽燧（南—北）	271
彩图八八	奎素长城2段（东北—西南）	271
彩图八九	奎素长城4段（东北—西南）	272
彩图九〇	奎素障城北墙及东北角角台（西南—东北）	272
彩图九一	奎素障城东南角角台（北—南）	273
彩图九二	奎素长城5段墙体与建筑在长城外侧的奎素烽燧（东—西）	273
彩图九三	奎素烽燧（东—西）	274
彩图九四	野马图长城1段墙体断面夯层（西—东）	274
彩图九五	野马图烽燧（南—北）	275
彩图九六	古路板烽燧（北—南）	275
彩图九七	姚家湾烽燧（南—北）	276
彩图九八	塔沟障城（东南—西北）	276
彩图九九	乌兰不浪1号烽燧（西—东）	277
彩图一〇〇	乌兰不浪2号烽燧（西南—东北）	277
彩图一〇一	哈拉更长城1段（东—西）	278
彩图一〇二	坡庙2号烽燧（西北—东南）	278
彩图一〇三	红山口1号烽燧（东—西）	279
彩图一〇四	元山子长城1段（东—西）	279
彩图一〇五	二道营子长城1段（东北—西南）	280
彩图一〇六	东乌素图1号烽燧（东北—西南）	280

彩图一〇七	二道营子烽燧（东北—西南）	281
彩图一〇八	二道营子长城3段墙体断面夯层（西—东）	281
彩图一〇九	西乌素图烽燧（北—南）	282
彩图一一〇	乌素图召障城西墙及南墙局部（西北—东南）	282
彩图一一一	西乌素图长城4段（西南—东北）	283
彩图一一二	西乌素图长城4段墙体断面（西—东）	283
彩图一一三	东棚子长城1段（东北—西南）	284
彩图一一四	东棚子长城3段墙体断面（西北—东南）	284
彩图一一五	霍寨长城4段（东南—西北）	285
彩图一一六	霍寨长城4段裸露墙体夯层（东南—西北）	285
彩图一一七	霍寨障城北墙及东北角台（西—东）	286
彩图一一八	霍寨障城城内、北墙及西北角台（东南—西北）	286
彩图一一九	红格里沟烽燧（东南—西北）	287
彩图一二〇	霍寨1号烽燧（西南—东北）	287
彩图一二一	霍寨2号烽燧（东—西）	288
彩图一二二	水磨长城2段（西—东）	288
彩图一二三	朱尔沟长城3段（西—东）	289
彩图一二四	朱尔沟长城3段墙体纵断面（南—北）	289
彩图一二五	白道沟长城1段（西—东）	290
彩图一二六	西沟门障城（北—南）	290
彩图一二七	古城村障城（西南—东北）	291
彩图一二八	道试烽燧（东北—西南）	291
彩图一二九	古雁1号烽燧（北—南）	292
彩图一三〇	古雁2号烽燧（北—南）	292
彩图一三一	建筑在古雁沟口两侧台地上的古雁1号、2号烽燧（东北—西南）	293
彩图一三二	圪力更长城1段（东—西）	293
彩图一三三	沙兵崖烽燧（南—北）	294
彩图一三四	沙兵崖障城与烽燧（北—南）	294
彩图一三五	纳太长城1段（西—东）	295
彩图一三六	哈子盖长城1段墙体夯层（西—东）	295
彩图一三七	哈子盖长城3段（东南—西北）	296
彩图一三八	庙湾烽燧南侧面（南—北）	296
彩图一三九	庙湾烽燧北侧面（北—南）	297
彩图一四〇	板申气长城1段地貌（西南—东北）	297
彩图一四一	板申气长城2段覆盖在地表下的长城墙体（东—西）	297
彩图一四二	公积板长城冲沟东壁断面（西—东）	298
彩图一四三	莎木佳长城1段（东—西）	298
彩图一四四	莎木佳长城1段墙体断面（西—东）	299
彩图一四五	莎木佳长城1段止点墙体断面（西—东）	299

彩图一四六	莎木佳长城 3 段墙体断面（西—东）	300
彩图一四七	莎木佳长城 5 段（东—西）	300
彩图一四八	门头沟遗址采集陶片	301
彩图一四九	庙沟峡谷（东南—西北）	301
彩图一五〇	女儿壕圪旦与小海流素圪旦间的大青山分水岭（西北—东南）	302
彩图一五一	庙沟 1 号烽燧（西—东）	303
彩图一五二	庙沟 2 号烽燧（北—南）	303
彩图一五三	庙沟 3 号烽燧远眺（北—南）	304
彩图一五四	庙沟 3 号烽燧采集陶片	304
彩图一五五	小海流素圪旦烽燧（东南—西北）	305
彩图一五六	小海流素圪旦烽燧采集陶片	305
彩图一五七	小海流素圪旦烽燧西坡开凿的巡防马道（西北—东南）	306
彩图一五八	大帕萨沟烽燧（东—西）	307
彩图一五九	艾家沟烽燧（西—东）	307
彩图一六〇	艾家沟烽燧采集陶片	308
彩图一六一	气儿山烽燧（东—西）	308
彩图一六二	东石皮沟 2 号烽燧（东—西）	309
彩图一六三	东石皮沟 2 号烽燧北侧山垭处补筑的石墙（南—北）	309
彩图一六四	吕宋沟 1 号烽燧及其北侧山垭处石墙前小段（北—南）	310
彩图一六五	吕宋沟 1 号烽燧采集陶片	310
彩图一六六	吕宋沟 2 号烽燧及其南部山垭处石墙后小段（南—北）	311
彩图一六七	吕宋沟 3 号烽燧与小南沟烽燧（东南—西北）	311
彩图一六八	小南沟烽燧（南—北）	311
彩图一六九	哈拉沟烽燧（东北—西南）	312
彩图一七〇	沟门烽燧（东南—西北）	312
彩图一七一	沟门烽燧及其西侧所控扼的阿善沟（东南—西北）	312
彩图一七二	南福永居长城 1~3 段沿山脊北行的长城墙体（南—北）	313
彩图一七三	南福永居长城 1 段（北—南）	313
彩图一七四	南福永居长城 2 段（南—北）	314
彩图一七五	南福永居 1 号烽燧（南—北）	314
彩图一七六	南福永居长城 4 段起点处墙体剖面（南—北）	315
彩图一七七	南福永居长城 5 段（西南—东北）	315
彩图一七八	南福永居长城 5 段（西南—东北）	316
彩图一七九	南福永居 2 号烽燧（北—南）	316
彩图一八〇	后坝长城 2 段墙体北壁上的凿刻岩体痕迹（东北—西南）	317
彩图一八一	后坝长城 4 段（北—南）	317
彩图一八二	后坝障城局部（东北—西南）	318
彩图一八三	后坝障城（南—北）	318
彩图一八四	后坝长城 5 段（西北—东南）	319

彩图一八五	后坝长城 7 段（西北—东南）	319
彩图一八六	后坝长城 8 段（东—西）	320
彩图一八七	后坝烽燧（东—西）	320
彩图一八八	柳树湾长城 2 段墙体剖面（东—西）	321
彩图一八九	柳树湾长城 4 段（西—东）	321
彩图一九〇	柳树湾长城 6 段墙体及其南侧的克尔玛沟烽燧（东—西）	322
彩图一九一	柳树湾长城 6 段（西—东）	322
彩图一九二	克尔玛沟障城（西—东）	323
彩图一九三	边墙壕长城 2 段墙体东坝岩沟东壁剖面（西—东）	323
彩图一九四	边墙壕烽燧（东—西）	324
彩图一九五	边墙壕烽燧采集陶片	324
彩图一九六	边墙壕长城 4 段（东—西）	325
彩图一九七	边墙壕长城 4 段墙体剖面（西—东）	325
彩图一九八	边墙壕长城 6 段（东—西）	326
彩图一九九	边墙壕长城 7 段（东—西）	326
彩图二〇〇	大庙长城 2 段墙体断面（东—西）	327
彩图二〇一	大庙长城 2 段（东—西）	327
彩图二〇二	大庙烽燧采集陶片	328
彩图二〇三	大庙长城 4 段（西—东）	328
彩图二〇四	三元沟长城 2 段（西—东）	329
彩图二〇五	三元沟长城 2 段墙体豁口（南—北）	329
彩图二〇六	三元沟长城 2 段沿线采集瓦片	330
彩图二〇七	二相公长城 2 段前小段墙体（东北—西南）	330
彩图二〇八	二相公 1 号烽燧（北—南）	331
彩图二〇九	二相公长城 4 段（西南—东北）	331
彩图二一〇	二相公障城地貌（南—北）	332
彩图二一一	东边墙长城 1 段前小段墙体（西南—东北）	332
彩图二一二	东边墙长城 1 段后小段墙体（东—西）	332
彩图二一三	二相公 2 号烽燧（东南—西北）	333
彩图二一四	东边墙烽燧（东北—西南）	333
彩图二一五	东边墙烽燧采集陶片	334
彩图二一六	东边墙长城 3 段（东南—西北）	334
彩图二一七	笸箩铺长城 1 段（西—东）	335
彩图二一八	笸箩铺长城 2 段沿线采集陶片	335
彩图二一九	王老大窑长城 1 段（东—西）	336
彩图二二〇	王老大窑长城 5 段（东—西）	336
彩图二二一	王老大窑长城 7 段（东—西）	337
彩图二二二	王老大窑长城 9 段（东—西）	337
彩图二二三	银海新村长城 1 段（东—西）	338

彩图二二四	二海壕长城1段（西—东）	338
彩图二二五	二海壕长城2段（西—东）	339
彩图二二六	色气湾长城1段（西南—东北）	339
彩图二二七	前口子长城前小段墙体（西—东）	340
彩图二二八	前口子烽燧及其西侧墙体（东—西）	340
彩图二二九	前口子烽燧西南坡出土侈口矮领罐	341
彩图二三〇	前口子烽燧西南坡出土陶钵	341
彩图二三一	前口子烽燧西南坡出土陶器器底	341
彩图二三二	前口子烽燧西南坡出土陶盆	341
彩图二三三	边墙壕长城1段墙体内侧原始壁面（东—西）	342
彩图二三四	边墙壕长城7段墙体夯层（北—南）	342
彩图二三五	边墙壕障城（西南—东北）	343
彩图二三六	昆都仑召长城2段（东—西）	343
彩图二三七	西水泉长城1段前小段墙体（东南—西北）	344
彩图二三八	西水泉长城1段山垭处墙体（西—东）	344
彩图二三九	西水泉2号烽燧东北坡采集陶片	345
彩图二四〇	西水泉长城5段（东—西）	345
彩图二四一	西水泉长城7段（北—南）	346
彩图二四二	西水泉长城7段墙体夯窝	346
彩图二四三	西水泉长城9段（东—西）	347
彩图二四四	西水泉3号烽燧（东—西）	347
彩图二四五	杨树沟长城1段（东—西）	348
彩图二四六	杨树沟长城2段前小段墙体（东北—西南）	348
彩图二四七	虎奔汉沟长城2段（东南—西北）	349
彩图二四八	虎奔汉沟长城4段及虎奔汉沟北障城（东—西）	349
彩图二四九	卜尔汉图长城2段（东—西）	350
彩图二五〇	卜尔汉图长城4段（东—西）	350
彩图二五一	卜尔汉图长城6段（东—西）	351
彩图二五二	卜尔汉图烽燧采集陶、瓦片	351
彩图二五三	卜尔汉图障城与烽燧（东南—西北）	352
彩图二五四	卜尔汉图长城8段（东北—西南）	352
彩图二五五	哈德门长城1段前小段墙体（东北—西南）	353
彩图二五六	哈德门长城3段（西—东）	353
彩图二五七	哈德门沟古城中的战国障城（东北—西南）	354
彩图二五八	哈德门沟古城采集陶片	354
彩图二五九	阿嘎如泰长城2段（东—西）	355
彩图二六〇	阿嘎如泰长城4段（东—西）	355
彩图二六一	阿嘎如泰长城6段（东南—西北）	356
彩图二六二	阿嘎如泰长城8段（东—西）	356

彩图二六三	阿嘎如泰障城（西北—东南）	357
彩图二六四	阿嘎如泰长城9段后小段墙体（东—西）	357
彩图二六五	阿嘎如泰2号烽燧（西—东）	358
彩图二六六	阿嘎如泰3号烽燧（西—东）	358
彩图二六七	阿嘎如泰4号烽燧（北—南）	359
彩图二六八	阿嘎如泰长城10段前小段墙体（东—西）	359
彩图二六九	阿嘎如泰6号烽燧（西—东）	360
彩图二七〇	阿嘎如泰7号烽燧（西—东）	360
彩图二七一	阿嘎如泰8号烽燧（东北—西南）	361
彩图二七二	乌兰不浪长城1段（西—东）	361
彩图二七三	乌兰不浪1号烽燧（西南—东北）	362
彩图二七四	乌兰不浪障城西北角（东—西）	362
彩图二七五	乌兰不浪障城采集陶、瓦片及铜钱	363
彩图二七六	乌兰不浪长城3段后小段墙体（东—西）	363
彩图二七七	乌兰不浪2号烽燧（北—南）	364
彩图二七八	乌兰不浪3号烽燧（东—西）	364
彩图二七九	乌兰不浪4号烽燧（南—北）	365
彩图二八〇	阿贵沟1号烽燧（西—东）	365
彩图二八一	阿贵沟长城7段后小段墙体（东—西）	366
彩图二八二	梅力更长城4段墙体基础夯窝（北—南）	366
彩图二八三	梅力更长城6段（东南—西北）	367
彩图二八四	梅力更1号烽燧（东南—西北）	367
彩图二八五	梅力更长城10段前小段墙体（东南—西北）	368
彩图二八六	梅力更长城14段（东—西）	368
彩图二八七	梅力更3号烽燧采集陶片	369
彩图二八八	梅力更召障城（东北—西南）	369
彩图二八九	梅力更沟障城与梅力更沟烽燧（西南—东北）	370
彩图二九〇	梅力更沟障城采集"谒长"陶文	370
彩图二九一	梅力更4号烽燧（西—东）	371
彩图二九二	梅力更长城16段河槽东岸墙体剖面（西—东）	371
彩图二九三	梅力更长城18段（东—西）	372
彩图二九四	西滩长城2段（东南—西北）	372
彩图二九五	西滩长城4段（西—东）	373
彩图二九六	西滩长城6段（东—西）	373
彩图二九七	西滩烽燧（东南—西北）	374
彩图二九八	西滩长城8段（东—西）	374
彩图二九九	乌布拉格1号烽燧（东—西）	375
彩图三〇〇	乌布拉格长城4段起点处墙体（东南—西北）	375
彩图三〇一	乌布拉格3号烽燧（西—东）	376

彩图三〇二	乌布拉格 4 号烽燧（西—东）	376
彩图三〇三	乌布拉格 5 号烽燧（东—西）	377
彩图三〇四	和顺庄 1 号烽燧（南—北）	377
彩图三〇五	和顺庄 3 号烽燧（东—西）	378
彩图三〇六	和顺庄 4 号烽燧（东—西）	378
彩图三〇七	阿贵高勒 1 号烽燧（西—东）	379
彩图三〇八	阿贵高勒 2 号烽燧（东—西）	379
彩图三〇九	阿贵高勒 3 号烽燧（南—北）	380
彩图三一〇	阿贵高勒长城 5 段（西北—东南）	380
彩图三一一	阿贵高勒长城 5 段墙体外壁夯层（东南—西北）	381
彩图三一二	阿贵高勒 6 号烽燧及内侧地表显现的墙体轮廓线（东南—西北）	381
彩图三一三	阿贵高勒长城 7 段（东北—西南）	382
彩图三一四	小庙长城 6 段起点墙体夯层（东南—西北）	382
彩图三一五	小庙 1 号烽燧（西—东）	383
彩图三一六	小庙长城 10 段（西—东）	382
彩图三一七	小庙 3 号烽燧（南—北）	382
彩图三一八	小庙 4 号烽燧（东—西）	383
彩图三一九	哈拉罕长城 7 段、达拉盖沟障城及哈拉罕 5 号烽燧航片	384
彩图三二〇	哈拉罕 6 号烽燧（北—南）	384
彩图三二一	哈拉罕 7 号烽燧（东—西）	385
彩图三二二	哈拉罕长城 9 段（南—北）	386
彩图三二三	哈拉罕 8 号烽燧（南—北）	387
彩图三二四	哈拉罕长城 15 段（东南—西北）	387
彩图三二五	哈拉罕 9 号烽燧（西北—东南）	388
彩图三二六	哈拉罕 10 号烽燧（东南—西北）	388
彩图三二七	大坝沟障城（北—南）	389
彩图三二八	哈拉罕 11 号烽燧（南—北）	389
彩图三二九	哈日宝力格障城（北—南）	390
彩图三三〇	公庙 1 号烽燧（北—南）	390
彩图三三一	公庙 2 号烽燧（北—南）	391
彩图三三二	公庙 3 号烽燧（北—南）	391
彩图三三三	公庙障城（东南—西北）	392
彩图三三四	公庙长城 11 段断续保存的墙体（东—西）	393
彩图三三五	公庙 4 号烽燧及其西侧墙体（东北—西南）	392
彩图三三六	乌兰布拉格 1 号烽燧（东南—西北）	392
彩图三三七	乌兰布拉格 5 号烽燧（南—北）	393
彩图三三八	张连喜店村北侧的大沟口（南—北）	395
彩图三三九	小庙长城 11 段山脚下的石墙	396
彩图三四〇	小庙长城 11 段中土筑墙体上分段加筑的石墙（西南—东北）	397

第一章
概　述

在内蒙古自治区境内，战国赵北长城自东向西分布于乌兰察布市、呼和浩特市、包头市和巴彦淖尔市4个市，除东部的一小段位于燕山山脉西端南麓外，绝大部分位于阴山山脉南麓地带，总体呈东西走向。在长城资源调查中，发现的战国赵北长城墙体最东端起点在乌兰察布市兴和县城关镇脑包窑村东1.8千米处，这里也是兴和县与河北省尚义县的交界处，有一条柏油路从省（区）界处穿过，墙体东端点位于柏油路西侧。从兴和县向西，战国赵北长城经乌兰察布市察哈尔右翼前旗、集宁区、卓资县，呼和浩特市赛罕区、新城区、回民区、土默特左旗，包头市土默特右旗、东河区、石拐区、青山区、昆都仑区、九原区，西端止于巴彦淖尔市乌拉特前旗乌拉山镇张连喜店村北的乌拉山大沟东侧（地图一）。

一　调查工作的缘起与经过

2007~2010年，国家文物局组织开展了全国性的长城资源调查工作。2007~2008年，主要开展了明长城的田野调查工作；2009~2010年，主要开展了明以前长城的调查工作。2007年，在内蒙古自治区文化厅、文物局的领导下，设在内蒙古自治区文物考古研究所的内蒙古自治区长城资源调查项目组，组织5支长城调查队在调查明长城的同时，又组织了两支战国秦汉长城调查队，分别对包头市固阳县的秦汉长城、巴彦淖尔市乌拉特前旗的战国赵北长城进行了试点调查。巴彦淖尔市战国赵北长城调查队队长为胡延春，队员有赵栩田、程建蒙、刘斌、胡怀峰、霍建国、程龙军、高俊、菅强等。

自2009年开始，内蒙古自治区明以前长城的调查工作全面铺开，对战国赵北长城的调查集中于2009年进行，有该时代长城分布的4个市各组建了一支调查队。乌兰察布市战国赵北长城调查队队长为李恩瑞，队员有王继军、李川、李华、刘洪洋、徐昂、郭勇等。呼和浩特市战国赵北长城调查队队长为马登云，队员有李艳阳、刘伟东、翟禹、胡辉芳、王丽娟、王兰柱、王建伟、阿勒腾、高艳、肖立聪、赵栩田、程建蒙等。包头市战国赵北长城调查队队长为苗润华，队员有杨建林、魏长虹、游枝梅、荀雄等。巴彦淖尔市战国赵北长城调查队队长为胡延春，队员有程建蒙、胡怀峰、菅强、赵栩田、张文渊、达赖等。其中，巴彦淖尔市战国赵北长城调查队主要对2007年的调查资料作了补充调查。

以上调查队由内蒙古自治区长城资源调查项目组统一领导，项目总领队为张文平。

自2010年底开始，调查队的队长及骨干队员集中于内蒙古自治区文物考古研究所，开始了战国赵北长城调查资料的整理工作，至2011年5月完成了数据库资料的初步整理，于5月底全部顺利地通过了由中国文化遗产研究院国家长城资源调查项目组组织的专家组的验收。2011 年 6～12 月，完成了调查资料的复核以及数据库的进一步完善工作。2012 年初，开始了调查报告的编写工作。在编写调查报告期间，结合存在的一些问题，对部分长城地段作了复查，并陆陆续续地对长城沿线的部分烽燧、城障遗址进行了测绘。参加后期复查与测绘的人员有张文平、苗润华、马登云、魏长虹、杨建林、丹达尔、七十四、腾和、李化冰等。

二　历史记载与前人调查、研究成果综述

关于战国赵北长城修筑的原始记载，见于《史记·匈奴列传》，赵武灵王在位期间（前 325～前 299 年），大约自武灵王二十六年（前 300 年）开始，"筑长城，自代并阴山下，至高阙为塞，而置云中、雁门、代郡。"相对于赵国以前修筑的战国赵南长城，这道长城一般被称为战国赵北长城，也称作赵武灵王长城。

此后，北魏郦道元在《水经注·河水三》中两次提到战国赵北长城。一是在白渠水流经秦汉云中故城之南河段下，郦道元记云："故赵地。《虞氏记》云：'赵武侯自五原河曲筑长城，东至阴山。'"另一是在芒干水下，记曰："白道南谷口有城在右，萦带长城，背山面泽，谓之白道城。自城北出有高阪，谓之白道岭。沿路惟土穴，出泉，挹之不穷。余每读《琴操》，见《琴慎相和雅歌录》云：饮马长城窟。及其跋涉斯途，远怀古事，始知信矣，非虚言也。顾瞻左右，山椒之上，有垣若颓基焉。沿溪亘岭，东西无极，疑赵武灵王之所筑也。"

《水经注》关于战国赵北长城的记载，至少提供了两点关于战国赵北长城的认识。一是战国赵北长城的西端在"五原河曲"。五原是指汉五原郡而言，由其所辖县域位置可知，五原郡西部与朔方郡以黄河北河与南河交汇处的转曲河道为界，所谓"五原河曲"即指此处，大体在今巴彦淖尔市乌拉特前旗乌拉山镇以东一带。由此亦知，郦道元所引今已失传的《虞氏记》，最早只能是汉代人的作品。

其二，郦道元所见的这段战国赵北长城，在今天呼和浩特市大青山蜈蚣坝之下，到北魏时期已经是"有垣若颓基焉"，墙体较为残破。位于白道南谷口的白道城，在北魏时期是归属于云中镇管辖的一座军事戍城，起到扼守白道岭南谷口的作用。白道城旧址即为位于今呼和浩特市回民区攸攸板镇坝口子村东南的坝口子古城，今天古城墙体已被村落破坏无存，地表仅残留少量遗物。早期对该古城的调查，除发现北魏时期遗物外，还存在大量秦汉时期遗物。通过对秦汉两代云中郡属县的考证，坝口子古城应为秦汉时期云中郡武泉县治所在。白道岭"沿路惟土穴，出泉，挹之不穷。"郦道元这一亲眼所见的记载，也可为"武泉"得名由来提供佐证。

有关文博机构和研究人员，对战国赵北长城的东端起点、西端终点、具体走向等作了调查，陆续有调查报告发表[1]。关于战国赵北长城的东端起点，李逸友《中国北方长城考述》一文调查发现于兴和县民族团结乡二十七号村北面鸳鸯河北岸的断崖之上，并推断当时赵国所筑长城的最东端并不在今河北省境内，而在今乌兰察布市兴和县东部的大青山西麓地带。并认为，今兴和县大同窑古城为赵国代郡延陵县旧址，《史记·匈奴列传》记载的战国赵北长城东起自代，并不是专指起自代郡郡治，而

---

[1]　盖山林、陆思贤：《内蒙古境内的战国秦汉长城遗迹》，《中国考古学会第一次年会论文集》，文物出版社，1979 年；盖山林、陆思贤：《阴山南麓的赵长城》，《中国长城遗迹调查报告集》，文物出版社，1981；李兴盛、郝利平：《乌盟卓资县战国赵长城调查》，《内蒙古文物考古》1994 年第 2 期；朝克：《呼和浩特地区长城遗存》，《内蒙古文物考古》1994 年第 2 期；包头市文物管理处、达茂旗文物管理所：《包头境内的战国秦汉长城与古城》，《内蒙古文物考古》2000 年第 1 期；李逸友：《中国北方长城考述》，《内蒙古文物考古》2001 年第 1 期。

是指起自代郡的管辖范围之内，从而进一步否定了在今河北省境内存在战国赵北长城的观点。

关于战国赵北长城的西端终点，一般认为，《史记·匈奴列传》既然记载"至高阙为塞"，那么在战国赵北长城的西端赵国应建有高阙塞。对于高阙塞的位置所在，由于郦道元在《水经注》中的详细描述[1]，长期以来成为一桩众说纷纭的学术公案。辛德勇《阴山高阙与阳山高阙辨析》一文[2]，在对史料记载和前人研究成果进行全面分析的基础上，高屋建瓴，纵横捭阖，近乎完美地解决了这一问题，并对战国秦汉时期北边防线的变迁作了详细探讨。辛德勇认为，战国赵武灵王在赵国北部边境线上修筑的长城，位于今乌拉前山—大青山南麓。这道山系，即古阴山山脉，因此，《史记·匈奴列传》所记赵武灵王"筑长城，自代并阴山下，至高阙为塞"的"高阙"，应当是这道长城西端的一处山口，这座山口，可以称之为"阴山高阙"。秦始皇统一六国后，其北方边防设施，在秦人故土上沿用了战国秦昭襄王长城，在赵国旧境则沿用了战国赵北长城。《史记·秦始皇本纪》谓始皇二十六年（前221年）时，其疆界"北据河为塞，并阴山至辽东"，指的就是在北边沿用战国赵北长城的这种情况。至秦始皇三十二年（前215年），蒙恬率军"北击胡，略取河南地"，并在第二年，亦即秦始皇三十三年（前214年），兴工修建了"起临洮，至辽东，延袤万余里"的所谓"万里长城"。这道长城的西北地段，是"自榆中并河以东，属之阴山"。其在原赵国北边地带，仍是利用战国赵北长城。下令建造"万里长城"之后，秦始皇随即在当年"又使蒙恬渡河，取高阙、陶山北假中，筑亭障以逐戎人"。这里的"陶山"应为"阴山"的形讹，"北假"应通假为"北各"，是指山体的北部。所谓"阴山北假中"，是指阴山的北坡部分及其迤北直至阳山（今狼山—乌拉后山山系）南麓地区，这里也就是现在所说的河套（后套）地区。蒙恬出兵占据这一区域，是为利用这里优越的农业生产条件，解决"河南地"边防驻军的粮食供给问题。为保障这里农业生产环境的安定，便又在河套北侧的阳山之上修筑了一道新的长城，以阻遏匈奴的袭扰。这道长城建成后，秦人原来一直沿用的赵北长城已经远离边界线，失去了防守疆界的功能，这道长城上的关塞"高阙"，也随之丧失了控扼边境通行要道的隘口作用。中国古代的关隘，具有随着区域开发和疆域拓展而向外侧推移的规律，"高阙"这一关口，即随着秦朝疆域向"阴山北假中"地区的扩展，迁移到阳山长城西端的一处山口。与"阴山高阙"相对应，这座山口，可以称之为"阳山高阙"，也就是郦道元所记载的高阙。秦朝末年，蒙恬死后，"诸侯叛秦，中国扰乱，诸秦所徙适戍边者皆复去"。于是，匈奴趁机越过秦阳山长城以及黄河防线，重以秦昭襄王长城和战国赵北长城与中原王朝为界。直到汉武帝元朔二年（前127年），卫青率军大举反击，才又重新收复今河套地区，恢复以阳山长城为边防线。

对于阴山高阙，辛德勇大体认同何清谷的观点。何清谷考察并分析乌拉前山西端各个部位的地理形势，推测乌拉特前旗乌拉山镇张连喜店附近的大沟口，很可能就是战国高阙的所在地[3]。不过，辛德勇也十分慎重地指出，这还需要更进一步的历史地理学和考古学调查来加以确认，但战国赵北长城高阙大致位于这一地带应当没有什么疑问。

关于战国赵北长城的走向，辛德勇综合诸家考察成果，认为"可以明确，沿今乌拉前山和大青山南坡，或在半山腰，或在山脚下，总体上是在阴山山脊之下而更靠近山麓的位置上，分布着一道以夯

---

[1]《水经注·河水三》："河水又屈而东流，为北河。汉武帝元朔二年，大将军卫青绝梓岭，梁北河是也。东经高阙南。《史记》：赵武灵王既袭胡服，自代并阴山下，至高阙为塞。山下有长城，长城之际，连山刺天，其山中断，两岸双阙，善能云举，望若阙焉。即状表目，故有高阙之名也。自阙北出荒中，阙口有城，跨山结局，谓之高阙戍。自古迄今，常置重捍，以防塞道。汉元朔四年，卫青将十万人，败右贤王于高阙。即此处也。"

[2] 辛德勇：《秦汉政区与边界地理研究》，中华书局，2009年，第181~255页。

[3] 何清谷：《高阙地望考》，《陕西师大学报》1986年第3期。

土垒筑为主的古长城遗迹，正与《史记·匈奴列传》赵武灵王长城'并阴山下'的记载相吻合；结合相关文物和上述历史记载，完全可以肯定，这就是战国赵武灵王长城的遗存。"

辛德勇文通过对相关史料的深入释读，充分吸收前人调查与研究成果，提出了许多精辟的见解，对理解内蒙古自治区中南部地区战国秦汉时期的长城防御体系有着极高的价值。当然，其中的部分观点也不无可商榷之处，下文将陆续予以辨析。

三 本次调查的主要认识

李逸友此前调查的战国赵北长城的最东端，在今乌兰察布市兴和县民族团结乡二十七号村西北的鸳鸯河两岸，发现了墙体的夯土遗迹[1]。本次长城调查中，在二十七号村东南0.4千米处，于当地农民挖掘的植树坑内偶然发现了夯筑的墙体遗迹，较鸳鸯河更靠东面，再向东为兴和县与河北省尚义县县界大青山，属于燕山山脉的西段尾闾。在后期的复查中，于兴和县小哈拉沟村东北1.58千米处的大青山南麓地带发现了石砌的战国赵北长城墙体，与此前调查的战国赵北长城东端通过大青山山麓可以相连接起来。新发现的墙体向东南方向延伸，我们的调查终止于兴和县城关镇脑包窑村东1.8千米处。由此进入河北省尚义县境内，已不见战国赵北长城墙体及相关遗迹。

从战国赵北长城的东端点向南，有东洋河的支流银子河，大体呈西南—东北流向，在银子河北侧的山峦之上分布有一道由断续墙体与烽燧组成的长城，初步推断为秦始皇万里长城中的代郡长城。该道长城在尚义县下马圈乡常胜湾村下梁，向东南过银子河，墙体出现于银子河南侧山丘之上，向东延伸而去。从常胜湾村向西，这道长城主要分布于银子河北岸的尚义县、兴和县境内，暂称之为银子河秦长城。

战国赵北长城的西端点，本次调查确认的最西端墙体，终止于巴彦淖尔市乌拉特前旗乌拉山镇张连喜店村东北的大沟口与乌兰布拉格沟口之间。在大沟口以东一带，乌拉山（辛德勇所谓"乌拉前山"）与山前平原之间有一个山前台地，战国赵北长城主要分布于这个台地之上；而从大沟口往西，进入乌拉山尾闾地带，乌拉山山势由东—西走向折转呈东南—西北走向，西来的黄河顺山前而下，黄河河道距乌拉山较近，山下即为平原，已不存在山前台地，战国赵北长城也就丧失了其修筑的基础。大沟沟口两侧山势险峻，前述何清谷考察分析大沟口很可能就是战国高阙的所在地，是非常有见地的。本次长城调查获得了墙体与乌拉山南麓山体相接的直接证据，其推测得以确认。从大沟口向西，乌拉山的西端今名西山嘴，在历史上是一个非常重要的地方，由此向东北进入明安川，向西进入后套。唐代、辽代均称乌拉山为牟那山，称西山嘴为钳耳觜。

大沟口南是张连喜店村，以前的调查资料显示，村东为附属于战国赵北长城的张连喜店障城，后经汉代沿用。障城墙体东西280、南北250米，地表采集有灰陶弦纹罐残片和"五铢"铜钱、三棱形铜镞等[2]。由于张连喜店村地处黄河灌区，周围皆为农田、河渠，本次调查已难以分辨以前资料所言障城的城墙，地表也不见遗物。如果以前的考古调查资料属实的话，遗存的规模已非障城，而应是一座古城遗址，根据其地理位置，初步可认定其为战国赵北长城的西端高阙塞塞址，后于秦汉时期先后为九原郡（秦代）、云中郡（西汉早期）、五原郡（西汉中期至东汉）下辖的西安阳县治所。

战国末年，秦国占据了原属赵国的云中、雁门两郡。秦始皇三十三年（前214年），收复河南地之

---

[1] 李逸友：《中国北方长城考述》，《内蒙古文物考古》2001年第1期。
[2] 国家文物局主编：《中国文物地图集·内蒙古自治区分册》（下册），西安地图出版社，2003年，第622页。

后，修筑了"起临洮，至辽东，延袤万余里"的万里长城。在阴山地区，秦始皇万里长城利用了战国赵北长城，向西可至阴山高阙，向东大约至于今乌兰察布市卓资县卓资山镇附近。战国赵北长城在卓资山镇沿着哈达图谷地向东北方向延伸，而秦始皇万里长城则没有再向东沿用战国赵北长城，而是从卓资山镇向南，沿着大黑河的支流牛角川河河谷抵达岱海东北方向，再折向东，通过黄旗海南岸，和银子河秦长城串联。在修筑万里长城的同时，秦朝还在新扩展的领土上设置县治，沿河筑城为塞。

在修筑了万里长城的同一年，秦始皇又命大将蒙恬渡河（南河），占据北假中（阴山与阳山之间的一线盆地地区，由东向西包括固阳盆地、明安川和小佘太川等）[1]，在北假中北侧的阳山北坡修筑新的长城。这道长城，辛德勇称之为阳山长城，也有人专称之为蒙恬所筑长城[2]，其东端点在今呼和浩特市新城区毫沁营镇坡根底村北侧的大青山近山顶处，其西端点在今巴彦淖尔市乌拉特前旗与乌拉特中旗分界处的扎拉格河河口地带。扎拉格河是从乌拉后山注入黄河北河的一条较大支流，蒙恬所筑长城到此为止，将北假中囊括于秦朝的疆域之内。从蒙恬所筑长城西端点向南，秦朝的防线通过扎拉格河、黄河北河南流河道（今堰塞为乌梁素海）向南延伸，与黄河南河东流河道汇合后，再向东与秦代榆溪塞长城连接了起来[3]。

蒙恬死后，匈奴复又南下，越过阳山长城，与秦界于"故塞"（或作"故河南塞"）。这里的"故塞"，主要是指战国秦长城与秦代榆溪塞长城。西汉初年，西北地区仍以战国秦长城、秦代榆溪塞长城、阴山一线与匈奴为界。汉高祖称帝后的次年（前201年），曾下令"缮治河上塞"[4]，应该就是修治这些长城。在阴山一线，西汉在加筑沿用战国赵北长城墙体的基础上，又修筑了烽燧、障城等，形成了一套完整的防御体系。汉高祖十一年（前196年），在云中郡的东侧、南侧新建了定襄郡，定襄郡的东北端至于今乌兰察布市卓资县三道营古城（西汉定襄郡武要县，东部都尉治所）。据《汉书·匈奴传》记载："武帝即位，明和亲约束，厚遇关市，饶给之。匈奴自单于以下皆亲汉，往来长城下。"这里的长城，也是指以上这些长城。

至汉武帝元朔二年（前127年），开始大举反击匈奴。《史记·卫将军骠骑列传》记载："令车骑将军青出云中以西，至高阙，遂略河南地，至于陇西。捕首虏数千，畜数十万，走白羊、楼烦王。遂以河南地为朔方郡。"《史记·匈奴列传》同记此事："卫青复出云中以西，至陇西，击胡之楼烦、白羊王于河南，得胡首虏数千，牛羊百余万。于是，汉遂取河南地，筑朔方，复缮故秦时蒙恬所塞，因河为固。"通过这一战役，西汉王朝将西北边界线重新推进到阳山长城一线，对蒙恬所筑长城进行了修缮利用，同时将阳山长城继续向西延伸，在朔方郡的北部修筑了新的长城[5]。

西汉在修筑阳山长城之后，阴山一线战国赵北长城继续发挥着重要的防御作用。阴山作为横亘于漠南地区的东西向天然屏障，一直是一条重要的南北分界线，被农耕民族利用为防御北方游牧民族。西汉利用战国赵北长城的西端，依然在阴山高阙；东端在今乌兰察布市卓资县旗下营镇察哈少山，从察哈少山向东北通过旗下营小平原与灰腾梁汉长城连接了起来。也就是说，西汉五原郡、云中郡的北

---

[1] 辛德勇认为"北假"通假为"北各"，是指山体的北部，是值得商榷的。笔者认为，"北假中"应通假为"北退中"，与后来史料记载的"北荒中"属于同一含义。在蒙恬出兵阴山之前，这一地区位于赵北长城边外，所以称为"北退中"。到辽宋夏金时期，阴山北假中又被称作"夹山"，以夹于阴山、阳山南北两山之间而得名。
[2] 贾衣肯：《蒙恬所筑长城位置考》，《中国史研究》2006年第1期。
[3] 榆溪塞长城为秦始皇万里长城的一部分，是战国秦长城向东流黄河南岸的延伸部分。今鄂尔多斯市达拉特旗哈什拉川，战国时期名为榆溪，于是这一时期黄河南河以南的沿河冲击平原即名为榆中，为林胡王活动地域；到秦代，傍榆溪修筑的长城称作榆溪塞。
[4] 《史记》卷八《高祖本纪》。
[5] 《史记·匈奴列传》中的"筑朔方"，不应理解为修筑朔方城，而是指在朔方郡以北的阳山之上修筑朔方郡长城；朔方城是元朔三年苏建修筑的，《史记》《汉书》均有明确记载。

界长城，均是加筑利用了战国赵北长城，可称作阴山汉长城。至于北假中的阳山汉长城，归属于五原郡管辖部分称作五原塞，归属于云中郡管辖部分称作云中塞，均位于战国赵北长城以北。在云中塞和五原塞，西汉均未设县邑，而是设立北假田官和都尉、候官等管辖。

从察哈少山向东，战国赵北长城至卓资山镇部分经秦代短暂沿用，而均未经汉代沿用，因而遗迹时代较为单纯。这一区域之内，战国赵北长城延伸于阴山山脉东段的低山丘陵区，近代以来农耕发达，长城墙体受破坏较为严重，沿线不见烽燧。障城的分布还是有规律可循的，卓资县城卜子障城面积最大（180米×188米），应为一个防御的中心所在；其他障城的面积均较小，多倚战国赵北长城墙体修筑，相互间距绝大部分约5.5千米。

从察哈少山向西，战国赵北长城墙体为秦、汉两朝加筑沿用。由于秦朝国祚短暂，存留的相关遗迹几乎可忽略不计，而汉代除加筑了战国赵北长城墙体外，还新修了系列烽燧、障城等。从察哈少山以东战国赵北长城的情形来看，赵国非常有可能在战国赵北长城沿线并未修筑烽燧，至少在平原地带不筑烽燧。察哈少山以西战国赵北长城沿线的绝大部分烽燧当为汉代遗迹，在阴山山前一线两两相望。察哈少山以西战国赵北长城沿线的障城，赵国障城当与察哈少山以东的情形有一定的相似性；而汉代障城则主要分布于山口要冲地带，规模较大，相互间距至少在8千米以上。

第二章

乌兰察布市战国赵北长城

战国赵北长城自东向西分布于乌兰察布市兴和县、察哈尔右翼前旗、集宁区、卓资县4个旗县区境内。在调查中，将乌兰察布市境内的赵北长城墙体划分为90段，其中包括土墙48段、石墙4段、山险1段、消失墙体37段。墙体总长191494米，其中土墙长55564米、石墙长4004米、山险长5834米、消失墙体长126092米（包括有墙体段落中的消失部分）。长城墙体沿线调查障城19座，不见烽燧；由赵北长城墙体沿线障城的分布规律推断，至少消失障城16座。

下面，以旗县为单位，从长城墙体分布与走向、长城墙体与单体建筑保存现状两个方面，分别予以详细描述。

一 乌兰察布市兴和县

在调查中，将兴和县境内的战国赵北长城墙体划分为25段，包括土墙10段、消失墙体11段、石墙3段、山险1段。墙体总长54162米，其中土墙长14582米、消失段落长30842米、石墙长2904米、山险长5834米。在总长14582米的土墙中，保存较差部分长1793米、差部分长12639米、消失部分长150米。

（一）长城墙体分布与走向

兴和县地处东洋河的上游地带，东西侧均有山脉分布，东面为与河北省尚义县接界的大青山，西面为与察哈尔右翼前旗接界的低山丘陵区。赵北长城由河北省尚义县与兴和县交界处的丘陵山地顶部自东南而来，利用了大青山西南麓一段险峻的山体作山险；其南部为丘陵地带，常选择山梁脊部修筑墙体，随地形地貌变化，长城墙体略呈内外弯曲分布，总体呈南偏东—北偏西走向。从大青山向西，多为平川地貌，现代村落分布密集，到处是大片开垦的耕地，长城墙体受农耕开发及其他日常生活、生产行为的破坏，消失部分远远大于现存墙体。长城墙体分布总体作外向凸出的折弧线形分布，大体呈东南—西北走向。

兴和县赵北长城的东端点起自内蒙古兴和县城关镇脑包窑村东1.8千米处冀蒙交界线的柏油路北侧，翻过一道低矮的山梁，沿土圪梁梁脊作西北向下坡行，至友谊水库南岸因水面淹没而消失，复现于集张（集宁—张家口）铁路北的小田土沟村西北沟中，沿狭窄的沟谷西岸作西偏北行，至二道沟村西又消失于洪水河槽中。在大田士沟村南，墙体爬升至山梁顶部西北行，至村西转北行，跨过芦草沟村南大沟，复沿平缓的山梁顶部作北偏西行，再转北行，又跨过小哈拉沟村东北部较小的沟谷，沿小哈拉沟与其东沟间山脊北行，山梁顶部修筑有小哈拉沟障城。墙体又北行直抵大青山南麓山脚，改筑石墙，顺山坡脚上行60米，而后直角西折，与小哈拉沟沟口东岸陡峭的山体相接。在小哈拉沟村北、庙湾村和叭沟村东北一线，赵北长城利用陡立而险峻的大青山西南麓山体作山险，直线长度达5834米。

墙体复现于民族团结乡上大涧沟村东南1.7千米处的大青山西麓山脚处，现为废弃的水库残坝体，附近采集有部分战国陶片可资佐证。在大青山西部，墙体沿平缓的丘陵坡地作西偏北下坡行，经上大涧沟村、下大涧沟村南，大体沿低矮土梁顶部延伸，在坝子沟村东北部出现1575米长的消失段。其后于二十七号村东南0.4千米的杨树林中墙体复现，地表几乎不见墙体遗迹，在树坑坑壁上保留土墙夯层迹象。长城自此向西北方向延伸，经过一片平坦的耕地之后消失不见。墙体在圪塄营村南再次出现，呈略高于地表的土垄状，时隐时现，断续延伸至举人村，过边墙渠村后墙体消失。墙体再次出现在乔龙沟村西，约有600米长的土垄，断面可见夯筑痕迹。之后，墙体在高家村、官子店村、吴家村、黄茂营村出现大段落消失，根据消失段两端墙体延伸方向判断，原墙体应分布于高家村南及其东南、西南部的谷地中，先沿罗家村东的南北向季节性河谷东岸西北行，于罗家村北穿过河谷，西北向岔入高家村所在支流谷地，在303乡道北侧的林地及耕地中与乡道并列西偏南行，官子店村北部耕地中发现东西向疑似墙体痕迹。其后，溯谷地西南行，过黄茂营乡转西行，墙体大略叠压在早期修筑的砂石路下，最后伸入察哈尔右翼前旗境内（地图二）。

（二）长城墙体与单体建筑保存现状

在对兴和县境内战国赵北长城的调查中，除划分的25段墙体外，沿线还调查障城1座，初步推断至少还消失障城6座。下面，对这些墙体段落和单体建筑分作详细描述。

1. 脑包窑长城（150924382101020001）

该段长城是赵北长城在乌兰察布市境内的东起第一段，起自城关镇脑包窑村东1.8千米处，止于脑包窑村东北0.84千米处。墙体随山势作内向弯曲分布，呈东南—西北走向，下接小田士沟长城。

墙体长1770米，为土墙，保存差。墙体分布于友谊水库中游南岸的山梁上，起点在蒙冀交界的柏油路北侧，跨过平缓山岭，沿山岭北坡一条被称作土圪梁的山梁脊部作下坡行，直达友谊水库南岸边。墙体于地表呈土垄状，底宽7~8、顶宽1~1.5、内侧残高1.5、外侧残高2米。墙体两侧遍植松树，一部分树木直接栽植在墙体上；早期修整耕地时有部分杂土及石块堆积，覆盖在墙体上（彩图一）。西侧有土路并行。

2. 小田士沟长城（150924382301020002）

该段长城起自城关镇小田士沟村东南2.2千米，止于小田士沟村西北0.96千米处。原墙体大体应作直线分布，呈东南—西北走向，上接脑包窑长城，下接二道沟长城1段。

本段长城为消失段，起止点之间的直线长度为3144米。原墙体应分布于后河河谷地带处，河水东流，截水建友谊水库，前小段墙体被水面淹没；水库北岸的后小段墙体消失在村南耕地及村西北洪水河槽中，洪水南流注入友谊水库。止点处冲沟西壁上发现有土筑墙体夯层，表明该段墙体应为土墙。

3. 二道沟长城1段（150924382101020003）

该段长城起自城关镇二道沟村南0.87千米处，止于二道沟村西南0.42千米处。墙体作直线分布，呈东偏南—西偏北走向，上接小田士沟长城，下接二道沟长城2段。

墙体长610米，为土墙，保存差。墙体沿着狭窄谷地的西半部坡脚处延伸，地表可见明显的土垄状隆起，底宽3~4、顶宽0.7~1.2、残高0.8~1.5米。墙体起点处冲沟断面上见有黄土夯层。墙体两侧为梯田，农田基本建设将墙体改造成了梯田埂，墙体原貌发生改变。

4. 二道沟长城2段（150924382301020004）

该段长城起自城关镇二道沟村西南0.42千米处，止于二道沟村西北0.96千米处。原墙体应略作外向弧线形分布，呈东偏南—西偏北走向，上接二道沟长城1段，下接大田士沟长城1段。

本段长城为消失段，起止点之间的直线长度为1059米。原墙体应分布于逐渐变窄的头道沟谷地中，起点处东北有二道沟村所在谷地洪水西南流，两股洪水汇流后南向注入友谊水库。前小段墙体消失在头道沟河槽西岸耕地中，后小段消失于河槽中。依据相邻上下段墙体情况，推断该段墙体原应为土墙。

5. 大田士沟长城1段（150924382102020005）

该段长城起自城关镇大田士沟村东南1.39千米处，止于大田士沟村西南0.53千米处。墙体作内向折线形分布，总体呈东南—西北走向，末端墙体沿山丘顶部转北行；上接二道沟长城2段，下接大田士沟长城2段。

墙体长1237米，为石墙，保存较差。墙体由头道沟谷地逐渐向低缓的山梁顶部爬升，沿西侧山岭脊部西北行，于地表呈明显隆起的土石垄状（彩图二），底宽3~5、顶宽1~1.5、残高0.5~1.7米。墙基部分为夯筑土墙，顶部用青灰色玄武岩石块垒砌，大部分地段墙体轮廓清晰，局部地段以外壁石筑、中间夯土的方法筑就。墙体两侧多为坡耕地和梯田，坡下为水冲沟，水土流失与农田耕种对墙体影响较大。墙体周边见有金元时期陶瓷片。

6. 大田士沟长城2段（150924382301020006）

该段长城起自城关镇大田士沟村西南0.53千米处，止于大田士沟村西南0.4千米处。原墙体应作直线分布，呈南—北走向，上接大田士沟长城1段，下接大田士沟长城3段。

本段长城为消失段，起止点之间的直线长度为210米。原墙体应分布于大田士沟西南部低缓的山梁顶端耕地中，地表不见墙体痕迹。依据相邻上下段墙体情况，推断该段墙体原应为土石混筑。西侧是杏花村所在沟谷的东支沟沟脑，东侧为大田士沟；有土路东北行，穿过消失段后转北行。

7. 大田士沟长城3段（150924382101020007）

该段长城起自城关镇大田士沟村西南0.4千米处，止于大田士沟村西偏北0.5千米处。墙体作直线分布，呈东南—西北走向，上接大田士沟长城2段，下接大田士沟长城4段。

墙体长335米，为土墙，保存差。墙体沿大田士沟村西平缓的山梁顶部作上坡行，于地表呈明显隆起的土垄状，轮廓与走向较为明晰，底宽4~5、顶宽1~2、残高0.5~0.8米。局部地段有农耕土路在墙体上通行，部分墙体遭推土机推铲破坏。墙体两侧为耕地，东为大田士沟南部的西支沟，西为杏花村所在沟谷的东北支沟沟脑。

8. 大田士沟长城4段（150924382102020008）

该段长城起自城关镇大田士沟村西偏北0.5千米处，止于大田士沟村西北1.2千米处。墙体作外向折弧形分布，由南偏东—北偏西走向折转呈东南—西北走向，上接大田士沟长城3段，下接芦草沟长城1段。

墙体长855米，为石墙，保存较差。墙体分布于杏花村所在沟谷东北支沟沟脑与芦草沟东半坡之间，呈土石垄状，底宽2~4、顶宽0.5~2.5、残高0.5~1.5米。前小段为石墙，沿山梁顶部平缓山地北偏西行（彩图三）；后小段为土石混筑墙体，分布于芦草沟村南正沟狭窄的东支沟中，顺谷地作下坡行。前小段墙体东侧为坡耕地，有土路并行，中间又有东西向土路穿过墙体；后小段墙体两侧均有小冲沟，洪水顺墙体冲刷，造成多处墙体断豁。

9. 芦草沟长城1段（150924382301020009）

该段长城起自城关镇芦草沟村东南0.48千米处，止于芦草沟村南偏东0.28千米处。原墙体应作直线分布，近于东南—西北走向，上接大田士沟长城4段，下接芦草沟长城2段。

本段长城为消失段，起止点之间的直线长度为240米。原墙体应分布于芦草沟村南正沟及其东岸支沟中，正沟沟脑在大青山，洪水南流注入友谊水库，洪水冲刷导致墙体消失。依据相邻上下段墙体情况，推断该段长城原应为外壁垒砌石块、内部夯土的土石混筑墙体。

10. 芦草沟长城2段（150924382102020010）

该段长城起自城关镇芦草沟村南偏东0.28千米处，止于芦草沟村北偏西1.42千米处。墙体略作内向折弧形分布，由南偏东—北偏西走向折转呈南—北走向，上接芦草沟长城1段，下接小哈拉沟长城1段。

墙体长1793米，为黄土夯筑的土墙，保存较差。墙体分布于芦草沟村西侧平缓的山梁上，上坡行一直通向北部的大青山。墙体于地表呈明显的土垄状，底宽5~8、顶宽2~3、残高1~1.5米。前后小段墙体上堆积有耕地中捡出来的石块，中小段墙体顶部有玄武岩石块垒砌的痕迹，应为后期垒筑形成。村西南有小冲沟南向下泄，斜穿前小段墙体，断面上见有黄土夯层，厚10~15厘米。西北向土路出村穿过墙体，造成墙体断豁。前小段墙体内侧临小冲沟，中小段东为村庄，西为耕地，后小段两侧为耕地（彩图四），末端终止于小哈拉沟村东沟东岸。

11. 小哈拉沟长城1段（150924382301020011）

该段长城起自城关镇小哈拉沟村东北1.61千米处，止于小哈拉沟村东北1.58千米处。原墙体应作直线分布，接近东南—西北走向，上接芦草沟长城2段，下接小哈拉沟长城2段。

本段长城为消失段，起止点之间的直线长度为203米。原墙体应分布于小哈拉沟村东沟两岸坡地上，东沟沟脑在大青山，洪水西南流；墙体两侧沟坡均形成小冲沟，顺墙体冲刷，导致墙体消失。依据相邻上下段墙体情况，推断该段长城为两壁垒砌石块、中间夯筑黄土的土石混筑墙体。

12. 小哈拉沟长城2段（150924382102020012）

该段长城起自城关镇小哈拉沟村东北1.58千米处，止于小哈拉沟村东北2千米处。墙体总体作内向弧形分布，呈南—北走向，末端西折。上接小哈拉沟长城1段，下接小哈拉沟长城3段。

墙体长812米，为石墙，保存较差。墙体沿东沟西坡作北向上坡行，爬上山梁转沿山脊作北偏东延伸，直抵大青山南麓山脚。大部分前小段墙体两侧用石块包砌，中间夯筑黄土，墙体明显隆起于地表，底宽4~6、顶宽1.5~3、残高1~1.5米（彩图五）。冲沟断面上可见夯层，厚10~15厘米。位于山脚处的后小段墙体用花岗岩石块垒砌，顺山梁脊部上行，内侧可见收分，筑墙石块滚落于坡下，基宽4、残高1.2米；末端墙体沿山岩裸露的坡地西折，外侧取石筑墙，形成宽3米的马道式凹沟，至小哈拉沟沟口东岸陡峭的东坡地终止，与自然山体衔接（彩图六）。

墙体沿线调查障城1座，为小哈拉沟障城。

小哈拉沟障城（150924353102020001）

该障城位于城关镇小哈拉沟村东北1.76千米处，倚长城墙体内侧建筑，长城墙体被利用为障城东墙。

障城修筑于大青山南麓南向伸出的山梁顶部，地势较平缓，北高南低，两侧临沟谷。障城平面呈正方形，边长 40 米。障墙为两侧用石块垒砌、中间夯筑黄土而成，呈高大的土垄状，底宽 9~11、顶宽 3~4、残高 1~1.5 米。南墙中部辟城门，宽 5 米，方向为 208°。障内散落有少量石块，中心明显低凹（彩图七）。障城内外均可见绳纹及素面灰陶片，器形不可辨。

13. 小哈拉沟长城 3 段（150924382106020013）

该段长城起自城关镇小哈拉沟村东北 2 千米处，止于小哈拉沟村西北 6.1 千米处。为山险，呈东南—西北走向，上接小哈拉沟长城 2 段，下接上大涧沟长城 1 段。

长城起止点之间的直线长度为 5834 米。位于小哈拉沟、庙湾、叭沟三村北部或东北部，依大青山西南麓陡峭险峻的山体为险，因此不筑墙体（彩图八）。

14. 上大涧沟长城 1 段（150924382301020014）

该段长城起自民族团结乡上大涧沟村东南 1.7 千米处，止于上大涧沟村东南 1.28 千米处。原墙体应作直线分布，呈东偏南—西偏北走向，上接小哈拉沟长城 3 段，下接上大涧沟长城 2 段。

本段长城为消失段，起止点之间的直线长度为 480 米。消失墙体起点处为大青山西麓南流的洪水河槽，河槽两岸有 20 世纪所修水库的残坝址，附近采集到战国素面陶片，推测水库大坝建筑于长城墙体之上。河槽西岸为西高东低的缓坡林地，栽植茂盛的柠条，林地中已不见墙体痕迹。依据相邻上下段墙体情况，推断该段墙体原应为土墙。

15. 上大涧沟长城 2 段（150924382101020015）

该段长城起自民族团结乡上大涧沟村东南 1.28 千米处，止于上大涧沟村西 3.5 千米处。墙体基本作直线分布，呈东偏南—西偏北走向，上接上大涧沟长城 1 段，下接坝子沟长城。

墙体长 4437 米，为褐色砂质土夯筑的土墙，保存差。墙体分布于上大涧沟村及下大涧沟村南部，沿略微凸起的东西向山梁顶部延伸，总体作下坡行，大部分地段仅可判别分布与走向。现存墙体于地表呈低矮的土垄状，底宽 3~7、顶宽 1~3、残高 0.3~0.7 米。前小段墙体作下坡行，被叠压在土路之下（彩图九），访问得知墙体早年曾被推土机平整；后小段墙体可分辨，沿山梁顶部行进（彩图一〇）。墙体两侧均挖有树坑并栽植柠条、枸杞等灌木，零星见有杨树，有的地段成行树木直接栽植在墙体上。后小段墙体北侧有一条较浅的小冲沟，雨季洪水西流，注入坝子沟村西洪水河槽。

16. 坝子沟长城（150924382301020016）

该段长城起自民族团结乡坝子沟村东北 1.56 千米处，止于坝子沟村北 1.66 千米处。原墙体应作直线分布，呈东南—西北走向，上接上大涧沟长城 2 段，下接二十七号村长城 1 段。

本段长城为消失段，起止点之间的直线长度为 1575 米。原墙体应分布于大青山西部坝子沟村北的地势低洼地带，当地土质含沙量较大，在水土流失及植树等自然与人为因素的双重影响下，地表完全不见墙体痕迹。依据相邻上下段墙体情况，推断该段墙体原应为土墙。二十七号村东南有一条废弃的水渠呈东北—西南向穿过消失段，南出二十七号村的土路于消失段末端穿过。

17. 二十七号村长城 1 段（150924382101020017）

该段长城起自民族团结乡二十七号村东南 0.4 千米处，止于二十七号村南 0.24 千米处。墙体作直线分布，呈东南—西北走向，上接坝子沟长城，下接二十七号村长城 2 段。

墙体长 226 米，为黄褐土夯筑的土墙，夯层厚 10 厘米，保存差。墙体分布于村南树林中，大部分地段呈不明显的土垄状，个别地段几乎与地表平齐，现存墙体底宽 2.5~5、顶宽 0.8~3.5、残高 0.3~0.7 米。该段长城所在的树林两侧均为南向出村的土路。

18. 二十七号村长城 2 段（150924382301020018）

该段长城起自民族团结乡二十七号村南 0.24 千米处，止于民族团结乡圪塄营村西南 0.33 千米处。

原墙体应作直线分布，呈东南—西北走向，上接二十七号村长城1段，下接圪塄营长城。

本段长城为消失段，起止点之间的直线长度为3000米。原墙体应分布于鸳鸯河河槽及其东西两岸耕地中，河西岸的后小段墙体大略被574县道所叠压，于圪塄营村南侧耕地中复现。依据相邻上下段墙体情况，推断该段墙体原应为土墙。

19. 圪塄营长城（150924382101020019）

该段长城起自民族团结乡圪塄营村西南0.33千米处，止于民族团结乡举人村东南0.1千米处。墙体大体作直线分布，呈东南—西北走向，上接二十七号村长城2段，下接举人村长城1段。

墙体长1951米，为黄褐土夯筑的土墙，夯层厚10~15厘米。总体保存差，其中保存差部分长1801米、消失部分长150米，分别占该段墙体总长的92.3%、7.7%。墙体分布于耕地地块交界处，始终有乡村土路相伴随；大部分墙体呈低矮的土垄状，底宽2~6、顶宽0.3~2、残高0.2~3米；少部分墙体地表隆起较明显（彩图一一）。在圪塄营、大五号和举人村三村之间，有并列的三条东北—西南向沙石路斜穿前、中小段墙体，又有两条西北—东南走向沙石路自中小段墙体穿过，组成公路网，在墙体中小段南侧形成"十"字及"丁"字形道路交叉，造成部分墙体消失。

该段长城墙体起点西南1.47千米处有元山子土城子古城，经考证为北魏泰常八年（423年）修筑的长（川）城。兴和县东部大青山与西部山地之间的这一道南北向川地，魏晋北朝时期称作长川。

20. 举人村长城1段（150924382101020020）

该段长城起自民族团结乡举人村东南0.1千米处，止于举人村西北2.5千米处。墙体作直线分布，呈东南—西北走向，上接圪塄营长城，下接举人村长城2段。

墙体长2544米，为夯筑土墙，保存差。墙体分布于举人村西北平缓的耕地中，于地表呈低矮的土垄状，底宽5~6、残高0.3~0.7米。前、后小段墙体处在耕地地块间的交界地带，有土路贯穿其中，或于墙体内侧并行，或叠压在墙体之上，土路两侧及部分地段墙体上种植有杨树（彩图一二）。中小段墙体完全处在耕地中，地表仅见略微的宽土垄状隆起。

举人村西侧原分布有举人村障城[1]，本次调查时已破坏无存。依据赵北长城墙体沿线障城的分布规律，举人村障城与小哈拉沟障城之间原来还应分布有两座障城。

21. 举人村长城2段（150924382301020021）

该段长城起自民族团结乡举人村西北2.5千米处，止于民族团结乡边墙渠村南偏西0.07千米处。调查判断原墙体应作直线分布，呈东南—西北走向，上接举人村长城1段，下接边墙渠长城1段。

本段长城为消失段，起止点之间的直线长度为2400米。原墙体应分布于边墙渠村东南部西高东低的林地及坡耕地上，一条季节性河流由西北向东南弯曲流过，554县道大体呈东北—西南向穿过，导致前小段墙体消失；在大三道渠村有乡道自554县道西北向岔出，于边墙渠村东南部形成三岔路口，进村乡道大体处在该段长城后小段分布线上；乡道北偏西拐入村中，长城墙体于道路转弯处南侧复现。依据相邻上下段墙体情况，推断该段墙体原应为土墙。

22. 边墙渠长城1段（150924382101020022）

该段长城起自民族团结乡边墙渠村南偏西0.07千米处，止于边墙渠村西偏北0.32千米处。墙体作直线分布，呈东南—西北走向，上接举人村长城2段，下接边墙渠长城2段。

墙体长316米，为夯筑土墙，夯层厚8~10厘米，保存差。墙体分布于边墙渠村西南缓坡地上，前小段墙体处在乡道柏油路南侧，修筑公路时将墙体纵向切掉一半（彩图一三）；后小段墙体分布于

---

[1] 李逸友：《中国北方长城考述》，《内蒙古文物考古》2001年第1期。

耕地地块间交界处。大部分墙体略微隆起于地表，底宽3~4、残高0.3~1.1米。从墙体断面上观察，底部用一层厚0.3~0.5米的白碱泥构筑基础，其上以黄砂土、黑褐土相间逐层夯筑（彩图一四）。北侧有土路并行，中间有土路南北向贯穿墙体。

23. 边墙渠长城2段（150924382301020023）

该段长城起自民族团结乡边墙渠村西偏北0.32千米处，止于民族团结乡乔龙沟村西北0.66千米处。调查判断原墙体应作直线分布，呈东南—西北走向，上接边墙渠长城1段，下接乔龙沟长城。

本段长城为消失段，起止点之间的直线长度为4931米。原墙体应分布于边墙渠村与乔龙沟村之间，贾二梁村东北部有东西向山梁横亘在两村中部，墙体当沿边墙渠村西北缓沟作西北向上坡行，于垭口处翻过山梁，再沿西坡梁背、耕地地块间交界处作西向下坡行，直奔乔龙沟村而去。消失墙体两端分布于村庄中，村间山梁上均为耕地，东西两侧的洪水冲沟大体处在长城墙体分布线上，水土流失、农田耕种及村庄建设是导致墙体消失的直接原因。边墙渠村西北沟沟脑部位有疑似土筑墙体痕迹，调查不能确认。依据相邻上下段墙体情况，推断该段墙体原应为夯筑土墙。

24. 乔龙沟长城（150924382101020024）

该段长城起自民族团结乡乔龙沟村西北0.66千米处，止于乔龙沟村西北1.2千米处。墙体作直线分布，呈东南—西北走向，上接边墙渠长城2段，下接高家村长城。

墙体长600米，为黑褐土夯筑的土墙，夯层厚10~16厘米，保存差。墙体沿乔龙沟村西北部东高西低的缓坡地延伸，于地表呈低矮的土垄状，底宽4、残高0.4~0.6米。有乡村土路伴随前小段墙体，大部分墙体被土路叠压；后小段墙体分布于低缓的坡谷地中（彩图一五），西北向下坡后进入低谷地带，保存相对较好。

25. 高家村长城（150924382301020025）

该段长城起自民族团结乡乔龙沟村西北1.2千米处，止于察哈尔右翼前旗黄茂营乡翁家村东北0.33千米处。原墙体应作外向折弧形分布，由东南—西北走向折转呈东—西走向，上接乔龙沟长城，下接察哈尔右翼前旗翁家村长城。

本段长城为消失段，起止点之间的直线长度为13600米。消失墙体应沿谷地作外向折弧线形环绕，先西北行，于罗家村西北部跨越河槽，其后直接岔入支流窄谷中，沿河谷南岸西行，在高家村东南部的林地中发现有土筑墙体痕迹；经高家村南、官子店村北，于官子店村柏油路北0.14千米的耕地中，又见几乎与地表平齐的土筑墙体残迹；在官子店村西，溯沟谷转西偏南上坡行，于红胜林场转西南行，穿过黄家村后又西行。依据上述残存土筑墙体线索，大体可以把握原墙体的分布与走向。川地中的水土流失、村庄建设、道路修筑以及耕地开垦，导致墙体消失。

高家村西侧原分布有高家村障城[1]，本次调查时已破坏无存。依据赵北长城墙体沿线障城的分布规律，高家村障城向东与举人村障城之间、向西与翁家村障城之间，原来还应各分布有一座障城。

二 乌兰察布市察哈尔右翼前旗

在调查中，将察哈尔右翼前旗境内的战国赵北长城墙体划分为17段，包括土墙10段、消失墙体7段。墙体总长50359米，其中土墙长18628米、消失段长31731米。在总长18628米的土墙中，保存差部分长16321米、消失部分长2307米。

---

[1] 李逸友：《中国北方长城考述》，《内蒙古文物考古》2001年第1期。

（一）长城墙体分布与走向

察哈尔右翼前旗境内的赵北长城墙体，始见于黄茂营乡翁家村东北0.33千米的缓坡地上，呈土垄状西北向延伸，进入翁家村与罗家村之间的谷地中，随之消失于谷地河槽里。大体沿于家沟南呈西偏北行，至于家沟村西南山脚处，转沿狭窄的谷地北坡脚作西偏南行，经喜红梁村环绕村北山丘，墙体于村西窄谷中又现。进入窄沟的墙体顺谷底冲沟东岸西北行，翻越山梁后复入北坡窄谷中，作北偏西行，又转北行，因沟谷洪水冲刷及采石场采石而先后出现消失段。墙体再现于董家村南山丘东坡地上，外侧临郭九沟河槽；绕过山丘的墙体于董家村前河槽南岸作西偏北行，进入较平缓的丘陵农耕区，随之出现15千米的大段消失。原墙体大体作西偏北行，经兴和城村南，于兴和城村西南转西行，跨越主河槽，经四喜村南缘、十二股村北缘，穿过高家地村中部、望爱村南部，于望爱村西南部的302乡道西侧路基下复现；大部分墙体被叠压在乡村道路下，小部分墙体消失于耕地、村庄之中。再现的墙体作西北向延伸，经半哈拉沟村西南部，继而消失于大哈拉沟村东缘及其东南部、西北部耕地中。墙体于大哈拉沟村北又现，呈西偏北方向延伸，先后穿过554县道和集二（集宁—二连浩特）铁路，伸入到集宁区境内。

长城墙体由集宁区高凤英村西北再次进入察哈尔右翼前旗境内，首现于三岔口乡十六号村西，自东向西延伸近1千米后消失。大体经小土城、十一洲村，在十一洲村与八洲村之间作西偏南转向，进入东北向的集宁区西北部谷地，这部分墙体大略消失于乡间公路之下。墙体在北六洲村东北0.2千米处的公路南侧再现，沿较宽阔的谷地北半部作西偏南向上坡行，延伸1.4千米后又有较长距离消失，消失的墙体大体处在大土城村北部公路下。其后，公路南折进入大土城村，在十二洲村东北1.4千米的坡地上又见墙体，经九洲村、六洲村南、西五洲村南作西偏南行，于圪丑坝沟沟口前冲积扇北部边缘再次消失，西南行进入卓资县境内（地图三）。

（二）长城墙体与单体建筑保存现状

在对察哈尔右翼前旗战国赵北长城的调查中，除划分的17段长城墙体外，沿线调查障城5座，初步推断还有消失障城3座。下面，对这些墙体段落和单体建筑分作详细描述。

1. 翁家村长城（150926382101020001）

该段长城起自黄茂营乡翁家村东北0.33千米处，止于翁家村西北0.8千米处。墙体前小段向内略有折转，由东偏南—西偏北走向转呈东南—西北走向，上接兴和县高家村长城，下接于家沟长城。

墙体长890米，为黄褐土夯筑的土墙。总体保存差，其中保存差部分长770米、消失部分长120米，分别占该段墙体总长的86.5%、13.5%。墙体沿翁家村北山脚下分布，大部分地段呈不明显的土垄状，底宽3~4、残高0.1~0.5米。554县道穿过前小段墙体，后小段大部分墙体处于北侧耕地与南侧灌木林地的交界处，墙体上堆积着农耕时捡出的碎石块（彩图一六）。因道路修筑及水土流失的影响，有部分墙体地表已看不出痕迹。

墙体沿线调查障城1座，为翁家村障城。

翁家村障城（150926353102020001）

该障城位于黄茂营乡翁家村西北0.4千米处，西北距董家村障城5.5千米。

障城倚长城墙体内侧修筑，利用长城墙体作为障城北墙。障城平面呈正方形，边长30米。墙体夯筑而成，于地表呈土垄状，底宽 10、顶宽 5～7、残高 0.5～1.5 米。南墙中部应辟有门，但地表痕迹不明显。障城内外均分布有浅坑，断面上不见文化层，地表亦未发现遗物（彩图一七）。

2. 于家沟长城（150926382301020002）

该段长城起自黄茂营乡翁家村西北 0.8 千米处，止于玫瑰营镇喜红梁村西北 0.3 千米处。原墙体应作外向折弧形分布，由东南—西北走向折转呈东偏北—西偏南走向，上接翁家村长城，下接喜红梁长城 1 段。

本段长城为消失段，起止点之间的直线长度为 3477 米。依据田野调查时发现的线索分析判断，原墙体应分布于于家沟村南及其东西两翼谷地中，沿较缓的谷地作上坡延伸。先当沿翁家村西北部较窄的谷地西北行，在罗家村与于家沟村之间的河槽东岸坡地上发现一段长约 190 米的土筑墙体残迹，其上空有两条并列的输电线路垂直穿过，其南侧有两条小冲沟西南流，汇入主河槽，有土路伴河槽行。大体在于家沟村前的河槽南岸转西行，然后溯狭窄谷地的西坡折转西南行，又见有断续的土筑墙体遗痕。穿过喜红梁村中，环绕村北的低山，复于喜红梁村西北部窄谷地中出现。墙体由于修筑在狭窄的谷地之中，易受山洪侵袭；此外，村庄沿谷地分布，间有道路相贯通，村落周围及公路两侧的谷地皆被辟为耕地或林地。以上诸因素，综合造成该段墙体消失。

3. 喜红梁长城 1 段（150926382101020003）

该段长城起自玫瑰营镇喜红梁村西北 0.3 千米处，止于喜红梁村西北 1.4 千米处。墙体略作内向折线形分布，先作南偏东—北偏西走向，中间折转呈东南—西北走向，翻越山梁后复转为南偏东—北偏西走向，上接于家沟长城，下接喜红梁长城 2 段。

墙体长 1250 米，为黄褐土夯筑的土墙。总体保存差，其中保存差部分长 800 米、消失部分长 450 米，分别占该段墙体总长的 64%、36%。墙体分布于喜红梁村西北部山梁及其两侧狭窄的谷地中，于地表呈土垄状，底宽 3～5、顶宽 1、残高 0.3～2 米。丘陵顶部及阳坡的墙体于地表呈低矮的土垄状，坡下沟谷中有少部分墙体因洪水冲刷而消失；分布于山梁背坡窄谷地中的墙体大部分因山洪冲刷塌陷而消失，局部遗留的墙体依然较高大（彩图一八）。冲沟断面上可见清晰的夯层，筑墙前先将坡地平整为水平基础，其上夯筑墙体，夯层厚 8～10 厘米（彩图一九）。

4. 喜红梁长城 2 段（150926382301020004）

该段长城起自玫瑰营镇喜红梁村西北 1.4 千米处，止于喜红梁村西北 1.8 千米处。据田野调查分析判断，原墙体应作直线分布，大体呈东南—西北走向，上接喜红梁长城 1 段，下接董家村长城。

本段长城为消失段，起止点之间的直线长度为 420 米。原墙体分布于董家村东南部两条浅缓沟谷之间的山梁西坡地上，应沿谷地作下坡行，所经区域现被附近村民开辟为采石场，采石作业造成墙体消失。依据相邻上下段墙体情况，推断该段墙体原应为土墙。

5. 董家村长城（150926382101020005）

该段长城起自玫瑰营镇喜红梁村西北 1.8 千米处，止于玫瑰营镇董家村西南 0.4 千米处。墙体先由南偏东—北偏西走向折转呈东南—西北走向，于董家村东南顺河谷折转呈东—西走向；在喜红梁村至董家村之间翻越山梁，沿前后坡谷地呈"Z"形走向折转。上接喜红梁长城 2 段，下接四喜村长城。

墙体长 1105 米，为夯筑土墙。总体保存差，其中保存差部分长 810 米、消失部分长 295 米，分别占该段墙体总长的 73.3%、26.7%。墙体分布于董家村南山丘东坡地及其与村庄之间的河槽南岸缓坡地上，处于山丘东南坡采石场及其西北部坡脚处，沿山丘的东北部环绕。郭九沟洪水经董家村南山丘与东山丘之间出沟西北流，于村南转西偏北流。现存墙体于地表呈低矮的土垄状，局部地段的墙体顶部散落有大量碎石块，底宽 3～7、顶宽 1～1.5、残存最高 2 米。前小段山丘东坡地及后小段河槽南岸的墙体，地表隆起较明显，村南一条短沟造成墙体断口，断面上显示墙体下是一层散乱的石块，其下垫一层黑垆土，其上以黄褐土夯筑墙体，较大的石块包含在夯土中，夯筑粗糙，夯层厚8~10厘米（彩图二〇）。处于郭九沟河槽西南岸折弯处的中小段墙体，洪水迂曲冲刷，导致墙体出现连续断豁。

墙体沿线调查障城1座，为董家村障城。

董家村障城（1509263531020200002）

该障城位于玫瑰营镇董家村南0.12千米处，修筑于浅缓的东西向谷地中。该障城西距半哈拉沟障城约16.5千米，两者之间原应还分布有两座障城。

障城倚长城墙体内侧修筑，利用长城墙体作为障城北墙。障城平面呈正方形，边长32米。障墙夯筑而成，南墙较高大，保存较好，顶部堆积有较多石块，底宽13、顶宽3~6、残高0.5~2米；东、西墙因开垦耕地而被推平，地表仅见略微隆起（彩图二一）。西墙疑似有门址，但已不甚清晰，方向为272°。障城内外地表未见遗物。

6. 四喜村长城（1509263823010200006）

该段长城起自玫瑰营镇董家村西南0.4千米处，止于玫瑰营镇半哈拉沟村南1.2千米处。据实地调查分析判断，原墙体应作外向折线形分布，总体呈东—西走向，上接董家村长城，下接半哈拉沟长城。

本段长城为消失段，起止点之间的直线长度为15000米。原墙体分布于董家村与半哈拉沟村之间较平缓的山南川地上，自上段翻越海拔较高的低山丘陵地带之后，转入海拔相对较低的川坡地中，北部为低山丘陵，前后有六条季节性河槽的洪水南向下泄，其中以东侧河槽为大。自董家村西南部的该段长城起点至四喜村东主河槽之间的前小段，为东高西低的东西向沟谷地，洪水向西汇入南流的主河槽，沟谷地两岸为大面积坡耕地和林地，大体可知墙体西出董家村后应作西偏北行，于高宏店村南跨越主河槽；高宏店村至望爱村东部的中小段墙体，分布于地势较平坦的川耕地上，跨过主河槽的墙体应沿西岸折回四喜村后转西行，部分墙体或被叠压在乡村道路下，或消失于耕地中；后小段消失墙体原应分布于望爱村南部耕地分隔处的东西向土路之下，该土路东接554县道，西通302乡道，墙体在乡道西侧路基下的林地中复现。依据相邻上下段墙体情况，推断该段墙体原应为土墙。554县道在望爱村东侧穿过消失段。

7. 半哈拉沟长城（1509263821010200007）

该段长城起自玫瑰营镇半哈拉沟村南1.2千米处，止于玫瑰营镇大哈拉沟村东南0.33千米处。墙体作直线分布，大体呈东南—西北走向，上接四喜村长城，下接大哈拉沟长城。

墙体长2434米，为夯筑土墙。总体保存差，其中保存差部分长2397米、消失部分长37米，分别占该段墙体总长的98.5%、1.5%。墙体在半哈拉沟村西南部较平缓的坡耕地中或地块间的分隔处延伸，现多呈略高于地表的不明显土垄状，底宽3~6、残高0.2~0.5米（彩图二二）。前、后小段墙体完全处于耕地中，隆起较低矮，濒于消失；中小段墙体部分段落被当作乡村土路，局部分布于林地中的墙体保存稍好。有河槽及道路东西向穿过墙体，导致墙体出现多处豁口。

墙体沿线调查障城1座，为半哈拉沟障城。

半哈拉沟障城（1509263531020200003）

该障城位于玫瑰营镇半哈拉沟村西南0.83千米的缓坡地上，西北距宋泉村障城6.5千米。

障城倚长城墙体内侧修筑，利用长城墙体作为障城北墙。障城平面呈正方形，边长26米。障墙为黄土夯筑，呈低矮的土垄状，底宽5~8、顶宽1~3、残高1~1.3米。南墙中部辟门，宽5米，方向为133°。障城内外均开辟为耕地，西侧为南北向农耕用土路（彩图二三）。

8. 大哈拉沟长城（1509263821010200008）

该段长城起自玫瑰营镇大哈拉沟村东南 0.33 千米处，止于集宁区白海子镇宋泉村西北 0.5 千米处。墙体作外向折线形分布，由前小段墙体的东南—西北走向折转呈后小段的东偏南—西偏北走向，上接半哈拉沟长城，下接集宁区宋泉村长城 1 段。

墙体长 5283 米，为夯筑土墙。总体保存差，其中保存差部分长 3878 米、消失部分长 1405 米，分别占该段墙体总长的 73.4%、26.6%。墙体分布于大哈拉沟与宋泉村之间偏北部低缓的丘陵坡地上，地势东北高、西南低，墙体于地表呈低矮的土垄状，底宽 3~7、残高 0.2~0.5 米。前小段墙体消失在大哈拉沟村东半部及村北耕地中，后小段墙体作西偏北行，大部分分布于林地中，隆起不明显，保存差。554 县道在大哈拉沟村北墙体拐点西侧呈东北—西南向穿过，集二（集宁—二连浩特）铁路大体呈南北向穿过墙体后小段末端，造成墙体豁口。

察哈尔右翼前旗大哈拉沟长城止点至十六号村长城 1 段起点之间，调查发现有 9 段长城墙体，在行政区划上隶属于集宁区，将在下面集宁区部分专门介绍。

9. 十六号村长城 1 段（1509263823010200009）

该段长城起自集宁区马莲渠乡高凤英村西北 2.9 千米处，止于察哈尔右翼前旗三岔口乡十六号村东 0.58 千米处。据实地调查判断，原墙体应作直线分布，呈东—西走向，上接集宁区高凤英长城 2 段，下接十六号村长城 2 段。

本段长城为消失段，起止点之间的直线长度为 1200 米。原墙体分布于十六号村东部、十四号村北部的缓坡地上，地势西北高、东南低。有相同方向的乡间道路直接叠压在墙体之上，大部分墙体因道路通行而消失，道路内侧发现有低矮的土筑墙体遗迹残存。结合相邻上下段墙体情况，推断该段墙体原应为土墙。

10. 十六号村长城 2 段（1509263821010200010）

该段长城起自三岔口乡十六号村东 0.58 千米处，止于三岔口乡小土城村东 0.97 千米处。墙体作直线分布，呈东—西走向，上接十六号村长城 1 段，下接小土城长城。

墙体长 988 米，为夯筑土墙，保存差。墙体分布于十六号村北侧，村中民房沿着长城墙体南侧修建。现存墙体高低不齐，多呈明显高于地表的土垄状，底宽 2~5、残高 0.6~1.8 米。两端的墙体保存稍好，隆起较明显；中小段有部分民房直接建在墙体上，并在墙体上挖掘有菜窖，对墙体的保存影响较大（彩图二四）。此外，有北向出村的四条土路穿过墙体。

11. 小土城长城（1509263823010200011）

该段长城起自三岔口乡小土城村东 0.97 千米处，止于三岔口乡北六洲村东北 0.2 千米处。结合地形地貌综合判断，前小段消失墙体应作直线分布，呈东—西走向，西行至十一洲村西遇山，随之转沿山脚西偏南行，进入集宁区西北部较宽阔的谷地。上接十六号村长城 2 段，下接北六洲长城 1 段。

本段长城为消失段，起止点之间的直线长度为 5300 米。原墙体分布于小土城村东西两侧坡地及其西南部西北高、东南低的山前坡地上，依据相邻上下段墙体情况，推断原墙体应为夯筑土墙。该段长城经行区域分布着小土城村、十一洲村等 4 个村庄，301 乡道贯穿其中，历史上修筑公路时，大部分墙体被改造为道路路基，加之村庄建设和农田耕种，导致墙体消失。

小土城村位于高凤英村障城、北六洲障城中间，与两者东西相距均约 6 千米。按赵北长城沿线障城设置规律推断，村中原应有障城存在，村庄由此而得名。

12. 北六洲长城 1 段（1509263821010200012）

该段长城起自三岔口乡北六洲村东北 0.2 千米处，止于北六洲村西南 1.2 千米处。墙体作直线分布，呈东偏北—西偏南走向，上接小土城长城，下接北六洲长城2段。

墙体长1400米，为黑褐土夯筑的土墙，保存差。墙体紧邻北六洲村北及其东西两侧坡地上分布，沿东偏北向延伸的谷地西北部山脚下修筑，多呈略高于地表的土垄状，底宽3～7、残高0.2～1.1米。301乡道砂石路于墙体外侧与之并行，墙体上挖掘有多处直径约1米的不规则浅坑（彩图二五）。

13. 北六洲长城2段（150926382301020013）

该段长城起自三岔口乡北六洲村西南1.2千米处，止于三岔口乡十二洲村东北1.4千米处。实地调查分析判断，原墙体应作直线分布，呈东偏北—西偏南走向，上接北六洲长城1段，下接十二洲长城1段。

本段长城为消失段，起止点之间的直线长度为5234米。原墙体分布于北六洲西南部与十二洲村东北部之间，沿东北向延伸的谷地西北部山脚下延伸。沿线有数条沟谷的洪水东南向下泄，其中以末端的马房沟为大，沟口内修筑有水库；墙体远离沟口，因此影响较小。早年修筑301乡道时将大部分长城墙体改造为公路路基，墙体由此消失；少部分墙体消失于耕地中。结合相邻上下段墙体情况，推断该段墙体原应为土墙。

墙体沿线调查障城1座，为北六洲障城。

北六洲障城（150926353102020004）

该障城位于三岔口乡北六洲村西南1.76千米处，修筑在西北高、东南低的缓坡地上，西南距十二洲障城5.52千米。

障城原应倚消失长城墙体内侧修筑，或利用长城墙体作为障城北墙。障城平面呈正方形，边长32米。障墙以黄土夯筑而成，利用作为北墙的长城墙体受道路修筑及车辆通行的影响已基本消失，西墙顶部外侧栽植一排防护林，东、南墙保存相对较好，于地表呈土垄状，底宽4～5、残高0.5～1.5米。南墙原应辟门，现已模糊不清，方向为164°。障城内部明显低凹，地表不见遗物。

14. 十二洲长城1段（150926382101020014）

该段长城起自三岔口乡十二洲村东北1.4千米处，止于十二洲村北0.46千米处。墙体作直线分布，呈东偏北—西偏南走向，上接北六洲长城2段，下接十二洲长城2段。

墙体长1182米，为黄土夯筑的土墙，保存差。墙体分布于十二洲村东北部缓坡地上，地处大西沟沟口外。导致上段墙体消失的301乡道南折进入大土城村，墙体再现，沿较宽阔的谷地作上坡行，整体较低矮，呈略高于地表的土垄状，底宽3～6、残高0.2～0.5米。前小段墙体地表隆起较明显，中小段墙体被利用为防洪坝，墙体形态由此而改变（彩图二六）；后小段墙体受大西沟山洪影响较大，因洪水冲刷而出现多处豁口。

墙体沿线调查障城1座，为十二洲障城。

十二洲障城（150926353102020005）

该障城位于三岔口乡十二洲村东北0.65千米处北高南低的缓坡地上，西临一条小水冲沟，北部正对大西沟沟口，西南距东边墙障城6.1千米。

障城倚长城墙体内侧修筑，利用长城墙体作为障城北墙。障城平面呈正方形，边长55米。障墙以黄褐土夯筑而成，轮廓比较清晰，于地表呈低矮的土垄状，底宽5～7、顶宽1～2、残存最高0.6米。南墙上堆积有较多石块，系后人于其上垒砌的石墙倒塌所致。南墙中部辟门，宽3.5米，方向为162°。障城内、外不见遗物（彩图二七）。

15. 十二洲长城2段（150926382301020015）

该段长城起自三岔口乡十二洲村北0.46千米处，止于十二洲村西北1千米处。据田野调查分析判断，原墙体应作直线分布，呈东偏北—西偏南走向，上接十二洲长城1段，下接西九洲长城。

本段长城为消失段，起止点之间的直线长度为1100米。原墙体分布于十二洲村西北部谷地中，大体处于大西沟与其西沟沟口前河槽之间，沿山前缓坡地延伸，谷地上游逐步变窄。消失段沿线为并行的一条灌渠，两侧现今皆为耕地，北侧二三十米处的耕地中，尚见有土筑墙体遗存，略微高出地表，与上下段墙体连成一线，表明该段长城因耕地开垦与耕种而消失。墙体北部山洪多发，洪水南流汇聚于十二洲村南，形成一处较大的洪水塘。

16. 西九洲长城（1509263821010200016）

该段长城起自三岔口乡十二洲村西北1千米处，止于三岔口乡西九洲村西南0.34千米处。墙体作直线分布，大体呈东偏北—西偏南走向，上接十二洲长城2段，下接西五洲长城。

墙体长1096米，为夯筑土墙，保存差。墙体紧邻西九洲村南分布，地处狭窄的谷地中，沿北高南低的缓坡地延伸，两侧为耕地。墙体低矮宽平，呈略高于地表的土垄状，底宽3~8、残高0.3~0.5米（彩图二八）。墙体北距村庄较近，有两条南向出村的土路穿过墙体，又有沿山脚分布的防洪渠斜穿通过，导致墙体出现豁口及局部消失。此外，北部山体上有数条沟谷分布，当在村落形成之前已对墙体产生了一定程度的侵害。始终于墙体外侧伴行的两条输电线路，跨越该段长城后，转于其南侧延伸。

17. 西五洲长城（1509263821010200017）

该段长城起自三岔口乡西九洲村西南0.34千米处，止于三岔口乡西五洲村西南1千米处。墙体沿山脚作直线分布，转呈东北—西南走向，上接西九洲长城，下接卓资县东边墙长城。

墙体长3000米，为夯筑土墙，保存差。墙体分布于西六洲村、西五洲村之南，地处西五洲村西河槽与圪丑坝沟沟口前冲积扇右侧边缘之间，沿山前缓坡地穿行，处于耕地地块间的交界处，于地表呈不明显的土垄状，遗迹时隐时现，总体可接续相连。现存墙体底宽3~5、残高0.2~0.6米。有农耕土路先外侧后内侧相伴行，部分地段土路叠压于墙体之上；西五洲村、西六洲村有三条东南向出村的土路垂直穿过中小段墙体；转于墙体南侧延伸的输电线路紧邻前小段墙体架设。以上诸因素，综合导致该段长城墙体保存差。

三 乌兰察布市集宁区

在调查中，将乌兰察布市集宁区境内的战国赵北长城墙体划分为9段，包括土墙6段、消失段落3段。墙体总长13176米，其中土墙长10921米、消失段落长2255米。在总长10921米的土墙中，保存差部分长10281米、消失部分长640米。

（一）长城墙体分布与走向

集宁区境内的战国赵北长城墙体，东端自察哈尔右翼前旗进入，墙体出现于白海子镇宋泉村北的宋泉村障城北侧，向西北方向延伸。穿过208国道，在东二道洼村北转西偏北行，于西二道洼村东北侧穿越G55高速公路。公路西侧的墙体仍作西偏北行，又过西二道洼村与顶兴局村之间的南北向公路，翻过顶兴局村南部低缓的山梁，再穿过顶兴局村西道路，折转向西行，旋即转向西偏南行。

墙体在三股泉村北近于直角折弯，沿低缓的谷地西北行，再于薛家村出现短距离西南折弯，复又西北行。此后，于王满红村北经过三个小段短距离的连续折转，实现由西北行直至西行的方向渐变。再经高凤英村北向西行，穿过310省道后再次进入察哈尔右翼前旗境内（地图三）。

（二）长城墙体与单体建筑保存现状

在对集宁区战国赵北长城的调查中，除划分的 9 段长城墙体外，沿线还调查障城 3 座。下面，对这些墙体段落和单体建筑分作详细描述。

1. 宋泉村长城 1 段（150902382101020001）

该段长城起自白海子镇宋泉村西北 0.5 千米处，止于宋泉村西北 1.6 千米处。墙体作直线分布，呈东南—西北走向，上接察哈尔右翼前旗大哈拉沟长城，下接宋泉村长城 2 段。

墙体长 1275 米，为夯筑土墙。总体保存差，其中保存差部分长 1245 米、消失部分长 30 米，分别占该段墙体总长的 97.6%、2.4%。墙体分布于宋泉村西北部，大体处于集二（集宁—二连浩特）铁路与 208 国道之间，沿地势较平缓的川地穿行，绝大部分地段墙体呈较明显的土垄状，底宽 3～5.5、残高 0.2～0.6 米。前小段墙体较低矮，局部墙体之上树立有网围栏水泥桩，有砂石路于宋泉村西北部南北向穿过，导致墙体出现豁口（彩图二九）。后小段墙体呈明显的土垄状，墙体顶部植被稀少，因风蚀而形成多处"塔头墩"（彩图三〇）。一条土路于内侧紧伴墙体而行，至中间穿过墙体转西北行与 208 国道连接。

墙体沿线调查障城 1 座，为宋泉村障城。

宋泉村障城（150902353102020001）

该障城位于白海子镇宋泉村北 0.1 千米处，修筑在西高东低的缓坡地上，北距宋泉长城 1 段墙体起点 0.13 千米，西偏北距顶兴局障城 4.73 千米。

障城平面呈正方形，边长 30 米。障墙以黄褐土夯筑，整体保存较好，于地表呈高大的土垄状，底宽 12～16、残高 2～4 米。四面墙体上均挖掘有菜窖坑，以西墙顶部最为密集，对障城造成一定程度的破坏。东墙南部暴露出夯层，厚 10～15 厘米，夯土中包含有细小的白色砂砾。东墙中部辟门，宽 8 米，方向为 112°（彩图三一、三二）。地表见有泥质素面灰陶片，器形难辨。

2. 宋泉村长城 2 段（150902382301020002）

该段长城起自白海子镇宋泉村西北 1.6 千米处，止于宋泉村西北 1.9 千米处。据田野调查分析判断，原墙体应作直线分布，呈东南—西北走向，上接宋泉村长城 1 段，下接宋泉村长城 3 段。

本段长城为消失段，起止点之间的直线长度为 240 米。原墙体分布于宋泉村西北部平缓的坡地上，208 国道垂直穿过，墙体消失于国道及其两侧的灌木林地中。国道两侧为绿化地，树木稀疏、低矮，地表或可分辨土筑墙体的残迹，仅见略微隆起，几乎与地表持平。

3. 宋泉村长城 3 段（150902382101020003）

该段长城起自白海子镇宋泉村西北 1.9 千米处，止于马莲渠乡西二道洼村东 1.1 千米处。墙体作外向折线形分布，由东南—西北走向折转呈东偏南—西偏北走向，上接宋泉村长城 2 段，下接二道洼长城。

墙体长 1620 米，为夯筑土墙。总体保存差，其中保存差部分长 1600 米、消失部分长 20 米，分别占该段墙体总长的 98.8%、1.2%。墙体分布于东二道洼村北部低缓的南北向山梁两侧坡地上，在较平缓的丘陵川地中穿行，大多数地段墙体呈较明显的土垄状，底宽 3.5～8、残高 0.2～1 米（彩图三三）。墙体两侧现为耕地，后小段作下坡行的墙体较低矮，农耕时节其上亦走家用车，导致墙体逐渐萎缩（彩图三四）。连接东二道洼与新湾子村的南北向砂石路修筑于山梁顶部，导致后小段墙体出现豁口。砂石路东侧墙体上生长有杨树数棵。

4. 二道洼长城（150902382301020004）

该段长城起自马莲渠乡西二道洼村东1.1千米处，止于西二道洼村北0.18千米处。据实地调查分析判断，原墙体应作直线分布，呈东偏南—西偏北走向，上接宋泉村长城3段，下接顶兴局长城1段。

本段长城为消失段，起止点之间的直线长度为1200米。原墙体分布于西二道洼村东北部，应沿低缓的丘陵坡谷地延伸，沿线林地与耕地交织，G55（二连浩特—广州）高速公路自该段墙体中间斜穿，两侧路旁林中地表也不见墙体痕迹；林带边缘有土路与公路并行，路基东侧林带外有东西向土路接入，其外侧紧邻土路见有土筑墙体残留；再往东的墙体，消失于耕地中。

5. 顶兴局长城1段（150902382101020005）

该段长城起自马莲渠乡西二道洼村北0.18千米处，止于马莲渠乡顶兴局村西南1.1千米处。墙体末端作外向折线形分布，由东偏南—西偏北走向转为东—西走向，上接二道洼长城，下接顶兴局长城2段。

墙体长2096米，为夯筑土墙。总体保存差，其中保存差部分长2026米、消失部分长70米，分别占该段墙体总长的96.7%、3.3%。墙体分布于二道洼村北与顶兴局村西南部之间较平缓的坡地上，沿线被开辟为林地或小片耕地，墙体处于地块间的交界处，大多数段落呈低矮的土垄状，底宽3~5、残高0.2~0.6米（彩图三五）。连接西二道洼村与顶兴局村、三成局村与郭家村之间的南北向砂石路穿过墙体；有两条窄小的洪水冲沟东南向下泄，穿过墙体后汇入西二道洼村中；东西行的后小段墙体外侧挖掘了一道水渠，上述因素导致墙体保存差甚或局部消失。

墙体沿线调查障城1座，为顶兴局障城。

顶兴局障城（150902353102020002）

该障城位于马莲渠乡顶兴局村东南0.68千米的缓坡地上，西偏北距高凤英村障城5.82千米。

障城倚长城墙体内侧修筑，利用长城墙体作为障城北墙。障城平面呈正方形，边长55米。障墙以黄褐土夯筑而成，轮廓较为明显，于地表呈土垄状，底宽10~15、残高1~2.5米。南墙中部辟门，宽5米，方向为184°。障城内部较为平坦（彩图三六），地表见有泥质灰陶、黑灰陶素面陶片，器形难辨。

6. 顶兴局长城2段（150902382101020006）

该段长城起自马莲渠乡顶兴局村西南1.1千米处，止于马莲渠乡三股泉村北0.39千米处。墙体作直线分布，呈东偏北—西偏南走向，上接顶兴局长城1段，下接三股泉长城。

墙体长1000米，为夯筑土墙。总体保存差，其中保存差部分长540米、消失部分长460米，分别占该段墙体总长的54%、46%。墙体分布于三股泉村东北部低缓的丘陵谷地中，起点处为墙体折点，由上段的东西走向折转向西偏南行，止点亦为墙体折点。中小段墙体分布于低洼地中，于地表呈低矮的土垄状，底宽3~7、残高0.2~0.5米。前小段墙体因道路施工而破坏，后小段墙体则直接消失于耕地之中，北出三股泉村的道路自墙体止点处穿过。

7. 三股泉长城（150902382101020007）

该段长城起自马莲渠乡三股泉村北0.39千米处，止于马莲渠乡高凤英村东北1.1千米处。墙体作内外折线形分布，起点由上段的东偏北—西偏南走向折转呈东南—西北走向；中小段又经局部的西南向直角折转，与顶兴局长城2段大体构成"Z"形墙体布局；后小段作外向折线形分布，末端转呈东—西走向。上接顶兴局长城2段，下接高凤英村长城1段。

墙体长2325米，为夯筑土墙，总体保存差。墙体分布于三股泉村西北部，先在三股泉村北沿较缓的谷地西北行，经薛家村北作长125米的西南向折转，于此形成90°折弯；旋即又沿缓坡地转向西北行，在王满红村北通过三段较小的墙体折弯，于高凤英村北转呈东—西走向。墙体于地表呈较明显的土垄状，底宽 2~6、残高 0.3~0.8 米。前、中小段分布于谷地中的墙体两侧局部被开垦为耕地，耕地中捡出的石块丢弃在墙体上，对墙体的保存影响较大（彩图三七）；后小段墙体分布于坡地上，受人为因素影响较小。

8. 高凤英村长城 1 段（1509023823010200008）

该段长城起自马莲渠乡高凤英村东北 1.1 千米处，止于高凤英村北 0.88 千米处。据地表保存的信息及地形地貌判断，原墙体应作直线分布，呈东—西走向，上接三股泉长城，下接高凤英村长城 2 段。

本段长城为消失段，起止点之间的直线长度为 815 米。原墙体分布于高凤英村北部北高南低的缓坡地上，所经区域开辟为圆圈形灌溉耕地，墙体处于圈灌地的北半部，农田耕种导致该段长城大部分墙体消失；耕地中尚可见到长城遗存的影子，土色明显与两侧耕地有别；其东侧仍有土筑墙体的痕迹，略微隆起于地表，调查时划入消失段。

9. 高凤英村长城 2 段（1509023821010200009）

该段长城起自马莲渠乡高凤英村北 0.88 千米处，止于高凤英村西北 2.9 千米处。墙体作直线分布，呈东—西走向，上接高凤英村长城 1 段，下接察哈尔右翼前旗十六号村长城 1 段。

墙体长 2605 米，为夯筑土墙。总体保存差，其中保存差部分长 2545 米、消失部分长 60 米，分别占该段墙体总长的 97.7%、2.3%。墙体分布于高凤英村西北部、十四号村东北部缓坡地上，地势西北高、东南低，大部分墙体呈低矮的土垄状，轮廓与走向可分辨，现存墙体底宽 3~6、顶宽 1~2、残高 0.2~0.8 米。一条乡间砂石路在北侧与墙体并行，两侧皆为耕地；310 省道呈东南—西北向斜穿后小段墙体，其东侧有取土坑，造成部分墙体消失。此外，与之并行的道路修筑及农田耕种的影响，是导致该段墙体保存差的主要原因。

墙体沿线调查障城 1 座，为高凤英村障城。

高凤英村障城（1509023531020200003）

该障城位于马莲渠乡高凤英村西北 1.1 千米的平坦地势之上，西距北六洲障城 11.45 千米。位于北六洲障城与高凤英村障城之间的小土城障城已消失不见。

障城倚长城墙体内侧修筑，利用长城墙体作为障城北墙。障城平面呈长方形，东西 40、南北 35 米。障墙以黄褐土夯筑而成，夯层厚 8~10 厘米。一条土路贴近北墙穿城而过，北墙在修路过程中大部分被破坏；东、西墙保存相对较好，呈明显的土垄状，底宽 3~6、残存最高 1.5 米；南墙保存较差，中部辟门，宽约 8 米，方向为 180°。障城中部有一座长方形建筑台基，以黄褐土夯筑而成，北部有近年人为挖掘的深坑。障城内外现均被开垦为耕地，地表不见遗物（彩图三八）。

四 乌兰察布市卓资县

在调查中，将卓资县境内的战国赵北长城墙体划分为 39 段，包括土墙 22 段、石墙 1 段、消失墙体 16 段。墙体总长 73797 米，其中土墙长 15580 米、石墙长 1100 米、消失段长 57117 米。在总长 15580 米的土墙中，保存较差部分长 1289 米、差部分长 13241 米、消失部分长 1050 米；1100 米石墙保存均较差。

（一）长城墙体分布与走向

赵北长城墙体自察哈尔右翼前旗伸入卓资县巴音锡勒镇东边墙村东北部，旋即消失。经由东边墙村中东南缘西南行，过前滩村中、正边墙村东南边缘，又西南行穿过小山子村、勇士村，于西边墙村北缘东北流的冲沟东岸墙体出现。此后，墙体断续西南行，直奔汗海梁山北沟口而去，路经西湾子村南，沿沟谷河槽西坡地弯曲延伸，通过山垭口翻越汗海梁山。翻过山梁的墙体复沿南坡谷地作西南向下坡行，于共和村东南部跨过大海沟，顺谷地河槽西岸转南偏西行，过后卜子村西沟，又翻越低矮的山印梁，墙体随之消失在山印梁村中及其南北坡地上。于山印梁南沟西岸坡地上复现的墙体稍作南行，转呈南偏西下坡行，经边墙村西，山势逐渐由陡变缓；其后，在边墙村与郭家沟村之间的沟谷中又出现较短的消失段。墙体于郭家沟村北沟南岸再现，过郭家沟村西沟作西偏南上坡行，再次翻越一道低矮的山梁，沿山梁南坡两沟之间的山脊作下坡行；过少岱沟又西南行，翻过少岱沟与三道沟之间的山梁末端，墙体复又消失于三道沟沟口内侧的冲沟东岸。

长城跨沟谷、翻山梁，一路奔向卓资山盆地。在盆地北缘及其两翼发生10.4千米的长距离消失，整体呈较大的"U"状分布。原墙体过三道沟、二道沟和头道沟沟口，经公爷庙村进入卓资山盆地，这一区域地形复杂，山势陡峭，盆地内有大黑河蜿蜒穿行。进入盆地的墙体当沿山脚转西行，经新友联村北、前西营子村北，于坝沟子村北转西北行拐入大黑河谷地，大体顺河谷外侧坡地弯曲穿行；仅于泉子梁村南部的大黑河东岸发现有较短的一段南北向墙体遗存，其后再次消失于泉子梁村中。消失的墙体大略经泉子梁村西部小沟谷西行，复入大黑河谷地，经东圪旦村，穿京包（北京—包头）铁路，大略经范家圪旦村南西北行，过纪家湾转西行，再现于苏木庆湾村西小河槽西岸边，前后消失约9.3千米。在后营子村东南约0.4千米处墙体再现，长城走势随山体而逐渐变缓，沿大青山南麓山脚下的大黑河北岸坡地断断续续延伸近0.9千米后又消失不见。大体过中营子村，于北营子村折向西行，过上三道营村，至六道沟村西复现，这部分墙体大体于京包铁路外侧沿山脚环绕。墙体经三道营村北缘西行，时隐时现，至大西村东侧的坝沟沟口再次消失。消失的墙体过坝沟当转西南行，沿平顶山东南部山脚下环绕，大抵处于京包铁路下；过头道营村，在村西又见。墙体沿平顶山南麓山脚西偏北行，又转西行，经五福堂村北、偏关卜村北、伏虎村北，至旗下营镇所在的较大沟口时消失。墙体复现于察哈少村东北部坡地上，西南向延伸150米后又消失在察哈少山与那只亥村所在沟口之间。消失的墙体当沿大梁山山脚下环绕，穿过那只亥沟口，于村西山脚下复又发现墙体遗迹，西南行伸入呼和浩特市赛罕区境内（地图四）。

（二）长城墙体与单体建筑保存现状

在对卓资县战国赵北长城的调查中，除划分的39段长城墙体外，沿线还调查障城10座，初步推断还有消失障城7座。其中，调查的10座障城中8座为单纯的战国障城，而桌子山障城、察哈少障城为战国始筑汉代沿用的障城。下面，对这些墙体段落和单体建筑分作详细描述。

1. 东边墙长城（150921382301020001）

该段长城起自察哈尔右翼前旗三岔口乡西五洲村西南1千米处，止于卓资县巴音锡勒镇西边墙村东北0.12千米处。据地形地貌判断，原墙体大体应作直线分布，呈东北—西南走向，上接察哈尔右翼前旗西五洲长城，下接西边墙长城1段。

本段长城为消失段，起止点之间的直线长度为12885米。原墙体沿较宽阔的谷地作西南向上坡行，西北部为高山，东南部为低山丘陵，谷地中村庄密集分布，起点处称东边墙村，止点处谓西边墙村，当中是正边墙村，皆以长城命名，表明该段长城历史上曾经存在。该段墙体沿线先后有圪丑坝沟、阿斯嘎沟、小公沟、泉子沟和唐贡沟等较大的沟谷分布，洪水东南向下泄，早期的洪水冲刷应是造成该段墙体消失的主要因素。此外，东边墙、前滩、小山子和勇士诸村大体处于原长城分布线上，村落建设也是导致墙体消失的因素之一。调查判断，前小段消失墙体大抵分布于早年修筑的砂石路之下，两侧为坡耕地；小山子村与西边墙村之间的后小段墙体，或消失于耕地中，或部分消失于553县道下。前小段沿线发现有土筑障城，勇士村内东部、553县道南侧发现一段与公路平行延伸的略微隆起的墙体遗迹，止点处小冲沟的洪水东北向冲刷，其南侧也有土筑墙体残留。上述迹象均表明该段墙体原应为土墙。

墙体沿线调查障城2座，为东边墙障城、小山子障城。

东边墙障城（150921353102020001）

该障城位于巴音锡勒镇东边墙村东北1.6千米处，地处西五洲村与东边墙村之间的圪丑坝沟沟口冲积扇上，西南距小山子障城6.9千米。

障城原应倚长城墙体内侧修筑，或利用长城墙体作为障城北墙。障城平面呈长方形，东西52、南北45米。北墙遭砂石路叠压破坏，其他三面障墙以黄褐土夯筑，呈明显高于地表的土垄状，底宽2~4、残存最高0.7米。西墙中部辟门，宽4.5米，方向为238°（彩图三九）。障城内外均开垦为耕地，地表不见遗物。

小山子障城（150921353102020002）

该障城位于巴音锡勒镇小山子村东北约1千米的平坦耕地之中，西南距西边墙障城5.6千米。

障城北侧为一条大约呈东西走向的乡间土路，该土路原应修筑于长城墙体之上。障城原应倚长城墙体内侧修筑，利用原长城墙体作为障城北墙。障城其他三面墙体现已为耕地完全破坏无存，当地村民仍称这一区域为"小城子"。耕地间的分界线上散布大量陶片、瓦片等遗物。瓦片有筒瓦、板瓦等，内腹多饰细绳纹。大量筒瓦、板瓦的散布，显示该障城的原始规模较大。

2. **西边墙长城1段**（150921382101020002）

该段长城起自巴音锡勒镇西边墙村东北0.12千米处，止于西边墙村西南0.58千米处。墙体作直线分布，呈东北—西南走向，上接东边墙长城，下接西边墙长城2段。

墙体长710米，为黄土夯筑的土墙，保存差。墙体分布于西边墙村西北缘的缓坡地上，大体处于村东北冲沟拐弯处与村西弯曲延伸的土路之间，于地表呈低矮的土垄状，底宽2~4、顶宽0.3~3、残高0.3~0.8米。村东北部墙体起点处一股洪水流自西北来，垂直冲击在墙体上，而后转东北流，汇入勇士村与西边墙村之间的洪水河道；553县道在墙体外侧与之并行，前后有三条西北向出村的土路穿过墙体与县道连接；大部分民房依墙体修筑，其中一座民房的后墙直接修筑在墙体上（彩图四〇）；前小段墙体顶部有村民挖掘的菜窖。上述因素对墙体的保存影响较大。

墙体沿线调查障城1座，为西边墙障城。

西边墙障城（150921353102020003）

该障城位于巴音锡勒镇西边墙村中北部，西南距后卜子障城5.13千米。

障城倚长城墙体内侧修筑，利用长城墙体作为障城北墙。障城平面呈正方形，边长35米。障墙夯筑而成，北墙与南墙西半部保存较好，于地表呈明显的土垄状，底宽4、顶宽1~1.5、残高1.5~2米（彩图四一）；东墙及南墙东半部保存差，局部裸露夯层，可见筑墙用土为黄褐土，夯层厚10~15厘米。门址不清。障城西、南侧紧邻民房，障城内及其北侧现为耕地。

3. **西边墙长城2段**（150921382301020003）

该段长城起自巴音锡勒镇西边墙村西南0.58千米处，止于西边墙村西南0.9千米处。调查分析判断，原墙体应作直线分布，呈东北—西南走向，上接西边墙长城1段，下接西边墙长城3段。

本段长城为消失段，起止点之间的直线长度为310米。原墙体分布于西边墙村西部，553县道南侧坡地上，所在地势西北高、东南低。墙体沿线水冲沟的不断扩大，是导致墙体消失的主要原因。

4. 西边墙长城3段（150921382101020004）

该段长城起自巴音锡勒镇西边墙村西南0.9千米处，止于西边墙村西南1.1千米处。墙体作直线分布，呈东北—西南走向，上接西边墙长城2段，下接胜利长城1段。

墙体长230米，为黄褐土夯筑的土墙，保存差。墙体分布于西边墙村西南部西南高、东北低的缓坡地上，作上坡行。起点处因洪水冲刷而形成垂直于地表的断面，夯层清晰，厚8厘米。墙体呈低矮的土垄状，大部分地段隆起较明显，因洪水顺墙体外侧冲刷而断续相连，底宽1~6、残存最高1.2米；断面处测得墙体残高2米，有部分墙体现处于地表之下。墙体经行区域内侧现为耕地，外侧紧邻洪水河道，水量大时直接冲刷在墙体上（彩图四二）。冲沟外侧有553县道并行。

5. 胜利长城1段（150921382301020005）

该段长城起自巴音锡勒镇西边墙村西南1.1千米处，止于巴音锡勒镇胜利村西北0.4千米处。原墙体应作直线分布，呈东北—西南走向，上接西边墙长城3段，下接胜利长城2段。

本段长城为消失段，起止点之间的直线长度为200米。原墙体分布于胜利村北部缓坡地上，处于耕地的西北边缘地带，外侧为东北向而流的浅缓的洪水河槽，农田耕种与水土流失导致该段墙体消失。北出胜利村的土路穿过消失段与553县道相接，土路西侧有残存的土筑墙体痕迹。结合相邻上下段墙体情况，推断该段墙体原应为土墙。

6. 胜利长城2段（150921382101020006）

该段长城起自巴音锡勒镇胜利村西北0.4千米处，止于巴音锡勒镇西湾子村东0.45千米处。墙体作直线分布，呈东北—西南走向，上接胜利长城1段，下接西湾子长城1段。

墙体长1144米，为夯筑土墙，夯层厚8~11厘米。墙体保存差。墙体分布于胜利村西北部西南高、东北低的坡谷地上，处于耕地地块间的交界处，大部分地段呈低矮的土垄状，少部分因农田耕种几乎被夷平。现存墙体底宽3~6、残存最高0.5米（彩图四三）。墙体外侧有一条与墙体并列的洪水冲沟，自西南向东北流，河道作"S"形内外弯曲冲刷，从而造成中小段墙体出现三处断豁。受洪水冲刷、农田耕种、农耕路通行以及修筑水渠、打井等多方面因素影响，导致墙体总体保存差。冲沟北侧为553县道，大体与该段长城并行，连接胜利村与西湾子村的土路东西向穿过后小段墙体。

7. 西湾子长城1段（150921382301020007）

该段长城起自巴音锡勒镇西湾子村东0.45千米处，止于西湾子村南0.3千米处。原墙体应作直线分布，呈东北—西南走向，上接胜利长城2段，下接西湾子长城2段。

本段长城为消失段，起止点之间的直线长度为662米。原墙体分布于西湾子村东南部，地处紧邻村庄的汗海梁山北麓山脚地带，应作上坡行。前小段墙体消失于耕地中；西湾子村南沟的洪水出沟后转东北向弯曲下泄，冲毁后小段墙体；冲沟东岸见有局部土筑墙体残留。结合相邻上下段墙体情况，推断原墙体应为土墙。

8. 西湾子长城2段（150921382101020008）

该段长城起自巴音锡勒镇西湾子村南0.3千米处，止于西湾子村西南1.14千米处。墙体略作"S"形内外弯曲分布，总体呈东北—西南走向，上接西湾子长城1段，下接共和长城1段。

墙体长936米，为夯筑土墙。总体保存较差，其中保存较差部分长544米、差部分长352米、消失部分长40米，分别占该段墙体总长的58.1%、37.6%和4.3%。墙体分布于西湾子村南沟及其西南岔沟谷地中，止点处为西湾子村与共和村之间的汗海梁山垭口，高程1730米。墙体沿南高北低的沟谷地西岸长坡地作上坡行，前小段墙体东临冲沟，西为条状坡耕地，明显隆起于地表，现存墙体底宽4~5、顶宽1~2、残高1.5~2米（彩图四四）。后小段墙体转西南行，离开南沟岸爬上西坡地，直奔汗海梁山坳而去，总体呈低矮的土垄状，底宽4~5、顶宽2~3、残高0.5~0.8米（彩图四五）。中小段墙体西侧山体上有水冲沟，洪水东向下泄，造成墙体消失。山洪冲刷及农田耕种对墙体的保存影响较大。

9. 共和长城1段（150921382301020009）

该段长城起自巴音锡勒镇共和村东1千米处，止于共和村东南0.43千米处。墙体略作外向折线形分布，由东偏北—西偏南走向折转呈东北—西南走向，上接西湾子长城2段，下接共和长城2段。

墙体长704米，为夯筑土墙，保存差。墙体分布于共和村东坡地上，沿汗海梁南麓西南向延伸的沟谷地南半坡作下坡行。沟谷上缘的前小段墙体内侧因水土流失而被淤平，几乎与坡地融为一体；墙体外侧较明显，呈外高内低的高坡状隆起。中小段墙体呈较高的土垄状，两侧临沟，其上架设一排通讯线杆（彩图四六）。后小段墙体顶部被铲平，墙体上栽植了小树。现存墙体底宽6~7、顶宽3~4、残高0.5~3.5米。该段墙体北侧紧邻沟谷，南部现为坡耕地，一条冲沟的洪水西北向下泄，遇墙体后于内侧转西南流，汇入主河槽，最终导致下段墙体消失。

10. 共和长城2段（150921382301020010）

该段长城起自巴音锡勒镇共和村东南0.43千米处，止于共和村东南0.95千米处。原墙体应作直线分布，呈北偏东—南偏西走向，上接共和长城1段，下接后卜子长城1段。

本段长城为消失段，起止点之间的直线长度为733米。原墙体分布于共和村东南部的大海沟谷地中，沿南偏西向延伸的沟谷底部修筑。源自汗海梁山南麓的三条冲沟洪水于该段墙体起点处汇聚，南偏西向迂曲冲刷，造成墙体消失；沟谷、坡地皆为耕地，地表不见墙体痕迹。依据相邻上下段墙体情况，推断原墙体应为土墙。

11. 后卜子长城1段（150921382101020011）

该段长城起自巴音锡勒镇后卜子村北0.68千米处，止于后卜子村西北0.5千米处。墙体作内向折线形分布，大体呈东北—西南走向，上接共和长城2段，下接后卜子长城2段。

墙体长585米，为红褐土夯筑的土墙，保存差。墙体分布于后卜子村北部较高的圆山南麓山脚下，处于大海沟与东营堂村东沟之间，沿山前低缓的山梁两侧坡地延伸，先作西南行，绕过山体后转西偏南行。墙体于地表呈低矮的土垄状，底宽7~8、顶宽2~3、残高1~2米。前小段墙体呈较高的土垄状，轮廓与走向清晰（彩图四七）；后小段墙体地表隆起较低矮，部分墙体因农耕而破坏；末端墙体外侧有小冲沟，直接威胁墙体安全。东营堂村所在沟谷的洪水东南向下泄，北岸为该段墙体止点。

墙体沿线调查障城1座，为后卜子障城。

后卜子障城（150921353102020004）

该障城位于巴音锡勒镇后卜子村北0.43千米处，修筑在圆山前的低缓山梁上，东临大海沟，西临东营堂东沟，西南距边墙村障城3.34千米。

障城倚长城墙体内侧修筑，利用长城墙体作为障城北墙。障城平面呈不规则长方形，北墙长46米，南墙长58米，东、西墙长53米。障墙用褐土夯筑而成，呈明显隆起于地表的土垄状，底宽10、顶宽2~3、残高2米。南墙中部辟门，坍塌堆积略向外凸出，门宽约6米，方向为132°。障城内外均为耕地，地表未见遗物（彩图四八、四九）。

12. 后卜子长城2段（150921382101020012）

该段长城起自巴音锡勒镇后卜子村西北0.5千米处，止于后卜子村西南0.8千米处。墙体作直线分布，呈北偏东—南偏西走向，上接后卜子长城1段，下接山印梁长城1段。

墙体长875米，为夯筑土墙。总体保存差，其中保存差部分长650米、消失部分长225米，分别占该段墙体总长的74.3%、25.7%。墙体分布于后卜子村西部浅缓的谷地中，沿坡谷地作上坡行，于地表呈低矮的土垄状，底宽6~8、顶宽2~3、残高1~1.5米。墙体起点处为东营堂村东沟谷，山洪冲刷造成90米墙体消失；墙体断面处夯层裸露，以黑土和黄褐土交替夯筑，夯层厚10~15厘米。中小段墙体下缘两侧为耕地，上缘两侧为灌木林地，地表隆起均较低矮；外侧冲沟的洪水北偏东向下泄，对墙体的破坏较大。后小段墙体位于平缓的山梁之上，墙体轮廓与走向较清晰（彩图五〇）。

13. 山印梁长城1段（1509213823010200013）

该段长城起自卓资山镇山印梁村北偏东0.37千米处，止于山印梁村南偏西0.58千米处。原墙体大体应作直线分布，呈东北—西南走向，上接后卜子长城2段，下接山印梁长城2段。

本段长城为消失段，起止点之间的直线长度为960米。原墙体分布于山印梁村中及其南、北部坡地上，中小段墙体因村落建设而消失；前小段墙体原分布于村北山梁上，北出村庄的土路大体处于原墙体分布位置；后小段墙体原分布于村南坡地上，山洪冲刷与水土流失造成墙体消失。末端坡地上见有小段土筑墙体痕迹，结合当地地形与相邻上下段墙体情况，推断原墙体应为土墙。

14. 山印梁长城2段（1509213821010200014）

该段长城起自卓资山镇山印梁村南偏西0.58千米处，止于山印梁村南偏西1.8千米处。墙体作内向折线形分布，由北—南走向折转呈北偏东—南偏西走向，上接山印梁长城1段，下接边墙村长城1段。

墙体长1226米，为夯筑土墙。总体保存较差，其中保存较差部分长620米、差部分长606米，分别占该段墙体总长的50.6%、49.4%。墙体沿北高南低的长坡地前行，前小段墙体大部分处于耕地中，于地表呈低矮的土垄状，底宽1.5~3、残高0.1~0.5米；后小段墙体处于地块间的交界地带，地表隆起较明显，底宽2~7.5、残高0.5~1.2米（彩图五一）。农田耕种以及附近村民在长城上取土，对墙体的保存影响较大。

15. 边墙村长城1段（1509213821010200015）

该段长城起自卓资山镇边墙村北偏西0.14千米处，止于边墙村西南0.29千米处。墙体作直线分布，呈北偏东—南偏西走向，上接山印梁长城2段，下接边墙村长城2段。

墙体长325米，为土墙，保存差。墙体分布于边墙村西侧的坡梁上，沿东北高、西南低的坡地作下坡行，处于耕地间的交界处，于地表呈低矮的土垄状，外侧有乡村道路紧邻墙体而行。前后小段墙体均呈不明显的土垄状，仅可辨别其走向；中小段墙体隆起较明显，底宽2~3、残高0.2~0.5米（彩图五二）。墙体止点处断面上可见明显夯层，以黑、黄色土混合夯筑，中间夹杂有红黏土层，夯层厚8~10厘米。该段墙体末端的土路与墙体之间，近年形成宽约1.5米的小冲沟，对墙体的威胁较大。

墙体沿线调查障城1座，为边墙村障城。

边墙村障城（1509213531020200005）

该障城位于卓资山镇边墙村西北0.07千米处，西南距桌子山障城6.7千米。

障城倚长城墙体内侧修筑，利用长城墙体作为障城北墙。障城平面呈正方形，边长30米。障墙夯筑而成，北、东墙及南墙东半部保存稍好，于地表呈较明显的土垄状，底宽2~5、顶宽2、残高1~1.5米。南墙西半部及西墙已被夷平，辟为耕地，地表无痕迹。门址辟于南墙中部，方向为125°（彩图五三）。

16. 边墙村长城 2 段（150921382301020016）

该段长城起自卓资山镇边墙村西南 0.29 千米处，止于卓资山镇官营盘村北 0.24 千米处。原墙体应作直线分布，呈北偏东—南偏西走向，上接边墙村长城 1 段，下接官营盘长城 1 段。

本段长城为消失段，起止点之间的直线长度为 500 米。原墙体分布于边墙村与郭家沟村之间较宽阔的谷地中，中小段墙体所在谷底为季节性河槽，洪水东南流，两岸栽植密集的杨树，南岸有砂石路沿谷地通行；处于两岸坡地上的前、后小段墙体均消失于坡耕地中。依据相邻上下段墙体情况，推断该段墙体原应为土墙。

17. 官营盘长城 1 段（150921382101020017）

该段长城起自卓资山镇官营盘村北 0.24 千米，止于官营盘村西南 0.68 千米。墙体略作"S"形内外折弯分布，大体呈东北—西南走向，上接边墙村长城 2 段，下接官营盘长城 2 段。

墙体长 840 米，为夯筑土墙。总体保存差，其中保存差部分长 800 米、消失部分长 40 米，分别占该段墙体总长的 95.2%、4.8%。墙体分布于郭家沟村、官营盘村所在谷地的西梁上，沿坡地作上坡行，墙体于地表呈低矮的土垄状，轮廓与走向较清晰，底宽 1.8~6.5、残高 0.3~0.6 米。中小段墙体内外侧均为坡耕地，耕地中捡拾出来的小卵石堆积于墙体上（彩图五四）。郭家沟村西部的冲沟洪水由西向东流，穿过中小段墙体，导致墙体消失；另有一条宽约 15 米的冲沟自梁顶顺坡而下，于外侧伴随着后小段墙体，洪水东北流汇入东西向冲沟中，洪水冲刷造成墙体出现多处断豁。

18. 官营盘长城 2 段（150921382102020018）

该段长城起自卓资山镇官营盘村西南 0.68 千米处，止于卓资山镇少岱沟东村东南 0.11 千米处。墙体沿山梁略作外向折弧形分布，由北偏东—南偏西走向折转呈北—南走向，上接官营盘长城 1 段，下接少岱沟长城。

墙体长 1100 米，为石墙，系两侧垒砌石块、中间夯土修筑而成，保存较差。墙体分布于少岱沟村北部山梁上，沿山梁脊部作下坡行，至下缘顺山梁转南行，大部分地段呈较高的土石垄状，底宽 3.5~10、残高 0.7~3 米。东西两侧坡地均被辟为绿化地，生长着稀疏低矮的柠条；坡底为沟壑，洪水南偏西向下泄，汇入少岱沟村南谷地中的主河槽。当地村民建房、垒砌院墙，将较大的筑墙石块运走，导致墙体总体保存较差（彩图五五）。

19. 少岱沟长城（150921382101020019）

该段长城起自卓资山镇少岱沟东村东南 0.11 千米处，止于少岱沟东村西南 1.3 千米处。墙体略作内向折弧形分布，呈东北—西南走向，上接官营盘长城 2 段，下接义丰长城。

墙体长 1200 米，为夯筑土墙。总体保存差，其中保存差部分长 700 米、消失部分长 500 米，分别占该段墙体总长的 58.3%、41.7%。墙体分布于少岱沟东村与三道沟之间东南向伸出山梁的末端顶部及其南北坡地上，起点在少岱沟东村东南部的少岱沟北坡地上，止点在三道沟沟口内侧东岸边。现存墙体明显隆起于地表，底宽 5~10、残高 1~1.3 米。山梁顶部及南坡上缘的中小段墙体保存稍好，轮廓与走向较清楚，墙体两侧为灌木林地，中间穿插有少部分梯田，有土路在外侧与墙体并行（彩图五六）；前小段有部分墙体处于少岱沟村南谷地中，因洪水冲刷而消失；后小段山梁南坡下缘的局部墙体，为现代墓葬破坏。一条土路自营盘村附近的 578 县道北向岔出，穿过后小段墙体后东北行，道路局部叠压在长城墙体之上。

20. 义丰长城（150921382301020020）

该段长城起自卓资山镇少岱沟东村西南 1.3 千米处，止于梨花镇义丰村西北 1.9 千米处。结合地形地貌分析判断，原墙体应作内向"U"形分布，由东北—西南走向折转呈东南—西北走向，上接少岱沟长城，下接泉子梁长城1段。

本段长城为消失段，起止点之间的直线长度为10400米。原墙体分布于卓资山镇北部山脚下及其西北部呈"S"形弯曲延伸的大黑河谷地中，依据相邻上下段墙体情况，推断该段墙体原应为土墙。长城墙体自东北翻山越岭而来，穿过三道沟、二道沟和头道沟沟口，进入卓资山盆地，通过谷地环绕其北部的群山。原墙体大体应沿卓资山盆地北缘行进，先应作西南行经头号村北，过公爷庙村，在卓资山镇北郊折转呈东西向沿大青山南麓坡脚行，经新友联村、前西营子村北部山脚，在坝沟子村东北部转西北行，进入狭窄的大黑河谷地，沿谷地北岸蜿蜒西北行，于义丰村西北谷地东岸、京包铁路东侧复现，京包铁路的走向大抵与该段长城走向重合。

墙体沿线调查障城2座，为桌子山障城、城卜子障城。

桌子山障城（150921353102020006）

该障城位于卓资山镇北侧桌子山山顶之上，山下为东西流向的大黑河。障城处于山顶南部的一块平坦台地上，从障城南墙之上远眺，东西两侧的大黑河河道尽收眼底。西南距城卜子障城3.5千米。

障城平面呈正方形，边长70米。障墙以土夯为主，个别地段夹有石块，底宽25～30、顶宽2～5、残高4～6米。南墙中部辟门，宽约5米，方向为173°。城内自东北角和西北角向城门处各挖一条壕沟通向城外，堆土于壕沟两侧。城内外散落有少量陶片和残砖，陶片有泥质灰陶、褐陶等，纹饰多见粗绳纹，残砖一面亦饰有粗绳纹。障城北侧不远处有解放战争时期国民党军队挖掘的两条战壕，每条战壕旁侧各有一座碉堡。障城内的两条壕沟亦疑为战壕（图一；彩图五七）。

初步推断，该障城后为汉代沿用，是灰腾梁汉长城设置于大黑河沿岸的一个前沿据点。障城所在桌子山山下北侧有卓资山镇绕城公路东西向穿过，公路北侧为东山顶村。

城卜子障城（150921353102020007）

该障城位于卓资山镇城卜子村东部的耕地中，坐落在四周群山环绕的盆地内，北邻大黑河。110国道自西南角穿城而过，对障城的保护影响较大。西北距福生庄障城约11.5千米。

1995年、2010年，内蒙古自治区文物考古研究所等单位曾两次对该障城进行了局部的清理发掘，明确城内遗存属于年代较为单纯的战国时期[1]。障城平面略呈正方形，东西180、南北188米。城墙夯筑而成，基宽约5.7、残高3.5米。南墙中部开门，方向为152°（彩图五八～六〇）。出土遗物以陶器为主，器形有盆、碗、罐、瓮、甑等，纹饰多为粗绳纹、弦

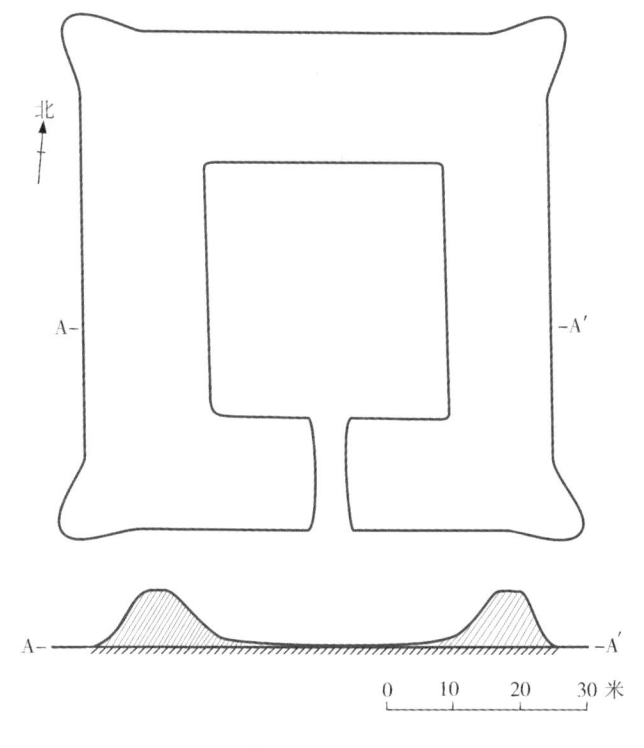

图一 桌子山障城平、剖面图

---

[1] 内蒙古自治区文物考古研究所、乌兰察布市博物馆：《卓资县城卜子古城遗址调查发掘简报》，《内蒙古文物考古文集》第三辑，科学出版社，2004年；内蒙古师范大学历史文化学院考古文博系、内蒙古自治区文物考古研究所：《卓资县城卜子古城遗址2010年发掘简报》，《草原文物》2011年第1期。

纹；出土板瓦、筒瓦多饰绳纹、麻点纹，也有弦纹，瓦当有勾云纹、瑱纹两种装饰。

1995年的发掘，曾出土一件刻有9个文字的陶量残片，有关专家释读为"半斛量，御史赵宫苾校"[1]（图二）。刻文大意为，这件陶量的容量为半斛，御史赵宫苾临校正其容量，认为符合标准，刻文为证，赵宫对这件器物的质量负责。有铭文的赵国度量衡器存世极少，该陶量刻文幸存9个字，相当珍奇罕见，对了解战国时期赵国的度量衡制度有着重要价值。

图二 城卜子障城出土陶文拓片

21. 泉子梁长城1段

（1509213821010200021）

该段长城起自梨花镇义丰村西北1.9千米处，止于梨花镇泉子梁村南0.52千米处。墙体作直线分布，呈南—北走向，上接义丰长城，下接泉子梁长城2段。

墙体长125米，为夯筑土墙，保存较差。墙体分布于泉子梁村南部大黑河谷地的东坡地上，沿山脚北行，于地表呈明显的土垄状，现存墙体底宽1.6～6、残存最高1.6米。墙体两侧曾被开辟为条状耕地，现已弃耕，墙体形态在耕地开垦中发生了局部改变（彩图六一）。墙体起点处有一条东南—西北向的乡间土路，止点处是一条洪水自东向西流的浅缓冲沟，造成墙体豁口。京包铁路与110国道在西侧谷地中穿行，河谷对岸为G6高速公路。

22. 泉子梁长城2段（1509213823010200022）

该段长城起自梨花镇泉子梁村南0.52千米处，止于泉子梁村西南0.31千米处。原墙体应作直线分布，呈南—北走向，上接泉子梁长城1段，下接泉子梁长城3段。

本段长城为消失段，起止点之间的直线长度为220米。原墙体分布于泉子梁村南部西南向延伸的沟谷两岸坡地上，该沟谷较浅缓，墙体应直线穿过。前小段墙体处于大黑河谷地东坡地上，现为绿化地，起点处为小冲沟，洪水西流汇入大黑河；后小段墙体处于沟谷及北岸坡地中，沟中山洪流进大黑河，洪水冲刷及早期的农田耕种是导致墙体消失的主要因素。依据相邻上下段墙体情况，推断该段墙体原应为土墙。

23. 泉子梁长城3段（1509213821010200023）

该段长城起自梨花镇泉子梁村西南0.31千米处，止于泉子梁村西南0.1千米处。墙体作直线分布，呈南偏西—北偏东走向，上接泉子梁长城2段，下接东圪旦长城。

墙体长220米，为黄土夯筑的土墙。总体保存差，其中保存差部分长140米、消失部分长80米，分别占该段墙体总长的63.6%、36.4%。墙体断面处可见清晰夯层，厚约8厘米。墙体分布于泉子梁村西南部，紧邻村庄，沿西南低、东北高的坡地作上坡行，部分地段呈明显的土垄状，底宽2.5～5.5、顶宽1.5、残高0.3～3.5米。前小段墙体东侧为杨树林地，西侧为坡耕地，东临浅缓的沟谷，洪

---

[1] 董珊：《内蒙古卓资县城卜子古城遗址出土陶文考》，《古代文明研究通讯》总第39期（2008年12月）。

水西南向下泄，注入大黑河；110国道和G6高速公路分布于大黑河河谷两岸。后小段墙体位于村南部西侧，东临民房，西为梯田；历史上修筑南向出村的土路时，将内侧半面墙体纵向剖开，形成垂直断面（彩图六二）。土路斜岔出村穿过墙体，形成宽25米的豁口，转于西侧紧伴墙体而行。中小段墙体东侧临沟谷，水土流失造成55米墙体消失。

24. 东圪旦长城（1509213823010200024）

该段长城起自梨花镇泉子梁村西南0.1千米处，止于梨花镇东圪旦村东南1.9千米处。根据周边地形地貌分析判断，原墙体应沿谷地北坡脚作外向折弧形分布，呈东南—西北走向，上接泉子梁长城3段，下接苏木庆湾长城。

本段长城为消失段，起止点之间的直线长度为9270米。原墙体分布于泉子梁村与苏木庆湾村之间的大黑河谷地中，处于东圪旦东沟、五柳沟、南沟、大纳令沟、赵沟、牛心沟等数条大小沟谷的沟口地带。消失在泉子梁村中的墙体应作直角转弯沿村西沟谷西行，复入大黑河谷地，向西北大体经行东圪旦、范家圪旦、福生庄和井卜子诸村，又西偏北行经纪家沟村北、苏木庆湾村中，于苏木庆湾村与后营子村之间的坡耕地中复现。京包铁路、G6高速公路以及110国道均分布于这条狭窄的谷地中，其中京包铁路大体与原长城墙体分布区域吻合。依据相邻上下段墙体情况，推断该段墙体原应为土墙。

墙体沿线调查障城1座，为福生庄障城。

福生庄障城（1509213531020200008）

该障城位于梨花镇福生庄村西南0.15千米处，地处大黑河北岸台地之上，位于京包铁路与110国道之间。

障城原应倚消失长城墙体内侧修筑，或利用长城墙体作为障城北墙。受农耕等因素影响，障城保存较差，地表遗迹无存，散布较多陶片、瓦片等遗物，遗物散布在方圆100米的范围之内。陶片多为泥质灰陶，纹饰以绳纹为主；瓦片有筒瓦、板瓦等，瓦背多饰粗绳纹。

福生庄障城东南距城卜子障城约11.5千米，两者之间似应还分布有一座障城，约在义丰村附近。

25. 苏木庆湾长城（1509213821010200025）

该段长城起自梨花镇苏木庆湾村西0.65千米处，止于苏木庆湾村西0.95千米处。墙体沿山脚作直线分布，大体呈东—西走向，上接东圪旦长城，下接后营子长城1段。

墙体长290米，为黄土夯筑的土墙，保存差。墙体分布于苏木庆湾村与后营子村之间的大黑河北岸，大青山南麓山脚下的缓坡地上，两侧为坡耕地，呈明显高于地表的土垄状，现存墙体底宽4.6~9、残高0.8~1.8米（彩图六三）。该段墙体两端均为洪水南向下泄的河槽，其中前端河槽较小，止点西侧的许家沟河槽较宽阔。墙体北侧为沟口，西北部为后营子村；南侧有砂石路及京包铁路并行，铁路南为大黑河，110国道与G6高速公路沿河谷南岸东西向通行。

26. 后营子长城1段（1509213823010200026）

该段长城起自梨花镇苏木庆湾村西0.95千米处，止于梨花镇后营子村西南0.2千米处。原墙体应作直线分布，大体呈东—西走向，上接苏木庆湾长城，下接后营子长城2段。

本段长城为消失段，起止点之间的直线长度为310米。墙体位于后营子村南部，京包铁路北侧，地处许家沟河槽及其西岸缓坡地上。前小段墙体消失于南向下泄的宽阔的许家沟河槽中，河槽两岸修筑有防洪坝；大部分后小段墙体消失于河槽西岸的树林内，南向出村的土路于河槽西岸穿过消失段。依据相邻上下段墙体情况，推断该段墙体原应为土墙。

27. 后营子长城2段（1509213821010200027）

该段长城起自梨花镇后营子村西南0.2千米处，止于后营子村西南0.48千米处。墙体作直线分布，大体呈东—西走向，上接后营子长城1段，下接中营子长城。

墙体长290米，为黄土夯筑的土墙，保存差。墙体于后营子村西南部树林与耕地交界处的小沟西岸复现，沿山前缓坡地延伸，两侧为耕地，局部耕种至墙体边缘、墙体上，附近有零星的杨树生长。墙体于地表呈明显的土垄状隆起，底宽1.5～6、顶宽1～2、残高0.8～1.2米（彩图六四、六五）。墙体止点处西侧有冲沟南向下泄，南北两侧为并行的砂石路和京包铁路。

28. 中营子长城（1509213823010200028）

该段长城起自梨花镇后营子村西南0.48千米处，止于梨花镇六道沟村西南0.15千米处。原墙体应作外向折弧形分布，大体呈东—西走向，上接后营子长城2段，下接六道沟长城。

本段长城为消失段，起止点之间的直线长度为6527米。原墙体分布于后营子村西至六道沟村之间的大黑河谷地北岸，前后经中营子、北营子和上三道营村。据田野调查推断，墙体应沿京包铁路经行的谷地北侧大青山脚下环绕延伸，其南部有大黑河自东向西流，其北部山体分布有八条沟谷，洪水南向下泄注入大黑河，地名由此有三道沟、六道沟等称谓。京包铁路北侧为沿山脚分布的村庄，砂石路串连其间，地表已无墙体遗迹可寻。依据相邻上下段墙体情况，推断该段墙体原应为土墙。

该段长城消失墙体南侧约0.6千米处，于大黑河南岸分布有三道营古城，为西汉定襄郡武要县、东部都尉治所。在古城南约0.1千米处，内蒙古自治区文物考古研究所等单位曾发掘一处战国时期遗址，定名为土城子村遗址[1]。该遗址面积约1万平方米，遗迹现象较为简单，遗物具有单纯的战国特征，似为赵北长城沿线附设的一座障城。土城子村遗址东距福生庄障城9.3米，两者之间似应还分布有一座障城，约在后营子村附近。

29. 六道沟长城（1509213821010200029）

该段长城起自梨花镇六道沟村西南0.15千米处，止于梨花镇三道营村西北0.1千米处。墙体沿山脚作直线分布，呈东北—西南走向，上接中营子长城，下接三道营长城1段。

墙体长700米，为夯筑土墙。总体保存差，其中保存差部分长640米、消失部分长60米，分别占该段墙体总长的91.4%、8.6%。墙体分布于六道沟村西南侧与三道营村中部北侧一线，沿大黑河谷地北坡地延伸，部分墙体段落被耕地和民居破坏，大部分墙体呈现为一条非常低矮的土垄，底宽0.3～4、残高0.2～0.5米。两村之间的三道沟洪水南向下泄，将该段墙体冲断，沟中栽植杨树。三道沟东岸的前小段墙体保存相对较好，墙体两侧为坡耕地，末端南侧临村；后小段墙体北侧为耕地，三道营村东的部分民房紧邻墙体建设；民房西侧的部分墙体内侧因开垦耕地被纵向切掉，形成高约2米的垂直断面，墙体以黄土和黄褐土混合夯筑而成，夯层厚8～10厘米。大部分墙体因水土流失而被埋于地表之下，地表现存墙体与断面墙体的高差约1.5米。部分后小段墙体因农田耕种而消失，北出三道营村的两条土路也造成墙体豁口。

30. 三道营长城1段（1509213823010200030）

该段长城起自梨花镇三道营村西北0.1千米处，止于三道营村西0.7千米处。原墙体应作直线分布，大体呈东北—西南走向，上接六道沟长城，下接三道营长城2段。

本段长城为消失段，起止点之间的直线长度为620米。原墙体分布于三道营村北缘的耕地中，应沿山脚坡地穿行，有两条较小冲沟的洪水南向下泄，穿过村庄及京包铁路注入大黑河。农田深度开垦耕种、水土流失以及村庄建设是导致该段墙体消失的主要原因，推测有部分墙体被湮没于地下。前冲

---

[1] 内蒙古自治区文物考古研究所、乌兰察布市博物馆、卓资县文物保护管理所：《卓资县土城子村遗址发掘简报》，《草原文物》2013年第2期。

沟处于消失段中部，其东岸见有土筑墙体略微隆起，结合相邻上下段墙体情况，推断该段墙体原应为土墙。

31. 三道营长城 2 段（1509213821010200031）

该段长城起自梨花镇三道营村西 0.7 千米处，止于梨花镇大西村东北 0.37 千米处。墙体作直线分布，大体呈东北—西南走向，上接三道营长城 1 段，下接大西村长城。

墙体长 420 米，以黄土夯筑的土墙，起点处可见较为清晰的夯筑痕迹，夯层厚 8～10 厘米。墙体保存差。墙体分布于三道营村西部，坝沟东岸的高坡地上，处于坡耕地之间，沿西北高、东南低的山前坡地穿行，于地表呈低矮的土垄状，底宽 3～4、残高 0.2～0.5 米。部分墙体内侧在开垦梯田时被纵向切掉，形成高约 2 米的垂直断面，表明有部分墙体现处于地表之下。墙体两端现为水冲沟，洪水自北向南流，沟中栽植有杨树，现已相对稳固。因农田改造及常年耕种，墙体保存差。该段墙体北依山丘，京包铁路于南侧作外向弧形环绕。

32. 大西村长城（1509213823010200032）

该段长城起自梨花镇大西村东北 0.37 千米处，止于梨花镇五福堂村东北 0.24 千米处。原墙体应作内向折弧形分布，呈东北—西南走向，上接三道营长城 2 段，下接头道营长城。

本段长城为消失段，起止点之间的直线长度为 6100 米。原墙体位于大西村和头道营村之间陡峭的平顶山南麓山脚下，地处坝沟沟口东岸与头道营村北沟口东岸之间，为环绕平顶山而沿山脚折向西南行，经二道营和榆树营村北，在赵庆湾村南折向西行，穿过头道营村，墙体在村西复现。京包铁路沿大黑河北岸的山脚下修筑，大体处于该段长城分布线上，地表难觅墙体踪迹。依据相邻上下段墙体情况，推断该段墙体原应为土墙。

33. 头道营长城（1509213821010200033）

该段长城起自梨花镇五福堂村东北 0.24 千米处，止于旗下营镇偏关卜村东北 0.49 千米处。墙体略作外向折弧形分布，由东南—西北走向折转呈东—西走向，上接大西村长城，下接偏关卜长城。

墙体长 1600 米，为夯筑土墙。总体保存差，其中保存差部分长 1345 米、消失部分长 255 米，分别占该段墙体总长的 84.1%、15.9%。墙体于头道营村西出现，沿平顶山南麓中段坡脚下坡地延伸，两侧为坡耕地。墙体于地表呈明显的土垄状，底宽 0.5～9、顶宽 0.2～0.8、残高 0.3～5 米。平顶山北坡较缓，开垦为坡耕地，其南坡陡峭，墙体沿线等距分布五条洪水冲沟，冲断墙体。东滩村北两条水冲沟间的后小段墙体隆起较高大，保存状况较好（彩图六六）。

34. 偏关卜长城（1509213821010200034）

该段长城起自旗下营镇偏关卜村东北 0.49 千米处，止于旗下营镇太平村北 0.44 千米处。墙体前小段略作外向折弧形分布，后小段作直线分布，总体呈东—西走向，上接头道营长城，下接太平村长城。

墙体长 1580 米，为夯筑土墙。总体保存差，其中保存差部分长 1280 米、消失部分长 300 米，分别占该段墙体总长的 81%、19%。墙体分布于偏关卜村北部、西北部，沿平顶山南麓西段缓坡地行进，南北两侧现为坡耕地，耕地边缘或沟壑中生长有零星的杨树。大部分墙体于地表呈较高的土垄状，底宽 0.9～12、顶宽 1～2、残高 0.2～2.5 米。北部山岭陡峭，易于洪水生成，沿线前后有五条大小不等的洪水冲沟，其中以墙体末端沟壑最宽，现已形成宽河槽，导致部分墙体消失（彩图六七）。

在墙体南侧、偏关卜村东侧的沟谷两侧，调查发现有大量陶片、瓦片等遗物。陶片多饰细绳纹、弦断绳纹和附加堆纹等，器形有敛口罐、平沿盆等；瓦片有筒瓦、板瓦等，筒瓦外壁多饰粗绳纹，板瓦内腹多饰细密绳纹。由地表散布遗物初步推断，该遗址可能是赵北长城沿线的一座障城所在。从偏关卜遗址到土城子村遗址之间，大约还应分布有 2 座障城，均已消失不见。

35. 太平村长城（150921382101020035）

该段长城起自旗下营镇太平村北0.44千米处，止于太平村西北0.9千米处。墙体作直线分布，呈东—西走向，上接偏关卜长城，下接旗下营长城。

墙体长790米，为夯筑土墙。总体保存差，其中保存差部分长740米、消失部分长50米，分别占该段墙体总长的93.7%、6.3%。墙体分布于伏虎村北部的两条冲沟之间，沿山脚下缓坡地穿行，于地表呈低矮的土垄状，底宽3~5、残高0.2~0.5米（彩图六八）。前小段墙体处于"丫"字形冲沟两岸，两沟洪水于墙体北侧合流，形成较宽的洪水河槽，冲断墙体。河槽平时亦作道路通行，西岸为保护耕地修筑有防洪堤坝，同时也间接起到保护长城作用。

36. 旗下营长城（150921382301020036）

该段长城起自旗下营镇太平村西北0.9千米处，止于旗下营镇察哈少村东北0.36千米处。原墙体应大体呈东北—西南走向，上接太平村长城，下接察哈少长城1段。

本段长城为消失段，起止点之间的直线长度为2973米。从平顶山西端至察哈少山之间，为旗下营小平原，南有大黑河、斗金山，东侧有一条汇入大黑河的主要支流，原墙体应分布于旗下营镇南部的大黑河北岸一带，河水冲刷、村镇建设导致墙体完全消失。依据相邻上下段墙体情况，推断该段墙体原应为土墙。

长城墙体北侧的大青山大窑子沟沟掌地带，调查有大窑子障城。

大窑子障城（150921353102020009）

该障城位于旗下营镇大窑子村西0.58千米的大青山南麓大窑子沟沟掌处，修筑在长城墙体外侧，东南距旗下营长城墙体起点5千米，南距察哈少障城3.8千米。

障城位于大窑子沟沟掌处的三沟交汇之地，建于大窑子沟西侧、大窑子西沟南侧、水泉沟北侧的一座高台地之上，三条沟在台地东侧、东南侧汇聚于一起。障城墙体绝大部分已消失不见，台地北侧冲沟断面上可见黄土夯层，夯层厚5~10厘米，应为残留的障城墙基。台地之上遗物的分布范围，东西约200、南北约150米。地表可见一座较高的建筑台基，顶部较平缓，残高约3米，周边散落有较多陶片，可辨器形有折沿盆、侈口短颈绳纹罐和素面陶钵等。

37. 察哈少长城1段（150921382101020037）

该段长城起自旗下营镇察哈少村东北0.36千米处，止于察哈少村东北0.23千米处。墙体作外向折线形分布，由东偏北—西偏南走向折转呈东北—西南走向，上接旗下营长城，下接察哈少长城2段。

墙体长155米，为夯筑土墙，保存差。墙体在旗下营镇西南部、察哈少村东北部的山前坡地上复现，沿较缓的坡地呈折线延伸，于地表呈高土垄状分布，底宽4~8、顶宽1.5~2、残高1.5~4米（彩图六九）。

墙体沿线调查障城1座，为察哈少障城。

察哈少障城（150921353102020010）

该障城位于旗下营镇察哈少村东北0.4千米处，北依长城墙体，西邻察哈少山，南望大黑河，河南有高耸的斗金山。

障城具体形制已不清楚，原障城北墙应利用了长城墙体，由于受城镇建设的破坏，其他三面墙体均不存，陶片等遗物散布于长城墙体之上及其南侧的草地之中。墙体东端南侧有一个范围约40米见方的小台地，由于植树造林，挖出了很多陶片和瓦片，陶片多饰绳纹，板瓦片内壁饰菱形格纹（图三、四）。这一台地极有可能为障城东墙所在。

初步推断，该障城应为战国始筑汉代沿用的一座障城。在汉代，察哈少障城的地理位置较为重要，是阴山汉长城与灰腾梁汉长城之间的一个连接点。

图三　察哈少障城采集陶片

38. 察哈少长城 2 段（1509213823010200038）

该段长城起自旗下营镇察哈少村东北0.23千米处，止于旗下营镇那只亥村西0.37千米处。原墙体应作内向"V"状折弧形分布，总体呈东北—西南走向，上接察哈少长城1段，下接那只亥长城。

本段长城为消失段，起止点之间的直线长度为4447米。原墙体为环绕察哈少村与那只亥村之间南向伸出的大梁山，应作内向折弧形沿山脚分布。前小段墙体消失于耕地中，推测墙体应延伸至察哈少山东坡脚下，而后转西南行，过察哈少村，于上水磨村北沿山脚转西行，再转西偏北行进入那只亥村所在沟口。山体上沟谷密布，洪水南向下泄，与出那只亥沟转东南流的山洪合流，注入遇山南折的大黑河。

图四　察哈少障城采集板瓦

受山洪冲刷、道路修筑、村庄建设及耕地开垦等诸多因素影响，沿线几乎不见明显的墙体痕迹，仅在末端的那只亥村与其西沟之间坡地上发现有残存的一小段土筑墙体。

39. 那只亥长城（1509213821010200039）

该段长城起自旗下营镇那只亥村西0.37千米处，止于呼和浩特市赛罕区榆林镇东干丈村东北2.3千米处。墙体作直线分布，呈东北—西南走向，上接察哈少长城2段，下接呼和浩特市赛罕区东干丈长城1段。

墙体长635米，为黄土夯筑的土墙，保存差。墙体分布于那只亥村西三条洪水东南向下泄的沟谷地带，沿山脚作上坡行，大部分墙体顶部较平，两侧呈斜坡状，墙体上有人行小道；一段长约50米的人工硬化水渠斜穿过前小段墙体。墙体断面呈梯形，夯筑痕迹清晰可辨，夯层厚15～20厘米。现存墙体底宽6～10、顶宽3～5、残高2～3米。墙体两端均为山洪冲刷形成的冲沟，洪水自山体东南流，接近墙体末端的中沟洪水遇墙体转东北流，在墙体外侧冲刷，汇入前端冲沟；墙体实际上起到了防洪坝的作用，对本体的保存威胁较大。

依照赵北长城沿线战国障城的分布规律，该段墙体南侧应分布有一座战国障城。

第三章

呼和浩特市战国赵北长城

战国赵北长城自东向西分布于呼和浩特市赛罕区、新城区、回民区、土默特左旗境内。在调查中，将呼和浩特市境内的赵北长城墙体划分为119段，包括土墙63段、石墙2段、消失墙体54段。墙体总长125021米，其中土墙长32317米、石墙长670米、消失墙体长92034米（包括有墙体段落中的消失部分）。长城墙体沿线调查单体建筑42座，包括烽燧30座、障城12座。其中12座障城中，可分为战国障城8座、汉代障城4座。由赵北长城墙体沿线战国障城、汉代障城的分布规律推断，至少消失战国障城10座、汉代障城5座。

下面，以旗县区为单位，从长城墙体分布与走向、长城墙体与单体建筑保存现状两个方面，分别予以详细描述。

一 呼和浩特市赛罕区

在调查中，将呼和浩特市赛罕区境内的战国赵北长城墙体划分为12段，包括土墙8段、消失长城4段。墙体总长4588米，其中土墙长4033米、消失段长555米。在总长4033米的土墙中，保存一般部分长735米、较差部分长1522米、差部分长1193米、消失部分长583米。

（一）长城墙体分布与走向

赵北长城墙体由乌兰察布市卓资县伸入到赛罕区境内，总体上沿东干丈村北部南向凸出的山体坡脚作"V"形分布，先于山体东坡脚作西偏南行，绕过山脚后转作西北行，整体作上坡延伸态势。

墙体在榆林镇东干丈村东北2.3千米处进入赛罕区，沿大青山南麓山脚或山前坡地西偏南向延伸，有多条东南向下泄的洪水水流冲断墙体，其中，以东干丈村东北部的宽沟为大，纵深较长，沟口外形成宽河槽。墙体又作西偏南行，过支沟对称的"丫"形沟谷沟口，继而作内向折弧形环绕南向凸出的山体南缘山脚，经西干丈村北部沿山脚转向西北行，至新城区前板旦石沟村东偏南0.42千米的东部冲沟东岸止，其间又有数条沟谷的洪水南向下泄，亦有冲沟的沟脑向北部山脚处溯源侵蚀，均造成墙体断豁。以东部冲沟为界，过沟又西偏北行，进入新城区境内（地图五）。

(二) 长城墙体与单体建筑保存现状

在对赛罕区赵北长城的调查中，除划分的 12 段长城墙体外，另调查烽燧 2 座。下面，对这些墙体段落与单体建筑分作详细描述。

1. 东干丈长城 1 段（150105382101020001）

该段长城起自榆林镇东干丈村东北 2.3 千米处，止于东干丈村东北 2.1 千米处。墙体作直线分布，呈东偏北—西偏南走向，上接乌兰察布市卓资县那只亥长城，下接东干丈长城 2 段。

墙体长 277 米，为夯筑土墙，保存差。筑墙前将自然坡地平整为水平基础，其上用黄土夯筑墙体。墙体分布于东干丈村东北部的大青山南麓山脚下，于地表呈明显的高土垄状，剖面略呈顶窄底宽的梯形，底宽 3~4.5、顶宽 1.5~2.5、残高 1~3 米。墙体两侧坡地多为耕地，调查时荒废不耕，北侧山体上生长有成片的松树。

2. 东干丈长城 2 段（150105382301020002）

该段长城起自榆林镇东干丈村东北 2.1 千米处，止于东干丈村东北 2 千米处。原墙体应作直线分布，呈东偏北—西偏南走向，上接东干丈长城 1 段，下接东干丈长城 3 段。

本段长城为消失段，起止点之间的直线长度为 118 米。原墙体分布于东干丈村东北部的大青山南麓山脚下，北距山体约 0.1 千米，沿缓坡地作上坡行。山洪冲击、耕地开垦导致长城墙体完全消失。

3. 东干丈长城 3 段（150105382101020003）

该段长城起自榆林镇东干丈村东北 2 千米处，止于东干丈村东北 1.8 千米处。墙体沿山脚作直线分布，呈东偏北—西偏南走向，上接东干丈长城 2 段，下接东干丈长城 4 段。

墙体长 324 米，为黄土夯筑的土墙。总体保存较差，其中保存较差部分长 235 米、消失部分长 89 米，分别占该段墙体总长的 72.5%、27.5%。夯土土质较纯净，夯层分明，厚 8~12 厘米。墙体分布于东干丈村东北部宽沟口处及其东岸坡地上，坡地为一条中间高、两端低的山前缓梁，北侧山体下缘为松树林地，南为梯田。墙体于地表呈高土垄状，顶窄底宽，两侧呈陡坡状，底宽 2~8、顶宽 1~5、残高 1.5~3 米。前小段墙体保存较差；后小段墙体末端为一条大的沟壑，沟东岸有土路呈南北向穿过，导致墙体消失（彩图七〇、七一）。

4. 东干丈长城 4 段（150105382101020004）

该段长城起自榆林镇东干丈村东北 1.8 千米处，止于东干丈村北 1.5 千米处。墙体作直线分布，呈东偏北—西偏南走向，上接东干丈长城 3 段，下接东干丈长城 5 段。

墙体长 769 米，为黄土夯筑的土墙。总体保存差，其中保存差部分长 699 米、消失部分长 70 米，分别占该段墙体总长的 90.9%、9.1%。冲沟断面暴露的夯层清晰，土质纯净，夯层厚 8~12 厘米。墙体分布于东干丈村北部的宽沟及其西部的"丫"形沟谷之间，沿山脚前约 0.1 千米的缓坡地作上坡行，在地表呈高土垄状，底宽 2~6、顶宽 1~5、残高 1~6 米。该段墙体遭遇数条冲沟的洪水冲刷，出现数处豁口。墙体南侧为两条"鸡爪沟"的沟脑，冲沟发育将危及墙体保存。

5. 东干丈长城 5 段（150105382101020005）

该段长城起自榆林镇东干丈村北 1.5 千米处，止于榆林镇西干丈村东北 1.62 千米处。墙体作内向"V"形折弧状分布，由东偏北—西偏南走向折转呈东南—西北走向，上接东干丈长城 4 段，下接西干丈长城 1 段。

墙体长 760 米，为夯筑土墙。总体保存差，其中保存一般部分长 332 米、较差部分长 203 米、消失部分长 225 米，分别占该段墙体总长的 43.7%、26.7% 和 29.6%。在经过平整的水平基础上用黄土分层夯筑墙体，土质纯净，夯层分明，夯层厚 8~12 厘米。墙体位于东干丈村北部南向伸出山体的凸尖处，沿山脚作半环状"V"形环绕，地表呈明显的高土垄状，底宽 5~8、顶宽 3~6、残高 1~3 米。山体上沟谷密布，前小段西偏南走向的墙体南部有早期形成的三条冲沟，冲沟由南向北发育冲毁墙体，局部支沟造成墙体断豁；现今山体下缘、墙体两侧乃至冲沟中均栽植了树木，沟谷已相对稳定。有"丫"形冲沟分别冲断后小段墙体，于墙体南侧汇合后南流，过东干丈村、西干丈村所在谷地，经代王庙，穿斗金山西侧山谷后注入大黑河。此外，有土路自前小段墙体穿过，环绕至山脚处再从后小段墙体穿出，造成墙体豁口。

6. 西干丈长城 1 段（1501053821010200006）

该段长城起自榆林镇西干丈村东北 1.62 千米处，止于西干丈村东北 1.6 千米处。墙体略作内向折线形分布，呈东南—西北走向，上接东干丈长城 5 段，下接西干丈长城 2 段。

墙体长 250 米，为黄土夯筑的土墙，保存较差。墙体分布于"V"形南向伸出山体的凸尖处西侧，绕过山体南缘后沿山脚转西北向上坡行，呈明显高于地表的土垄状，底宽 4~8、顶宽 3~5、残高 1~3 米。近末端墙体北侧有上段"丫"形沟谷的西支沟洪水南向下泄，遇墙体后于外侧转东南流，墙体充当了防洪堤坝，对这部分墙体的保存构成影响。山上绿化较好，松树、灌木等生长茂盛，墙体北坡已生长出细嫩的榛苗，冲沟已相对稳固，是该段墙体得以保存的重要基础（彩图七二）。

墙体沿线调查烽燧 1 座，为西干丈 1 号烽燧。

西干丈 1 号烽燧（150105353201020001）

该烽燧位于榆林镇西干丈村东北 1.6 千米处，修筑在墙体内侧，东北距西干丈长城 1 段墙体最近距离 0.05 千米，西北距西干丈 2 号烽燧 1.77 千米。

烽燧土筑而成，保存较差。墩台坍塌，状如山丘，形体浑圆，底部直径 35、顶部直径 5.5、残高约 7 米（彩图七三）。烽燧北临墙体，墙体北部有小沟口，洪水出沟于墙体外侧东南向下泄，起到了防护烽燧的作用。

7. 西干丈长城 2 段（150105382301020007）

该段长城起自榆林镇西干丈村东北 1.6 千米处，止于西干丈村东北 1.6 千米处。原墙体应作直线分布，呈东南—西北走向，上接西干丈长城 1 段，下接西干丈长城 3 段。

本段长城为消失段，起止点之间的直线长度为 166 米。原墙体分布于西干丈村东北部山脚下，早年形成一条南向延伸的大沟，沟宽近百米，沟西岸为现代取土点，导致墙体消失。依据相邻上下段墙体情况，推断该段墙体原应为土墙。

8. 西干丈长城 3 段（150105382101020008）

该段长城起自榆林镇西干丈村东北 1.6 千米处，止于西干丈村北偏东 1.61 千米处。墙体作直线分布，呈东南—西北走向，上接西干丈长城 2 段，下接西干丈长城 4 段。

墙体长 217 米，为纯净的黄土夯筑的土墙，保存差。墙体内壁裸露，夯层清晰，厚 7~12 厘米。墙体分布于西干丈村东北部两条并列的冲沟之间，其中西沟沟谷的洪水在西干丈村北部与另一条东南向下泄的冲沟山洪合流。墙体沿山前缓坡地延伸，地表隆起痕迹明显，底宽 3~5、顶宽 1~3、残高 0.5~1.5 米。

9. 西干丈长城 4 段（150105382301020009）

该段长城起自榆林镇西干丈村北偏东 1.61 千米处，止于西干丈村北偏东 1.67 千米处。原墙体应沿山脚作直线分布，呈东南—西北走向，上接西干丈长城 3 段，下接西干丈长城 5 段。

本段长城为消失段，起止点之间的直线长度为179米。原墙体分布于西干丈村东北部山脚下的大沟沟口处，山体上有四条支沟，以正沟为大，西侧沟较小，洪水东南向顺墙体冲刷；东侧为导致上段墙体末端出现断豁的并列双沟，两侧支沟山洪受墙体阻挡而汇聚于正沟，造成该段墙体消失。调查见有残存的墙体及塌落的墙体夯层，由此判断该段墙体原应为土墙。

10. 西干丈长城5段（150105382101020010）

该段长城起自榆林镇西干丈村北偏东1.67千米处，止于西干丈村北偏东1.8千米处。墙体中间略向外折，作折线式分布，呈东南—西北走向，上接西干丈长城4段，下接西干丈长城6段。

墙体长482米，为黄土夯筑的土墙。总体保存较差，其中保存较差部分长413米、消失部分长69米，分别占该段墙体总长的85.7%、14.3%。墙体分布于西干丈村北偏东部山脚下，处于大沟及其西部正沟沟口之间的山梁上，沿山脚下坡地延伸，于地表呈明显的高土垄状，底宽2～7、顶宽1～4、残高1～3米。前小段墙体外侧是导致上段墙体消失的大沟西支沟，顺墙体东南向冲刷，造成两处墙体断豁（彩图七四）；大沟西部正沟洪水南向下泄，冲断后小段墙体；唯中小段墙体保存稍好。

11. 西干丈长城6段（150105382301020011）

该段长城起自榆林镇西干丈村北偏东1.8千米处，止于西干丈村北1.9千米处。原墙体应作直线分布，呈东南—西北走向，上接西干丈长城5段，下接西干丈长城7段。

本段长城为消失段，起止点之间的直线长度为92米。原墙体分布于西干丈村北部正沟西侧的"丫"形支沟处，沿山脚下坡地延伸，两股洪水合流后南向下泄，受其东侧低矮山梁的影响，山洪直接冲击到墙体上，转东南向下泄，汇入正沟，洪水冲刷导致该段长城消失。起点处冲沟南岸尚有局部土筑墙体残留，依此确定该段墙体原应为土墙（彩图七五）。北部山体上松林密布，有效抑制了该区域水土流失。

12. 西干丈长城7段（150105382101020012）

该段长城起自榆林镇西干丈村北1.9千米处，止于新城区保合少镇前板旦石沟村东偏南0.42千米处。墙体作直线分布，呈东南—西北走向，上接西干丈长城6段，下接新城区保合少镇前板旦石沟长城1段。

墙体长954米，总体保存较差，其中保存一般部分长403米、较差部分长421米、消失部分长130米，分别占该段墙体总长的42.2%、44.1%和13.7%。冲沟暴露的断面显示为黄土夯筑的土墙，夯层厚8～12厘米。墙体分布于西干丈村北部正沟西的"丫"形支沟与前板旦石沟村东部冲沟之间的山脚下，沿山前坡地作上坡行，墙体呈明显高于地表的土垄状，底宽2～6、顶宽0.5～4、残高1～3米。中间又有两道冲沟穿过墙体，将墙体分隔为前、中、后三小段。前小段保存较好，划为保存一般墙体（彩图七六）；中小段墙体北部山体上为东沟的西支沟，洪水东南向下泄，遇墙体转东流，洪水冲刷导致局部墙体出现纵向豁口，再与主沟山洪合流冲断墙体。中、后小段之间的冲沟较小，南向下泄的洪水被墙体拦截后转东流，而后冲断墙体西南流；后小段末端复有小冲沟的沟脑发育至墙体处，造成墙体豁口。现今，由于山体上及正沟内均栽植了树木，周边坡地全部辟为绿化地，冲沟已经相对稳固，不再发育。

墙体沿线调查烽燧1座，为西干丈2号烽燧。

西干丈2号烽燧（150105353201020002）

该烽燧位于榆林镇西干丈村西北2.1千米处，东北距西干丈长城7段墙体最近距离0.05千米，西偏北距新城区前板旦石沟烽燧0.97千米。

烽燧以黄土夯筑而成，保存较差。墩台呈圆角方锥状，顶部少有植被覆盖，四周斑驳裸露，夯土中夹杂细小石子，夯层清晰分明，夯层厚约10厘米。墩台整体较高大，西北侧局部因风蚀而内凹，底部边长10米，顶部东西5、南北3.5米，残高5.5米（彩图七七）。

二　呼和浩特市新城区

在调查中，将呼和浩特市新城区境内的战国赵北长城墙体划分为43段，包括土墙22段、石墙1段、消失墙体20段。墙体总长37483米，其中土墙长11986米、石墙长349米、消失段落长25148米。在总长11986米的土墙中，保存一般部分长1165米、较差部分长3509米、差部分6087米、消失部分长1225米。在长349米的石墙中，保存较差部分长316米、消失部分长33米。

（一）长城墙体分布与走向

新城区境内的赵北长城墙体，东自赛罕区进入保合少镇前板旦石沟村东偏南0.42千米的山前缓坡地上，为消失段。在前板旦石沟村东墙体出现，进入村中，至前板旦石沟沟口后再次消失。墙体于前板旦石沟村西山脚下复现，略作内向折弧形延伸，遇较宽的后板旦石沟洪水河槽后旋又消失，在界台村西南耕地中有较短墙体出现后，又消失不见。前方为界台西沟及其西侧南向伸出的山体，墙体在山体凸出处的山脚下出现，绕过山体后复沿山脚转西北行，经水泉石沟村北至面铺窑村东，其间墙体可断续相接。在面铺窑村东遇西偏南向延伸的笔直沟谷，墙体作急转弯沿该沟南岸行，穿过村南较宽阔的南北向谷地，进入村西较为狭窄的墙道沟中，穿过沟谷河槽，西行直抵大青山主脉山脚下。

其后，墙体沿山脚转西南向下坡行，经喇嘛圐圙村中、奎素村北，穿出山地，过奎素沟，复沿山脚西南行。经野马图村北前行，过古路板村所在的小井沟沟口时消失。有迹象表明，长城在小井沟西部台地上西行，过姚家湾村北沟后再沿高坡地折转西南行，以躲避北沟山洪冲击。墙体于姚家湾村西北再现，沿山脚延伸，时断时续，经毫沁营镇陶思浩村北，过敖包沟沟口、榆树沟村东北，复又消失于敖包沟和榆树沟沟口处。大体在榆树沟村北过沟口西行，在塔沟沟口或伸入至塔沟障城处再折出，作"几"字形分布。墙体于塔沟之西沟西岸又现，沿山脚西行，在乌兰不浪沟沟口、哈拉更沟沟口及其两翼山脚下出现长距离消失，乌兰不浪村西北部发现的两座烽燧及残存的墙体信息可以大体把握墙体分布与走向的基本脉络。墙体在哈拉更沟与哈拉沁沟之间的山脚下有一小段遗存，大部分墙体消失于哈拉沁沟沟口、小哈拉沁沟沟口一线的山脚下，哈拉沁村居其中；小哈拉沁沟沟口东岸山脚下有墙体存在的迹象，直至坡根底村西北0.59千米处始有明显墙体出现。墙体沿山脚西南行，经坡庙村中，环绕南向伸出的山体转西行，又消失于红山口沟及其两侧山脚下，经东营村、红山口村和西营村，于西营村西南部山脚下再现，延伸至内蒙古青少年生态园所在沟口时又发生中断，向西进入回民区境内（地图五）。

（二）长城墙体与单体建筑保存现状

在对新城区赵北长城的调查中，除划分了43段墙体外，沿线还调查单体建筑23座，包括烽燧17座、障城6座。其中，6座障城中包括战国障城、汉代障城各3座。初步推断，新城区境内的赵北长城沿线还有消失的战国障城4座、汉代障城2座。

1. 前板旦石沟长城 1 段（150102382301020001）

该段长城起自保合少镇前板旦石沟村东偏南 0.42 千米处，止于前板旦石沟村东南 0.28 千米处。墙体原应作直线分布，呈东南—西北走向，上接赛罕区西干丈长城 7 段，下接前板旦石沟长城 2 段。

本段长城为消失段，起止点之间的直线长度为 136 米。原墙体应分布于前板旦石沟村东沟沟口南部，地处山前缓坡地上，有纵深较短的冲沟洪水出沟南偏西向下泄，贯穿前小段墙体；其西侧是该冲沟的支沟沟脑，北向发育侵蚀掉后小段墙体。主沟与支沟之间有土筑墙体残留，处在梯田埂上，原有形态因农田整治而发生改变。消失墙体北部的沟谷东坡地松林密布，西坡树木较少。

2. 前板旦石沟长城 2 段（150102382101020002）

该段长城起自保合少镇前板旦石沟村东南 0.28 千米处，止于前板旦石沟村东南 0.08 千米处。墙体作直线分布，呈东南—西北走向，上接前板旦石沟长城 1 段，下接前板旦石沟长城 3 段。

墙体长 218 米，为黄土夯筑的土墙，夯层厚约 10 厘米，保存差。墙体地处前板旦石沟村东南部低缓的山梁上，地势中间高、两端低，坡地开垦为耕地，利用长城墙体作为梯田埂（彩图七八），大部分地段墙体原始形态改变，局部墙体低平难辨；末端部分墙体处在村东小沟东岸。现存墙体于地表呈低矮的土垄状，底宽 4~6、顶宽 2~3、残高 0.5~3 米。墙体北侧山脚下有小冲沟洪水顺墙体外侧西流，注入村中洪水河槽；南侧为梯田，南部有支沟沟脑，洪水南流汇入东沟。

3. 前板旦石沟长城 3 段（150102382301020003）

该段长城起自保合少镇前板旦石沟村东南 0.08 千米处，止于前板旦石沟村西 0.29 千米处。墙体原应作外向折线形分布，大体呈东—西走向，上接前板旦石沟长城 2 段，下接前板旦石沟长城 4 段。

本段长城为消失段，起止点之间的直线长度为 343 米。原墙体应分布于前板旦石沟村中，村落处在大青山南麓三条沟谷并拢的沟口地带，村中沟谷上游支沟呈"丫"形，大体在村中原墙体所在处合流，西南向下泄；村西沟洪水南向下泄，出沟后转西南流，于村西南部与村中沟谷洪水汇合，洪水冲刷及村落建设导致墙体消失。依据相邻上下段墙体情况，推断该段墙体原应为土墙。

墙体沿线调查烽燧 1 座，为前板旦石沟烽燧。

前板旦石沟烽燧（150102353201020001）

该烽燧位于保合少镇前板旦石沟村西南 0.3 千米处，东北距前板旦石沟长城 2 段墙体止点 0.34 千米，西距界台 1 号烽燧 1.5 千米。

烽燧土筑，以黄褐土夯筑而成，夯层不匀，夯层约厚 9 厘米，保存较差。墩台顶部坍塌，呈高大的圆丘状，顶部作半圆形，四周呈陡坡状，底部直径 11 米，顶部东西 4、南北 5 米，残高 5 米。烽燧修筑在墙体内侧的缓坡地上，西侧紧邻西南向下泄的前板旦石沟洪水河槽，河槽中有出入村庄的土路；东侧为冲沟的沟脑，洪水南向下泄，总体较为稳固；沟脑与烽燧之间又有小冲沟，两沟间有南北向土路。烽燧南北侧现为耕地，周边有零星树木，墩台上生长有小榆树（彩图七九）。

4. 前板旦石沟长城 4 段（150102382101020004）

该段长城起自保合少镇前板旦石沟村西 0.29 千米处，止于前板旦石沟村西偏北 0.97 千米处。墙体略作内向折弧形分布，总体呈东偏南—西偏北走向，末端转呈东南—西北走向，上接前板旦石沟长城 3 段，下接前板旦石沟长城 5 段。

墙体长 712 米，为黄土夯筑的土墙，土质纯净，板结坚硬，夯层厚 6~9 厘米。总体保存较差，其中保存较差部分长 477 米、差部分长 180 米、消失部分长 55 米，分别占该段墙体总长的 67%、25.3% 和 7.7%。墙体分布于前板旦石沟村西河槽与界台村东部后板旦石沟沟口西岸之间的大青山南麓，沿山脚环绕略微南向凸出的山体，于地表呈明显的土垄状，底宽 2~4、顶宽 1~2、残高 1~2 米。墙体沿线北部山体上有八条小冲沟的洪水下泄，在墙体外侧汇集，前后合流成三条冲沟冲断墙体，其中前两条冲沟将该段长城分成前、中、后三个小段。前小段墙体东临西沟，隔沟为前板旦石沟村，村民在长城基础上建设窄墙，致使墙体整体形态发生了较大改变（彩图八〇）；介于两条冲沟之间的中小段墙体保存较差，墙体南北侧亦为冲沟，外深内浅，外侧沟中栽植杨树；第三条冲沟位于后小段墙体中部，沟东墙体两侧栽植成排杨树，沟西末端的墙体地表隆起较低矮，转西北行，向后板旦石沟沟口方向延伸，保存差。墙体北部山体上及沟谷中均被绿化，林木覆盖率较高，长城沿线的水土流失得到有效抑制。南侧有土路并行，连接前板旦石沟与界台村，南部坡下为105省道。

5. 界台长城1段（150102382301020005）

该段长城起自保合少镇前板旦石沟村西偏北0.97千米处，止于保合少镇界台村西南0.23千米处。原墙体应在东大沟沟口两侧作外向"八"字形分布，总体呈东偏北—西偏南走向，上接前板旦石沟长城4段，下接界台长城2段。

本段长城为消失段，起止点之间的直线长度为824米。原墙体应分布于后板旦石沟沟口处及其西部的界台村南缘，上段墙体沿沟口东岸西北行，过沟后当沿沟口西岸西南向回折，然后再沿山脚西行，于界台村西南坡耕地中墙体复现。该段长城所经区域有三条冲沟呈"川"字形分布，其中以东部的后板旦石沟为大，冲沟间开垦为耕地，耕地间有东西向防护林。此外，后小段墙体位于界台村南部边缘地带，民房建设与耕地开垦造成该段墙体消失。界台村东耕地的交界地带有残存的土墙遗迹，由此判断该段墙体原应为土墙。

墙体沿线调查烽燧1座，为界台1号烽燧。

界台1号烽燧（150102353201020002）

该烽燧位于保合少镇界台村西南0.15千米处，西北距界台长城1段墙体止点0.05千米，西偏南距界台2号烽燧0.89千米，南距105省道0.67千米。

烽燧以黄土夯筑而成，保存较差。墩台坍塌，呈高大的长圆形土丘状，底部东西7.7、南北19米，顶部东西3、南北5米，残高7.5米（彩图八一）；顶部较平缓，四周为陡坡，墩台上及周边生长有榆树和杨树。烽燧修筑于墙体内侧北高南低的缓坡地上，西侧紧邻"川"字形西沟谷河槽，东部为较稳定的村南冲沟，两沟洪水在烽燧南部汇合，形成三角洲地貌。南北两侧及冲沟西岸为梯田；北有东西向土路，冲沟东岸另有南北向出村土路，两者呈"丁"字形相交。河槽两岸及沟床中均栽植了树木，耕地中也有零星树木分布。

6. 界台长城2段（1501023821010200006）

该段长城起自保合少镇界台村西南0.23千米处，止于界台村西南0.44千米处。墙体作直线分布，呈东偏北—西偏南走向，上接界台长城1段，下接界台长城3段。

墙体长213米，为黄土夯筑的土墙，保存差。墙体分布于界台村西南部坡耕地中，处在"川"字状沟谷之西沟与其西部沟脑之间，沿山前坡地延伸，地势东北高、西南低。墙体于地表呈明显的土垄状，底宽2~4、顶宽1~2、残高1~2.5米；南北两侧为梯田，墙体充当了梯田埂，改变了原始形态。止点处的冲沟沟脑东北向发育，危及墙体保存；冲沟中长有树木，发育缓慢，总体相对稳固。该段长城南侧有土路并行，北侧有浅冲沟，洪水西偏南流，汇入界台村与北水泉石沟村之间的宽河槽，北部山体松林茂密。

7. 界台长城3段（150102382301020007）

该段长城起自保合少镇界台村西南0.44千米处，止于界台村西南0.94千米处。原墙体应作直线分布，大体呈东—西走向，上接界台长城2段，下接界台长城4段。

本段长城为消失段，起止点之间的直线长度为 512 米。原墙体应分布于界台村与北水泉石沟村之间的宽河槽及其两侧坡耕地中，其末端为山嘴，下段长城在山嘴的尖端前缘复现。山嘴东部为宽度达八九十米的洪水河槽，上游沟床笔直，山洪南向下泄，于消失段中部穿过；宽河槽西岸坡耕地中发现有局部遗存的土筑墙体残迹，支离破碎，不具备单独划段记录的实际意义。消失段北部的低山丘陵上为茂密的人工松树林。

8. 界台长城 4 段（150102382101020008）

该段长城起自保合少镇界台村西南 0.94 千米处，止于界台村西 1.4 千米处。墙体作内向折弧形分布，先呈东—西走向，绕过山嘴后再转呈东南—西北走向；上接界台长城 3 段，下接水泉石沟长城 1 段。

墙体长 674 米，为夯筑土墙，冲沟断面上可见黄土夯层，厚 10~15 厘米。总体保存较差，其中保存一般部分长 369 米、较差部分长 239 米、消失部分长 66 米，分别占该段墙体总长的 54.7%、35.5% 和 9.8%。墙体分布于北水泉石沟村东北部山脚下，处在山嘴与界台东沟之间，沿山嘴南缘及其西侧山脚环绕，大部分墙体于地表呈高土垄状，底宽 3~4、顶宽 1~4、残高 1~3 米，墙体顶部长满榛类小灌木（彩图八二）。前小段墙体分布于"V"状山嘴尖端部位的两条南向下泄的小冲沟间，被利用为梯田田埂，局部墙体形态有所改变，保存较差；西沟山洪南向下泄，遇中小段墙体阻截后转东南流，于外侧顺墙体冲刷，最终冲断墙体转南流；后小段墙体地表隆起较高大，有冲沟东北向发育造成墙体断豁。墙体南部沟壑密布，北侧山体上松林茂密，为保护林木紧贴墙体设置了网围栏，山体绿化成效显著，有效抑制了该段长城分布地带的水土流失蔓延势头。

墙体沿线调查烽燧 1 座，为界台 2 号烽燧。

界台 2 号烽燧（150102353201020003）

该烽燧位于保合少镇界台村西南 1.1 千米处，北距界台长城 4 段前小段墙体最近距离 0.04 千米，西北距面铺窑烽燧 3.66 千米，南距 105 省道 0.68 千米。

烽燧用黄土夯筑而成，保存较差。墩台坍塌，于地表呈圆锥体状凸起，形体较高大，底部东西 28、南北 20 米，顶部边长 4 米，残高 5.5 米（彩图八三）；顶部较缓，四周作斜坡状。烽燧修筑在南向伸出的"V"状山嘴南缘高坡地上，地处长城转角处，承上启下，便于前后烽燧间的沟通与连接。烽燧东西两侧临冲沟，其中西沟有支沟东北向发育，沟脑已接近烽燧，危及其保存。四周为面积较小的条块耕地，东、南部为梯田。

9. 水泉石沟长城 1 段（150102382301020009）

该段长城起自保合少镇界台村西 1.4 千米处，止于保合少镇北水泉石沟村东北 0.49 千米处。原墙体应作直线分布，呈东南—西北走向，上接界台长城 4 段，下接水泉石沟长城 2 段。

本段长城为消失段，起止点之间的直线长度为 81 米。原墙体应分布于北水泉石沟东侧"丫"形沟谷的沟口处，沟中洪水西南向下泄，在村东南与北沟洪水汇合。其中，东支沟山洪流量较大，遇墙体阻截后转西流，与西支沟山洪合流，洪水冲刷导致墙体消失。依据相邻上下段墙体情况，推断该段墙体原应为土墙。消失段西北部山体山岩裸露，植被稀疏，东北部松树成林。

10. 水泉石沟长城 2 段（150102382101020010）

该段长城起自保合少镇北水泉石沟村东北 0.49 千米处，止于北水泉石沟村北偏东 0.47 千米处。墙体作直线分布，呈东南—西北走向，上接水泉石沟长城 1 段，下接水泉石沟长城 3 段。

墙体长 354 米，为黄土夯筑的土墙。总体保存较差，其中保存较差部分长 310 米、消失部分长 44 米，分别占该段墙体总长的 87.6%、12.4%。墙体分布于北水泉石沟村东北部的大青山南麓，地处两沟之间，其中东沟呈"丫"形；北沟为北水泉石沟，纵深稍长。墙体沿山脚作上坡行，地表呈明显的土垄状，底宽 3~5、顶宽 1~3、残高 1~2 米。前小段墙体地表隆起较低矮，两侧为梯田，墙体被利用为梯田埂，局部出现断豁（彩图八四）；北水泉石沟洪水出沟东南向下泄，斜穿墙体，导致部分后小段墙体消失，其西岸尚有部分墙体遗存。墙体北侧山体裸露，易于山洪生成，是影响该段长城保存的主要原因。后小段墙体南部、冲沟西岸为北水泉石沟村。

11. 水泉石沟长城 3 段（1501023823010200011）

该段长城起自保合少镇北水泉石沟村北偏东 0.47 千米处，止于北水泉石沟村北偏西 0.9 千米处。原墙体应作直线分布，呈东南—西北走向，上接水泉石沟长城 2 段，下接面铺窑长城 1 段。

本段长城为消失段，起止点之间的直线长度为 573 米。原墙体应分布于北水泉石沟沟口西岸与面铺窑东沟东岸之间的山前缓梁上，地处山脚地带。消失段前端位于北水泉石沟沟口处，洪水出沟东南向下泄，这部分墙体毁于山洪冲刷；后小段消失于坡耕地中，局部改作绿化地；消失段南北两侧为现代墓地，东端南部是一处公墓。公墓西部为冲沟沟脑，沟脑上端有土筑墙体残留，几乎与地表持平；北水泉石沟洪水出沟呈"S"状冲刷，西岸亦见土墙残留，据此可大体把握该段墙体类别以及分布与走向。

12. 面铺窑长城 1 段（1501023821010200012）

该段长城起自保合少镇北水泉石沟村北偏西 0.9 千米处，止于保合少镇面铺窑村南偏东 0.27 千米处。墙体作直线分布，起点处应为长城拐点，由上段的东南—西北走向转呈本段的东偏北—西偏南走向；上接水泉石沟长城 3 段，下接面铺窑长城 2 段。

墙体长 591 米，为黄土夯筑的土墙。总体保存差，其中保存差部分长 546 米、消失部分长 45 米，分别占该段墙体总长的 92.4%、7.6%。墙体分布于面铺窑村东部东北高、西南低的长坡地上，作下坡行，于地表呈低矮的土垄状，底宽 2~6、顶宽 1~4、残高 0.5~1.5 米；墙体上局部长有低矮的榛类灌木。该段长城处在南北两条冲沟之间，其中墙体外侧冲沟呈"丫"形，东支沟窄而直，洪水紧邻墙体作西偏南向下泄，至该段长城中间地带与西南向下泄的北支沟洪水合流，对后小段墙体造成较大冲击，前后出现两处墙体断豁；南部冲沟较小，洪水西流，在止点处冲断墙体后汇入村南主河槽。墙体两侧现为荒坡地，周边生长有零星树木（彩图八五）；止点北为面铺窑村。

临近墙体止点处调查障城 1 座，为面铺窑障城。

面铺窑障城（1501023531020400001）

该障城位于保合少镇面铺窑村南 0.8 千米处宽阔平坦的台地西侧，北距面铺窑长城 1 段 0.04 千米、面铺窑汉代当路塞 2.3 千米。

障城墙体遭破坏，地表遗迹不明显，根据地表散布遗物可大体判断障城的范围，东西约 60、南北约 115 米，可能是北面为障、南面为关厢的一种构制。现障城内外遍植松树，还有现代墓地。城内散落大量陶片、瓦片等遗物。陶片多饰绳纹、抹断绳纹，可辨器形有平沿盆、厚唇罐、圜底釜等；瓦片有板瓦、筒瓦等，瓦背多饰绳纹、抹断绳纹，瓦腹有菱形格纹等装饰。

面铺窑障城为一座汉代障城，东距战国、汉代的察哈少障城 14 千米，西距战国时代的李占窑障城 0.6 千米、汉代的奎素障城 8 千米。

13. 面铺窑长城 2 段（1501023823010200013）

该段长城起自保合少镇面铺窑村南偏东 0.27 千米处，止于面铺窑村西南 0.31 千米处。原墙体应作直线分布，呈东偏北—西偏南走向，上接面铺窑长城 1 段，下接面铺窑长城 3 段。

本段长城为消失段，起止点之间的直线长度为 221 米。原墙体应分布于面铺窑村南缘河槽中及其两岸缓坡地上，因洪水冲刷而消失。消失段中间为河槽，其东部为东向出村的土路，西部为杨树林。依据相邻上下段墙体情况，推断该段墙体原应为土墙。

14. 面铺窑长城3段（150102382101020014）

该段长城起自保合少镇面铺窑村西南0.31千米处，止于面铺窑村西南0.86千米处。墙体作直线分布，近于东—西走向，上接面铺窑长城2段，下接面铺窑长城4段。

墙体长649米，为夯筑土墙。总体保存一般，其中保存一般部分长439米、较差部分长210米，分别占该段墙体总长的67.6%、32.4%。墙体分布于面铺窑村西南部大青山南麓宽阔的川地中，地表呈较高大的土垄状，底宽6~10、顶宽1~4、高0.5~3米。中小段墙体保存一般，处在地块间的分隔地带，地表隆起较宽大，农耕时捡出来的石块丢弃于墙体之上（彩图八六）；前、后小段墙体受农田耕种影响较大，地表隆起较低矮，保存相对较差。有柏油路自105省道北向分出，又转东北行，斜穿中小段墙体；东南向出李占窑村的土路垂直穿过后小段墙体，其后再与柏油路相接；道路修筑与通行造成墙体断豁。

墙体沿线调查障城1座，为李占窑障城。

李占窑障城（150102353102020002）

该障城位于保合少镇李占窑村东南0.38千米处，北侧紧邻长城墙体，西邻墙道沟。

障城具体形制已不清楚，原障城北墙应利用了长城墙体，由于受耕地及道路的破坏，其他三面障墙均不存，陶片等遗物散布于柏油路两侧的耕地之中。陶片以泥质绳纹灰陶片较为多见，可辨器形有盆、罐等。

该障城东北距察哈少障城的直线距离约14.5千米，其间原至少还应分布有两座战国障城，卓资县旗下营镇那只亥村附近、新城区保合少镇前板旦石沟与后板旦石沟附近，均有存在障城的可能性。

15. 面铺窑长城4段（150102382301020015）

该段长城起自保合少镇面铺窑村西南0.86千米处，止于面铺窑村西1.9千米处。原墙体应于南向凸出的山嘴前环绕，作内向折弧形分布；大体呈东偏南—西偏北走向，上接面铺窑长城3段，下接面铺窑长城5段。

本段长城为消失段，起止点之间的直线长度为1133米。原墙体应分布于大西窑村北部南向凸出的山嘴南缘及其东西两侧的谷地中，山嘴东侧面铺窑村所在谷地的洪水西南流，西侧墙道沟及其西河槽洪水呈并列之势作东南向下泄，两股洪水于墙道沟沟口东岸的山嘴前交汇，洪水冲刷与水土流失导致该段长城消失。墙道沟呈"丫"形，东支沟较小，支沟与主沟洪水交汇点的西山岭上发现有面铺窑烽燧；交汇点东坡地上见有低矮的土筑墙体延伸痕迹，由此认定该段墙体原应为土墙。"墙道沟"应以该段长城命名，原长城墙体上或有人行小道。

墙体沿线调查烽燧1座，为面铺窑烽燧。

面铺窑烽燧（150102353201020004）

该烽燧位于保合少镇面铺窑村西1.7千米、大西窑村西偏北0.85千米处，原应倚面铺窑长城4段墙体外侧建筑。

烽燧用黄褐土夯筑而成，保存差。墩台坍塌，呈椭圆形土丘状，底部东西10、南北14米，顶部东西3、南北2米，残高3.5米；顶部较平缓，四周作缓坡状（彩图八七）。墩台上植被茂密，间有少量灌木，散布较多碎石块。墩台东侧部分裸露，夯土中夹杂较多小石子。烽燧修筑于墙道沟与其西沟河槽间的狭长山岭顶部，地势西北高、东南低。烽燧东侧为墙道沟正沟与东支沟洪水交汇点，其西侧沟谷河槽稍窄，上游河槽亦作"丫"形，山洪交汇点在烽燧西北部。墙道沟与西沟洪水均作东南向下泄，再于烽燧东南0.4千米处合流，出沟汇入面铺窑村所在川地河槽。该烽燧夹在两沟谷之间，兼顾东西两沟防控。

16. 面铺窑长城5段（150102382101020016）

该段长城起自保合少镇面铺窑村西1.9千米处，止于保合少镇大西窑村西北1.6千米处。墙体作外向折弧形分布，由东南—西北走向折转呈东—西走向，再转呈东北—西南走向；上接面铺窑长城4段，下接面铺窑长城6段。

墙体长1027米，为黄土夯筑的土墙。总体保存差，其中保存一般部分长293米、较差部分长99米、差部分长635米，分别占该段墙体总长的28.6%、9.6%和61.8%。冲沟断面暴露出墙体底部情况及剖面，基础经水平修整，其上逐层夯筑墙体，土质纯净，夯层清晰，厚10~14厘米。墙体分布于大西窑村西北部的大青山主脉山脚下，于地表总体呈高低不一的土垄状，底宽5~15、顶宽1~10、残高1~6米。分布于大西窑村西北部、墙道沟西沟南支沟南岸的前小段墙体沿缓坡地作西偏北上坡行，地表隆起较明显，接近山脚时转西行；分布于山岭主脉坡脚下呈西南向延伸的后小段墙体，为弃耕的荒坡地，地表遗迹较低矮；郭兰窑村北沟上游北支沟洪水东南向下泄，冲断后小段墙体。墙体南部有大青山余脉在大西窑河槽与奎素东沟之间南向伸出，余脉中有碌碡沟。

17. 面铺窑长城6段（150102382301020017）

该段长城起自保合少镇大西窑村西北1.6千米处，止于大西窑村西1.75千米处。原墙体应作直线分布，呈东北—西南走向，上接面铺窑长城5段，下接面铺窑长城7段。

本段长城为消失段，起止点之间的直线长度为453米。原墙体应分布于大西窑村西部、喇嘛圐圙东北部的大青山主脉与余脉间山脚处，前小段沿线早期开垦，退耕后改为林地，地表不见墙体痕迹；郭兰窑北沟上游南支沟南岸坡地上，残留有低矮的土筑墙体遗迹。郭兰窑北沟上游正沟与南支沟的洪水东南向下泄，穿过消失段前小段；两沟之间的消失段上、下山梁为两片茂密的人工松树林，中坡上树林面积较小，坡下林木覆盖整个山岭余脉。

18. 面铺窑长城7段（150102382101020018）

该段长城起自保合少镇喇嘛圐圙村东北1.69千米处，止于喇嘛圐圙村东北0.28千米处。墙体大体作直线分布，总体呈东北—西南走向，上接面铺窑长城6段，下接奎素长城1段。

墙体长1447米，断面显示墙体为水平基础，以黄土逐层夯筑墙体，夯层厚10~15厘米。总体保存差，其中保存一般部分长64米、较差部分长473米、差部分长824米、消失部分长86米，分别占该段墙体总长的4.4%、32.7%、56.9%和6%。墙体两侧均为绿化地，水土流失得到初步控制。墙体分布于喇嘛圐圙村东北部山脚下，地处奎素东沟北支沟沟脑与喇嘛圐圙村东北部小山梁顶之间，沿山脚坡地作下坡行，大部分地段呈明显隆起于地表的土垄状，底宽3~6、顶宽1~3、残高1~3米。中小段墙体分布于两条较宽的支沟沟口河槽之间，其间为纵深较短的正沟；东沟洪水遇墙体转西南流，西沟洪水遇墙体转东北流，分别与正沟山洪合流冲断墙体，形成四五十米长的墙体断豁；西岸墙体受山洪冲击影响较大，东岸墙体保存相对较好；奎素东沟上游三条支沟的洪水东南向下泄，其中中沟洪水顺墙体冲刷，造成部分前小段墙体消失，其两侧为墙体断豁；后小段墙体略向外折，地表隆起较明显，喇嘛圐圙村东沟两条支沟洪水东南向下泄，冲断墙体后合流，南流汇入奎素东沟。

19. 奎素长城1段（150102382301020019）

该段长城起自保合少镇喇嘛圐圙村东北0.28千米处，止于喇嘛圐圙村西0.16千米处。原墙体应作直线分布，呈东北—西南走向，上接面铺窑长城7段，下接奎素长城2段。

本段长城为消失段，起止点之间的直线长度为 405 米。原墙体应分布于喇嘛圐圙村东北部山梁顶部与西部河槽西岸之间，山梁西坡下为窄冲沟，洪水南流汇入西河槽。原墙体应沿山脚下坡地延伸，前沟东侧坡地上见有低矮的土筑墙体遗存；两沟间的坡地现为林地，西半部栽植有低矮的松树，东半部是一片稀疏的杨树林，地表几乎不见墙体隆起。

20. 奎素长城 2 段（150102382101020020）

该段长城起自保合少镇喇嘛圐圙村西 0.16 千米处，止于喇嘛圐圙村西南 0.77 千米处。墙体作直线分布，呈东北—西南走向，上接奎素长城 1 段，下接奎素长城 3 段。

墙体长 625 米，为黄土夯筑的土墙，夯层厚 10~13 厘米。总体保存差，其中保存较差部分长 126 米、差部分长 427 米、消失部分长 72 米，分别占该段墙体总长的 20.2%、68.3% 和 11.5%。墙体分布于喇嘛圐圙村西南部、奎素村东北部的大青山主脉南麓山脚下，前小段墙体沿山前坡地延伸，于地表呈明显隆起的土垄状，底宽 6~8、顶宽 0.5~3、残高 1~3 米，两侧为绿化林地，墙体上长满蒿草，两侧植被茂密（彩图八八）。后小段大部分墙体分布于茂密的松树林中，连续翻过两道南向伸出的山体余脉，地表隆起较低矮。有较宽的土路呈东西向穿过前小段墙体，道路通行导致墙体局部消失。

21. 奎素长城 3 段（150102382301020021）

该段长城起自保合少镇喇嘛圐圙村西南 0.77 千米处，止于保合少镇奎素村北 1.2 千米处。原墙体应作直线分布，呈东北—西南走向，上接奎素长城 2 段，下接奎素长城 4 段。

本段长城为消失段，起止点之间的直线长度为 1650 米。原墙体应分布于奎素村北偏东部大青山主脉南麓与余脉之间的山梁上，梁北为奎素沟东支沟，梁南余脉南向伸出；先翻过两道余脉山梁，而后沿支沟南部山岭顶端作下坡行。消失段前端处在松林及绿化林地中，余脉山梁间有两条窄缓的沟谷，洪水南向下泄；有土路在松林中沿山脊北行，至山脚西向回折，于松林西缘西南向穿出。后小段前端是一道山梁，北坡有三条"鸡爪沟"的沟脑东南向发育，接近原墙体经行区域的坡顶，洪水西北向下泄汇入奎素沟东支沟；末端为坡地，地势北高南低，亦为多沟叉沟脑，洪水合流形成奎素村西小冲沟；沟脑部位的山梁现为绿化林地，其间见有土筑墙体残留痕迹，表明该段墙体原应为夯筑土墙。北出奎素村的土路穿过消失段，下段墙体于土路西侧再现。

22. 奎素长城 4 段（150102382101020022）

该段长城起自保合少镇奎素村北 1.2 千米处，止于奎素村西北 1.2 千米处。墙体后小段作内向折线形分布，由东北—西南走向折转呈东—西走向，上接奎素长城 3 段，下接奎素长城 5 段。

墙体长 717 米，为黄褐土夯筑的土墙。总体保存较差，其中保存较差部分长 640 米、消失部分长 77 米，分别占该段墙体总长的 89.3%、10.7%。墙体分布于奎素村北部奎素沟河槽与其东部北出奎素村的土路之间，处在东北高、西南低的缓坡地上；山体于奎素沟沟口处收缩，而墙体于沟口外直行。大部分墙体于地表呈低矮的土垄状，底宽 3~6、顶宽 0.5~3、残高 0.5~1.5 米。西南向延伸的前小段墙体保存较差，明显隆起于地表；外侧是并行的宽缓水道，洪水西南流汇入南向下泄的奎素沟主河槽；内侧有农耕土路并行，墙体两侧外延尽为耕地（彩图八九）。东西向的后小段墙体分布于主河槽及其东岸坡地上，末端墙体消失在奎素沟河槽中，东岸坡地上的墙体较低矮，局部消失在耕地里。连接奎素村与奎素沟口的另一条南北向土路在该段长城首端穿过，造成墙体豁口。奎素沟河槽平时亦作道路通行，西岸有一条南北向的树木稀疏的防护林带，与河槽平行延伸。

墙体沿线调查障城 1 座，为奎素障城。

奎素障城（150102353102040003）

该障城位于保合少镇奎素村西北 0.8 千米处，奎素沟前沟口东侧宽阔平坦的台地之上，北距奎素长城 4 段墙体 0.26 千米。

障城平面呈正方形，边长 46 米。障墙夯筑而成，外侧局部可见石砌痕迹，北墙保存最好，底宽 2.5、残高 1~1.5 米，南墙、西墙局部可见；东墙为耕地所破坏。门址不清，西墙方向为 178°。墙体东北角、东南角、西北角均有残存角台，东南角角台较高大，底部直径 5、残高 4 米，或为烽燧遗址；东北角角台底部直径 4、残高 3 米，顶部有长 1.5、宽 1、深 5 米的坑洞，剖面可见角台为土石混筑而成；西北角角台保存低矮，残高不足 1 米（彩图九〇、九一）。障城内外散落大量陶片、瓦片等遗物。陶片多饰绳纹、抹断绳纹，可辨器形有宽沿盆、厚唇罐、圜底釜等；瓦片有板瓦、筒瓦等，瓦背多饰绳纹、抹断绳纹，瓦腹可见菱形格纹等装饰。

该障城为一座汉代障城，东距面铺窑障城、西距陶思浩障城均为 8 千米左右。从障城向北约 4 千米，奎素沟中有汉代的当路塞墙体。

23. 奎素长城 5 段（150102382102020023）

该段长城起自保合少镇奎素村西北 1.2 千米处，止于奎素村西北 1.4 千米处。墙体作直线分布，呈东—西走向，上接奎素长城 4 段，下接奎素长城 6 段。

墙体长 349 米，为石墙。总体保存较差，其中保存较差部分长 316 米、消失部分长 33 米，分别占该段墙体总长的 90.5%、9.5%。墙体分布于奎素村西北部的河槽西岸平地上，处在河槽与西山脚下的土路之间，墙体经行区域地势低洼，局部断面显示墙体底部有石砌基础，其上用黄土夯筑墙体，墙体于地表呈明显的土垄状，底宽 3~8、顶宽 1~3、残高 1~2 米（彩图九二）。墙体两侧是耕地，受农耕影响原有形态已经发生改变。末端有南北向土路穿过，造成墙体局部消失。奎素沟西岸的南北向防护林带垂直穿过前小段墙体，墙体南侧是与之并行的农耕土路。

24. 奎素长城 6 段（150102382101020024）

该段长城起自保合少镇奎素村西北 1.4 千米处，止于奎素村西北 1.5 千米处。墙体作直线分布，呈东—西走向，上接奎素长城 5 段，下接奎素长城 7 段。

墙体长 175 米，为黄土夯筑的土墙。总体保存差，其中保存差部分长 171 米、消失部分长 4 米，分别占该段墙体总长的 97.7%、2.3%。墙体分布于奎素村西北部的山体东坡地上，作上坡行，直抵南向伸出的低矮山岭东坡脚，于地表呈低矮的土垄状，底宽 2~3、顶宽 1~1.5、残高 0.5~1 米。坡地下缘的前小段墙体两侧栽植小松树，后小段墙体分布于稀疏的松树林中，末端是一条洪水东南向下泄的小沟，洪水冲刷导致墙体出现断豁。

墙体沿线调查烽燧 1 座，为奎素烽燧。

奎素烽燧（150102353201020005）

该烽燧位于保合少镇奎素村西北 1.5 千米处，修筑在墙体外侧。南距奎素长城 6 段墙体 0.05 千米，西南距野马图烽燧 1.92 千米。

烽燧用黑褐土夯筑而成，保存较差。墩台坍塌，呈长方形高丘状，底部东西 34、南北 19 米，顶部东西 15、南北 3 米，残高 8 米（彩图九三）；顶部较平缓，四周作缓坡状。墩台上有挖掘的树坑，周围为绿化林地，栽植小果树。烽燧修筑在奎素沟西岸山脚处高坡地上，地处墙体拐点的外侧，西侧依山，为消除山梁对视线的阻隔，因此建筑高大烽燧，以保证前后烽燧间的有效沟通。山坡上为一片茂密的人工松林，东侧山脚处有土路北偏东行，进入奎素沟中。

25. 奎素长城 7 段（150102382301020025）

该段长城起自保合少镇奎素村西北 1.5 千米处，止于奎素村西北 1.9 千米处。原墙体应作内向折弧形分布，由北—南走向转呈东—西走向，上接奎素长城 6 段，下接野马图长城 1 段。

本段长城为消失段，起止点之间的直线长度为744米。原墙体应分布于野马图村东北部南向伸出山嘴的东、南山脚下，应沿山岭东坡脚南行，环绕山嘴后转西行，与上段长城形成连续的两个直角折弯。东坡脚上缘松林稀疏，下缘原为坡耕地，现为绿化林地，大部分墙体因农耕而消失；接近山嘴末端的东坡地上见有长约50米的南北向土筑墙体痕迹，山嘴前坡地上也有低矮的土墙残存。山嘴西侧有两条沟谷并列分布，洪水南偏东向下泄，其中大东沟纵深较长，沟口形成宽河槽，有土路顺河槽通往沟内；小东沟纵深稍短，上下游河槽两侧栽植幼树。

26. 野马图长城1段（1501023821O1020026）

该段长城起自保合少镇野马图村东北0.79千米处，止于野马图村西北0.55千米处。墙体略作内向折弧形分布，总体呈东北—西南走向，上接奎素长城7段，下接野马图长城2段。

墙体长955米，为黄褐土夯筑的土墙，夯土中夹杂有小石子，夯层均匀清晰，厚8~10厘米（彩图九四）。总体保存差，其中保存较差部分长163米、差部分长697米、消失部分长95米，分别占该段墙体总长的17%、73%和10%。墙体分布于野马图村北部的小东沟与北沟口之间，紧邻山脚下坡地构筑，大部分墙体呈低矮的土垄状，底宽2~8、顶宽1~4.5、残高1~3米。前小段墙体较低矮，后小段墙体地表隆起较宽大。北部山体较低缓，新近被辟为绿化地，环山栽植幼树；前后分布有四条较小沟谷，洪水南向下泄冲断墙体。北沟口东岸有一片杏树林，墙体断面掩映在树林中。有道路大体呈南北向垂直穿过后小段墙体，进入野马图北沟中；村北有柏油路与该段长城并行。

依据地表散布遗物，初步推断，该段墙体的起点附近原应分布有战国障城一座，遗迹已破坏无存。

27. 野马图长城2段（1501023823O1020027）

该段长城起自保合少镇野马图村西北0.55千米处，止于野马图村西北1.7千米处。原墙体应作直线分布，呈东北—西南走向，上接野马图长城1段，下接野马图长城3段。

本段长城为消失段，起止点之间的直线长度为1284米。原墙体应分布于野马图村西北部的北沟与西沟之间，位于山脚处，两端河槽洪水南向下泄，其间山体又有数条较小沟谷分布，如今山体上绿树成林，沟谷已基本稳固。消失段中部建起一座厂房，厂房两侧原为农田，现退耕改为林地，仅厂房西墙外见有残存的土墙痕迹，其余墙体因山洪冲刷、农田耕种以及工程建设而消失。

墙体沿线调查烽燧1座，为野马图烽燧。

野马图烽燧（1501023532O1020006）

该烽燧位于保合少镇野马图村西北0.63千米处，原应倚野马图长城2段前小段墙体修筑，西南距古路板烽燧3.44千米。

烽燧以黄土夯筑而成，保存较差。墩台坍塌，呈高大的圆丘状，底部直径22、顶部直径5、残高6米（彩图九五）；顶部尖缓，四周为缓坡。墩台上植被密集，南侧耕地开垦至墩台下。烽燧修筑在大青山南麓缓坡地上，东为野马图北沟口，西临小沟谷，前后视野开阔。北沟洪水出沟转西南向下泄，河槽东岸修筑有防洪堤坝，以防村庄遭遇水患。东侧有土路北偏东行，进入北沟中。

28. 野马图长城3段（1501023821O1020028）

该段长城起自保合少镇野马图村西北1.7千米处，止于野马图村西2千米处。墙体作内向折弧形分布，由东偏北—西偏南走向转呈东偏南—西偏北走向，上接野马图长城2段，下接野马图长城4段。

墙体长410米，为黄土夯筑的土墙，土质纯净，夯层厚约10厘米。总体保存差，其中保存较差部分长73米、差部分长252米、消失部分长85米，分别占该段墙体总长的17.8%、61.5%和20.7%。墙体分布于野马图村与古路板村之间的大青山南麓山脚下，沿南向凸出的低山山嘴环绕，于地表呈明显的土垄状，底宽3~5、顶宽2~4、残高1.5~2米。前小段墙体处在山嘴两翼，西南坡脚下的墙体隆起较明显，北侧山上为茂密的松树林；后小段墙体分布于坡耕地上，地表隆起较低矮，轮廓与走向可分辨。有两条小沟的洪水南向下泄，冲断墙体后汇聚为一。"丫"形沟谷西岸与古路板东沟间为公墓区，占地面积较大。

29. 野马图长城4段（1501023823010200029）

该段长城起自保合少镇野马图村西2千米处，止于保合少镇姚家湾村西北0.5千米处。原墙体应沿小井沟东岸西北行，穿过沟谷后西南向折回，于姚家湾村北台地西行，在西北部台地上转西南行，作幅度较大的外向折弧形分布；总体上呈东北—西南走向。上接野马图长城3段，下接姚家湾长城1段。

本段长城为消失段，起止点之间的直线长度为3183米。原墙体应分布于小井沟沟口及其两翼山脚下，地处公墓东沟西支沟与姚家湾小西沟之间。古路板、姚家湾两个大村坐落在沟口东西两侧，其中，古路板北村民房紧邻沟口河槽东岸建设，村东的荒坡地为现代墓葬分布区，北部山体上栽植幼树，原墙体应沿公墓北部山脚西行，地表不见墙体痕迹。小井沟是大青山南麓较大的沟谷之一，纵深近20千米，沟内水系庞杂，山洪富集，洪水出沟西南流，为躲避水患，从而在沟口西部选择高台地筑墙。101省道南接110国道，向北穿古路板村中，沿小井沟进入四子王旗。水磨村南的小井沟狭窄处，汉代修筑有当路塞。

依据地表散布遗物，初步推断小井沟沟口西侧的姚家湾村北部原应分布有战国障城一座，障城北墙即利用了赵北长城墙体，调查时遗迹已破坏无存。

墙体沿线调查烽燧2座，为古路板烽燧、姚家湾烽燧。

古路板烽燧（150102353201020007）

该烽燧位于保合少镇古路板村西南0.4千米处，地处野马图长城4段中部，推测应建筑在该段长城内侧，西偏南距姚家湾烽燧1.2千米。

烽燧以黄土夯筑而成，保存差。墩台坍塌，于地表呈高大的土丘状隆起，底部东西13.5、南北18.5米，顶部东西4.5、南北5.2米，残高6米（彩图九六）；顶部较平缓，有石块散布。墩台上植被低矮而密集，有小榆树数丛，南侧腰部有一个大坑，东侧腰部有现代石砌房屋基址，石墙残高1.4米，对墩台造成破坏。烽燧修筑在大青山前缓坡地上，北对小井沟沟口，出沟洪水西南流，形成宽缓的洪水河槽，东距烽燧0.13千米。烽燧周围为耕地，南有榆树数棵，东为古路板村，西侧隔河槽为姚家湾村，烽燧北侧是连接两村的土路；南部有大青山生态公路东西行，在烽燧东南部与101省道"十"字交叉。

姚家湾烽燧（150102353201020008）

该烽燧位于保合少镇姚家湾村西0.4千米处，西北距姚家湾长城1段起点0.08千米，应处在野马图长城4段末端内侧。

烽燧以黄土夯筑而成，保存较差。墩台坍塌，呈覆钵形圆丘状，底部东西27、南北26米，顶部东西6.2、南北7米，残高5米（彩图九七）；形体较高大，表面长满杂草与灌木，底部北侧被挖掘一个洞穴，周边有树坑分布，对烽燧造成一定程度的破坏。烽燧修筑在山前陡坡上，地势西北高、东南低，北依山脚，东西两侧为绿化用地，栽植果树；东为姚家湾村，南有姚家湾西沟洪水河槽东南向延伸。

30. 姚家湾长城1段（150102382101020030）

该段长城起自保合少镇姚家湾村西北0.5千米处，止于姚家湾村西北0.72千米处。墙体略作外向折线形分布，总体呈东偏北—西偏南走向，上接野马图长城4段，下接姚家湾长城2段。

墙体长280米，为黄土夯筑的土墙，夯层厚10厘米。总体保存差，其中保存差部分长228米、消失部分长52米，分别占该段墙体总长的81.4%、18.6%。墙体分布于姚家湾西北部的姚家湾西河槽及其东岸缓坡地上，沿沟口外山脚处延伸，先作西偏南行，至河槽边转作西南行，垂直穿过洪水东南向下泄的姚家湾西河槽。墙体于地表呈低矮的土垄状，底宽4~5、顶宽2~3、残高1.5~2.5米。前小段大部分墙体处在绿化坡地上，地表隆起较低矮，北部山体上有三条较小沟谷的洪水南向下泄，冲断墙体后汇入姚家湾西河槽；末端墙体消失在西河槽中。北山上栽植松树，覆盖大部分山体，南为大青山生态公路。

31. 姚家湾长城2段（1501023821010200031）

该段长城起自保合少镇姚家湾村西北0.72千米处，止于姚家湾村西0.94千米处。墙体作直线分布，呈东偏北—西偏南走向，上接姚家湾长城1段，下接姚家湾长城3段。

墙体长246米，为夯筑土墙。总体保存较差，其中保存较差部分长135米、差部分长111米，分别占该段墙体总长的54.9%、45.1%。墙体分布于姚家湾西河槽西岸的缓坡地上，北距姚家湾西沟口较远。上段消失于河槽中的墙体于西岸再现，又作西偏南行，于地表呈明显的土垄状，底宽5~10、顶宽2~4、残高0.5~2米。墙体经行地段地势北高南低，有南北向土路自该段墙体中间穿过，其东侧原为耕地，退耕改作林地，墙体明显隆起于地表；其西侧的后小段墙体隆起不甚明显，直抵西沟西岸南向伸出的土山嘴东坡脚，南北侧为现代坟茔。该段长城西为现代公墓，南临大青山生态公路。

32. 姚家湾长城3段（1501023823010200032）

该段长城起自保合少镇姚家湾村西0.94千米处，止于毫沁营镇陶思浩村西北1千米处。原墙体应作内向折线形分布，环绕南向凸出的山嘴，由东偏北—西偏南走向转呈东—西走向，上接姚家湾长城2段，下接陶思浩长城1段。

本段长城为消失段，起止点之间的直线长度为993米。原墙体应分布于陶思浩村北敖包沟沟口处及其两侧山脚地带，处在敖包沟东岸山嘴下与西岸小沟之间，环绕山脚，穿越沟口。敖包沟洪水出沟转西南流，沟口与其东部的姚家湾西河槽之间为低缓的山体余脉，山嘴地带建有公墓；沟口西岸山脚下为绿化林地，山嘴下发现烽燧。烽燧东侧的大青山生态公路绿化林带中，见有土筑墙体遗存痕迹，地表仅见略微隆起，是判定该段长城类别及大体分布、走向的依据。大青山生态公路在南侧紧邻消失段末端并行，出陶思浩村柏油路与生态路"丁"字形相接。

墙体沿线调查烽燧、障城各1座，为陶思浩烽燧、陶思浩障城。

陶思浩烽燧（1501023532010200009）

该烽燧位于毫沁营镇陶思浩村西北0.76千米的山脚下，西北距陶思浩长城1段墙体起点0.37千米，原应倚墙体外侧建筑。

烽燧以黄土夯筑而成，保存较差。墩台坍塌，呈圆形土丘状，形体较高大；墩台顶部南侧挖掘有方坑，北侧腰部挖掘有洞穴，穴壁上可见夯层，夯层厚10~15厘米。现存墩台底部直径13、顶部直径3、残高6米。烽燧修筑于敖包沟东岸南向凸出山体的南缘坡地上，原应处在墙体内向折点处，便于东西两侧长城沿线的瞭望与沟通。烽燧东侧见有残存的墙体痕迹，南侧紧邻大青山生态公路。

陶思浩障城（1501023531020400004）

该障城位于毫沁营镇陶思浩村北0.5千米处，地处敖包沟东岸的山前台地之上。

障城北侧现有大青山生态公路东西向穿过，对障城破坏极大。原障城北墙或利用了长城墙体，另筑其他三面墙体。障墙遗迹均难以寻觅，大青山生态公路南侧有一座高大的土包，似为障城内部的土筑台基址。遗物散布在土包周围，多绳纹灰陶片。

该障城为一座汉代障城，西距哈拉沁沟沟口约7.4千米。哈拉沁沟沟口东岸台地上以前调查有哈拉沁沟口汉代遗址，采集有绳纹灰陶片，出土有陶井圈等[1]。哈拉沁沟口遗址，应是一座汉代障城。早期调查时已不见墙体，本次调查时遗址已消失于村庄建设中。从哈拉沁沟向西，红山口沟、乌素图沟的沟口处均应有汉代障城存在，本次调查时均已消失于村庄建设中。

33. 陶思浩长城1段（150102382101020033）

该段长城起自毫沁营镇陶思浩村西北1千米处，止于陶思浩村西北1.2千米处。墙体大体作直线分布，呈东—西走向，上接姚家湾长城3段，下接陶思浩长城2段。

墙体长258米，为黄土夯筑的土墙。总体保存差，其中保存差部分长211米、消失部分长47米，分别占该段墙体总长的81.8%、18.2%。墙体分布于敖包沟西岸与榆树沟东沟东岸之间山脚下，沿缓坡地延伸，于地表呈低矮的土垄状，底宽3~4、顶宽1~2、残高1~1.5米。沿线有三条窄小沟谷的洪水南向下泄，其中中沟略呈"丫"形，穿过该沟口前，先沿沟谷东岸西北向上溯，过沟后再沿西岸回折；中沟洪水在墙体北侧合流，洪水冲刷造成部分墙体消失，中沟两侧坡地上的墙体隆起较低矮。中、东沟间的前小段墙体北侧山体上为松林，墙体两侧及后小段墙体北部山体新近辟为绿化用地，树坑遍野，有的地段墙体上也挖掘了树坑，对该段长城保存影响较大。南部近百米处为大青山生态公路。

34. 陶思浩长城2段（150102382301020034）

该段长城起自毫沁营镇陶思浩村西北1.2千米处，止于毫沁营镇乌兰不浪嘎查东0.78千米处。原墙体应随塔沟北向收缩而作外向折弧形或"几"字形分布，总体呈东—西走向，上接陶思浩长城1段，下接陶思浩长城3段。

本段长城为消失段，起止点之间的直线长度为1524米。原墙体应分布于榆树沟村北缘及其两侧山脚下缓坡地上，处在榆树沟之东沟东岸与塔沟的西沟西岸之间，大体于大青山生态公路北侧与之平行延伸，消失段区域内皆为林地。沿线有榆树沟东沟、榆树沟、塔沟和塔沟西沟四条大小沟谷分布，以中间的塔沟较为宽大，两岸栽植成排杨树，有土路进入沟中；沟口内东岸台地上有小块耕地，耕地中见有障城城墙遗迹及陶片、瓦片等遗物，由此推测，原墙体可能伸入塔沟中，先沿塔沟东岸上溯，过沟后再沿西岸回折，或呈"几"字形布局。塔沟东为榆树沟，两沟口之间的山脚下原为耕地，退耕改为绿化地，墙体痕迹地表尽失，榆树沟村坐落在沟口西岸。榆树沟与其东沟之间，调查发现有土筑墙体存在痕迹，处在灌木林地南缘耕地中，南侧紧邻大青山生态公路，依此线索推断，消失的墙体原应沿榆树沟村北部边缘地带西行。在塔沟与其西沟沟口间的消失段末端，亦见有略微高出于地表的土筑墙体遗存，若隐若现，北临山脚，南侧紧邻大青山生态公路。

墙体沿线调查障城1座，为塔沟障城。

塔沟障城（150102353102020005）

该障城位于毫沁营镇榆树沟村西北0.5千米的塔沟内，西南距该段长城止点0.64千米，西距乌兰不浪障城约2千米。

塔沟为较平缓的沟谷地，洪水南向下泄，障城坐落在沟口内侧东岸台地上。城区现为耕地，四面城墙损毁严重，基本轮廓已无法辨识，仅个别地段露出城墙夯层，夯层厚10厘米。城区陶片、瓦片遍布，有泥质褐陶弦断绳纹陶片等，这些遗物散布于东西约150、南北约200米的范围之内（彩图九八）。障城建设当与塔沟防御紧密相关，其所在的该段长城原墙体或曾延伸至塔沟中，倚墙体建筑障城。

35. 陶思浩长城3段（150102382101020035）

该段长城起自毫沁营镇乌兰不浪嘎查东0.78千米处，止于乌兰不浪嘎查东0.38千米处。墙体作

---

[1] 内蒙古文物工作队编：《内蒙古文物资料选辑》，内蒙古人民出版社，1964年，第79页。

直线分布，呈东偏北—西偏南走向，上接陶思浩长城2段，下接乌兰不浪长城。

墙体长406米，为夯筑土墙，保存差。墙体分布于榆树沟村与乌兰不浪嘎查中部的山脚下，地处塔沟之西沟与乌兰不浪村东北沟之间，沿山前坡脚延伸；现存墙体于地表呈低矮的土垄状，底宽3~4、顶宽1~2、残高1~1.5米。后小段墙体明显高出于地表，前小段墙体较低矮，轮廓、走向可分辨。北部山体上有四道小沟，洪水南向下泄，均造成墙体断豁。现今，山体绿化成效凸显，冲沟已相对稳固。该段长城南0.05千米处为大青山生态公路，与墙体呈并行之势。

36. 乌兰不浪长城（1501023823010200036）

该段长城起自毫沁营镇乌兰不浪嘎查东0.38千米处，止于毫沁营镇哈拉更村西1.1千米处。原墙体应沿山脚作外向折弧形分布，总体呈东—西走向，上接陶思浩长城3段，下接哈拉更长城1段。

本段长城为消失段，起止点之间的直线长度为3407米。该段长城分布于乌兰不浪沟东岸及哈拉更沟西岸之间的山脚下，大青山山体在两沟间北向收缩，乌兰不浪村建设在乌兰不浪沟沟口西岸，哈拉更村是个大村，沿哈拉更沟口两翼分布。两沟之间又有中沟，纵深较短，洪水于两村中间南向下泄；除此之外，又有数条大小不等的沟谷洪水南向下泄，山洪冲刷与村落覆盖是导致该段墙体消失的直接原因。调查时于该段长城沿线发现了一些墙体存在的蛛丝马迹，为了解与把握其分布与走向提供了依据。乌兰不浪村东两条较小冲沟之间的坡耕地上发现一段低矮的土筑墙体残迹；之后，又在乌兰不浪村西北部的中沟两岸山脚下分别发现有烽燧存在，其中沟西烽燧两侧有土筑墙体残留，表明该烽燧修筑在墙体折点处。此外，哈拉更村西北部坡地上有"呼和浩特抽水蓄能工程"道路呈"S"形弯曲向上坡延伸，路两侧林地中亦发现局部隆起的墙体痕迹。由此可见，该段墙体大体穿过乌兰不浪村中北部，再随山脚西北行，过乌兰不浪与哈拉更村之间的沟口转西行，又过哈拉更沟口，大体经哈拉更村北的莲池净寺，沿山脚作西偏南行，断续存在的墙体与下段长城相接。

墙体沿线调查障城1座、烽燧2座，为乌兰不浪障城和乌兰不浪1、2号烽燧

乌兰不浪障城（1501023531020200006）

该障城位于毫沁营镇乌兰不浪村西北0.15千米处，原应倚长城墙体修筑，为战国障城。

障城平面呈长方形，东西50、南北30米。南、北墙较为明显，于地表呈隆起的土垄状，底宽3~5、残高1~1.5米；东、西墙所在为小的水冲沟，墙体痕迹已不存在。障城内部植被覆盖较好，近年挖掘了一些树坑，文化层受到破坏，树坑边散布有绳纹灰陶片等遗物。

乌兰不浪1号烽燧（1501023532010200010）

该烽燧位于毫沁营镇乌兰不浪嘎查西北0.7千米处，东距乌兰不浪长城墙体起点1.1千米，原应倚墙体外侧建筑，西北距乌兰不浪2号烽燧0.34千米，南距大青山生态公路0.3千米。

烽燧以黄土夯筑而成，夯层厚10~13厘米，保存较差。墩台坍塌，呈高大的圆锥形土丘状，底部东西14、南北12.5米，顶部东西7、南北4米，残高8米；顶部尖缓，北坡较陡，南坡缓长（彩图九九）。墩台底部北侧挖掘有洞穴，墩台上见有树坑，植被稀疏。东侧一条小冲沟南向下泄，冲毁部分墩台，断面暴露出清晰的夯层。烽燧处在山前坡地上，周围栽植小油松，西北侧一个圆形山丘，北部相连的山丘上有"美化新城"四个白色大字。

乌兰不浪2号烽燧（1501023532010200011）

该烽燧位于毫沁营镇乌兰不浪嘎查西北1.1千米处，倚墙体外侧建筑，西南距哈拉更村0.34千米、坡根底1号烽燧6.8千米。

烽燧以黄土夯筑而成，保存较差。墩台坍塌，呈覆钵形土丘状，形体较高大，底部直径20、顶部直径6.5、残高4米（彩图一〇〇）；墩台上杂草茂密，南侧有一个长方形坑。烽燧修筑在中沟沟口西

部坡地上，处在山体北向收缩的东北拐角处，北部山体为新近栽植的松树林地，中沟洪水南向下泄，河槽西岸有土路进入沟内。烽燧东侧有低矮的土筑墙体向东南部的乌兰不浪1号烽燧方向延伸，西侧有西行的土墙痕迹，表明该烽燧建筑在墙体转角处。

37. 哈拉更长城1段（150102382101020037）

该段长城起自毫沁营镇哈拉沁村东北1.2千米处，止于哈拉沁村东北0.88千米处。墙体略作内向折线形分布，总体呈东偏北—西偏南走向，上接乌兰不浪长城，下接哈拉更长城2段。

墙体长343米，为夯筑土墙。总体保存差，其中保存较差部分长90米、差部分长238米、消失部分长15米，分别占该段墙体总长的26.2%、69.4%、4.4%。墙体分布于哈拉更村西北部、东梁村东北部山脚下，沿低山前坡地延伸，地表呈低矮的土垄状，底宽3～5、顶宽1～3、残高0.5～1.5米。前小段墙体明显隆起于地表，后小段墙体较低矮；经行区域为杏树林地，有部分树木栽植在墙体上，南北坡地皆经绿化（彩图一〇一）。有窄缓的冲沟洪水南向下泄，垂直穿过前小段墙体，其西岸有并行的绿化用土路向上坡延伸；起点处也有小冲沟，洪水冲刷均造成墙体断豁。

38. 哈拉更长城2段（150102382301020038）

该段长城起自毫沁营镇哈拉沁村东北0.88千米处，止于毫沁营镇坡根底村西北0.59千米处。原墙体应作直线分布，呈东北—西南走向，上接哈拉更长城1段，下接坡根底长城1段。

本段长城为消失段，起止点之间的直线长度为4996米。原墙体应分布于东梁村北与坡庙村北之间山脚下，沿线有哈拉沁沟、小哈拉沁沟、坡根底北沟等数条大小沟谷分布，其中以哈拉沁村东侧的哈拉沁沟为大，纵深长，支沟众多，上游建设有水库；小哈拉沁沟纵深较短，沟内分布有多家采石场。哈拉沁村沿大、小哈拉沁沟间山脚建设，民房狭长分布；哈拉沁沟沟口东岸为东梁村，小哈拉沁沟之西沟沟口前有大青山公墓，墙体消失于洪水冲刷与村庄建设中。公墓北侧坡地上发现有土筑墙体痕迹，公墓西调查发现的烽燧两侧也见有低矮的土筑墙体延伸，上述信息可大体确定该段长城的类别及分布、走向。原墙体先应于东梁村北部山脚作西偏南行，穿过哈拉沁沟沟口后再沿西部山脚西南行，经哈拉沁村北缘，过小哈拉沁沟及其西沟沟口，在大青山公墓北部作西偏南行，行经倚墙体建筑的烽燧，穿过坡根底北沟后转向南偏西行，与下段长城连接。

墙体沿线调查烽燧1座，为坡根底1号烽燧。

坡根底1号烽燧（150102353201020012）

该烽燧位于毫沁营镇坡根底村北0.72千米处，倚墙体外侧建筑，西南距坡根底长城1段墙体起点0.5千米，西北1.3千米的山梁上为秦汉长城。

烽燧以黄土夯筑而成，保存较差。墩台坍塌，呈高大的覆钵形土丘状，底部直径18、顶部直径5、残高8米；其上栽植有小松树。烽燧修筑在坡根底北沟沟口东岸坡地上，山体在沟口处西北向收缩，烽燧周围皆为绿化地；北有小沟沟口，洪水出沟遇烽燧及其所倚墙体转东流，与东侧两股较小的洪水汇合后东南向下泄。

39. 坡根底长城1段（150102382101020039）

该段长城起自毫沁营镇坡根底村西北0.59千米处，止于坡根底村西北0.66千米处。墙体略作内向折线形分布，由北偏东—南偏西走向转呈东北—西南走向，上接哈拉更长城2段，下接坡根底长城2段。

墙体长302米，冲沟断面上暴露黄土夯层，墙体下修整为水平基础。总体保存差，其中保存差部分长271米、消失部分长31米，分别占该段墙体总长的89.7%、10.3%。墙体分布于坡根底村西北部山脚下，沿山体的东南坡脚延伸，于地表呈低矮的土垄状，底宽3～4、顶宽1～2、残高1～1.5米；

外侧几乎与山坡平齐，内侧隆起较明显。前小段墙体处在"丫"形沟谷的支沟之间，其中东支沟山洪南向下泄，西支沟山洪东南流，穿过墙体后合流，南偏东向流经坡根底村中；后小段墙体处在西支沟与其西侧小沟间的缓坡地上，地表隆起较明显。墙体两侧均栽植有小松树，前小段墙体南侧是一处废弃的取土坑，于其西侧开辟新坑，运土的土路造成墙体断豁。

后小段墙体南侧原应有一座战国障城，调查时遗迹均已破坏不存，地表散布灰陶绳纹侈口罐、盆及弦断绳纹、附加凸弦纹陶片等。该障城东距乌兰不浪障城7千米，西距回民区坝口子障城6千米。

40. 坡根底长城2段（150102382301020040）

该段长城起自毫沁营镇坡根底村西北0.66千米处，止于坡根底村西南0.12千米处，墙体原应作内向折线形分布，呈东北—西南走向，上接坡根底长城1段，下接坡庙长城。

本段长城为消失段，起止点之间的直线长度为800米。原墙体应分布于坡庙村东北部及其西南侧山脚下，地处坡根底村西北小沟与坡庙村西小沟之间。前小段墙体先西偏南行，翻越东南向伸出的低缓山梁，地表尚有低矮的土筑墙体遗存；经坡庙东沟沟脑转西南行，跨过东沟谷，沿山脚下的东沟西岸坡地延伸，墙体拐点处的山梁顶部有隆起的土丘似烽燧，西南距下一座烽燧0.33千米，调查未予确认。后小段墙体所在的山洼是仅有几户人家的坡庙村，墙体消失于村庄建设中。坡庙村东北部山梁上疑似烽燧及其东侧的土筑墙体痕迹，在方位上可与上段长城相衔接。由此，基本能够把握该段长城的分布与走向。消失段沿线有三条沟谷的洪水南向或东南向下泄，其中分布于墙体前小段的东沟呈"丫"形，两沟洪水合流后转南下，其交汇点大体处在该段长城的分布线上。洪水冲刷、水土流失及民房建设造成该段长城消失，沿线辟为绿化地。

墙体沿线调查烽燧2座，为坡根底2号烽燧、坡庙1号烽燧。

坡根底2号烽燧（150102353201020013）

该烽燧位于毫沁营镇坡根底村西偏南0.91千米处，原应倚坡根底长城2段中小段墙体外侧建筑，西南距坡庙村0.15千米、坡庙1号烽燧0.31千米。

烽燧以黄土夯筑而成，保存较差。墩台坍塌，呈长方形土丘状，底部东西22、南北15米，顶部东西9.5、南北10米，残高11米；形体高大，顶部较平缓，其上栽植小松树。烽燧修筑在山体的东南坡地上，背依山，东临坡庙东沟，沟谷对面为三棱形孤山子。烽燧周边为绿化林地，西南为坡庙村。

坡庙1号烽燧（150102353201020014）

该烽燧位于毫沁营镇坡庙村西南0.17千米处，原应倚坡根底长城2段后小段墙体外侧建筑，西南距坡根底长城2段止点0.02千米、坡庙2号烽燧0.55千米。

烽燧以黄土夯筑而成，保存差。墩台坍塌，呈较高大的覆钵形土丘状，底部直径16、顶部直径3、残高4米。墩台西壁夯层裸露，断面夯土可区分为两部分，中间部分土质纯净，夯层清晰分明，夯层厚10～15厘米，为首筑墩台夯层；两侧夯层中夹杂有砂砾，夯层厚15～20厘米，明显为叠加补筑所形成。烽燧修筑在山体的东南坡地上，西临小冲沟，洪水南向下泄，有部分墩台遭洪水冲击破坏。烽燧北坡上为绿化地，南坡下为梯田，顺田埂栽植成行树木；东侧紧邻坡庙村。

41. 坡庙长城（150102382101020041）

该段长城起自毫沁营镇坡根底村西南0.12千米处，止于毫沁营镇坡庙村西南0.99千米处，墙体作内向折弧形分布，由东北—西南走向转呈东—西走向，上接坡根底长城2段，下接红山口长城1段。

墙体长854米，为夯筑土墙。总体保存较差，其中保存较差部分长474米、差部分长106米、消失部分长274米，分别占该段墙体总长的55.5%、12.4%和32.1%。墙体沿坡庙村小西沟与东营村东沟之间的南向凸出的山嘴下分布，呈明显凸出于地表的土垄状，底宽5～8、顶宽3～5、残高2～3米。

墙体沿线北侧山体上缘岩石裸露，前后有六条较小沟谷的洪水南向下泄，冲断墙体；南侧有大青山生态公路略呈"S"形并行延伸，部分中小段墙体消失在北向弯曲环绕路段之下。墙体两侧现为绿化林地，松树、灌木混植。

墙体沿线调查烽燧1座，为坡庙2号烽燧。

坡庙2号烽燧（150102353201020015）

该烽燧位于毫沁营镇坡庙村西南0.7千米处，倚坡庙长城墙体外侧建筑，东北距坡庙长城墙体起点0.53千米，西偏南距红山口1号烽燧0.52千米。

烽燧以黄土夯筑而成，保存较差。墩台坍塌，呈低缓的土丘状，底部直径16、顶部直径7、残高3.5米（彩图一〇二）；顶部较平缓，植被茂密，其上栽植有松树及灌木。烽燧修筑在山嘴南缘台地上，周边为林地，背靠陡峭山体，东西两侧为小冲沟，其中东侧冲沟为"丫"形；南为大青山生态公路。

42. 红山口长城1段（150102382301020042）

该段长城起自毫沁营镇坡庙村西南0.99千米处，止于毫沁营镇东营村西南1.5千米处。原墙体应沿沟口两侧作外向"八"字形分布，总体呈东北—西南走向，上接坡庙长城，下接红山口长城2段。

本段长城为消失段，起止点之间的直线长度为1886米。长城沿红山口沟沟口两翼分布，处在东营村东沟与西营村西南沟之间的山脚下。红山口沟纵深较长，山体在沟口明显北向收缩，东营、红山口和西营村坐落在沟口两岸山脚下；沟口两侧山体呈暗红色，沟谷与村庄因此得名。沟口东侧墙体原应沿山脚作西北行，大体消失在大青山生态公路及东营村中；西侧墙体原应沿山脚西南行，沿线为红山口和西营村居民区，有工厂分布其间，周边为耕地和绿化林地，地表不见墙体踪迹。依据相邻上下段墙体情况，推断该段墙体原应为土墙。

墙体沿线调查烽燧2座，为红山口1、2号烽燧。

红山口1号烽燧（150102353201020016）

该烽燧位于毫沁营镇东营村东南0.4千米处，东北距红山口1段长城墙体起点0.22千米，西南距红山口2号烽燧1.65千米，两座烽燧一东一西，隔沟口河槽相望。

烽燧以黄土夯筑而成，夯层厚8厘米，保存较差。墩台坍塌，于地表呈长方形高丘状，底部东西15、南北21米，顶部东西6、南北7米，残高6米（彩图一〇三）；顶部较平缓，用石块垒砌一座现代敖包；北侧见有树坑，坑壁裸露墩台夯层。烽燧建筑在台地的西部边缘地带，处在大青山生态公路直角拐弯点的东南侧，周边为绿化林地。烽燧背依山体，西北为东营村，村西为红山口沟沟口，西部隔河槽为红山口村；西南紧邻河槽，东为洪水南向下泄的东沟河槽，河槽中有进山采石的土路，两岸分布较多现代坟墓。上段墙体的止点在烽燧东北部山脚下，比照两者的相对位置关系，可确认该烽燧建筑于原墙体内侧，而非倚墙体修筑。

红山口2号烽燧（150102353201020017）

该烽燧位于毫沁营镇东营村西南1.5千米处，东北距西营村0.49千米，原应建筑于红山口长城1段后小段墙体内侧，西北距该段长城止点0.03千米。

烽燧以黄土夯筑而成，夯层厚10~15厘米，保存较差。墩台坍塌，于地表呈覆钵形土丘状，底部东西25、南北15米，顶部东西5.5、南北5米，残高6米。墩台东壁因绿化、修筑道路而破坏，夯层裸露。烽燧修筑在墙体内侧的东南向坡地上，周围为松树林地，东北侧山脚下是一家旅游度假村，东北部为西营村。

43. 红山口长城 2 段（150102382101020043）

该段长城起自毫沁营镇东营村西南 1.5 千米处，止于东营村西南 2 千米处。墙体略作内向折线形分布，总体呈东北—西南走向，上接红山口长城 1 段，下接回民区坝口子长城。

墙体长 530 米，为黄土夯筑的土墙，夯层厚 8～12 厘米。总体保存差，其中保存差部分长 353 米、消失部分长 177 米，分别占该段墙体总长的 66.6%、33.4%。墙体分布于西营村西南沟与内蒙古青少年生态园蒙古大营东沟东岸之间，止点在山嘴尖端处。墙体沿山嘴东南坡脚延伸，于地表呈低矮的土垄状，底宽 3～4、顶宽 1～3、残高 1～1.5 米；内侧隆起较明显。墙体沿线有四条小沟谷的洪水南偏东向下泄，均造成墙体断豁，断面上暴露夯层，夯土板结坚硬，当中夹杂有较多小石子。有绿化用土路叠压在墙体上，导致前小段部分墙体消失。墙体内侧为绿化地，外部山体绿树成荫。

三　呼和浩特市回民区

在调查中，将呼和浩特市回民区境内的赵北长城墙体划分为 13 段，包括土墙 7 段、消失墙体 6 段。墙体总长 13986 米，其中土墙长 3826 米、消失段落长 10160 米。在总长 3826 米的土墙中，保存一般部分长 1505 米、较差部分长 1811 米、差部分长 33 米、消失部分长 477 米。

（一）长城墙体分布与走向

赵北长城墙体由新城区伸入到回民区境内，经过攸攸板镇内蒙古青少年生态园所在沟口时消失，在大青山野生动物园西北部山脚下发现有障城及 300 米长的墙体保存，作西偏南行，其后又消失于坝口子沟沟口及其左右两翼山脚下，104 省道沿此沟通往山后武川县。墙体在坝口子村西南 1.2 千米处的山前坡脚上有较短段落再现，于元山子村北再次出现较长段落消失，大体应沿山脚西南行，在东乌素图村东环绕南向伸出的山岭，又沿该山岭西坡脚转西北行，进入乌素图沟谷地，东北依山、西南临河的东乌素图村与二道营子村狭长分布，大体处于原长城分布线上。

在二道营子村西北部、乌素图水库东南 0.3 千米处穿过谷地中河槽，墙体于河槽西岸边一级台地上再现。横穿谷地的墙体保存较好，西н行至山脚后的墙体作直角东南向折转，复沿山脚行；大部分墙体消失，有小段墙体及烽燧断续相接，基本可把握长城的分布与走向。原墙体应经西乌素图村穿出乌素图沟，之后再沿山脚折向西南行，于乌素图召东沟西岸台地上发现 33 米墙体遗存，长城在乌素图沟总体呈"几"字形分布。墙体经乌素图召北、东棚子村北沿山脚西南行，地表隆起较明显，至 G6 高速公路察素齐出口北部的霍寨沟沟口消失，向西伸入土默特左旗境内（地图五）。

（二）长城墙体与单体建筑保存现状

在对回民区赵北长城的调查中，除划分的 13 段墙体外，另调查烽燧 5 座、障城 2 座，两座障城均为战国障城。初步推断，乌素图沟沟口东岸台地之上、东乌素图村北侧原应分布有 1 座汉代障城，现已消失无存。下面，对这些长城墙体和单体建筑分作详细描述。

1. 坝口子长城（150103382301020001）

该段长城起自新城区毫沁营镇东营村西南 2 千米处，止于回民区攸攸板镇坝口子村西南 1.2 千米处。原墙体应作外向折线形分布，总体上呈东北—西南走向，上接新城区红山口长城 2 段，下接元山子长城 1 段。

本段长城为消失段，起止点之间的直线长度为 3700 米。原墙体分布于内蒙古青少年生态园所在沟口至坝口子沟沟口西侧山脚下，沿略作北向收缩的山体沟口及其两侧山脚延伸。生态园所在沟口东岸为蒙古大营，末端为坝口子沟，坝口子村民房沿沟口内外建设，104 省道翻越大青山进入武川县。两沟之间又有数条较小沟谷的洪水南向下泄，其中坝口子东沟口两侧均有土筑墙体残迹，据此判断该段墙体原应为土墙。

墙体沿线调查障城 1 座，为坝口子障城。

坝口子障城（150103353102020001）

该障城位于攸攸板镇坝口子村东北约 0.5 千米的山脚处，东临坝口子东沟沟口，西南距乌素图召障城约 5.5 千米。

障城平面呈正方形，边长 25 米。障墙用土夯筑而成，现存北、西、南墙，东墙消失，原障墙处有土路南北行。障墙呈低矮的土垄状，底宽 4~8、残存最高 0.5 米。门址不清，应为南墙开门。地表散布较多陶片，有泥质灰陶盆口沿残片、夹砂褐陶粗绳纹釜残片等，其中陶盆口沿下施凹弦纹，肩部施绳纹。

2. 元山子长城 1 段（150103382101020002）

该段长城起自攸攸板镇坝口子村西南 1.2 千米处，止于攸攸板镇元山子村东北 0.28 千米处。墙体作直线分布，呈东北—西南走向，上接坝口子长城，下接元山子长城 2 段。

墙体长 351 米，为夯筑土墙。总体保存一般，其中保存一般部分长 304 米、较差部分长 47 米，分别占该段墙体总长的 86.6%、13.4%。墙体紧贴监狱西墙与元山子村东之间的山体南坡脚分布，于地表呈明显的土垄状，底宽 5~6、顶宽 1~1.5、残高 1.5~2.5 米。中小段墙体轮廓清晰，墙体上长满杂草，其上见有少量树坑，墙体南侧 10 米为与之平行延伸的一道网围栏，其间栽植一排小杨树，北部山体上栽植小油松，间有杨树、榆树及其他灌木（彩图一〇四）；前、后小段墙体保存较差，一条较小沟谷的洪水东南向下泄，冲断后小段墙体。

3. 元山子长城 2 段（150103382301020003）

该段长城起自攸攸板镇元山子村东北 0.28 千米处，止于攸攸板镇二道营子村西北 1.3 千米处。据实地调查分析推断，墙体原应作内向折线形分布，总体上呈东北—西南走向，上接元山子长城 1 段，下接二道营子长城 1 段。

本段长城为消失段，起止点之间的直线长度为 3245 米。原墙体分布于元山子村至乌素图水库下的沟谷之间，元山子村沿山脚建设，其西南部为毫赖沟沟口；再向西为宽阔的东南向延伸的乌素图沟谷地，谷底河槽宽约 150 米。毫赖沟与乌素图沟之间为东南向伸出的山岭，原墙体穿过元山子村，过毫赖沟口，于山岭南缘环绕，而后西北行进入乌素图沟谷地，河槽东岸的东乌素图和二道营子村处于原墙体分布线上；又于二道营子村西北部、乌素图水库东南 0.3 千米处大体作直角西南向折转，垂直跨越乌素图沟河槽，墙体于河槽西岸耕地中复现。消失段沿线自东向西先后经元山子村、奥都驾校、呼和浩特市人民政协委员会基地林、东乌素图村、二道营子村等，上述村庄与单位沿山岭南缘及其两翼的山脚下分布，其间为林地或耕地，地表不见墙体痕迹；末端则消失于乌素图沟河槽及其东岸耕地中。依据相邻上下段墙体情况及沿线土质丰富的地貌环境，推断该段墙体原应为土墙。

4. 二道营子长城 1 段（150103382101020004）

该段长城起自攸攸板镇二道营子村西北 1.3 千米处，止于二道营子村西 1.7 千米处。墙体略作外向折弧形分布，总体呈东北—西南走向，上接元山子长城 2 段，下接二道营子长城 2 段。

墙体长752米，以黄土夯筑的土墙。总体保存较差，其中保存一般部分长320米、较差部分长305米、消失部分长127米，分别占该段墙体总长的42.5%、40.6%和16.9%。墙体分布于二道营子村西北部的乌素图沟河槽西岸谷地上，大部分墙体呈高矮不等的土垄状，地表隆起较明显，底宽4~8、顶宽1~4、残高1.5~3米。有土路和水泥路分别穿过该段墙体，河槽至土路之间的前小段墙体相对较低矮；两路之间的中小段墙体明显隆起于地表，呈高大的土垄状，墙体外侧附设烽燧2座（彩图一○五）；水泥路南侧的后小段墙体呈低矮的土垄状，直抵西山脚下的石门沟沟口。墙体两侧为耕地，时耕时弃，耕地间栽植稀疏低矮的灌木，大体成行与墙体平行延伸；耕地外缘均有小河槽，源出石门沟及其北侧沟口，洪水东北流注入乌素图沟河槽。土路垂直穿过中小段墙体，水泥路沿乌素图沟河槽西岸山脚下修筑，穿过后小段墙体，其北侧为当地居民的采沙坑，道路修筑、通行与采沙活动造成部分墙体消失。

墙体沿线调查烽燧2座，为东乌素图1、2号烽燧。

东乌素图1号烽燧（150103353201020004）

该烽燧位于攸攸板镇二道营子村西偏北1.47千米处，倚二道营子长城1段墙体外侧修筑，西北距乌素图沟0.4千米，西南距东乌素图2号烽燧0.2千米。

烽燧以黄土夯筑而成，保存较差。墩台坍塌，呈覆钵状隆起，明显凸出于两侧高大的墙体。现存墩台底部直径13、顶部直径2.5、残高4.6米。烽燧修筑在乌素图沟河槽西岸中部的缓坡地上，地势南高北低，两侧原为耕地，现辟为绿化地（彩图一○六）。

东乌素图2号烽燧（150103353201020005）

该烽燧位于攸攸板镇二道营子村西偏北1.56千米处，倚二道营子长城1段墙体外侧修筑，南偏西距二道营子烽燧0.21千米。

烽燧以黄土夯筑而成，保存较差。墩台坍塌，呈较高大的覆钵状隆起，明显高出于墙体。现存墩台底部直径14、顶部直径3、残高5米。烽燧修筑在乌素图沟河槽西岸谷地南缘缓坡地上，地势南高北低，南侧为一个较大的取土坑，造成烽燧南侧墙体消失，其南侧山脚下有水泥路西北向延伸，路南为石门沟沟口。

5. **二道营子长城2段**（150103382301020005）

该段长城起自攸攸板镇二道营子村西1.7千米处，止于二道营子村西南1.2千米处。原墙体应作直线分布，呈西北—东南走向，上接二道营子长城1段，下接二道营子长城3段。

本段长城为消失段，起止点之间的直线长度为632米。原墙体分布于石门沟及其南部沟口间，乌素图沟河槽西岸的山体东南向延伸，墙体沿山脚东南向回折，穿出乌素图沟谷地。长城经行区域现修建有水泥路及人工堤坝，工程建设导致该段墙体完全消失。依据相邻上下段墙体情况，推断该段墙体原应为土墙。

墙体沿线调查烽燧1座，为二道营子烽燧。

二道营子烽燧（150103353201020001）

该烽燧位于攸攸板镇二道营子村西1.7千米处，西北距二道营子长城2段墙体起点0.03千米，东南距西乌素图1号烽燧1.54千米。

烽燧以土夯筑而成，保存较差。墩台坍塌，于地表呈覆钵状隆起，形体高大，其上遍布杂草与灌木，局部挖掘有树坑。现存墩台底部东西18、南北16米，顶部东西4、南北4.5米，残高6米。烽燧修筑在石门沟沟口外侧坡地上，西南依山，山体岩石裸露，临沟面陡峭壁立，山坡上林木茂密；北临水泥路，东北侧有一处较大的取土坑，现已危及该烽燧的保存（彩图一○七）。烽燧两侧墙体消失，依烽燧所在位置及地形地貌情况推测，烽燧所在点应为原墙体拐点，烽燧当倚墙体外侧修筑。

6. 二道营子长城 3 段（150103382101020006）

该段长城起自攸攸板镇二道营子村西南 1.2 千米处，止于二道营子村西南 1.16 千米处。墙体作直线分布，呈西北—东南走向，上接二道营子长城 2 段，下接西乌素图长城 1 段。

墙体长 68 米，为夯筑土墙，保存较差。墙体分布于二道营子村西山脚处，处于石门沟沟口东南部一大一小两个沟口之间，介于山体与谷地的过渡地带，于地表呈明显的土垄状，底宽 3~5、顶宽 1~3、残高 0.7~1.8 米。该段墙体起点处冲沟断面显示，墙基系经过细致的水平加工修整，基础下为黑色腐殖土，第一层夯土为黄土，其上为黄褐土，夯层平整、坚实、分明，薄厚略有差异，厚 10~12 厘米。现存大部分墙体因水土流失而被埋于地下（彩图一〇八）。墙体西南侧紧邻一道人工堤坝，工程建设导致墙体严重损毁。

7. 西乌素图长城 1 段（150103382301020007）

该段长城起自攸攸板镇二道营子村西南 1.16 千米处，止于攸攸板镇西乌素图村南 0.62 千米处。原墙体应作内向折弧形分布，先呈西北—东南走向，末端折转呈东北—西南走向；上接二道营子长城 3 段，下接西乌素图长城 2 段。

本段长城为消失段，起止点之间的直线长度为 1972 米。原墙体分布于西乌素图村西北部及西侧山脚下，沿东南向伸出的山体东坡脚下环绕，所经区域前小段为林地或荒坡地，地表不见墙体痕迹；后小段有西乌素图村沿山脚建设，导致墙体消失。消失段中部调查发现有烽燧，初步判断该烽燧当倚墙体修筑，成为判断该段墙体大体分布与走向的重要信息。依据相邻上下段墙体情况，推断该段墙体原应为土墙。

墙体沿线调查烽燧 1 座，为西乌素图烽燧。

西乌素图烽燧（150103353201020002）

该烽燧位于攸攸板镇西乌素图村西北 0.6 千米处，南偏东距西乌素图长城 2 段墙体起点 1.14 千米，南距乌素图召烽燧 1.24 千米。

烽燧以黄褐土夯筑而成，保存差。墩台坍塌，呈残缺的长方形土丘状，西部山体上有浅缓的冲沟东北向下泄，冲毁坐落在冲沟南岸边的烽燧部分墩台。断面上夯层清晰可见，夯层厚 10~12 厘米。墩台上植被较密集，其上栽植了较多小松树，对烽燧的保存构成影响。现存墩台底部东西 6、南北 25 米，顶部东西 2、南北 9 米，残高 7 米（彩图一〇九）。烽燧处于山体东北坡脚处，原应倚墙体修筑。该烽燧周边现为绿化林地，北临浅冲沟，东、北侧是现代坟地，西依山岭，山岭上早年遍植树木。

8. 西乌素图长城 2 段（150103382101020008）

该段长城起自攸攸板镇西乌素图村南 0.62 千米处，止于西乌素图村南 0.64 千米处。墙体作直线分布，呈东北—西南走向，上接西乌素图长城 1 段，下接西乌素图长城 3 段。

墙体长 33 米，为黄褐土夯筑的土墙，保存差。墙体分布于乌素图召东沟西岸山脚处台地上，上段墙体经西乌素图村穿出乌素图沟谷地后，复沿山脚下台地转作西南行，于地表呈低矮的土垄状。冲沟横断面上测得现存墙体基宽 6、顶宽 3、残高 1 米。因水土流失影响，隆起的墙体上无植被，东南坡夯层裸露。墙体北侧低缓的山体上大部分栽植了树木，西临冲沟，南侧为荒坡地，坡下为西乌素图村西缘民房，西南部为乌素图召。

9. 西乌素图长城 3 段（150103382301020009）

该段长城起自攸攸板镇西乌素图村南 0.64 千米处，止于西乌素图村南偏西 0.95 千米处。原墙体应作直线分布，呈东北—西南走向，上接西乌素图长城 2 段，下接西乌素图长城 4 段。

本段长城为消失段，起止点之间的直线长度为325米。原墙体分布于乌素图召北部山脚下，前小段墙体消失于乌素图召东沟宽缓的河槽中；乌素图召北侧山脚下的中小段墙体被利用为防洪坝，导洪水进入召庙西北侧沟谷河槽中，其内侧调查发现有依附该段长城建设的土筑障城，为判断该段墙体的类别及分布与走向提供了依据；后小段消失在乌素图召西北侧的"丫"形沟谷地带，东支沟有防洪坝山洪导入，洪水出沟转西南流，与正沟洪水汇合后穿过消失段。消失段沿线坡地上有稀疏的树木散布，除障城外地表不见墙体踪迹。北部山体经早期绿化，现已绿树成林。

墙体沿线调查烽燧、障城各1座，为乌素图召烽燧、乌素图召障城。

乌素图召烽燧（150103353201020003）

该烽燧位于攸攸板镇西乌素图村西南0.77千米处，处于原墙体内侧，东北距西乌素图长城3段起点0.14千米，南距乌素图召北墙0.05千米。

烽燧原以黄褐土夯筑而成，后被改造为覆钵式佛塔。佛塔现已损毁，残存墩台呈长方形土台状，剖面为梯形，自下而上有收分，底部东西6、南北13米，顶部东西2、南北9米，残高7米。烽燧修筑在乌素图召北坡地上，周围松树稀疏散布，北临召庙后山防洪渠，东侧有一座白色喇嘛塔，塔东有土路进入山中。

乌素图召障城（150103353102020002）

该障城位于攸攸板镇西乌素图村西南0.4千米的乌素图召北侧高台地上，东临乌素图召东沟，西南距霍寨障城约4千米。

障城原应倚长城墙体内侧修筑，或利用长城墙体作为障城北墙。障城平面呈正方形，边长30米。障墙以黄褐土夯筑而成，呈低矮的土垄状，底宽4、顶宽1、残高0.5米。北墙隆起相对较明显，其余三墙较低矮，仅可分辨障城轮廓。南墙中部辟门，痕迹已不太清晰。障城中部残存土塔基一座，东西7、南北5、高3米（彩图一一○）。

10. 西乌素图长城4段（150103382101020010）

该段长城起自攸攸板镇西乌素图村南偏西0.95千米处，止于西乌素图村西南1.5千米处。墙体作直线分布，呈东北—西南走向，上接西乌素图长城3段，下接东棚子长城1段。

墙体长584米，为黄褐土夯筑的土墙。总体保存较差，其中保存较差部分长489米、消失部分长95米，分别占该段墙体总长的83.7%、16.3%。墙体分布于乌素图召西墙外小沟口与其西南部石砬山下沟口西岸之间，沿山脚下坡地延伸，于地表呈明显隆起的高土垄状，上窄下宽，横截面略呈梯形，底宽3~7、顶宽1~2、残高0.5~4.2米。墙体背依低缓的大青山体，山脚下墙体两侧现被辟为林地。前小段部分地段墙体上栽植有小松树，对墙体保存构成较大影响（彩图一一一）；有四条小沟的洪水东南向下泄，冲断墙体，其中起点处小沟的洪水出沟遇墙体转西南流，顺墙体外侧冲刷，与西侧小沟洪水汇合后冲断墙体转南流，对墙体具有较大的破坏性。该段墙体中部又有两股洪水流造成墙体豁口，末端墙体处于较大的乌素图召西沟口外，洪水东南向下泄造成墙体缺口长达50米。紧邻墙体南侧有土路并行，前小段墙体南侧有乌素图召西侧院落石砌围墙。

冲沟上暴露的墙体断面显示，墙体下有一层厚0.5米的垫土，将洪积层垫平，其上用黄褐土逐层夯筑墙体，夯土中夹杂有少量碎石，夯层薄厚不匀，基宽6.5、顶宽2.8、残高2.8米。该断面还提示，墙体分三个阶段夯筑完成，其中中间部分最早，夯层分明，质地坚硬，夯制较为精细，两壁向上有收分，夯层厚6~12厘米，基宽3.4、顶宽2.8、残高2.8米。两侧墙体显系叠加补筑形成，土色不一，夯层厚8~15厘米，明显偏厚且模糊不清，质地疏松，夯制粗糙，与中间墙体泾渭分明。内侧筑墙土呈褐色，含较多砂砾，基部残宽1.8米；外侧筑墙用黄褐土夯筑，土质较为纯净，基部残宽1.3

米（图五；彩图一一二）。

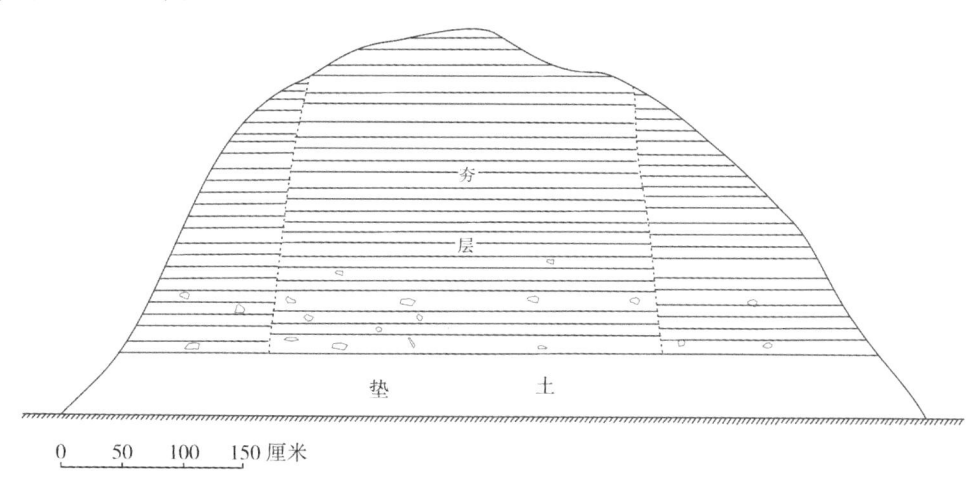

图五　西乌素图长城4段剖面图

11. 东棚子长城1段（150103382101020011）

该段长城起自攸攸板镇东棚子村东北1.4千米处，止于东棚子村北偏西0.59千米处。墙体略作内向折弧形分布，总体呈东北—西南走向，上接西乌素图长城4段，下接东棚子长城2段。

墙体长1084米，为黄褐土夯筑的土墙，夯层中夹杂大量小石子，夯层厚7厘米。总体保存较差，其中保存一般部分长478米、较差部分长481米、消失部分长125米，分别占该段墙体总长的44.1%、44.4%和11.5%。墙体分布于乌素图召西沟与东棚子村东北沟之间，紧随山脚延伸，于地表呈明显的土垄状，上窄下宽，横截面近呈梯形，底宽4~6、顶宽1~2、残高1~1.5米。前小段墙体作直线分布，内侧因早期耕地开垦而暴露出墙体夯层；北侧山坡上缘山岩裸露，下缘为绿化林地，局部墙体上也栽植了松树；北侧放置有浇树储水罐，架设的输水管道与该段长城平行延伸，南侧有土路与墙体并行，两侧断续有路旁杨树林；路南为洪水冲积荒坡地，有现代坟墓分布（彩图一一三）。中小段墙体处于绿化地中，地表隆起较低矮，南侧紧邻土路；后小段墙体随南向凸出的山体坡脚下延伸，而呈内向折弧形分布，随山体构筑墙体的特点充分显现。墙体两侧皆为新开辟的绿化林地，沿线前后有七条较小沟谷的洪水东南向下泄，冲断墙体。

12. 东棚子长城2段（150103382301020012）

该段长城起自攸攸板镇东棚子村北偏西0.59千米处，止于东棚子村西北0.42千米处。原墙体应作直线分布，呈东北—西南走向，上接东棚子长城1段，下接东棚子长城3段。

本段长城为消失段，起止点之间的直线长度为286米。原墙体位于东棚子村东北沟沟口及其西岸山脚处，洪水冲刷与水土流失是这部分墙体消失的直接原因。后小段墙体的大体分布区域有两处早期修建的砖窑，推测原应是倚长城墙体修筑。砖窑东侧有院落一处，其北侧0.02千米处发现有土筑墙体残迹，分布、走向基本与上下段长城吻合，表明该段长城墙体原应为土墙。墙体所经区域新近被辟为绿化地，并栽植有小松树。

13. 东棚子长城3段（150103382101020013）

该段长城起自攸攸板镇东棚子村西北0.42千米处，止于土默特左旗台阁牧镇霍寨村东0.76千米处。墙体作内向折弧形分布，大部分墙体呈东北—西南走向，末端折转呈东—西走向；上接东棚子长城2段，下接土默特左旗霍寨长城1段。

墙体长 954 米，为夯筑土墙。总体保存较差，其中保存一般部分长 403 米、较差部分长 421 米、消失部分长 130 米，分别占该段墙体总长的 42.2%、44.1% 和 13.7%。墙体分布于东棚子村东北沟沟口西岸与霍寨沟沟口东岸之间的山脚下，沿南向凸出的山脚环绕，于地表呈高低不等的土垄状，底宽 4~6、顶宽 0.5~2.5、残高 0.5~2 米。前、中小段的部分墙体保存较好，后小段呈东西走向的墙体隆起不明显。有数条浅缓的小冲沟自山体下泄，冲断墙体。墙体断面显示，墙基下为经过平整的洪水冲积层，当中含有较大的石块；其上用黑褐土逐层夯筑墙体，夯土中夹杂有较多碎石及小石子，夯层明显偏厚，夯打粗糙，薄厚不均匀，夯层厚 9~15 厘米（彩图一一四）。墙体北傍大白山山体，山坡上及墙体两侧现均已绿化植树。中小段墙体两侧有民房三座，分布于沟口两端，有土路穿过墙体进入沟中采石，沟口两侧坡地上散布较多杨树，间有现代废弃院落分布。

四　呼和浩特市土默特左旗

在调查中，将呼和浩特市土默特左旗境内的战国赵北长城墙体划分为 51 段，包括土墙 26 段、石墙 1 段、消失段落 24 段。墙体总长 68964 米，其中土墙长 15778 米、石墙长 321 米、消失段长 52865 米。在总长 15778 米的土墙中，保存一般部分长 852 米、较差部分长 3999 米、差部分长 9906 米、消失部分长 1021 米。石墙中，保存差部分长 302 米、消失 19 米。

（一）　长城墙体分布与走向

土默特左旗境内的赵北长城墙体，总体上沿大青山南麓分布，呈东北—西南走向。赵北长城墙体由回民区进入台阁牧镇霍寨村，消失于霍寨沟沟口及其两岸坡地上，在霍寨村西山脚处墙体出现，沿山脚西南行，陆续发现有烽燧和障城遗迹。墙体又西南行，在大瓦窑村及其两侧山脚下消失，于小瓦窑村东北部再现；保存在大、小瓦窑村之间的墙体长 500 余米，分布于 G6 高速公路南北两侧，有近一半的墙体消失在高速公路之下。墙体又于小瓦窑村北消失，应于高速公路北侧沿山脚西北行，直奔沟门村所在的东白石头沟沟口而去，沟口内建有"五一"水库；水库坝址南侧西台地上发现沟门遗址，推断为赵北长城障城遗迹。原墙体过沟口应沿沟门村北部山脚作西偏南行，于村西北山窝处有一段较短的土墙保存；出山窝应沿山脚转向西南行，墙体重现在沟门村西南部、朝天沟沟口东岸的东南向坡脚处。墙体经较短的一段延伸后再次中断，大体沿小沟门村北部山脚环绕，作内向折弧形分布；其后转西行，继霍寨沟之后，随收缩的沟口发生第二次折转。

墙体在小沟门村西北部山脚处再现，经什报气村北、讨合气村北，沿山脚下坡地作西偏北行，过召沟、石门子沟、丁家营子沟沟口，直达东圪塔村所在的水磨沟（抢盘河）南口，沟口内有红领巾水库；除沟口处的部分墙体消失外，大部分墙体可断续相接。墙体又现于水磨沟沟口西岸坡脚处，西南行出沟口，经水磨村北沿山脚转作西偏北行，过茶房村东沟口又西南行，墙体随山体发生第三次较大方位的西南向折转。转西南行的墙体，又出现大段落消失，经茶房西沟、拐大沟及大旗西北沟等诸沟口，在乌素村东北部坡地上仅见小段墙体遗存。消失的墙体应沿山脚西南行，经乌素村环绕山嘴，转西北行进入黑牛沟沟口，过沟口于此老山东山坡脚处见有土墙残存，由此推断原墙体在该沟口大体作"八"字形分布；于此老山东南坡脚西南行，出现第四次西南向折转。墙体应于此老山西山南坡脚西行，仅在察素齐镇朱尔沟村东见有小段墙体出现；过马群沟、朱尔沟村北缘及朱尔沟，墙体断多存少。

墙体在察素齐镇白道沟村东、朱尔沟与白道沟之间的山前坡地上复现，经白道沟村北缘西行，随之消失在东、西沟门村所在的沟口之间，在西沟门村西沟口西岸发现有依墙体建筑的西沟门障城。随着山体再次南向伸出，于障城处转向西南行，再次出现较大方位折转。墙体于把什村东北部坡脚处再现，旋即中断。墙体大体经把什村北、马鬃山山脚西偏南行，于其西侧的石碇山坡脚转西行，穿过万家沟沟口。墙体随山体前后历经五次折转，自西沙尔沁村西始，陡峭险峻的山体基本呈一线分布，山脚下的墙体存少失多；先后经古城村、西沙尔沁村、窑子湾村、白只户村、庙沟村、小万家沟村、上达赖村、道试村、沟门村和陶思浩村，沿线仅在庙尔沟、小万家沟村北及道试村西北发现小段墙体遗存。至古雁村西北部，又见断续的墙体及烽燧存在，于圪力更村西北2千米处西行，进入包头市土默特右旗境内（地图六）。

（二）长城墙体与单体建筑保存现状

在对土默特左旗赵北长城的调查中，除划分的51段长城墙体外，沿线还调查单体建筑10座，包括烽燧6座、障城4座。其中，4座障城中包括战国障城3座、汉代障城1座；此外，土默特左旗境内的赵北长城沿线还调查墙体消失、仅见遗物散布的疑似战国障城6座、汉代障城2座。

下面，对这些长城墙体和单体建筑分作详细描述。

1. 霍寨长城1段（150121382301020001）

该段长城起自台阁牧镇霍寨村东0.76千米处，止于霍寨村西南0.3千米处。墙体原应于沟口处作"八"字形外向折弧形分布，由东南—西北走向折转呈东北—西南走向，上接回民区东棚子长城3段，下接霍寨长城2段。

本段长城为消失段，起止点之间的直线长度为1052米。原墙体应分布于霍寨沟沟口及其两侧山脚下，洪水冲刷与水土流失导致墙体消失。霍寨沟为大青山南麓较大沟谷，山体于沟口处收缩，霍寨村坐落在沟口南部。消失的墙体应先沿沟口东侧山脚西北行，穿过沟口后再沿西侧山脚转西南行，于霍寨西沟与红格里沟之间的沟口西岸台地上复现。霍寨沟沟口东半部为水泥厂，西侧为霍寨西沟及其南沟沟口，霍寨沟及霍寨西沟洪水出沟西南流，紧邻山脚冲刷，洪水泛滥致使原有地貌发生较大改变，山脚处不见墙体痕迹。依据相邻上下段墙体情况，推断该段墙体原应为土墙。有三条道路大体呈"小"字形并拢于霍寨沟中。沟口外为G6高速公路金川出口，南部为金川开发区。

2. 霍寨长城2段（150121382101020002）

该段长城起自台阁牧镇霍寨村西南0.3千米处，止于霍寨村西南0.35千米处。墙体作直线分布，呈东北—西南走向，上接霍寨长城1段，下接霍寨长城3段。

墙体长52米，为黄褐土夯筑的土墙，保存差。墙体沿霍寨村西的向阳台地延伸，于地表呈低矮的土垄状，底宽3~5、顶宽0.5~2、残高1~2米；墙体内侧隆起较明显，外侧淤积几乎与墙体平齐。该段墙体西北依山，坡下为一排民房，北临霍寨西沟，洪水东南流汇入霍寨沟主河槽。台地地势较平缓，周边散布着零星杨树。

3. 霍寨长城3段（150121382301020003）

该段长城起自台阁牧镇霍寨村西南0.35千米处，止于霍寨村西南0.62千米处。原墙体应作直线分布，呈东北—西南走向，上接霍寨长城2段，下接霍寨长城4段。

本段长城为消失段，起止点之间的直线长度为266米。原墙体应分布于霍寨村西南部红格里沟之东小沟沟口处及其两翼，地处向阳台地上。前小段为民房及院落，民房西侧的东小沟呈"鸡爪"形，洪水东南向下泄，流入霍寨沟主河槽。沿线地表不见墙体踪迹，墙体消失于洪水冲刷与民房建设中。

依据相邻上下段墙体情况，推断该段长城原应为土墙。消失段沿线栽植了密集的小松树，水土流失得到有效控制。

4. 霍寨长城 4 段（150121382101020004）

该段长城起自台阁牧镇霍寨村西南 0.62 千米处，止于霍寨村西南 1.5 千米处。墙体大体作直线分布，由东偏北—西偏南走向转呈东北—西南走向，上接霍寨长城 3 段，下接霍寨长城 5 段。

墙体长 918 米，为黄褐土夯筑的土墙，夯层厚 10～15 厘米。总体保存差，其中保存较差部分长 227 米、差部分长 352 米、消失部分长 339 米，分别占该段墙体总长的 24.7%、38.3% 和 37%。墙体沿霍寨村西南部的大青山南麓台地延伸，于地表呈明显的土垄状，底宽 4～8、顶宽 1.5～3、残高 1.5～2 米（彩图一一五）。前小段红格里沟沟口两侧的墙体略呈"八"字状外向折线形分布，沟口北部墙体被挖掘成水渠；沟口南转西南行的墙体，在早期开垦耕地时，对墙体内侧做了切削，形成纵断面，壁面上夯层裸露；冲沟断面显示，墙体下为修整过的水平基础，其上用黄褐土逐层夯筑墙体，夯土中夹有小石子（彩图一一六）。红格里沟南部有"S"形沟谷，地处该段墙体中部，有路进入沟中采石，下游有采砂坑，洪水冲刷造成墙体断豁，豁空宽 50 米。该沟与红格里沟之间的墙体地表隆起较低矮，其间又有冲沟洪水造成墙体豁口，遗留墙体剖面；其与末端冲沟之间的后小段墙体地表隆起较明显，中间也有两条冲沟的洪水冲断墙体。墙体北部山体上新近栽植了小松树和杏树，南部为荒坡地，有现代坟墓分布。

墙体沿线调查障城 1 座、烽燧 2 座，为霍寨障城和红格里沟烽燧、霍寨 1 号烽燧。

霍寨障城（150121353102020001）

该障城位于台阁牧镇霍寨村西南 0.64 千米处，西距红格里沟烽燧 0.07 千米，西南距霍寨 1 号烽燧 0.38 千米。

障城平面呈正方形，边长 65 米，整体保存差。北墙利用长城墙体，另筑其他三面障墙而成，障墙呈低矮的土垄状，底宽 5.5、顶宽 2、残高 1 米（彩图一一七）。北墙中部开挖一道水渠沟，沟壁上可见夯层；两端倚长城墙体内侧建筑高大角台，残高 2 米（彩图一一八）。其他三面障墙亦有较大程度破坏，地表仅见略微隆起，断续相连，轮廓大体可辨。门址不清。障城中部为废墟堆成的长方形土台基，东西 20、南北 30 米，其上建筑敖包一座，周边有大量青砖瓦散布，有杨树四棵，推测原应是清代庙址。该障城为一座战国障城，建筑在红格里沟沟口东岸台地上，规模较大，表明大沟口是当时重点防御地带。

红格里沟烽燧（150121353201020001）

该烽燧位于台阁牧镇霍寨村西南 0.71 千米处，东南距坡下的霍寨沟河槽 0.28 千米，倚前小段墙体外侧建筑，南偏西距霍寨 1 号烽燧 0.35 千米。

烽燧以黄褐土夯筑而成，保存差。墩台坍塌，于地表呈圆形缓丘状，底部直径 10、顶部直径 2.2、残高 2 米；墩台上植被稀疏低矮，呈半裸露状态（彩图一一九）。烽燧建筑在霍寨村西南部的红格里沟沟口东岸台地上，沟口西岸有两户居民，有采石路进入沟中；东北部缓坡地上树坑遍布，霍寨障城坐落在东南部荒坡地上。

霍寨 1 号烽燧（1501 21353201020002）

该烽燧位于台阁牧镇霍寨村西南 1 千米处，建筑于墙体内侧，西北距霍寨长城 4 段中小段墙体最近距离 0.04 千米，西南距霍寨 2 号烽燧 1.54 千米。

烽燧以黄褐土夯筑而成，保存差。墩台坍塌，于地表呈覆钵状隆起，底部直径 20、顶部直径 4、残高 2.5 米；顶部浑圆，腰部呈缓坡状，植被较低矮；南北侧均见有圆坑，坑壁上可见夯层，薄厚不匀，夯层厚9～15厘米（彩图一二〇）。烽燧建筑在"S"形延伸沟谷的沟口东岸台地上缘，背依墙体，北为红格里沟，沟内有采石场，下游有采砂坑。

5. 霍寨长城5段（150121382101020005）

该段长城起自台阁牧镇霍寨村西南1.5千米处，止于霍寨村西南3.6千米处。墙体作内向折线形分布，由东北—西南走向转呈东偏北—西偏南走向，上接霍寨长城4段，下接大瓦窑长城1段。

墙体长2096米，为黄褐土夯筑的土墙，冲沟断面暴露的夯层厚10～15厘米。总体保存差，其中保存较差部分长585米、差部分长1339米、消失部分长172米，分别占该段墙体总长的27.9%、63.9%和8.2%。墙体沿霍寨村西南部与大瓦窑村东北部之间的山脚延伸，于地表呈低矮的土垄状，底宽5～7、顶宽2～3、残高1～1.5米。墙体中部分布两条较大沟谷，洪水东南向下泄垂直冲断墙体，两沟间的山体略向南部凸出，墙体随之发生较小方位折转变化。两沟中均有进山采石路，沟口外又有土路连接于两沟之间，先在墙体北侧，后斜穿墙体转于南侧通行。除此之外，墙体沿线还有数条较小沟谷的洪水东南向下泄，造成墙体豁口。前小段及两沟之间的中小段墙体保存差，后小段墙体地表隆起较明显。该段墙体北侧山体下缘均经绿化，南侧自东北向西南依次为荒坡地、林地、耕地和砂石场，有土路于中、后小段墙体内侧相伴而行。

墙体沿线调查烽燧1座，为霍寨2号烽燧。

霍寨2号烽燧（150121353201020003）

该烽燧位于台阁牧镇霍寨村西南2.6千米处，建筑于墙体内侧，西北距霍寨长城5段中小段墙体最近距离为0.02千米。

烽燧用黄褐土夯筑而成，保存差。墩台坍塌，于地表呈高大的土丘状，底部东西13、南北16米，顶部东西3、南北4米，残高4米（彩图一二一）；其上植被较好，遍布碎石，北侧腰部有圆坑，东西向网围栏自墩台北半部穿过。烽燧修筑于山脚处高坡地上，地处东西两沟口的中部。北侧山体上的树木稀疏低矮，南侧为耕地及荒坡地，西南部是采砂坑；连通两沟之间的土路在烽燧南侧穿过，南部为G6高速公路。

6. 大瓦窑长城1段（150121382101020006）

该段长城起自台阁牧镇霍寨村西南3.6千米处，止于台阁牧镇大瓦窑村东北0.82千米处。墙体作直线分布，呈东北—西南走向，上接霍寨长城5段，下接大瓦窑长城2段。

墙体长175米，为黄褐土夯筑的土墙，夯层厚10～13厘米，保存差。墙体分布于大瓦窑村东沟沟口东岸，沿山脚下缓坡地延伸，于地表呈低矮的土垄状，底宽3～4、顶宽1～2、残高1～1.5米。墙体北侧山体现为绿化林地，树木低矮成行；墙体两侧有现代坟茔数座，南部坡下为耕地，耕地北缘有土路与墙体并行。

7. 大瓦窑长城2段（150121382301020007）

该段长城起自台阁牧镇大瓦窑村东北0.82千米处，止于台阁牧镇小瓦窑村东北0.81千米处。原墙体应作直线分布，呈东北—西南走向，上接大瓦窑长城1段，下接小瓦窑长城1段。

本段长城为消失段，起止点之间的直线长度为2531米。原墙体应沿大瓦窑东沟与小瓦窑东北沟之间的山脚下分布，山体在两沟间略有收缩。长城沿线北部山体陡峭，前后有八条大小沟谷的洪水东南向下泄，洪水冲刷应是导致该段墙体消失的主要原因。大瓦窑村、中阿伊圪沁村于长城中部紧邻山脚建设，两村之间也有两条沟谷分布，其中东沟为一处采石场；两沟间山脚下见有略微隆起于地表的土筑墙体遗迹，表明墙体原应沿山脚西偏南行，经中阿伊圪沁村北，穿过村西沟口，再沿山脚转南偏西行，于沟口西岸、G6高速公路北侧山脚处墙体复现。

8. 小瓦窑长城1段（150121382101020008）

该段长城起自台阁牧镇小瓦窑村东北0.81千米处，止于小瓦窑村东北0.6千米处。墙体作直线分布，呈东偏北—西偏南走向，上接大瓦窑长城2段，下接小瓦窑长城2段。

墙体长213米，为黄褐土夯筑的土墙，保存较差。墙体分布于中阿伊圪沁村西沟沟口西岸、小瓦窑村东北部的G6高速公路北侧，沿山脚延伸，于地表呈低矮的土垄状，底宽3～7、顶宽1～2、残高1.5～2.5米。墙体背依低缓山丘，山坡上为绿化林地；南侧紧邻G6高速公路。墙体与高速公路之间有土路，南端下穿高速公路与110国道相接，北端拐入中阿伊圪沁村西沟中。

9. 小瓦窑长城2段（150121382301020009）

该段长城起自台阁牧镇小瓦窑村东北0.6千米处，止于小瓦窑村东北0.33千米处。原墙体应作直线分布，呈东偏北—西偏南走向，上接小瓦窑长城1段，下接小瓦窑长城3段。

本段长城为消失段，起止点之间的直线长度为268米。原墙体应分布于小瓦窑村东部山脚处，G6高速公路斜穿墙体，公路建设造成墙体消失；高速公路两侧坡地均为绿化地。依据相邻上下段墙体情况，推断该段墙体原应为土墙。

10. 小瓦窑长城3段（150121382101020010）

该段长城起自台阁牧镇小瓦窑村东北0.33千米处，止于小瓦窑村东北0.27千米处。墙体作直线分布，呈东偏北—西偏南走向，上接小瓦窑长城2段，下接小瓦窑长城4段。

墙体长73米，为黄土夯筑的土墙，保存较差。墙体于小瓦窑村东北部的G6高速公路南侧路基下出现，在山前缓坡地上延伸，北侧正对小沟口。墙体于地表呈明显的土垄状，底宽7～9、顶宽2～4、残高1.5～3米。该段墙体北侧紧邻高速公路，南侧为绿化林地，西为小瓦窑村。

11. 小瓦窑长城4段（150121382301020011）

该段长城起自台阁牧镇小瓦窑村东北0.27千米处，止于台阁牧镇沟门村西南0.64千米处。原墙体应作"八"字形外向折弧形分布，大体呈东偏北—西偏南走向，上接小瓦窑长城3段，下接沟门长城1段。

本段长城为消失段，起止点之间的直线长度为3110米。原墙体应分布于东白石头沟口两侧的山脚地带，沟口处山体收缩，内侧建有五一水库；沟门村位于沟口西侧山脚下。原墙体大体于小瓦窑村东北部西行，于G6高速公路北侧复沿沟口东侧山脚作西偏北行，穿过沟口后于西岸顺山脚西南行。沟口东岸墙体消失于G6高速公路、空心砖厂、蔬菜大棚下；沟口西岸的墙体应沿沟门村北部山脚延伸，处在村北土路的外侧，地表见有残存的土墙体痕迹；沟门村西部的山窝中发现一段土筑墙体，作西偏南行，长60余米，相关信息表明该段墙体依然是沿山脚构筑的土墙。

在沟门村东北0.7千米处的东白石头沟沟口东岸台地上，散布有较多陶片，有绳纹黑灰陶矮领折肩罐、凹弦纹灰陶盆残片。初步推断，该地点原应分布有一座战国障城。该障城东距霍寨障城约8千米，西距东圪塔障城约10千米。

12. 沟门长城1段（150121382101020012）

该段长城起自台阁牧镇沟门村西南0.64千米处，止于沟门村西南0.73千米处。墙体作直线分布，呈东北—西南走向，上接小瓦窑长城4段，下接沟门长城2段。

墙体长104米，为黄褐土夯筑的土墙，保存较差。墙体于沟门村西的山体东南坡脚下出现，地处朝天沟沟口河槽东岸，沿山脚下缓坡地延伸，于地表呈明显的土垄状，底宽3～7、顶宽1～3、残高1.5～3米。朝天沟洪水东南向下泄冲断后小段墙体，造成墙体豁口。

13. 沟门长城 2 段（150121382301020013）

该段长城起自台阁牧镇沟门村西南 0.73 千米处，止于沟门村西南 1.6 千米处。原墙体应作内向折弧形分布，由东北—西南走向折转呈东偏南—西偏北走向，上接沟门长城 1 段，下接沟门长城 3 段。

本段长城为消失段，起止点之间的直线长度为 866 米。原墙体在环绕朝天沟沟口西部南向凸出的半环形山体时消失，当沿山体坡脚下延伸，凸出山体的南缘西侧发现了一小段土筑墙体，尽管地表隆起十分低矮，仍是判断该段墙体分布与走向的重要依据。现今山脚下大部分地段被开辟成耕地，源自五一水库的一条水渠亦沿半环形山脚修筑，大体处于原墙体分布线上。此外，朝天沟与其西沟的洪水东南向、南向下泄，应是导致该段墙体消失的主要因素。

14. 沟门长城 3 段（150121382101020014）

该段长城起自台阁牧镇沟门村西南 1.6 千米处，止于沟门村西南 2.6 千米处。墙体作外向折线形分布，由东偏南—西偏北走向折转呈东—西走向，上接沟门长城 2 段，下接讨合气长城 1 段。

墙体长 1147 米，为黄褐土夯筑的土墙。总体保存较差，其中保存一般部分长 198 米、较差部分长 113 米、差部分长 796 米、消失部分长 40 米，分别占该段墙体总长的 17.3%、9.8%、69.4% 和 3.5%。墙体分布于小沟门村与什报气村间的北部山脚下，地处朝天沟西沟东岸与召沟东沟沟口东岸之间，沿陡峭的山体前坡地延伸，大部分地段呈高土垄状，底宽 2~8、顶宽 0.5~5、残高 1.5~3.5 米。该段墙体中部北侧为圆形石砬山，其南坡及两侧均有较小沟谷的洪水南向下泄，造成墙体豁口；一条土路自 110 国道直北而出，于止点西侧穿过后进入召沟东沟中。

15. 讨合气长城 1 段（150121382301020015）

该段长城起自台阁牧镇沟门村西南 2.6 千米处，止于台阁牧镇讨合气村东偏南 3.4 千米处。原墙体应作直线分布，呈东—西走向，上接沟门长城 3 段，下接讨合气长城 2 段。

本段长城为消失段，起止点之间的直线长度为 963 米。原墙体分布于什报气村东北部的召沟沟口及其两翼地带，洪水南向下泄，在沟口形成冲积面，墙体或因洪水冲刷而消失，或被埋藏于地表之下。墙体行经的这块坡地现改为东西向长畦形林地，依据相邻上下段墙体情况，推断该段墙体原应为土墙。消失段北侧有土路大体并行，该段长城的末端墙体应消失于土路下；北出什报气村的土路下穿高速公路桥洞与之呈"T"形相接。

16. 讨合气长城 2 段（150121382101020016）

该段长城起自台阁牧镇讨合气村东偏南 3.4 千米处，止于讨合气村东偏南 1.3 千米处。墙体大体作直线分布，呈东偏南—西偏北走向，上接讨合气长城 1 段，下接讨合气长城 3 段。

墙体长 2100 米，为夯筑土墙。总体保存较差，其中保存一般部分长 178 米、较差部分长 1922 米，分别占该段墙体总长的 8.5%、91.5%。冲沟断面显示，筑墙前先将自然坡地平整为水平基础，其上用黄褐土夯筑墙体，夯层厚 9~12 厘米。墙体沿兵州亥村北召沟沟口西岸与石门子沟沟口东岸之间的山前坡脚处延伸，于地表呈明显隆起的土垄状，底宽 6~8、顶宽 3~4、残高 1~2 米。后小段有部分墙体保存较好，沿线还有数条较小沟谷的洪水南向下泄，墙体局部出现较窄的豁口。紧邻墙体南侧有土路并行，对墙体保存影响较大。

17. 讨合气长城 3 段（150121382301020017）

该段长城起自台阁牧镇讨合气村东偏南 1.3 千米处，止于讨合气村东南 0.7 千米处。原墙体应作直线分布，呈东—西走向，上接讨合气长城 2 段，下接讨合气长城 4 段。

本段长城为消失段，起止点之间的直线长度为 649 米。原墙体分布于兵州亥村西北部的石门子沟沟口东岸及其西沟两岸，沿山脚延伸，所经区域前小段分布有牧场、炼铁厂等单位，墙体因沟口洪水冲刷及房屋修筑而消失；西沟谷较小，洪水南向下泄自该段长城中部穿过；后小段分布于绿化林地中，地表已不见墙体痕迹。现今山体上树坑遍布，水土流失基本得到控制。依据相邻上下段墙体情况，推断该段墙体原应为土墙。

18. 讨合气长城4段（150121382101020018）

该段长城起自台阁牧镇讨合气村东南0.7千米处，止于讨合气村东南0.23千米处。墙体略作内向折线形分布，由东偏南—西偏北走向折转呈东南—西北走向，上接讨合气长城3段，下接讨合气长城5段。

墙体长481米，为黄土夯筑的土墙，夯层厚10~13厘米。总体保存差，其中保存差部分长466米、消失部分长15米，分别占该段墙体总长的96.9%、3.1%。墙体分布于讨合气村东、丁家营子沟沟口东部山脚处，沿山前缓坡地延伸，于地表呈顶窄底宽的土垄状隆起，随着山体北向收缩而折转呈西北行，止于丁家营子沟沟口东岸。现存墙体底宽3~5、顶宽1~2.5、残高1.5~3米。北部低缓的山体上皆经绿化，种植低矮的小松树；有四条小冲沟的洪水自山体南向下泄，导致前小段墙体出现豁口。

19. 讨合气长城5段（150121382301020019）

该段长城起自台阁牧镇讨合气村东南0.23千米处，止于讨合气村西0.35千米处。原墙体分布情况不明，总体应呈东偏南—西偏北走向，上接讨合气长城4段，下接讨合气长城6段。

本段长城为消失段，起止点之间的直线长度为569米。原墙体经过讨合气村东北部北向收缩的丁家营子沟沟口时消失，或沿沟口东岸上溯然后回折，作外向折线形分布；或呈直线穿过沟口，调查难以判断。前小段墙体消失于南向下泄的宽缓洪水河槽中，后小段墙体经过讨合气村北半部，亦有两条较小沟谷的洪水南向下泄，两沟之间、废弃房屋的北侧坡地上有略微高出于地表的土垄痕迹，与下段墙体处在一条分布线上，表明该段墙体原应为土墙。

20. 讨合气长城6段（150121382101020020）

该段长城起自台阁牧镇讨合气村西0.35千米处，止于讨合气村西北1.24千米处。墙体随山体南向凸出而略作内向折线形分布，由东—西走向折转呈东偏南—西偏北走向，上接讨合气长城5段，下接讨合气长城7段。

墙体长891米，为黄褐土夯筑的土墙，夯层厚9~13厘米。总体保存较差，其中保存一般部分长275米、差部分长539米、消失部分长77米，分别占该段墙体总长的30.9%、60.5%和8.6%。墙体分布于讨合气村西北部山脚下，地处讨合气村小北沟东岸与讨合气村、东圪塔村中部的中沟沟口东岸之间，沿山前缓坡地延伸，于地表呈明显的土垄状，底宽4~6、顶宽1~3、残高1~2米。讨合气西沟较大，有两条支沟的洪水南向下泄在沟口汇合，遇墙体转西南呈"S"形冲刷；其西侧沟较小，分布情形及山洪流向与该沟几乎完全一致，导致前小段部分墙体残缺不全；后小段有部分墙体地表隆起较明显，中沟东部又有两条较小沟谷的洪水南向下泄，造成后小段墙体断豁。

21. 讨合气长城7段（150121382301020021）

该段长城起自台阁牧镇讨合气村西北1.24千米处，止于讨合气村西北1.6千米处。原墙体应作直线分布，呈东偏南—西偏北走向，上接讨合气长城6段，下接讨合气长城8段。

本段长城为消失段，起止点之间的直线长度为342米。原墙体分布于讨合气村与东圪塔村之间的中沟沟口及其两翼山脚下，原应沿山前缓坡地延伸，连接讨合气村与东圪塔村的乡路沿山脚修筑，是导致墙体消失的主要因素。中沟沟口前为较宽缓的河槽，当中生长有零星树木；其西侧又有两条小沟的洪水大体在原墙体分布区域合流南下。该段长城末端、乡路北侧见有略微残留的土筑墙体痕迹，由此推断该段墙体原应为土墙。

22. 讨合气长城 8 段（150121382101020022）

该段长城起自台阁牧镇讨合气村西北 1.6 千米处，止于兵州亥乡东圪塔村东北 0.05 千米处。墙体随山体收缩作外向折弧形分布，由东南—西北走向转呈东—西走向，上接讨合气长城 7 段，下接东圪塔长城 1 段。

墙体长 1600 米，为夯筑土墙。总体保存差，其中保存一般部分长 201 米、差部分长 1361 米、消失部分长 38 米，分别占该段墙体总长的 12.6%、85.1% 和 2.3%。墙体分布于中沟西岸西小沟沟口与水磨沟沟口东岸之间，沿东圪塔村东北部山脚延伸，总体呈低矮的土垄状，底宽 2~8、顶宽 0.5~5、残高 0.2~2 米。西北行的前小段墙体地表隆起较明显，其上长满杂草；中小段墙体处在山体收缩的浅窝处，有数条浅缓的小洪水冲沟或漫水道南向下泄穿过墙体，造成墙体豁口；西偏北向延伸的后小段墙体在台地之上，地表隆起较明显。墙体两侧坡地全部辟为绿化地，栽植小松树；南侧的道路弯曲伴行，路南有水渠东南向延伸。

墙体沿线调查障城 1 座，为东圪塔障城。

东圪塔障城（150121353102020002）

该障城位于兵州亥乡东圪塔村北部山脚下，地处水磨沟沟口东岸台地上。

障城原应倚长城墙体内侧修筑，或利用长城墙体作为障城北墙。障城墙体因耕地开垦而遭受破坏，遗物大体散布于东西 50、南北 30 米的范围内，陶片多饰弦断绳纹。

23. 东圪塔长城 1 段（150121382301020023）

该段长城起自兵州亥乡东圪塔村东北 0.05 千米处，止于东圪塔村西北 0.29 千米处。原墙体应沿北向收缩的山体沟口两侧作"八"字形分布，由东南—西北走向折转呈东北—西南走向，上接讨合气长城 8 段，下接东圪塔长城 2 段。

本段长城为消失段，起止点之间的直线长度为 330 米。原墙体所经地段为水磨沟沟口，近沟口处建有红领巾水库，墙体消失于抢盘河水的常年冲刷之下。上段墙体消失在沟口东岸台地边缘，过沟后再沿西侧山脚折转西南行，下段墙体复现于沟口西岸山脚处。

24. 东圪塔长城 2 段（150121382101020024）

该段长城起自兵州亥乡东圪塔村西北 0.29 千米处，止于毕克齐镇水磨村西北 1 千米处。墙体作内向折弧形分布，由东北—西南走向折转呈东—西走向，上接东圪塔长城 1 段，下接水磨长城 1 段。

墙体长 1100 米，为黄土夯筑的土墙，夯层厚 12 厘米。总体保存差，其中保存差部分长 1026 米、消失部分长 74 米，分别占该段墙体总长的 93.3%、6.7%。墙体分布于水磨沟沟口西岸，水磨村北部山脚下，沿山前缓坡地延伸，于地表呈低矮的土垄状，底宽 6~8、顶宽 3~5、残高 0.2~1 米。墙体沿线有数条较小沟谷的洪水南向下泄，导致墙体出现多处豁口。始终沿山脚通行的道路穿过前小段墙体，转于北侧西行，有部分路段叠压在后小段墙体上，导致墙体消失。

25. 水磨长城 1 段（150121382301020025）

该段长城起自毕克齐镇水磨村西北 1 千米处，止于水磨村西北 1.3 千米处。原墙体应作直线分布，呈东南—西北走向，上接东圪塔长城 2 段，下接水磨长城 2 段。

本段长城为消失段，起止点之间的直线长度为 320 米。该段长城位于水磨村西北沟东岸山脚下，该沟纵深较短，沟口处河槽宽缓；其东侧复有短沟，沟口外亦为宽缓的河槽，两股山洪应于早期冲毁部分墙体。沿山脚通行的砂石路直接修筑在墙体上，造成墙体消失。依据相邻上下段墙体情况，推断该段墙体原应为土墙。

26. 水磨长城 2 段（150121382101020026）

该段长城起自毕克齐镇水磨村西北 1.3 千米处，止于水磨村西北 1.9 千米处。墙体略作外向折线形分布，由东南—西北走向转呈东偏南—西偏北走向，上接水磨长城 1 段，下接茶房长城。

墙体长 768 米，为黄土夯筑的土墙，夯层厚约 10 厘米。总体保存差，其中保存较差部分长 106 米、差部分长 617 米、消失部分长 45 米，分别占该段墙体总长的 13.8%、80.3% 和 5.9%。墙体沿水磨村西北沟西岸与茶房东沟东岸间的山脚处延伸，于地表呈低矮的土垄状，底宽 6~8、顶宽 3~5、残高 0.5~3 米。前小段墙体随山体收缩而略向外折，部分墙体于地表呈较高的土垄状（彩图一二二）；后小段墙体作直线分布，保存较差。两沟之间又有三条较小沟谷的洪水南向下泄，在山脚处形成漫水道，冲断墙体，断面显示墙体下为水平基础。北部山体上大小松树遍布，为保护林木，沿墙体北侧设置一道网围栏；南侧有道路紧邻墙体通行。

27. 茶房长城（150121382301020027）

该段长城起自毕克齐镇水磨村西北 1.9 千米处，止于毕克齐镇乌素村东北 0.7 千米处。原墙体应作直线分布，呈东北—西南走向，上接水磨长城 2 段，下接乌素长城 1 段。

本段长城为消失段，起止点之间的直线长度为 4062 米。原墙体分布于大旗村北部山脚下，地处茶房东沟沟口与大旗村西北部"丫"形小沟沟口之间，上段墙体消失于茶房东沟沟口东岸山脚处，表明墙体追随着收缩的山体，离山脚相去不远。原墙体应穿过茶房东沟沟口，大体沿西岸山坡脚西偏南行，经茶房村所在沟谷沟口，有道路穿过茶房村及长城北行，再转东北行进入茶房东沟；又西偏南行过拐大沟沟口，沟口两岸山脚下均发现略微高出于地表的土墙痕迹，两侧分布有现代坟茔，沟口处为采砂坑；大体于沟口西部沿山脚西南行，过大旗村西北沟，于其西侧较小的"丫"形沟谷西岸墙体复现。在茶房村至大旗村西北部山脚间，前后有八条大小沟谷的洪水东南向下泄，其中茶房东沟、拐大沟和大旗西北沟，均在沟口外形成较大的扇形冲积面，洪水冲刷与水土流失是造成该段墙体消失的直接原因。沿山砂石路大体处在原墙体的内侧，北部环山丘挖坑植树，山前坡地修整成长畦形树地，建设果园，铺设绿化水渠，水土流失趋势有明显缓解。

在茶房村东偏北 0.9 千米的茶房东沟东山坡上，散布有弦断绳纹矮领罐、灰陶盆等陶器残片，初步推断应是建筑在长城墙体外侧高地上的一座烽燧遗址残迹。

28. 乌素长城 1 段（150121382101020028）

该段长城起自毕克齐镇乌素村东北 0.7 千米处，止于乌素村东北 0.66 千米处。墙体作直线分布，呈东北—西南走向，上接茶房长城，下接乌素长城 2 段。

墙体长 43 米，为黄褐土夯筑的土墙，起点墙体断面上的夯层厚 7~12 厘米，保存差。墙体分布于乌素村东北部山脚下，地处两条冲沟之间，于地表呈高土垄状，底宽 4~8、顶宽 2~6、残高 1.5~3 米。墙体东临冲沟，西侧有绿化用土路，顺河槽西北行爬上山坡。墙体周边遍植树木，山体上环山丘挖掘树坑，南部为长畦形林地，栽植小松树，东南坡下有沿山道路并行。

29. 乌素长城 2 段（150121382301020029）

该段长城起自毕克齐镇乌素村东北 0.66 千米处，止于察素齐镇此老村北偏西 0.94 千米。原墙体应沿沟口作外向折弧形分布，总体呈东偏北—西偏南走向，上接乌素长城 1 段，下接此老长城 1 段。

本段长城为消失段，起止点之间的直线长度为 5475 米。原墙体应分布于乌素村所在的黑牛沟沟口及其两翼山脚下，地处乌素村东河槽与此老山西沟口之间。黑牛沟沟口处山体呈"人"字形收缩，沟口外形成扇形冲积面，洪水沿东岸石砬山脚东南向下泄；沟口西岸为此老山，岩峰突兀耸立，中有狭谷，分为东西峰，东峰在沟口西岸大体呈南北向分布，西峰东西向横陈。山岩裸露无植被，易于洪水生成，南坡有数条小冲沟分布，西峰西侧亦为较大沟谷，洪水南向倾泄；洪水冲刷、水土流失是墙体消失的直接原因。此外，村庄、果园、人工渠、牧场等沿山脚建设，也是导致墙体消失的因素之一。调查判断，消失的墙体应穿过乌素村，沿此老山东侧的黑牛沟沟口东岸坡脚西北行，过沟口沿西岸山脚西南行，于此老山东峰坡脚处发现有土墙残留，为判断该段墙体分布提供了线索；再于此老山西峰前坡脚下环绕后转西行，至朱尔沟村东的马群沟沟口东岸山脚下墙体复现。沿线有土墙残存，结合周边地貌环境分析判断，该段墙体原应为土墙。

黑牛沟沟口地带分布有乌素遗址、黑牛沟遗址。乌素遗址位于乌素村东 1 千米处的山前缓坡地上，地表遗物散布范围较大，有弦断绳纹矮领罐、凹弦纹陶盆等陶片和绳纹筒瓦残片等。黑牛沟遗址位于乌素村西北 1.25 千米的黑牛沟内东岸二级台地上，遗物分布范围相对较小，地表散布有夹砂黑褐粗绳纹陶釜等陶器残片。两个遗址直线距离约 1.5 千米，分别位于黑牛沟沟口东岸坡地和沟口内侧台地上，其中乌素遗址大体处在原长城墙体绵延地带。初步推断，两者均应为障城遗址，前者为汉代障城，后者为战国障城。

30. 此老长城 1 段（150121382101020030）

该段长城起自察素齐镇此老村北偏西 0.94 千米处，止于此老村北偏西 0.98 千米处，墙体作直线分布，呈东—西走向，上接乌素长城 2 段，下接此老长城 2 段。

墙体长 117 米，为夯筑土墙，保存差。墙体分布于此老村西北部山脚下，位于此老山西沟沟口西部山脚下的两条冲沟之间；沿山前坡地延伸，于地表呈低矮的土垄状，底宽 5～7、顶宽 2～3、残高 1～1.5 米。墙体北部山体低缓，环丘栽植小松树；南侧为不规则的长方形或正方形畦状耕地及林地。南侧有沿山道路并行，南部为 G6 高速公路。

31. 此老长城 2 段（150121382301020031）

该段长城起自察素齐镇此老村北偏西 0.98 千米处，止于察素齐镇朱尔沟村西 0.72 千米处，原墙体应作直线分布，呈东—西走向，上接此老长城 1 段，下接朱尔沟长城 1 段。

本段长城为消失段，起止点之间的直线长度为 3290 米。原墙体应分布于朱尔沟村所在的大朱尔沟沟口及其两翼山脚下，地处此老山西沟的西小沟冲沟东岸与大朱尔沟西沟东岸之间。朱尔沟村沿大朱尔沟沟口两侧山脚东西狭长分布，墙体消失于早期的洪水冲刷及后期的村落建设之中。前小段先应沿山脚坡地西行，穿过马群沟及其西侧两条小沟口，再经朱尔沟村中北部继续西行至大朱尔沟沟口；大朱尔沟纵深长，源头在大青山分水岭，调查时沟中仍有细流。沟口西岸山体较东岸前凸，应沿山脚西南行，绕出沟口转西行，北侧有两条较小沟谷的洪水南向下泄，其中东沟洪水出沟顺山脚转西流，与西沟洪水汇聚再南流，水土流失导致后小段墙体消失。沿线有土路顺山脚修筑，大体处在后小段原墙体分布线上。在朱尔沟村东的马群沟沟口两侧山脚下发现有土筑墙体残留，表明该段墙体原应为土筑，同时可大体把握原墙体的分布与走向。

在朱尔沟村东沟东岸山脚处，调查有朱尔沟遗址。遗址分布于山脚下缓坡地上，遗物分布范围东西约 50、南北约 30 米。地表采集有泥质灰陶绳纹侈口矮领罐、口沿下施数道凹弦纹的陶盆残片以及部分弦断绳纹陶片。遗址北部山体及东侧坡地上均栽植了小松树，南部为荒坡地；西侧紧邻沟口，洪水出沟导向东南流，与东北小沟合流。该遗址处在消失的墙体分布线上，遗物具有浓郁的战国陶器特征，结合赵北长城沿线沟口设置障城的情况推断，该遗址应为倚墙体修筑的战国障城。

32. 朱尔沟长城 1 段（150121382101020032）

该段长城起自察素齐镇朱尔沟村西 0.72 千米处，止于朱尔沟村西 0.98 千米处。墙体作外向折线形分布，由东南—西北走向转呈东—西走向，上接此老长城 2 段，下接朱尔沟长城 2 段。

墙体长274米，为黄褐土夯筑的土墙，夯层厚15厘米。总体保存差，其中保存较差部分长66米、差部分长208米，分别占该段墙体总长的24.1%、75.9%。消失的墙体过大朱尔沟沟口，于村西部山嘴西坡地上复现。墙体分布于朱尔沟与白道沟两村中间的中沟东岸山脚下，沿山前缓坡地延伸，于地表呈明显的土垄状，底宽4~6、顶宽1~2、残高1~3米。中沟东侧有"丫"形小沟谷，支沟山洪合流于山脚处，东南向下泄，在墙体起点东侧转西南流；外侧有土路紧邻墙体通行，受洪水冲刷、水土流失及道路修筑影响，前小段墙体保存差。沿山脚通行的土路先在墙体北侧后穿过墙体转南侧西行，南、北侧坡地上分布有较多现代坟茔。北部山体上缘为茂密的树林，南部为G6高速公路察素齐出口。

33. 朱尔沟长城2段（150121382301020033）

该段长城起自察素齐镇朱尔沟村西0.98千米处，止于朱尔沟村西1.1千米处，原墙体应作直线分布，呈东—西走向，上接朱尔沟长城1段，下接朱尔沟长城3段。

本段长城为消失段，起止点之间的直线长度为93米。原墙体分布于朱尔沟村与东沟门东村之间的中沟沟口处及其西岸边，地处山前缓坡地上，前小段墙体消失于西南向下泄的中沟洪水河槽中，后小段消失在中沟西岸边。依据相邻上下段墙体情况，推断该段墙体原应为土墙。长城沿线坡地上分布较多现代坟茔，生长有较稀的榆树和杨树，北部山体下缘树坑密布，栽植小松树，山体上缘树木生长茂盛，南侧有沿山路与长城并行。

34. 朱尔沟长城3段（150121382101020034）

该段长城起自察素齐镇朱尔沟村西1.1千米处，止于察素齐镇白道沟村东0.7千米处。墙体作直线分布，呈东—西走向，上接朱尔沟长城2段，下接白道沟长城1段。

墙体长406米，为黄褐土夯筑的土墙，夯层厚8~16厘米。总体保存较差，其中保存较差部分长267米、差部分长111米、消失部分长28米，分别占该段墙体总长的65.8%、27.3%和6.9%。墙体分布于白道沟村东部中沟沟口西岸与白道沟东沟沟口西岸之间的山前缓坡地上，于地表呈低矮的土垄状，底宽3~4、顶宽1~2、残存最高1.5米（彩图一二三）。该段墙体中间及末端均为冲沟，洪水南向下泄，冲毁墙体。前沟西壁显露部分墙体断面，夯土坚硬，夹有小石子及细沙，夯层薄厚差异较大（彩图一二四）。墙体两侧坡地上生长着稀疏的杏树，其间分布较多现代坟茔，南侧有土路并行。

35. 白道沟长城1段（150121382101020035）

该段长城起自察素齐镇白道沟村东0.7千米处，止于白道沟村西0.5千米处。墙体作直线分布，呈东—西走向；上接朱尔沟长城3段，下接白道沟长城2段。

墙体长1197米，为夯筑土墙。总体保存差，其中保存较差部分长77米、差部分长1085米、消失部分长35米，分别占该段墙体总长的6.4%、90.6%、3%。墙体分布于白道沟村北侧山脚下，处在白道沟东沟沟口西岸与白道沟村西部、东沟东部的小"丫"形沟谷西支沟的东岸之间。墙体沿山前缓坡地延伸，于地表呈低矮的土垄状，底宽4~6、顶宽1~2、残高1~2米。部分地段墙体上栽植了小松树及柠条等灌木，两侧是稀疏的杨树、杏树和榆树。白道沟纵深稍长，沟床笔直，位于村东侧；村西侧亦有小沟，两沟山洪南向下泄冲断墙体，还有部分墙体消失于村西北大院中；前述两沟之间的中小段墙体保存较差（彩图一二五）。墙体两侧坡地上有较多现代坟茔，中小段墙体南侧紧邻白道沟村，其间有土路东西行。

36. 白道沟长城2段（150121382301020036）

该段长城起自察素齐镇白道沟村西0.5千米处，止于察素齐镇把什村东北0.71千米处。原墙体应作外向"八"字形分布，由东南—西北走向转呈东偏北—西偏南走向，再转呈东北—西南走向；上接白道沟长城1段，下接把什长城1段。

本段长城为消失段，起止点之间的直线长度为2566米。原墙体应分布于东沟与西沟沟口间的收缩山体凹窝处，东沟门、西沟门村沿两沟之间山脚建设，两沟之间又有中沟，洪水河槽穿过西沟门村南向下泄。消失的墙体先应沿东沟东岸西北行，过沟口沿山脚转西偏南行，经两村北部至西沟沟口，过沟口再转西南行；在沟口西岸发现有障城。分布于东沟东岸山脚下的前小段所经区域为林地，地表不见墙体痕迹；两沟之间的中部墙体消失于洪水冲刷与村庄建设之中；后小段消失在西沟西岸山前坡地上，沟口处的障城应是利用原墙体为北墙，大略于障城西北角转西南行，坡地上为大面积现代墓葬区，末端有大土坑。土坑东北部坡地上见有略微隆起于地表的土筑墙体痕迹，濒临消失，调查划入消失段中。

墙体沿线调查障城1座，为西沟门障城。

西沟门障城（150121353102020003）

该障城位于察素齐镇西沟门村西1千米处，应利用原白道沟长城2段墙体作北墙，西南距白道沟长城2段止点0.53千米、古城村障城3.45千米。

障城平面呈正方形，边长37米。障墙以黄褐土夯筑而成，应是利用原长城墙体作北墙，另筑其他三面障墙而成，总体保存差。障城轮廓清晰，障墙于地表呈低矮的土垄状，底宽2~3、残高0.2~0.5米；西北角被叠压在现代墓园墙下（彩图一二六）。门址不清。障城内外散布有素面及绳纹陶片，可辨器形有矮领罐、折沿盆等。障城建筑在西沟口西岸缓坡地上，西北依山，东临洪水河槽，有土路于河槽与障城之间通向西沟中；西、南面为现代坟茔。从障城建设的地理位置上观察，当与防控西沟密切相关。

37. 把什长城1段（150121382101020037）

该段长城起自察素齐镇把什村东北0.71千米处，止于把什村东北0.4千米处。墙体作直线分布，呈东北—西南走向，上接白道沟长城2段，下接把什长城2段。

墙体长333米，为黄褐土夯筑的土墙，夯层厚6~10厘米。总体保存差，其中保存较差部分长175米、消失部分长158米，分别占该段墙体总长的52.5%、47.5%。墙体分布于西沟门村与把什村之间的山脚下，沿较缓的山前坡地延伸，呈明显隆起的土垄状，底宽3~6、顶宽1~3、残高1~2米。西北部山体上有三道小冲沟南向下泄，北沟洪水遇前小段墙体阻挡后于外侧转西南流，与中间东南向下泄的小冲沟洪水合流冲断墙体，断面显示墙体下为修整的水平基础；南沟洪水出沟分两股，一股东南向下泄冲断后小段墙体，一股于该段墙体止点西侧南向下泄。墙体西北部山坡上遍植小松树，内侧分布两处较大的取土坑，水土流失与人为取土对这段墙体的保存影响较大。

38. 把什长城2段（150121382301020038）

该段长城起自察素齐镇把什村东北0.4千米处，止于察素齐镇西沙尔沁村西南0.41千米处。墙体原应作内外折线形分布，由东北—西南走向转呈东—西走向，在万家沟沟口西岸转作东偏北—西偏南走向；上接把什长城1段，下接西沙尔沁长城。

本段长城为消失段，起止点之间的直线长度为5204米。原墙体应分布于把什村与西沙尔沁村之间的大青山南麓山脚下，中部有古城村，三个大村毗邻建设。消失的墙体应沿把什村东北部山脚行，穿过把什村东沟口，东岸发现有把什北遗址；经白灰厂、把什村北缘、烈士陵园西偏南行。把什村与古城村之间有马鬃状石碴山，山体陡立险峻，墙体当沿山脚西偏南行，绕过山体转西行，经古城村北部，穿过"丫"形沟谷沟口，又遇陡峭的三角形石碴山，沿山脚西行，抵古城村与西沙尔沁村之间的万家沟沟口。万家沟水源自大青山分水岭，流水终年不绝，沟内建有万家沟水库。过万家沟沟口，于西沙尔沁村北部山脚下发现西沙尔沁遗址，墙体在遗址西侧复现。把什村与古城村之间的耕地开垦至石碴山脚下，耕地边缘有土路东西行；古城村部分民房紧依三角形石砬山脚建设，墙体消失于洪水冲刷、水土流失、村庄建设和耕地开垦之中。西沙尔沁村北坡地上有土筑墙体残存，从而判定该段墙体原应为土墙。

墙体沿线调查障城1座，为古城村障城。还有两处战国时期遗址，或为战国障城。

古城村障城（150121353102040001）

该障城位于察素齐镇古城村东南0.37千米处，东北距把什长城2段墙体起点2.63千米。

障城平面呈长方形，东西100、南北118米。障城大致轮廓可分辨，保存差。障墙以黑褐土夯筑而成，于地表呈低矮的土垄状，底宽3、顶宽1、残高0.2~0.6米。北墙保存稍好；南墙中部开门，遗迹已不清晰，西墙方向为156°。障城内外见有大量绳纹陶片。障城处在山前平坦的耕地中（彩图一二七），背依大青山，西南临洪水河槽，南为G6高速公路。障城西北为西沙尔沁村所在的万家沟沟口，其设置应与控制该沟口有关。从该障城的地理位置、形制及采集物综合判断，应为一座汉代障城。万家沟一线的大青山山后有庙沟土城子障城，山前山后两座障城可以相呼应。

土城子障城是本次调查时在土默特左旗境内唯一保存的一座汉代障城，其他沟口处的同时期障城调查难觅遗迹，多见汉代遗物散布，只能推测为汉代障城。由东向西，土默特左旗境内的霍寨沟、东白石头沟、水磨沟、黑牛沟、朱尔沟、万家沟、沟门沟等沟口处，土默特右旗境内的美岱沟、枣沟、水涧沟、忽洞沟、斗林沁沟等沟口处，均是可能有汉代障城分布之处。

把什遗址位于把什村东北山脚处的耕地中，地势北高南低，西临把什东沟，隔沟为白灰厂，北侧为陵园。遗址未见遗迹，地表遗物较丰富，分布于东西50、南北70米的范围之内，有灰陶矮领罐、绳纹折肩罐、凹弦纹灰陶盆等陶器残片。

西沙尔沁遗址位于西沙尔沁村北近百米的山脚下，东部为万家沟沟口，西临小沟口。地表仅见陶片分布，有弦断绳纹陶片、平行凸弦纹罐腹陶片等。

39. 西沙尔沁长城（150121382101020039）

该段长城起自察素齐镇西沙尔沁村西南0.41千米处，止于西沙尔沁村西南0.5千米处。墙体作直线分布，呈东北—西南走向，上接把什长城2段，下接窑子湾长城。

墙体长91米，为夯筑土墙，保存差。墙体分布于西沙尔沁村西北部的山脚下，地处万家沟沟口西岸两条较小沟谷的沟口之间。墙体沿山前坡地延伸，于地表呈低矮的土垄状，底宽2~4、顶宽0.5~1、残存最高1米。墙体止点北侧正对村西沟口，北部环山丘挖坑栽植小松树，东临宽缓的漫水道，东南为西沙尔沁村，西南部为东西长畦形绿化林地。村西北与该段墙体之间修筑一条防洪堤坝，以防洪水侵犯村庄。

40. 窑子湾长城（150121382301020040）

该段长城起自察素齐镇西沙尔沁村西南0.5千米处，止于莒芨梁乡庙尔沟村西0.19千米处。原墙体应略作外向折弧形分布，总体呈东北—西南走向，上接西沙尔沁长城，下接庙尔沟长城。

本段长城为消失段，起止点之间的直线长度为5042米。原墙体应分布于窑子湾、白只户和庙尔沟三村北侧山脚下，上段墙体自西沙尔沁村西沟口消失后，直至庙尔沟村西的山前坡地上再现。长城沿线山体突兀耸立，略作北向收缩，前后有十数条大小沟谷的洪水东南向下泄，其中较大者有白只户东北沟、白只户沟和庙尔沟；洪水冲刷与水土流失使地貌环境发生了较大改变，应有部分墙体埋藏于沟口洪积层下。此外，长城沿线村庄紧贴山脚建设，其间的耕地和退耕的林地延展至山脚下，上述因素导致部分地段墙体消失。依据相邻上下段墙体情况，推断该段墙体原应为土墙。

41. 庙尔沟长城（150121382101020041）

该段长城起自莫茨梁乡庙尔沟村西 0.19 千米处，止于莫茨梁乡小万家沟村东北 0.29 千米处。墙体作直线分布，呈东北—西南走向，上接窑子湾长城，下接小万家沟长城。

墙体长 178 米，为黄褐土夯筑的土墙，夯层厚 7～15 厘米。总体保存差，其中保存较差部分长 71 米、差部分长 107 米，分别占该段墙体总长的 39.9%、60.1%。墙体分布于庙尔沟村西小沟沟口东岸，沿山前缓坡地延伸，于地表呈宽大的土垄状，底宽 4～6、顶宽 2～3、残高 2～3 米。前小段墙体紧邻庙尔沟村，地表隆起较低矮；后小段墙体明显高出地表。墙体北侧有零星树木，北部山体低缓，均经绿化；南侧有土路并行，路南为坡耕地。

42. 小万家沟长城（150121382301020042）

该段长城起自莫茨梁乡小万家沟村东北 0.29 千米处，止于莫茨梁乡道试村西北 0.6 千米处。原墙体应作直线分布，呈东北—西南走向，上接庙尔沟长城，下接道试长城。

本段长城为消失段，起止点之间的直线长度为 8455 米。原墙体自东而西依次分布于小万家沟、上达赖、中达赖、下达赖、站村和道试诸村西北部山脚下，沿线山体陡峭险峻，前后有几十条大小沟谷的洪水东南向下泄，其中以小万家沟、上达赖沟、中达赖东北沟和站村北沟为大，大部分墙体消失于洪水冲刷之下，推测有的墙体埋于沟口洪积层中。除此之外，前小段有耕地开垦至山脚下；中小段地处中达赖村北部，山脚下有多处采石场；G6 高速公路北移沿山脚修筑，大体处在消失段的后小段原墙体分布线上。G6 高速公路道试村东出口北侧坡地上发现有土筑墙体痕迹，结合沿线地形地貌情况，推断该段墙体原应为土墙。

墙体沿线调查有小万家沟遗址、道试遗址，或为障城。小万家沟遗址位于小万家沟村西北 0.3 千米的大青山前台地上，地处万家沟沟口西岸，地表散布遗物较为丰富，有汉代的绳纹灰陶盆残片等，遗物散布范围东西约 300、南北约 200 米。

道试遗址位于道试村北 0.5 千米的大青山南麓台地上，地处站村北沟东岸。遗址东西约 25、南北约 20 米，地表散布有绳纹灰陶罐、绳纹灰陶盆残片等遗物。

两处遗址均位于沟口岸边台地上，且处于赵北长城小万家沟段分布线上。小万家沟遗址可能为一座汉代障城，道试遗址的遗物分布范围与战国障城极为相似。

43. 道试长城（150121382101020043）

该段长城起自莫茨梁乡道试村西北 0.6 千米处，止于道试村西北 0.67 千米处。墙体作直线分布，呈东偏北—西偏南走向，上接小万家沟长城，下接古雁长城 1 段。

墙体长 103 米，为黄褐土夯筑的土墙，保存差。墙体分布于道试村西北部，道试沟西部两条较小沟谷之间的山脚下，沿山前坡地延伸，于地表呈低矮的土垄状，底宽 2～3、顶宽 1～2、残高 0.5～1 米。北侧有土路紧邻墙体并行，北部山体及墙体经行区域均已绿化，坡脚下绿化林地修整为长畦形，栽植小松树。墙体起止点两端均为沟口，于沟口外形成放射状扇形冲积面。

墙体沿线调查烽燧 1 座，为道试烽燧。

道试烽燧（150121353201020004）

该烽燧位于莫茨梁乡道试村西北 0.59 千米处，倚道试长城墙体外侧建筑。

烽燧以黄褐土夯筑而成，夯层厚 10～15 厘米，保存较差。墩台大部分已坍塌，分上下两部分，上半部分仍有部分墩台残存，呈不规则圆形，有夯层 10 余层，层次分明，夯土中夹杂大量碎石子，底部直径 3、残高 1.2 米；下半部分呈覆钵形圆丘状，四周作缓坡形，底部直径 14、顶部直径 3、残高 3.8 米，上下两部分通高 5 米；东侧腰部挖掘有洞穴（彩图一二八）。烽燧修筑在两沟之间的山前坡地上，其设置同时应与沟口防御相关联。烽燧周围坡地为绿化地，树坑遍布，部分地段栽植了小松树。

44. 古雁长城1段（150121382301020044）

该段长城起自莫芨梁乡道试村西北0.67千米处，止于莫芨梁乡古雁村西0.74千米处。原墙体应作直线分布，呈东北—西南走向，上接道试长城，下接古雁长城2段。

本段长城为消失段，起止点之间的直线长度为5331米。原墙体应分布于沟门沟沟口两侧及沟门村与古雁村之间的北部山脚下，原墙体应沿山脚或山脚下坡地构筑。长城沿线大青山山体陡立，有大小沟谷十数条，洪水南向下泄，大沟口外均形成扇形冲积面；多处沟口辟有采石场；沟门村和古雁村沿山脚建设，有乡村道路沿山穿行，大体处在原墙体分布线上；村庄间为农田、果园和现代墓群。以上诸因素致墙体消失。沟门沟沟口东岸山脚下见有一段略微隆起于地表的土筑墙体残存，表明该段墙体大部分原应为土墙。古雁村北部并列的两个沟口外侧修筑有防洪坝，防止村庄遭受山洪侵袭。

45. 古雁长城2段（150121382101020045）

该段长城起自莫芨梁乡古雁村西0.74千米处，止于古雁村西0.77千米处。墙体作直线分布，呈东偏北—西偏南走向，上接古雁长城1段，下接古雁长城3段。

墙体长40米，为黄褐土夯筑的土墙，保存差。墙体分布于古雁村北侧山脚下，沿崎岖不平的山前坡地延伸，于地表呈外低内高的土垄状，底宽3~4、顶宽1~1.2、残高0.2~0.5米。受沟口洪水冲积影响，墙体外侧地表几乎与墙顶平齐，仅见略微隆起，内侧墙体轮廓较为明显。墙体前后两端均处在沟口扇形冲积面上，墙体或被冲毁，或覆盖于洪积层下。

46. 古雁长城3段（150121382301020046）

该段长城起自莫芨梁乡古雁村西0.77千米处，止于古雁村西南1.1千米处。原墙体应作直线分布，呈东偏北—西偏南走向，上接古雁长城2段，下接古雁长城4段。

本段长城为消失段，起止点之间的直线长度为321米。原墙体在古雁村西三支沟合并的沟谷口前消失，沟口外为扇形冲积面，墙体或为洪水冲毁，或为洪积层所叠压，地表不见墙体痕迹。依据相邻上下段墙体情况，推断该段墙体原应为土墙。长城南侧有道路并行，路南有西向延伸的古雁村防洪堤坝，坝体南侧稀疏生长着一片杨树。

47. 古雁长城4段（150121382102020047）

该段长城起自莫芨梁乡古雁村西南1.1千米处，止于古雁村西南1.2千米处。墙体作直线分布，呈东偏北—西偏南走向，上接古雁长城3段，下接古雁长城5段。

墙体长70米，为黄褐土夯筑的土墙，保存差。墙体分布于古雁村西三支沟合并沟谷沟口西岸与其西侧"丫"形沟谷沟口东岸之间，偏于后沟口一侧，沿山坡脚延伸，呈外平内缓的一面坡状，残高0.5~1.5米。沟谷洪水冲击力较大，泥沙俱下，形成扇形冲积面，壅塞、覆盖了大部分墙体，导致墙体外侧几乎与地表平齐。南侧紧邻墙体有沿山路并行，路南依次为林地和耕地。

48. 古雁长城5段（150121382301020048）

该段长城起自莫芨梁乡古雁村西南1.2千米处，止于古雁村西南2千米处。原墙体应作直线分布，呈东北—西南走向，上接古雁长城4段，下接圪力更长城1段。

本段长城为消失段，起止点之间的直线长度为846米。原墙体应分布于圪力更村北沟口及东侧山脚下，沿台地下山脚修筑。长城北部为圪力更北大沟，洪水南向下泄，在沟口形成宽河槽；东侧又有数条较小沟谷的洪水南向下泄，地表已不见墙体痕迹。沿山道路大体顺原墙体分布方向弯曲穿行，南侧有一处砂石场。依据相邻上下段墙体情况，推断该段墙体原应为土墙。

墙体沿线调查烽燧2座，为古雁1、2号烽燧。

古雁 1 号烽燧（15012135320102005）

该烽燧位于莒荛梁乡古雁村西偏南 1.8 千米处，西南距古雁长城 5 段墙体止点 0.19 千米，应建筑于墙体外侧，西偏南距古雁 2 号烽燧 0.12 千米。

烽燧以黄褐土夯筑而成，保存较差。墩台坍塌，呈圆形土丘状，底部直径 7、残高 3 米；顶部尖圆，四周呈缓坡状，其上杂草丛生，石块遍布（彩图一二九）。烽燧修筑在山前台地上，西侧紧邻古雁沟口，有小股泉水从沟内流出；周围为绿化地，东西向成排挖掘树坑，种植榆树，成活率较低。台地下有道路东西行，路南有砂石场一家。

古雁 2 号烽燧（150121353201020006）

该烽燧位于莒荛梁乡古雁村西南 2 千米处，南距古雁长城 5 段墙体止点 0.1 千米，与古雁 1 号烽燧隔沟相望。

烽燧为夯筑而成，保存较差。墩台坍塌，呈圆形土丘状，底部直径 10、残高 5 米；顶部较平缓，四面呈缓坡状，其上散布有石块，东西两侧挖掘有盗洞，对烽燧保存影响较大（彩图一三〇）。烽燧修筑在大青山南麓台地上，背依险峻山体，东临古雁沟口，与古雁 1 号烽燧分置于古雁沟沟口两侧，为重点防御古雁沟而设置（彩图一三一）。墩台周围树坑遍布，栽植柠条，南侧有道路东西行，东南部台地下为砂石场。

49. 圪力更长城 1 段（150121382102020049）

该段长城起自莒荛梁乡古雁村西南 2 千米处，止于莒荛梁乡圪力更村北 1.3 千米处。墙体略作外向折线形分布，呈东北—西南走向，上接古雁长城 5 段，下接圪力更长城 2 段。

墙体长 321 米，为石墙。保存差，其中保存差部分长 302 米、消失部分长 19 米，分别占该段墙体总长的 94.1%、5.9%。墙体位于圪力更村北两沟之间的台地下，沿山前缓坡地延伸，于地表呈低矮的石垄状，底宽 1~2.5、顶宽 0.5~0.7、残高 0.3~0.5 米（彩图一三二）。石块塌落在草丛中，较大石块被附近村民运走建房或垒砌现代墓园，仅残存少部分筑墙石块，推测该段墙体原应属于外侧包石、内侧夯土的土石混筑墙体。墙体所经区域地势较缓，附近坡地上散布有大量石块，周边分布较多现代坟茔。墙体南侧有山路并行，穿过后小段墙体后转西行。

该段长城的确认，主要是依靠民间调查访问获得的信息。该地带沟谷分布众多，按赵北长城分布的一般规律分析判断，不排除紧贴山脚修筑土墙的可能性；如是，则古雁 1、2 号烽燧应是倚墙体建筑。

50. 圪力更长城 2 段（150121382301020050）

该段长城起自莒荛梁乡圪力更村北 1.3 千米处，止于圪力更村西北 1.4 千米处。原墙体应作直线分布，呈东偏北—西偏南走向，上接圪力更长城 1 段，下接圪力更长城 3 段。

本段长城为消失段，起止点之间的直线长度为 914 米。原墙体应分布于圪力更村北沟口外，北距山脚约 0.25 千米，应沿山前缓坡地修筑，坡下土壤较丰富，推断该段墙体原应为夯筑土墙。前小段大体处在长畦形林地中，北为沟口冲积面，有一家砂石场；后小段经行区域树林与耕地交织，有农耕土路大体处于原墙体分布线上，早期的山洪泛滥与后期的林地整治是导致该段墙体消失的主要原因。有三条并行的南北向土路穿过消失段，其中东西两条土路分别处在该段长城的起止点处，中间土路通往北沟口砂石场。复查时，于背锅沟沟口东岸山脚处发现有疑似土筑墙体遗迹，最终不能确认。

51. 圪力更长城 3 段（150121382101020051）

该段长城起自莒荛梁乡圪力更村西北 1.4 千米处，止于圪力更村西北 2.2 千米处。墙体原应作直线分布，呈东偏北—西偏南走向，上接圪力更长城 2 段，下接包头市土默特右旗楼房沟长城 1 段。

墙体长 1208 米，为夯筑土墙，保存差。墙体分布于圪力更村西北部山脚下，沿山前缓坡地延伸，北侧山体陡峭，沿线有背锅沟、中沟及喇嘛沟三条较大沟谷的沟口分布，沟口外形成扇形冲积面，为防洪而将墙体加固成防洪堤坝，导致墙体整体面貌发生改变。同时，不排除原墙体沿山脚修筑，因洪水冲刷而消失的可能性。墙体北侧山脚下有采石场，南侧为林地，林地间有两条南北向土路穿过墙体进入砂石场，林地南为与该段墙体并行的 G6 高速公路。

第四章

包头市战国赵北长城

战国赵北长城自东向西分布于包头市土默特右旗、东河区、石拐区、青山区、昆都仑区、九原区6个旗区境内。在调查中，将包头市境内的赵北长城墙体划分为175段，包括土墙91段、石墙2段、山险墙1段、山险1段、消失墙体80段。墙体总长134794米，其中土墙长46949米、石墙长515米、山险墙长4米、山险长9406米、消失墙体长77920米（包括有墙体段落中的消失部分）。墙体沿线调查单体建筑67座，包括烽燧52座、障城14座、古城1座。

下面，以旗区为单位，从长城墙体分布与走向、长城墙体与单体建筑保存现状两个方面，分别予以详细描述。

一 包头市土默特右旗

在调查中，将包头市土默特右旗境内的战国赵北长城墙体划分为10段，包括土墙5段、消失段落5段。墙体总长36649米，其中土墙长1046米、消失段落长35603米。在总长1046米的土墙中，保存较差部分长134米、差部分长877米、消失部分长35米。

（一）长城墙体分布与走向

土默特右旗境内的战国赵北长城墙体，东端自土默特左旗进入美岱召镇楼房沟村东北0.9千米处，沿山前坡地延伸一段后随即消失。经楼房沟村北过楼房沟沟口，大体转沿山脚西南行，过上协力气村西北的哈拉沟沟口，于两沟之间的山脚下发现有土筑墙体残迹。又西南行，过沙图沟村北沟口，而后沿山脚转西行，在沟门村北部穿过北向收缩的清水沟、美岱沟沟口；其后复沿美岱召村北山脚西南行，先后穿过村东北、西北沟沟口，至该段长城沿线"V"形凸出山体的南端苏波盖村北干沟；绕过山体后应沿沙兵崖村北部山脚转西偏北行，行经沙兵崖村北部的西哈拉沟沟口及其西部并列的两条较小沟口，在沙兵崖村西北部山脚下发现烽燧与障城遗迹。又西行，经纳太村北部的纳太沟及西部母花沟沟口为止，长城沿线北部山体高耸险峻，山岩裸露，属于山洪多发地段，山脚下皆为裸露的冲洪积层地貌。干沟之西部，G6高速公路大体沿山脚修筑，前后长达16.75千米的范围内几乎不见墙体遗存，相关线索表明原墙体大略消失于南凸的山体两翼。

G6高速公路在枣沟西部脱离大青山南麓山脚后，墙体复现于沟门镇纳太村西北部的枣沟东岸台地上，仅见有 68 米的墙体遗存，随后消失于枣沟沟口及其西岸台地上，大体作西偏北行，再转西北行，进入收缩的大山湾中。呈西北行的墙体保存差，现今大部分被湮没于冲洪积层之下，冲沟断壁上可见到墙体剖面，地表基本失去墙体痕迹。墙体断续延伸至朝阳洞沟沟口外的南北向路东侧，其后再次出现大段落消失；大体沿山脚行，进入收缩山体的凹窝处，经哈子盖村过北沟转西行，又过龙滚沟、喇嘛沟、大英沟沟口，经后湾村北缘转西南行，于庙湾村北过水洞沟门，又西南行转出大山湾。原墙体应沿水洞沟西岸山脚行，穿过白石头沟与壕赖沟沟口，沿山脚转西行，经忽洞沟村北缘过三间房村和马留村，过马留沟口复转西南行，庙湾烽燧和忽洞沟烽燧的发现可大致佐证墙体的分布与走向。墙体在板申气村西北部的山前坡地上有一小段残留，因洪积层覆盖而处于地表之下，旋即又无影踪。经黑麻板村北缘，过公积板村北大斗林沁沟沟口，在公积板村北部的山前坡地上进入东河区境内（地图七）。

（二）长城墙体与单体建筑保存现状

在对土默特右旗境内战国赵北长城的调查中，除划分了 10 段墙体外，沿线还调查烽燧 3 座、障城 1 座。其中，1 座障城为战国障城，还见有 1 处仅余遗物散布的疑似战国障城。下面，对这些墙体段落和单体建筑分作详细描述。

1. 楼房沟长城 1 段（150221382101020001）

该段长城是赵北长城在包头市境内的东起第一段墙体，起自美岱召镇楼房沟村东北 0.9 千米处，止于楼房沟村东北 0.7 千米处。墙体作直线分布，呈东偏北—西偏南走向，上接土默特左旗圪力更长城 3 段，下接楼房沟长城 2 段。

墙体长 325 米，为夯筑土墙，保存差。墙体分布于楼房沟村东北部、土默特左旗圪力更村西北部的喇嘛沟沟口外，沿山前坡地延伸，于地表呈土垄状，大部分墙体上堆积有土石，致使墙体结构发生了较大改变。调查的土垄底宽 4.9~5.5、顶宽 3.2~4、残高 1.1~2 米。墙体北侧为沟口洪水冲击形成的扇形冲积面，南侧为梯田状绿化地，两端有南北向土路，其中东侧道路通往沟口采石场。

2. 楼房沟长城 2 段（150221382301020002）

该段长城起自美岱召镇楼房沟村东北 0.7 千米处，止于沟门镇纳太村西北 1.8 千米处。原墙体应作内向折弧形分布，先呈东偏北—西偏南走向，后折转呈东—西走向；上接楼房沟长城 1 段，下接纳太长城 1 段。

本段长城为消失段，起止点之间的直线长度为 16753 米。原墙体分布于楼房沟村与纳太村之间的大青山南麓山脚下，沿南向凸出的山体坡脚及山前坡地延伸，北侧山体高峻陡峭，楼房沟、榆树沟、阿贵沟、哈拉沟、清水沟、美岱沟、干沟、沙兵崖北西哈拉沟、纳太沟和母花沟等数条大小沟谷的洪水南向下泄，在沟口形成大面积冲洪积地貌，山脚下卵石遍布，现均辟为林地，绿化效果初步显现。其中美岱沟、清水沟中有水四季长流；美岱沟又称洪水沟，沟中建有美岱召水库，美岱召坐落在沟口西岸的美岱召村北部山脚下。干沟，其沟口处于美岱桥村北"V"形凸出山体的最南端，有水泥路通向沟中采石场。山前地势较平坦，系广袤的土默川腹地，楼房沟、上协力气、沙图沟、美岱召诸村均沿山脚建设，村庄间为林地、果园、葡萄园或耕地，以上因素导致前小段墙体消失。干沟以西呈东西走向的后小段墙体的消失，除自然因素外，G6 高速公路沿山脚修筑，墙体大体消失于公路北侧或公路之下；于沙兵崖北西哈拉沟沟口西部 1 千米的山脚处发现烽燧、障城遗存，为该段长城的分布与走向提供了线索。在沙图沟村东部阿贵沟与哈拉沟沟口之间的山脚下，发现有略微高出于地表的土筑墙体痕迹，长150余米，阿贵沟口采砂坑西坑壁上暴露较模糊的墙体断面，以黄褐土夯筑墙体，夯层板结坚硬，夯层厚9厘米。墙体两侧边缘不清晰，宽约3、残高1.6米。结合该段长城沿线地形地貌及相邻上下段墙体情况，推断该段墙体绝大部分原应为土墙。

墙体沿线调查烽燧、障城各1座，为沙兵崖烽燧、沙兵崖障城。

沙兵崖烽燧（150221353201020001）

该烽燧位于美岱召镇沙兵崖村西北1.3千米处，推测原应倚墙体内侧修筑，西距楼房沟长城2段墙体止点2.9千米，南距G6高速公路0.08千米。

烽燧以黄褐土夯筑而成，保存差。墩台几乎完全塌毁，呈长方形土丘状，周边散落着较多坍塌的夯土块，现仅存5层夯土，土质不纯净，夹杂较多小石子，夯层厚10厘米。现存墩台底部东西10、南北11.4米，顶部东西3.9、南北0.3~0.6米，残高3米（彩图一三三）。烽燧修筑在山脚处高坡地上，周边为柏树林地，两侧为浅缓的小沟谷；其东部为沙兵崖北沟，西部为纳太沟东沟，沟口是较大的采砂坑。墩台下采集有泥质灰褐素面陶片等遗物。

沙兵崖障城（150221353102020001）

该烽燧位于美岱召镇沙兵崖村西北1.3千米处，推测障城原应倚墙体外侧修筑，障城南墙利用了长城墙体，沙兵崖烽燧位于南墙中部。

障城平面呈正方形，边长25米。障墙以黄褐土夯筑而成，呈低矮的土垄状，东、南墙轮廓较清晰，西北部被洪水冲击下来的土石所覆盖，整体轮廓较模糊。现存障墙底宽3~4、残高0.5~1.2米。门址不清（彩图一三四）。

3. 纳太长城1段（150221382101020003）

该段长城起自沟门镇纳太村西北1.8千米处，止于纳太村西北1.9千米处。墙体作直线分布，呈东偏南—西偏北走向，上接楼房沟长城2段，下接纳太长城2段。

墙体长68米，为夯筑土墙，保存差。墙体分布于纳太村西北部的枣沟沟口东岸台地上，沿缓坡地延伸，南侧紧邻G6高速公路。墙体于地表呈明显的土垄状，两侧坡地早期或曾开垦，表面覆盖有人为堆积的土石，现为林地，成行栽植柏树。现存墙体底宽1.4~5.5、顶宽0.6~2、残高0.2~1米（彩图一三五）。西侧为枣沟沟口，有水泥路通往沟内煤窑，下段墙体随之再度消失于枣沟沟口及其西岸。墙体两侧采集有宽沿凹弦纹陶盆口沿残片、弦断绳纹罐腹部残片及夹砂粗、细绳纹交叉的陶釜残片（图六），此外有泥质灰陶素面陶壶口沿残片等（图七：1），均为战国时期遗物。墙体北侧较平缓，结合地表遗物分析判断，这里原应修筑有障城，以扼守枣沟沟口。

4. 纳太长城2段（150221382301020004）

该段长城起自沟门镇纳太村西北1.9千米处，止于纳太村西北3.7千米处。原墙体应作直线分布，呈东偏南—西偏北走向，上接纳太长城1段，下接哈子盖长城1段。

本段长城为消失段，起止点之间的直线长度为1831米。原墙体分布于枣沟沟口及其西岸山脚下，随山脚下的缓坡地延伸。前小段墙体消失于枣沟沟口及其西侧紧邻沟口修筑的院落中；后小段墙体大体因水土流失而灭失或湮没于洪积层下。北部山体上有数条洪水南向下泄的小沟谷，其中以西部沟谷稍大，沟口处为扇形冲积面，其南部坡地上发现有土筑墙体痕迹遗存，十分低矮，仅可分辨大体轮廓，就此判断该段墙体原应为土墙。墙体行经的山前地带现为林地，乔、灌木交植，其间树坑遍布。

5. 哈子盖长城1段（150221382101020005）

该段长城起自沟门镇哈子盖村东南1.6千米处，止于哈子盖村东南1.3千米处。墙体作直线分布，呈东南—西北走向，上接纳太长城2段，下接哈子盖长城2段。

墙体长355米，为黄褐土夯筑的土墙。总体保存差，其中保存差部分长327米、消失部分长28米，分别占该段墙体总长的92.1%、7.9%。墙体分布于哈子盖村东南部山脚下，紧邻山脚延伸，随山脚进入到哈子盖村所在的山体北向收缩的凹窝地带，西部为北只图北村。受水土流失影响，大部分墙体被湮没于地表下，地上残留部分较少，痕迹依稀可辨。冲沟断面暴露出墙体轮廓，为水平墙基，其上可见清晰的夯层，土质较纯净，夹杂少量小石子，夯层厚8~10厘米（彩

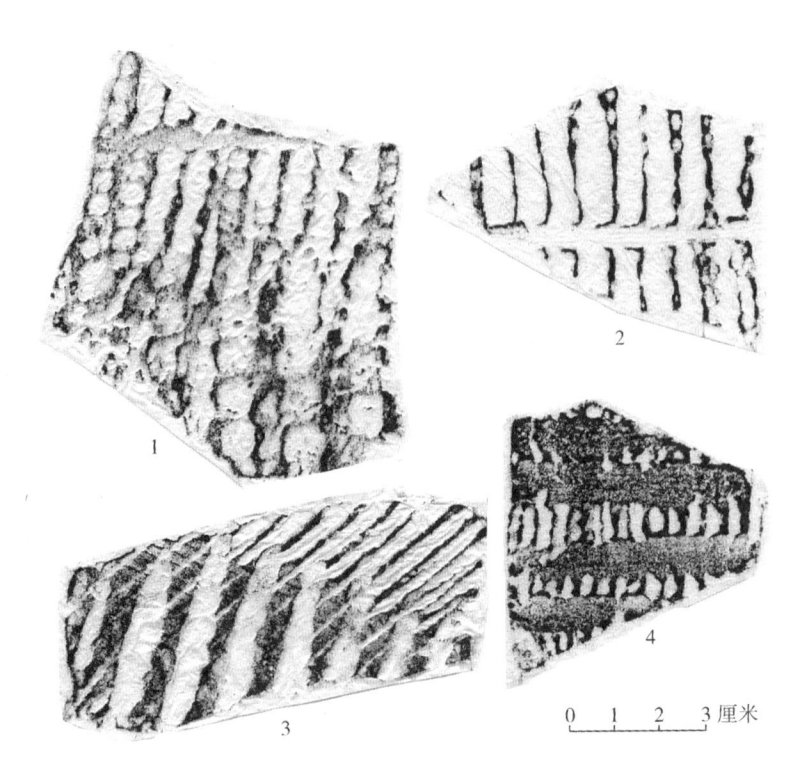

图六 纳太长城1段沿线采集陶片纹饰拓片
1、2、4. 弦断绳纹 3. 交叉绳纹

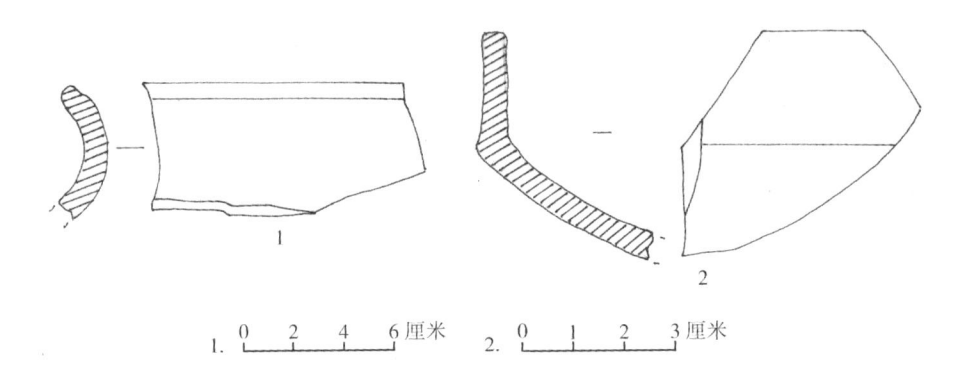

图七 纳太长城1段、克尔玛沟烽燧采集陶片标本
1. 陶壶（采自纳太长城1段） 2. 陶钵（采自克尔玛沟烽燧）

图一三六）。现存墙体基宽5~6.2、顶宽3.9~5.5、残存最高1.4米。山体上有数条小冲沟南向或西南向下泄，导致墙体出现多个断口，该段墙体的末端处于洪水西南向下泄的较大沟口处。

6. 哈子盖长城2段（150221382301020006）

该段长城起自沟门镇哈子盖村东南1.3千米处，止于哈子盖村东南1.1千米。原墙体应作直线分布，呈东南—西北走向，上接哈子盖长城1段，下接哈子盖长城3段。

本段长城为消失段，起止点之间的直线长度为258米。原墙体分布于朝阳洞沟东南部两条沟谷的沟口之间，沿山前缓坡地延伸，两端沟谷的洪水西南向下泄，其间的坡地现为林地，地表不见墙体痕迹。末端冲沟西岸断壁上发现有土筑墙体夯层，据此推断，该段墙体原应为土墙。长城左近坡地均为

柏树林地，其中夹杂着较多灌木；坡下有土路与该段长城走向一致，弯曲延伸。

7. 哈子盖长城 3 段（150221382101020007）

该段长城起自沟门镇哈子盖村东南 1.1 千米处，止于哈子盖村东 0.85 千米处。墙体作直线分布，呈东南—西北走向，上接哈子盖长城 2 段，下接哈子盖长城 4 段。

墙体长 232 米，为黄褐土夯筑的土墙。总体保存较差，其中保存较差部分长 134 米、差部分长 91 米、消失部分长 7 米，分别占该段墙体总长的 57.8%、39.2%、3%。墙体分布于朝阳洞沟口外的南北向道路东侧，沿沟口西岸的山前缓坡地延伸，距山体较近。墙体两侧乃至墙体上，均栽植了成行的小柏树；大部分墙体隆起不明显，后小段墙体在地表呈明显的土垄状，表面覆盖有土石（彩图一三七）。起点处冲沟断面上暴露出墙体夯层，夯层厚 7~12 厘米。现存墙体底宽 2.8~5.2、顶宽 1~2.2、残高 0.2~1.6 米。前小段墙体局部被洪水冲毁，造成断豁。

8. 哈子盖长城 4 段（150221382301020008）

该段长城起自沟门镇哈子盖村东 0.85 千米处，止于沟门镇板申气村西北 1.18 千米处。前小段墙体原应作外向折弧形分布，后小段墙体沿山脚大体作内外折线形分布；由东南—西北走向折转呈东北—西南走向，上接哈子盖长城 3 段，下接板申气长城 1 段。

本段长城为消失段，起止点之间的直线长度为 12172 米。原墙体分布于朝阳洞沟与板申气村后湾之间的大青山南麓山脚下。上段墙体延伸至朝阳洞沟口处的山湾内之后消失，消失的前小段墙体分布于北向收缩的大山湾中，哈子盖、后湾和庙湾三个大村沿山脚建设，沿线有朝阳洞沟、龙滚沟、喇嘛沟、大英沟、水涧沟、白石头沟等数条大小沟谷分布。其中，山湾里的东北沟为朝阳洞，沟口内有喇嘛教寺院；西北沟口为水涧沟，沟内有水四季长流，沟门东岸发现有烽燧，表明墙体离山脚相去不远。于忽洞沟门村东部绕出大山湾的后小段墙体，转呈西偏南行，先后经过紧邻山脚建设的忽洞沟门村、三间房村和马留村，村间山脚处皆为耕地或林地，其中忽洞沟门村西有块耕地叫"边墙地"。沿线有壕赖沟、忽洞沟（沟口内有清泉寺）、三辘铲沟、三间房西干沟、马留东沟、马留沟等大小沟谷分布，洪水南向下泄，较大的沟谷沟口处均形成扇形冲积面，地表不见墙体痕迹。该段墙体末端较大的土坑中东西分布三座现代耐火材料窑址，其东壁见有以黄褐土夯筑的墙体夯层，残存的墙体几乎完全湮没在地表之下。结合相邻上下段墙体情况及沿线地貌现状，推断该段墙体原应为土墙。

忽洞沟门村东北 0.25 千米的忽洞沟沟口东台地上，调查发现一处新石器时代遗址，以往的普查工作未见登录，系首次发现，定名为忽洞沟门遗址。遗址地表散布较多蓝纹陶片，采集石斧一件，深灰色凝灰岩琢磨制成，斧体琢制成型后两面磨刃，刃部较直。

墙体沿线调查烽燧 2 座，为庙湾烽燧、忽洞沟烽燧。

庙湾烽燧（150221353201020002）

该烽燧位于沟门镇庙湾村北 1.3 千米处，水涧沟沟口东岸台地上，西南距忽洞沟烽燧 3.5 千米。

烽燧为夯筑而成，保存较差。墩台呈长方形柱状耸立，西侧底部明显内凹，基础情况清晰显现；由上下两部分组成，其底层铺垫一层排列整齐的石块，其上是厚 80 厘米的黄褐土与碎石混合垫层，随坡而降，至东侧坡上与山体地表平齐，最终形成水平基础。台体以黄褐土夯筑而成，夯层清晰，夯层厚 8~12 厘米。烽燧挺拔高峻，基本保留了原有结构和形制。现存墩台底部东西 7.1、南北 5.4 米，顶部东西 5.5、南北 3.2 米，残高 5.5 米。墩台四壁因风雨侵蚀而出现坍塌残损，其中墩台南壁已出现局部坍塌，形成笔直的断面（彩图一三八）；其他三壁棱角尽失，墩台中部出现两条纵向裂缝（彩图一三九）。烽燧周边不见墙体痕迹，依地形地貌观察，该烽燧或修筑于墙体外侧，以重点监控纵深较长的水涧沟。水涧沟纵贯阴山南北，沟中有水常流，沟口东岸烽燧南部设置有灌渠水闸，用于山下农田与果园灌溉。

忽洞沟烽燧（150221353201020003）

该烽燧位于忽洞沟门村北0.1千米处，东北距清泉寺0.22千米。

烽燧原应以土夯筑而成，保存差。烽燧地处三辘轳沟沟口东侧的山丘顶部，山丘呈锥状，直径近50、高约30米。顶部较平整，残留有基础石块，墩台已完全消失，正中有一座现代坟茔。经走访附近村民，可知该烽燧在20世纪80年代仍然存在，当地人称作"土圪蛋"。烽燧东临忽洞沟，沟口有清泉寺；西为三辘轳沟，沟口西侧为"边墙地"。其设置除保证前后烽燧间的联通外，还应兼顾沟口区域的预警。

9. 板申气长城1段（150221382101020009）

该段长城起自沟门镇板申气村西北1.18千米处，止于板申气村西北1.2千米处。墙体作直线分布，呈东北—西南走向，上接哈子盖长城4段，下接板申气长城2段。

墙体长66米，为黄土夯筑的土墙，保存差。墙体分布于板申气村西北部沟口处，东北部为西后湾。墙体沿山前坡地延伸，地表几乎不见明显的土垄状隆起，大部分墙体深埋于沟口冲洪积层下，取土坑断面上显示墙体为水平基础，可见清晰的夯层，夯土中夹杂有细小的砾石，夯层厚10～12厘米，墙顶距地表0.55～0.95米（彩图一四〇）。现存墙体底宽2.8～3.6、顶宽1.3～3.4、残高1～2.2米。历史上洪水冲击形成的流沙覆盖了墙体，G6高速公路修筑时取土垫路基形成大坑，导致墙体损毁严重。

10. 板申气长城2段（150221382301020010）

该段长城起自沟门镇板申气村西北1.2千米处，止于板申气村西5.6千米处、黑麻板村西偏南1.58千米处。原墙体应作直线分布，呈东北—西南走向，上接板申气长城1段，下接东河区公积板长城。

本段长城为消失段，起止点之间的直线长度为4589米。原墙体分布于黑麻板村北缘及其两翼山脚下，处于脑包沟沟口东岸至大斗林沁沟沟口西岸之间。沿线山体陡峭，山岩裸露，易于洪水生成，有脑包沟、黑麻板北三沟及大斗林沁沟等数条沟谷的洪水南出，在沟口形成大小不等的扇形冲积面。前小段墙体所经区域自东向西依次为取土大坑、果园与绿化地、砂石场、煤场；取土坑东西两侧坑壁上发现的土筑墙体断面均埋藏于冲洪积层之下，表明该段墙体原为土墙；其中西侧墙体基础下有一层黑色腐植土，厚约25厘米。后小段墙体所经区域为紧邻山脚建设的黑麻板村，该村东西狭长分布，村庄两侧为林地、果园和耕地，地表不见墙体痕迹（彩图一四一）。

二 包头市东河区

在调查中，将东河区境内的赵北长城墙体划分为9段，包括土墙4段、消失段落4段、山险1段。墙体总长19339米，其中土墙长2445米、消失段落长7488米、山险长9406米。在总长2445米的土墙中，保存一般部分长59米、较差部分长17米、差部分长2163米、消失部分长206米。

（一）长城墙体分布与走向

东河区境内的战国赵北长城墙体，东端自土默特右旗进入，始见于沙尔沁镇公积板村北的大斗林沁沟沟口西部，沿山前坡地或山脚延伸，断多存少。大部分墙体地表无痕迹，大斗林沁沟的西沟沟口前河槽东西两侧沟壁上均暴露有被掩埋于洪积层下的土墙断面，断续存在 1600 余米，之后消失于斗林沁村中及其东侧的小斗林沁沟与村西的"丫"形沟谷的沟口两岸。在莎木佳村东北又见墙体，沿山脚西行，依旧是断多存少，于村北再次消失于莎木佳沟及西部小北沟沟口外。墙体再现于莎木佳村西北部的小北沟西岸山前坡地上，延续 339 米后没入林地、果园或耕地中，又消失于白石头沟河槽东岸。自此往西，山前地带墙体消失不见，大略过铁匠沟沟口，沿东园村北缘山脚下西行，再穿过五当沟沟口，经西园村至沙尔沁一村北庙沟沟口。

在庙沟沟口及沟中，连续发现了控扼庙沟的烽燧 3 座，表明防御是利用狭窄的庙沟两岸陡立的山体及自然绝壁为山险，直线距离长约 3700 米。庙沟 3 号烽燧建于宽甸中庙沟分叉处的红石圪梁末端，沿山北行，两侧为陡坡，坡下是沟壑，依山梁之险，将防御体过渡到其北 1.36 千米的大青山分水岭，其后沿山脊西北向老爷庙山蜿蜒延伸。红石圪梁与主脉山脊交汇点有山头称李英圪旦，其西侧的山脊为自然凸起的石碴山岭，南北两侧为绝壁；过山岭沿山脊上坡行，有石碴峰凸起；又西北是小海流素圪旦，海拔 1615 米，系分水岭上的一座较高山峰；其与李英圪旦之间直线距离为 1730 米，这段山脊几乎处于一条直线上，背坡为约 75°的陡坡，雄浑壮观，乃天然屏障。包括红石圪梁在内，累计利用山险 3090 米，其间不修筑烽燧及墙体。

自小海流素圪旦烽燧始，西北至老爷庙山北坡，沿大青山山脊前后发现烽燧 10 座。小海流素圪旦烽燧西北 0.55 千米处为大帕萨沟烽燧，其西北 0.6 千米处为女儿壕圪旦，由此山脊转北向递降，至艾家沟坝口子，筑石墙封堵；南侧山头上修筑艾家沟烽燧。过坝口子山脊抬升，北部为气儿山，山巅修筑气儿山烽燧。气儿山西北 0.66 千米处为东石皮沟 1 号烽燧，又西北 0.45 千米处为东石皮沟 2 号烽燧，再西北 0.42 千米处是吕宋沟 1 号烽燧；此 4 座烽燧所在的山脊也大体处于一线之上。其后，山脊转北行，延伸 0.24 千米处为吕宋沟 2 号烽燧，其西北 0.43 千米处为吕宋沟 3 号烽燧。吕宋沟 3 号烽燧西侧是吕宋沟坝口子，南侧为吕宋沟沟脑下坝壕，北坡下是发源于老爷庙山的羊窑沟；坝口子西北部山头上是小南沟烽燧，自此防御体脱离大青山山脊，在老爷庙山北麓上缘重新修筑墙体，沿坝梁北行，进入石拐区境内。这部分山脊相对较缓，沿山脊修筑烽燧，山垭处局部加筑石墙，以补充自然山体在防御能力上的不足（地图八）。

（二）长城墙体与单体建筑保存现状

在对东河区境内战国赵北长城的调查中，除划分了 9 段墙体外，沿线还调查烽燧 15 座，调查战国时期遗址 1 处，疑似为障城。下面，对这些墙体段落和单体建筑分作详细描述。

1. 公积板长城（150202382101020001）

该段长城起自沙尔沁镇公积板村西北 0.38 千米处，止于沙尔沁镇斗林沁村东 0.6 千米处。墙体略作内向折线形分布，由东—西走向折转呈东偏南—西偏北走向，上接土默特右旗板申气长城 2 段，下接斗林沁长城。

墙体长 1602 米，为黄褐土夯筑的土墙。总体保存差，其中保存差部分长 1539 米、消失部分长 63 米，分别占该段墙体总长的 96.1%、3.9%。断面显示，墙体修筑在经过修整的水平基础上，夯土板结坚硬，当中夹杂有小砾石，夯层厚 10～12 厘米。墙体分布于大斗林沁沟沟口西岸与小斗林沁沟沟口东岸之间，沿山前缓坡地延伸。前小段东西走向的墙体位于公积板村北果园北缘的取土坑中，东坑壁上见有土墙断面及夯层（彩图一四二），大部分保存的墙体被利用为果园的北墙。后小段呈西偏北行的墙体正处于南向下泄的公积板北小沟沟口外，为冲洪积层所掩埋，于冲沟的东、西断壁上发现墙体剖面，残存的墙体顶部距地表约0.35米。冲沟西壁保存墙体断面，可见墙体基宽2.4、顶宽1.7、残高1.8米。冲沟东西两岸均为煤场，沟西煤场中地表也见有墙体存在。除沟口外现处于地表下的墙体之外，果园、煤场建设对墙体破坏性较大，冲沟、取土坑导致部分墙体消失。

2. **斗林沁长城**（150202382301020002）

该段长城起自沙尔沁镇斗林沁村东0.6千米处，止于斗林沁村西0.5千米处。原墙体应作直线分布，呈东—西走向，上接公积板长城，下接莎木佳长城1段。

本段长城为消失段，起止点之间的直线长度为1153米。原墙体分布于斗林沁村中及其东西两侧山脚下，处于小斗林沁沟与其西侧"丫"形沟谷东岸坡地之间，沿山前坡地延伸。斗林沁村位于该段长城的中部，村中民房分散建设，周边为耕地或葡萄园，村东至村中的东西向土路大体处于原墙体分布线上，道路通行当是导致该段墙体消失的主要因素。两端沟谷的洪水南向下泄，在沟口外形成洪水河槽，末端墙体地处西端"丫"形沟谷沟口的东岸煤场中，地表不见墙体痕迹，推测有部分墙体湮没于洪积层下。依据相邻上下段墙体情况，推断该段墙体原应为土墙。

3. **莎木佳长城1段**（150202382101020003）

该段长城起自沙尔沁镇斗林沁村西0.5千米处，止于沙尔沁镇莎木佳村东北1.6千米处。墙体作直线分布，呈东—西走向，上接斗林沁长城，下接莎木佳长城2段。

墙体长465米，为黄褐土夯筑的土墙。总体保存差，其中保存较差部分长10米、差部分长445米、消失部分长10米，分别占该段墙体总长的2.2%、95.6%和2.2%。墙体分布于斗林沁村西"丫"形沟谷至其西侧沟谷的沟口之间，沿斗林沁与莎木佳两村之间的山脚延伸，所经地域被开辟为林地、果园或葡萄园，大部分地段墙体因水土流失而埋藏于地表下。现存墙体底宽1~3、顶宽0.4~2.1、残高0.9~2.4米（彩图一四三）。止点处断面上可见墙体轮廓，夯土中夹杂有小砾石，夯层厚7~13厘米；墙体基宽2.7、残高2米，顶部尖凸，距地表1.4米（彩图一四四、一四五）。该段墙体中间有一片葡萄园，中小段的一段墙体被当作葡萄园的北墙。前后有四条较小沟谷的洪水南向下泄，末端沟谷的洪水在墙体外侧作东南流，与正沟山洪汇合后于葡萄园西侧冲断墙体再南流。

4. **莎木佳长城2段**（150202382301020004）

该段长城起自沙尔沁镇莎木佳村东北1.6千米处，止于莎木佳村东北1.1千米处。原墙体应作直线分布，呈东偏南—西偏北走向，上接莎木佳长城1段，下接莎木佳长城3段。

本段长城为消失段，起止点之间的直线长度为583米。原墙体分布于莎木佳村东北部狭窄的东沟沟口外及其两翼山脚下，东部为斗林沁村西"丫"形沟，西部为莎木佳沟。所经区域前小段有一处取土坑，上段止点处墙体埋在地表之下，坑西葡萄园中不见墙体痕迹；中间为洪水南向下泄的东沟沟口，沟口外修筑有防洪堤坝，导水西流，汇入东南流的莎木佳沟河槽，防洪坝大体建在原长城墙体的分布线上；后小段因洪水冲刷淤积而消失。依据相邻上下段墙体情况，推断该段墙体原应为土墙。

5. **莎木佳长城3段**（150202382101020005）

该段长城起自沙尔沁镇莎木佳村东北1.1千米处，止于莎木佳村东北1千米处。墙体作直线分布，大体呈东—西走向，上接莎木佳长城2段，下接莎木佳长城4段。

墙体长39米，为黄褐土夯筑的土墙，保存差。墙体止点处断壁上显示清晰的墙体剖面，以黄褐土夯筑于经过修整的水平冲洪积层上，夯土中夹杂有小石子；墙体基宽3、残高1.3米；夯层厚7~13厘米（彩图一四六）。墙体分布于莎木佳村东北部莎木佳沟与其东沟之间的坡地上，沿山脚延伸。莎木佳沟纵深较长，呈南北向，洪水出沟受防洪坝阻挡而转东南流，东沟洪水亦因防洪坝阻截而西南流，两股洪水在山脚下汇合后转南流，呈"丫"形河槽。残存的墙体位于两水合流处的北部坡地上，于地表呈较矮的土垄状，大部分墙体因水土流失而埋在地下。止点西侧为莎木佳沟河槽，洪水东南向冲刷导致下段墙体消失。

6. 莎木佳长城4段（150202382301020006）

该段长城起自沙尔沁镇莎木佳村东北1千米处，止于莎木佳村西北0.77千米处。原墙体应作直线分布，呈东—西走向，上接莎木佳长城3段，下接莎木佳长城5段。

本段长城为消失段，起止点之间的直线长度为1264米。原墙体分布于莎木佳村北部山脚下，处于莎木佳沟与其西部的"丫"形河槽之间，沿山前缓坡地延伸，北距山脚约0.15千米。莎木佳沟洪水自山体南向下泄，为防护村庄于沟口西岸设置了防洪坝，导洪水东南流，山洪冲刷导致前小段墙体消失。莎木佳北沟洪水出沟受防洪坝阻截转西南流，与其西侧沟洪水在墙体经行处汇合，两河槽由此呈倾斜的"丫"形；东西两沟的防洪坝总体上呈"八"字形分布，以拱卫莎木佳村。两沟之间的山脚下现为大面积洪积地貌，卵石遍布，现开辟为林地、葡萄园和果园，其间修筑有塑料大棚。莎木佳村北沟口南部的葡萄园中，有略微高出地表的土筑墙体遗存，处于两条并列的南北向道路之间。结合相邻上下段墙体情况，证明该段墙体原应为土墙。

7. 莎木佳长城5段（150202382101020007）

该段长城起自沙尔沁镇莎木佳村西北0.77千米处，止于莎木佳村西北1千米处。墙体作直线分布，呈东—西走向，上接莎木佳长城4段，下接莎木佳长城6段。

墙体长339米，为夯筑土墙。总体保存差，其中保存一般部分长59米、较差部分长7米、差部分长140米、消失部分长133米，分别占该段墙体总长的17.4%、2.1%、41.3%和39.2%。墙体分布于莎木佳村西北部的山前缓坡地上，东接北沟河槽，西临莎木佳村与东园村之间的南向下泄的白石头沟河槽，沿线坡地被辟为葡萄园或果园。现存墙体底宽1.9~3.4、顶宽0.35~1.7、残高1.2~1.7米（彩图一四七）。前小段墙体被掩埋于冲洪积层之下，地表不见墙体隆起；中小段墙体现为该村葡萄种植户郭忠家的葡萄园北墙，以黄褐土夯筑而成，保存一般，可见清晰的夯层，土质较纯净，夯层厚10~12厘米；后小段墙体处于西侧果园中，因洪水冲刷及果园建设而断续存在。

8. 莎木佳长城6段（150202382301020008）

该段长城起自沙尔沁镇莎木佳村西北1千米处，止于沙尔沁镇沙尔沁一村北0.2千米处。原墙体应作直线分布，呈东—西走向，上接莎木佳长城5段，下接庙沟长城。

本段长城为消失段，起止点之间的直线长度为4488米。依据实地调查结果分析判断，原墙体应沿山前缓坡地西行，穿过白石头沟、铁匠沟沟口，两沟口前河槽之间的东西路大体应是原长城墙体的分布位置；而后贯穿于东园村中，穿过贯通大青山南北的五当沟沟口，经西园村沿山脚西行，至沙尔沁一村北侧的庙沟沟口西岸止。庙沟西为高耸的沙尔沁山，其与东侧毗邻的五当沟，历史上即为洪水泛滥的重点地区；此外，村庄建设与林地、耕地开垦直达山脚，是导致这部分墙体消失的主要因素。依据所经区域的地形地貌判断，该段墙体原应为土墙。沙明公路自沙尔沁穿越五当沟，经石拐区抵达固阳明灯山。

五当沟沟口两侧的大青山山前台地上均发现有新石器时代陶片、石器等遗物。东侧为东园遗址，地表散布少量蓝纹陶片，西侧为内蒙古自治区文物保护单位西园遗址。在此次调查中，于五当沟沟口北2千米的门头沟南坡地上发现一处战国遗址，调查命名为门头沟遗址。地表发现有典型战国时期的绳纹、弦断绳纹、凹弦纹下施弦断绳纹及素面陶片，可辨器形有宽沿盆、钵、侈口矮领罐、甑和豆等（彩图一四八）。此外，见有残缺不全的房基址，用石块垒砌，墙宽0.4、残长3米余，地表轮廓不可辨。该遗址或为一座战国障城。

9. 庙沟长城（150202382106020009）

该段长城起自沙尔沁镇沙尔沁一村北 0.2 千米处，止于石拐区国庆乡南福永居村西南 3.5 千米处，在沙尔沁一村北部进入庙沟狭谷，依峭壁为险，中间完全利用险峻的大青山山脊，末端山脊上加筑烽燧，巧妙地利用了自然山险并实现了阴山之大跨越；总体呈东南—西北走向，上接莎木佳长城 6 段，下接石拐区南福永居长城 1 段。

该段长城为山险，起止点之间的直线长度为 9406 千米。在庙沟沟口，将莎木佳长城 6 段墙体直接与沟口锁定，而后利用山险。在沙尔沁一村北偏西 0.55 千米的庙沟沟口西岸山丘顶部修筑庙沟 1 号烽燧，其北偏西 0.35 千米的庙沟东岸山梁上修筑庙沟 2 号烽燧，由此北偏西溯沟 2.94 千米至宽甸，庙沟分叉处的红石圪梁上又发现庙沟 3 号烽燧。三座烽燧沿庙沟分布，其中庙沟 1、2 号烽燧处于沟口部位，以扼守沟口为重点；而庙沟 3 号烽燧位于庙沟深处，是沟险段与山险段的过度地带。庙沟为大青山南麓的一条大峡谷，两侧峰峦陡峭，沟底狭窄，宽 3~50 米，沟中有狭口谓石门；沟中溪水四季长流。沟口至庙沟 3 号烽燧间的直线距离为 3667 米，调查除烽燧外未见土筑或石筑墙体，以烽燧扼守沟堑，以自然山险为固（彩图一四九）。

庙沟 3 号烽燧地处宽甸中的庙沟分叉处，其间的山梁称红石圪梁，烽燧设置在山梁的末端。自庙沟 3 号烽燧沿山脊北行 1.3 千米，直达大青山主脉山脊。两山相交处有石砬山头耸立，石拐区人称之为李英圪旦，相传土匪李英曾占据此山，因而得名。红石圪梁系大青山主脉南向伸出的短支脉，两坡险峻，赵北长城利用该山梁将防御导引至大青山分水岭，其后朝老爷庙山方向延展。李英圪旦东侧的大青山分水岭东南向延伸，其东南 0.73 千米处是一座土山头，酷似烽燧，但周边未采集到遗物，调查时背坡皆为大雪覆盖，无从确指，有待进一步调查确认。山岭又作南行，而后转东向延伸，被五当沟隔断，过沟向东北蜿蜒而去。

李英圪旦西侧的山脊为自然凸起的石岭，长约 100、高 5~25 米，南北两侧为绝壁。低凹处为山垭口，口南为宽缓的沟谷地，俗称茂林渠，山洪南流汇入西向折弯处的庙沟；口北俗称阴背，山洪流进呈"V"形南向弯曲的小海流素沟。又西北行，山体呈逐渐抬升之势，每隔一二百米有土或石山头凸起于山脊，其中以一座石砬山较为明显；其北侧为小海流素支沟大宽壕的南支沟沟脑，南侧为庙沟之北支沟百林洼沟脑。又西北为海拔 1615 米的高山头，称小海流素圪旦（彩图一五〇），其东南距李英圪旦 1730 米，该段山脊几乎处于一条直线上，背坡为约 75°的陡坡。小海流素圪旦山顶修筑烽燧一座，自此至老爷庙山北坡上缘，在直线距离长 4.19 千米的大青山分水岭上发现烽燧 10 座。

小海流素圪旦以西的大青山山脊，西北向延伸 0.3 千米后转北行，又 0.17 千米折向西行。拐点处是一个突兀的土山丘，其东侧为石断崖，顶端似烽燧，附近未见遗物，调查不能确认；由此向西 0.2 千米为大帕萨沟烽燧。过烽燧山脊仍向西北方蜿蜒延伸，其西 0.6 千米处为女儿壕圪旦，山顶较为平缓。女儿壕圪旦正处于李英圪旦与老爷庙山之间的中间点，位于山脊拐点部位，乃三沟之源头，其东北侧为李家沟的西庙沟南坝壕沟脑，山洪东北流，归入五当沟水系；南侧为大帕萨沟、女儿壕沟脑，东西并列分布，洪水向南流入哈拉沟；西北侧为二道南渠，洪水西北向汇入艾家沟，又西南流汇入吕宋沟，两者均属阿善沟水系。山脊自女儿壕圪旦转北向延伸，北部坡下有一座石砬山，其北偏东 0.24 千米为艾家沟烽燧。烽燧北侧坡下为艾家沟坝口子，沿口北石砬山北上，见有自山脊向东南延伸的一段土墙，其西南部有山梁西向伸出，其南侧为艾家沟坝口子，北侧为北三道沟东支沟。沿山岭继续北行，为裸露的花岗岩山体，有榆树、柏树零星分布，山巅为海拔 1680 米的气儿山，因山峰常常锁在云雾中而得名，系该区域仅次于老爷庙山的第二峰，山顶修筑有气儿山烽燧。

气儿山烽燧与其西北部山丘之间的山垭处，沿山脊外侧修筑了一段巡防马道。山脊又西北向延伸，东石皮沟1号烽燧修筑在东石皮沟沟脑处的分水岭高山头上；其西北为东石皮沟2号烽燧和吕宋沟1号烽燧，两座烽燧间的山垭口处加筑一段石墙。吕宋沟1、2号烽燧间的山脊大体呈南北向分布，其间亦补筑一段半环形石墙。山脊西北向下降延伸，至吕宋沟坝口子，口东山脊上是吕宋沟3号烽燧，口西老爷庙山北坡上缘山头上为小南沟烽燧。自此，赵北长城脱离阴山山脊，于小南沟烽燧北侧起筑土墙，沿大、小南沟之间的坝梁而下，进入石拐区。

墙体沿线调查烽燧15座，为庙沟1～3号烽燧、小海流素圪旦烽燧、大帕萨沟烽燧、艾家沟烽燧、气儿山烽燧、东石皮沟1～2号烽燧、吕宋沟1～3号烽燧、小南沟烽燧、哈拉沟烽燧和沟门烽燧。烽燧间的石墙、巡防马道等相关遗迹，为保证其与山险主体及地貌环境的关联与接续性，放在单体修筑烽燧中予以综合介绍。石墙只补筑在山垭处，共4段，累计长340米，其中一段石墙位于山险内侧，这部分石墙包含在山险段内，不纳入墙体总长度统计。

庙沟1号烽燧（150202353201020001）

该烽燧位于沙尔沁镇沙尔沁一村北偏西0.55千米处，东南距庙沟沟口0.36千米，北偏西距庙沟2号烽燧0.35千米。

烽燧用土夯筑而成，保存差。墩台坍塌，呈半丘形，四周呈缓坡状。墩台西侧三分之一部分因修筑山路而破坏，暴露出清晰的剖面，北侧基础部分利用原山丘顶部自然岩体，南侧用黄褐土补筑（彩图一五一）。南侧复有黄土夯层，层次较黄褐土部分明显有别，界线分明，应系墩台使用期间的加固补筑所形成，夯层厚9～11厘米。现存墩台底部直径3～6、顶部直径1、残高2米。烽燧南坡下采集有装饰绳纹、弦断绳纹的灰陶片，还见有铁釜残片。烽燧南部为一处新石器时代遗址，发现较多阿善三期文化篮纹陶片。烽燧修筑在山丘顶部，居高望远，视野开阔，东侧紧邻庙沟，沟壁陡峭险峻。与庙沟2号烽燧分置于庙沟沟口内的西南、东北两岸，前后呼应，呈现扼守沟口之势。

庙沟2号烽燧（150202353201020002）

该烽燧位于沙尔沁镇沙尔沁一村北偏西0.9千米处，东南距庙沟沟口0.75千米，北偏西距庙沟3号烽燧2.94千米。

烽燧呈不规则圆柱状，以黄褐土夯筑而成，夯土中夹杂较多小石子，夯层厚10～15厘米，保存较差。墩台耸立于山岭上，受风雨侵蚀坍塌较严重，表面斑驳不整，大体呈椭圆形，当地村民在墩台上围有白、蓝色丝带。现存墩台底部东西3.5、南北8、残高4.5米（彩图一五二）。烽燧南侧的山岭垭口处似曾补筑有墙体，用含有大量砂石的河槽土夯筑，断面上夯层不可辨，土质较坚硬，长25、宽6.8、残高3.5米。烽燧的东坡下采集到较多陶片，以素面为主，见有绳纹、弦断绳纹和凹弦纹陶片，可辨器形为宽沿盆、三角沿侈口矮领罐和素面陶钵等。此外，还见有两面出脊的三角形铁犁铧。烽燧修筑在庙沟东岸西南向伸出石砬山岭的末端，对面西岸亦有一条东向伸入沟谷中的石砬山，两山极大地缩短了沟谷跨度，谷中河槽宽不足3米，选择该处修筑烽燧，对庙沟形成有效控扼固守之势。

庙沟3号烽燧（150202353201020003）

该烽燧位于沙尔沁镇沙尔沁一村北偏西3.8千米处，西北距小海流素圪旦烽燧3千米。

烽燧用黄土夯筑而成，保存差。墩台坍塌，呈高大的圆丘状，顶部尖缓，四周呈陡坡状，表面光秃无植被，水土流失较严重。现存墩台底部直径15、顶部直径2、残高4.5米（彩图一五三）。墩台下散布有泥质灰褐绳纹、弦断绳纹、粗细绳纹交叉、凸弦纹上压印绳纹和平行凹弦纹陶片，可辨器形有侈口矮领折肩罐、宽沿盆（彩图一五四）。烽燧修筑在宽甸中的庙沟分叉处，地处两沟之间的红石圪梁末端顶部。烽燧下坡脚处有西夏时期的冶铁窑址及钱币铸造作坊，成排的窑址断面显露于河槽边，直径1.5～2.5米。山梁西侧为庙沟，东侧为正沟；正沟东复有一沟，称鳝鱼沟，洪水于烽燧南侧0.2

千米处汇入庙沟。烽燧设置在庙沟与大青山分水岭间的过度地带，以对沟谷实施重点防控，同时具有连接沟险与山险间的纽带作用。

庙沟3号烽燧北偏西0.24千米的红石圪梁上是一座较高的自然山丘，其上也发现有战国绳纹灰陶片散布，未见烽燧修筑痕迹，调查定名为庙沟遗址。遗址所在山丘位置明显高于庙沟3号烽燧，且有同时期遗物分布，不排除将自然山头当作烽燧利用的可能性，高低分置，统一值守。

小海流素圪旦烽燧（150202353201020004）

该烽燧位于沙尔沁镇沙尔沁一村西北6.82千米处，西南距大帕萨沟与黄木匠渠交汇点处的牧户0.85千米，西北距大帕萨沟烽燧0.57千米。

烽燧以红褐土夯筑而成，保存差。墩台坍塌，呈圆丘状，顶部浑圆，四周作缓坡状。墩台上生长着稀疏的草丛与灌木丛，西南坡植被较少，出现较严重的水土流失。现存墩台底部直径10.5、顶部直径1.5、残高3.2米（彩图一五五）。烽燧西南坡地表见有较多泥质灰陶片，器表施绳纹、弦断绳纹、凹弦纹、双凸弦纹，有的凸弦纹间贴塑波浪形泥条，此外见有细绳纹和部分素面陶片，可辨器形有侈口矮领折肩罐、宽沿盆（彩图一五六）。烽燧修筑在小海流素圪旦山头顶部，山峰凸起于分水岭，巍然耸立，是沿线仅低于老爷庙山和气儿山的第三峰。

小海流素圪旦西坡陡峭险峻，攀爬极为困难。为便于日常巡查，遂于陡坡上缘开凿了一条巡防马道，直线距离80米，宽约1.2米（彩图一五七）。北接主脉山脊，南接山峰下南向伸出的山岭，通过马道环绕可便捷地爬上小海流素圪旦烽燧。现今因水土流失局部形成塌方，马道已被阻断。

在马道南端0.15千米的南向伸出山岭低凹处，沿山脊加筑一段石墙，墙体已坍塌，保存差。石墙南北向分布，以灰、赭红色凝灰岩毛石错缝垒砌，略有收分，长32、宽2.1、残存最高0.5米。该段石墙北端有一座现代敖包，其东北0.18千米的山顶为小海流素圪旦烽燧。石墙地处山险的内侧，应是对低矮山垭口的重点补防。

大帕萨沟烽燧（150202353201020005）

该烽燧位于沙尔沁镇沟门村北偏东6.66千米处，南距大帕萨沟与黄木匠渠交汇点处的牧户0.9千米，北偏西距艾家沟烽燧0.73千米。

烽燧以黄褐土夯筑而成，保存差。墩台坍塌，呈圆丘状，顶部尖圆，四周作陡坡状，表面杂草密集，整体较稳固。现存墩台底部直径12、顶部直径1.2、残高3.5米（彩图一五八）。烽燧修筑在山脊的突兀处，北坡陡险，居于李家沟水系的西庙沟东坝壕中、东支沟脑之间，洪水北流，与南坝壕和正坝壕的洪水合流后称之为西庙沟，东北流再汇入李家沟。南坡较缓，其东侧为大帕萨沟东支沟沟脑，西侧为正沟脑，再西为主沟脑；主沟脑洪水源出女儿壕圪旦东坡，三条支沟的洪水合流后南流注入哈拉沟。烽燧两侧山脊狭窄，南北坡为稀疏的柏树、榆树自然混交林，间杂灌木丛，东南坡裸露赭红色基岩。烽燧周边未采集到陶片。

艾家沟烽燧（150202353201020006）

该烽燧位于沙尔沁镇沟门村北偏东7.16千米处，东北距石拐区李家沟村5千米，西距吕宋沟牧户1.63千米，北距气儿山烽燧0.61千米，两者隔艾家沟坝口子相望。

烽燧以黄褐土夯筑而成，保存差。墩台坍塌，呈圆丘形锥状体，顶部尖圆，四周作陡坡，其上北坡杂草较为茂密，南坡植被较差，已出现轻微的水土流失。墩台东侧底部见有垒砌的基础石，长约2米，南北向分布，山西高东低，下缘加筑石基础，以防止烽燧向坡下倒塌。烽燧西侧约0.02千米处为山脊上隆起的山头，顶部较平缓，不借用自然山体而于其旁侧另筑烽燧，当存在其必然性。烽燧南北两侧为陡坡，周边分布灌木丛和稀疏的榆、柏树。现存墩台底部直径8.5、顶部直径1、残高3.2米

（彩图一五九）。南坡下发现有少量陶片，为泥质灰、褐陶质，施绳纹、弦断绳纹、交叉绳纹及平行凹弦纹，也见素面陶片，可辨器形为盆、侈口矮领罐和钵（彩图一六〇）。

烽燧北坡甚为陡险，原曾修筑有巡防马道，长约85、宽约1.2米。上端点在烽燧与自然山丘之间，外侧为悬崖，作北偏西下坡行，下端连接稍缓的坝口子南山脊。受水土流失的影响，遗迹已不明显，马道与坝口子石墙的界线也模糊难辨。

艾家沟坝口子较低，底部垭口呈"U"形，两壁为基岩，底宽3、高1.6米。原曾筑有石墙封堵，呈南北向分布，长约15米。南壁上端残存土石混筑的墙体断面，两侧砌筑石块、中间以黑褐土夯筑，基宽3.2米。石墙南接陡坡上的巡防马道，大部分石块滚落于坡下；北壁上堆积着较多石块，后人为牲畜通行方便拆解了石墙，从而暴露出自然垭口。筑墙所用石块左近不见，应是从他处搬运而来。

坝口子北坡上为较短的西南向延伸的山脊，其东侧有一段依山脊修筑的土墙，长10、底宽5.5、残高0.8米。西北垂直接山脊，东南端至陡坡边缘，初步判断为人工夯筑而成。墙体西南部较平缓，酷似依山脊修筑的障城，但不见东、南墙。坡下见有泥质灰陶片，为罐下腹部残片。该段残墙东部为气儿山南坡的庙壕，南侧紧邻艾家沟坝口子，其西南部有较短的山梁自山脊西向伸出，山梁北侧为北三道沟东支沟。

气儿山烽燧（150202353201020007）

该烽燧位于沙尔沁镇沟门村北偏东7.78千米处，东北距石拐区李家沟村4.66千米，西距吕宋沟牧户1.65千米，西北距东石皮沟1号烽燧0.66千米。

烽燧以红褐土夯筑而成，保存差。墩台坍塌，呈明显隆起的高丘状，顶部稍平，四周为缓坡。东坡下缘见有砌筑的花岗岩石块，南北向分布，推测为烽燧下的基础石。墩台表面杂草密布，间有低矮的灌木丛，南坡现已出现轻微的水土流失，暴露出倒塌的夯土，其中夹杂着较多砂砾。现存墩台底部直径18.5、顶部直径2、残高5米（彩图一六一）。墩台周边分布有少量陶片，为泥质灰陶，分凹弦纹、弦断绳纹和素面三类，可辨器形有侈口矮领罐、宽沿盆。

烽燧北侧有沿山脊外缘开凿的巡防马道，长160、宽1.5~3.5米。南端起于烽燧东坡，北向延伸70余米转西北行，止于气儿山西北圆山丘下。

气儿山西部是一座稍矮的石碴山，局部有石岭凸起于山脊。走下山峰的山脊西北向蜿蜒延伸，其南坡为艾家沟水系的三道北沟，北坡为李家沟水系的后三道沟东支沟的两条"丫"形沟脑；石碴山北坡上缘也见有马道修筑的痕迹，东端连接于圆山丘，西端接山脊，环绕崎岖不平的石岭段山脊，绵延300余米。沿山脊连续穿过三座低矮的圆形山丘，东石皮沟1号烽燧修筑在第四座山丘顶部。

东石皮沟1号烽燧（150202353201020008）

该烽燧位于沙尔沁镇沟门村北8千米处，东北距石拐区李家沟村4.92千米，西南距吕宋沟牧户1.23千米，西北距东石皮沟2号烽燧0.45千米。

烽燧以红褐土夯筑而成，保存差。墩台坍塌，呈圆形土丘状，顶部较平缓，四周为陡坡。墩台上杂草丛较稀疏，分布低矮的灌木数丛，南坡局部暴露出墩台夯土。现存墩台底部东西15、南北12米，顶部直径2米，残高5.8米。烽燧南北坡陡险，北坡为低矮的灌木丛，南坡基岩裸露，民间称之为石皮，所在沟谷因以为名。坡地上有零星的榆树、柏树分布，地表不见陶片，原有遗物应滚落于坡下。烽燧修筑在阴山山脊凸起的石碴山头上，其东侧有一段低矮的石碴凸起，南部坡下为东石皮沟南沟脑。其西侧为东石皮沟中沟脑，洪水西南向下泄，与南沟脑的水流一并汇入东石皮沟北支沟。北部有较短的余脉东北向伸出，其两侧均为后三道沟支沟脑。

东石皮沟 2 号烽燧（150202353201020009）

该烽燧位于沙尔沁镇沟门村北 8 千米处，北距石拐区呼勒斯台沟牧场 1.2 千米，西北距吕宋沟 1 号烽燧 0.42 千米。

烽燧以泛红的黄褐土夯筑而成，保存差。倒塌的墩台呈圆形山丘状，顶部圆缓，四周为缓坡。其上杂草稀疏，有低矮的灌木丛分布，约三分之一部分墩台表面裸露。现存墩台底部直径 14、顶部直径 2.2、残高 4.5 米（彩图一六二）。墩台下散布有泥质灰陶片，多素面，少有凹弦纹和交叉绳纹者，器形为习见的宽沿盆、侈口矮领罐。

山脊直北延伸 0.2 千米有低矮的石山头，烽燧与该山头之间分水岭为较低缓的山垭口，其东侧为后二道沟南支沟脑，沟坡亦缓，为弥补自然山险在防御能力上的不足，因此在垭口处加筑石墙（彩图一六三），以巩固防线。石墙修筑于山脊偏东一侧，作南北向分布，采用淡黄色长石岩毛石块砌筑，墙体倒塌，大部分墙石块随坡滚落。石墙现呈石垄状，长 154、宽 2.5、残存最高 0.7 米。石墙南端接东石皮沟 2 号烽燧北侧的矮山头，北端接石山头东北坡脚。石墙内侧较为平整，曾做马道式处理，以方便日常往来巡防。烽燧东侧山背为陡坡，似曾修筑有巡防马道，北接石墙南端，东南接山脊；石墙北端的石山头北坡也有类似的马道遗存，受风雨侵蚀影响，现今皆模糊难辨。

吕宋沟 1 号烽燧（150202353201020010）

该烽燧位于沙尔沁镇沟门村北 8.64 千米处，北距石拐区呼勒斯台沟牧场 0.85 千米、吕宋沟 2 号烽燧 0.24 千米。

烽燧以黄褐土夯筑而成，保存差。墩台坍塌，呈低矮的圆形土丘状，顶部圆缓，四周为缓坡，与自然山头融为一体。其上杂草密布，间有低矮的灌木丛分布，保存相对稳固。现存墩台底部直径 11、顶部直径 2、残高 3.5 米（彩图一六四）。墩台下散布有泥质灰陶片，施弦断绳纹及素面者各半；采集到侈口矮领罐口沿残片，三角唇，沿下先施绳纹，又经抹平，隐现绳纹痕迹，其次是宽沿盆、素面陶钵（彩图一六五）。

烽燧北侧的大青山分水岭东北向延伸 0.11 千米，至低缓的石山丘处复转西北行，又行 0.15 千米后西折，吕宋沟 2 号烽燧修筑在山脊拐点处的山头上。吕宋沟 1 号烽燧北侧石山丘与吕宋沟 2 号烽燧之间的山脊为垭口，其东侧的后二道沟北支沟脑沟坡较缓，遂沿山脊外缘构筑石墙，封堵山垭，实施重点补防。石墙略作"S"状弧形分布，以淡黄色毛石块错缝砌筑，墙体大部分倒塌，石块滚落于坡下，末端石墙尤甚。石墙长 139、基宽 2.4、残存最高 1.4 米。石墙南端接石山头北坡山脊，北端接吕宋沟 2 号烽燧南坡石崖。

吕宋沟 2 号烽燧（150202353201020011）

该烽燧位于沙尔沁镇沟门村北 8.86 千米处，北距石拐区呼勒斯台沟牧场 0.6 千米，西偏北距吕宋沟 3 号烽燧 0.43 千米、吕宋沟坝口子 0.53 千米。

烽燧以黄褐土夯筑而成，保存差。墩台坍塌，呈低矮的缓丘状，顶部浑圆，类似于自然山头。墩台上杂草密布，间有低矮的灌木丛分布。现存墩台底部直径 12.5、顶部直径 2.2、残高 2 米（彩图一六六）。烽燧东坡发现有较少的泥质灰陶片，皆素面，可辨器形有侈口矮领罐。

吕宋沟 3 号烽燧（150202353201020012）

该烽燧位于沙尔沁镇沟门村北 9.1 千米处，东北距石拐区呼勒斯台沟牧场 0.63 千米，西北距小南沟烽燧 0.45 千米。

烽燧以黄褐土夯筑而成，保存差。墩台坍塌，呈低矮的圆形土丘状，顶部圆缓，四周为缓坡，与自然山头融为一体。墩台上长满杂草，偶见灌木丛分布，墩台现状较为稳固。现存墩台底部直径 12、顶部直径1.5、残高3.3米（彩图一六七）。墩台周边未见陶片，遗物应滚落于坡下。

小南沟烽燧（150202353201020013）

该烽燧位于沙尔沁镇沟门村北9.28千米处，东距石拐区呼勒斯台沟牧场0.92千米，北距南福永居1号烽燧1.74千米。

烽燧以黄褐土夯筑而成，保存差。墩台坍塌，呈低矮的圆形土丘状，顶部圆缓，四周为缓坡，与自然山头融为一体。墩台上长满杂草，偶见灌木丛分布，总体较为稳固。现存墩台底部直径13.5、顶部直径2、残高3.5米（彩图一六八）。烽燧北侧山脊为石拐区南福永居长城1段起点。

哈拉沟烽燧（150202353201020014）

该烽燧位于沙尔沁镇沟门村北2.37千米处，南距阿善沟门烽燧1.2千米。

烽燧以黄褐土夯筑而成，保存差。墩台呈低矮的圆丘状，顶部圆缓，四周为缓坡，其上长满杂草。现存墩台底部直径9.5、顶部直径1.5、残高3米（彩图一六九）。烽燧下见有泥质灰陶片，素面无纹，为罐或盆的下腹部残片。烽燧修筑在阿善沟与哈拉沟交叉口处东北部山梁上，阿善沟洪水南流，其东支沟哈拉沟洪水西南向下泄与之合流，两沟之间为西南向伸出的山梁，烽燧设置在山梁的末端，西南正对着阿善沟。其西、南面为石断崖，东侧为低凹而窄小的缓谷，东北为逐渐抬升的山岭；北临小沟，洪水西南向下泄注入阿善沟。烽燧北部的山岭西坡基岩裸露，坡地上有零星的榆树、柏树分布。

沟门烽燧（150202353201020015）

该烽燧位于沙尔沁镇沟门村西北1.28千米处，南距沟口0.98千米，东距庙沟1号烽燧6.67千米。

烽燧用黄土夯筑而成，保存差。墩台坍塌，呈明显隆起的圆丘形，状如自然山丘。顶部较平缓，东南侧为一大坑，暴露有夯层，夯层厚10~12厘米。坑中残存一座规模较小的窑址，窑壁烧成黑色焦结体，表明该烽燧后期曾被挖掘利用。现存墩台底部直径10、顶部直径1.5、残高3.5米（彩图一七〇）。烽燧修筑在阿善沟沟门内侧沟谷转弯处的东岸台地上，西侧紧邻沟谷，沟中小溪常流不绝。烽燧北侧为小沟，洪水西向下泄注入阿善沟。东南部为较缓的坡地，坡地的南北边缘有土垄状隆起，酷似障城城墙，实则为自然形成。对岸有山岭东南向伸入沟谷河床中，沟谷由此出现东向转弯，山岭末端与烽燧隔沟相对，是控制该沟口的绝佳之地（彩图一七一）。

沟门烽燧东北距大青山分水岭5.8千米，东距庙沟沟口7千米，其与北部的哈拉沟烽燧分别位于阿善沟沟口及沟口内的沟谷分叉点处，以扼守阿善沟为主要职能。溯阿善沟北上，过哈拉沟烽燧，可达老爷庙山东坡下的吕宋沟坝口子；经哈拉沟烽燧逆哈拉沟东北行，便抵达大青山分水岭上的小海流素圪旦，包括哈拉沟沟脑黄木匠渠东山岭低凹处的石墙，均处于赵北长城防线的内侧"腹地"，构筑第二道防线，巩固大青山山险段防御，形成防御纵深，显示出该区域是沿线防御的重点地段。

三　包头市石拐区

在调查中，将石拐区境内的赵北长城墙体划分为33段，包括土墙18段、石墙1段、山险墙1段、消失段落13段。墙体总长17404米，其中土墙13215米、石墙473米、山险墙4米、消失段3712米。在总长13215米的土墙中，保存一般部分长953米、较差部分长3822米、差部分长7625米、消失部分长815米。石墙中，保存较差部分长22米、差部分长451米。

（一）长城墙体分布与走向

赵北长城墙体由东河区沿大青山分水岭进入石拐区，于老爷庙山北坡上缘的坝梁山脊上墙体再现，南距老爷庙山峰顶0.55千米。墙体沿狭窄的坝梁顶部一路下行，在末端消失；经南福永居村西的第二工业园区，跨过石拐子西沟谷地，墙体于谷底河槽北岸复现；继之又沿北侧低缓山岭作上坡行，在山岭上缘构筑一段石墙；至山顶转沿山脊北偏西行，于后坝村与边墙沟西支沟间的后坝障城处逐渐走下山梁。后坝障城之北的一段墙体保存较好，位于石家圪楞村与边墙沟之间低缓的土梁上；又北偏西沿土梁作下坡行，经白泥沟村东转北行，穿过包石（包头—石拐）公路，这部分墙体大体可断续相连。

墙体于包石公路北侧黄土断崖上的坡地西折，过白泥沟上游的两条支沟，沿公路北侧狭窄的沟谷地西行，经柳树湾村南的北镁科技厂区，跨过石拐子西沟上游甲浪沟谷地及包石公路，仍沿狭窄的沟谷西行，又西偏北行垂直穿过深沟及包石公路，过分水岭处山垭，墙体存失参半；山垭处及其西侧墙体地表隆起较高大，保存较好，建设"胡服骑射"文化广场，供路人观瞻、凭吊与怀古。墙体过山垭进入克尔玛西沟，沿沟谷底部西行；复转为包石公路北侧，沿沟谷北坡地行，过东坝岩沟口转西北行，进入边墙壕村东沟，顺河槽南岸西行，再西偏北行跨过东沟河槽，顺北岸山脚行；从白泥沟村北至边墙壕东沟之间的低山丘陵地带，墙体往往选择狭窄的谷地或谷底两侧坡地构筑，包石公路数度穿越长城，或南或北相伴行。穿过东河槽的墙体沿北岸台地西行，墙体于地表隆起较明显，经边墙壕村中，横穿村东西两侧河槽及211省道，折转向西偏南行，翻过大庙村西北部山垭，西南行进入狭窄的三元沟谷地，经三元沟村南，止于村西南0.77千米处的包头市殡仪馆北沟东岸，西偏南行进入青山区境内（地图八）。

（二）长城墙体与单体建筑保存现状

在对石拐区境内战国赵北长城的调查中，除划分了33段墙体外，沿线还调查烽燧6座、障城3座。其中3座障城中，包括战国障城2座、汉代障城1座；初步推断，石拐区境内的赵北长城沿线还有消失的战国障城2座。下面，对这些墙体段落和单体建筑分作详细描述。

1. 南福永居长城1段（1502053821010200001）

该段长城起自国庆乡南福永居村南偏西3.5千米处，止于南福永居村南偏西2.5千米处，起点西南0.55千米处为老爷庙山主峰。墙体顺山脊作西向折弧线形分布，大体呈南—北走向，上接东河区庙沟长城，下接南福永居长城2段。

墙体长1325米，为黄土夯筑的土墙，保存差。老爷庙山北坡有坝梁，山岭较直，向北延伸到南福永居村所在的石拐子西沟谷地。墙体分布于坝梁上缘，沿山岭脊部修筑，随山脊作下坡行（彩图一七二）；受风雨侵蚀影响，墙体于地表仅见略微隆起，残宽0.3~1、残存最高0.3米，几乎与自然山体融为一体，濒于消失（彩图一七三）。山岭东西两坡陡立，状如刀锋，借助自然山势，防御能力陡增。墙体上有人行小道，两侧坡地植被较少，坡下为狭窄的深沟，其中西侧沟为大南沟东支沟，东为小南沟西支沟。

2. 南福永居长城2段（1502053821010200002）

该段长城起自国庆乡南福永居村南偏西2.5千米处，止于南福永居村西偏南1.1千米处。墙体作西向弧线形分布，总体呈南—北走向，上接南福永居长城1段，下接南福永居长城3段。

墙体长 1946 米，以纯净的黄土夯筑，夯层厚 7~12 厘米。总体保存差，其中保存一般部分长 110 米、较差部分长 668 米、差部分长 1168 米，分别占该段墙体总长的 5.7%、34.3% 和 60%。墙体分布于南福永居村西南部、老爷庙山北坡狭长的坝梁脊背下半段，墙体顺山脊作下坡行，大部分地段呈明显的土垄状，底宽 2.5~7.2、顶宽 0.2~2.9、残存最高 3 米，局部墙体外侧暴露有石砌基础，顶部有人行小道（彩图一七四）。随着山岭变缓，墙体逐渐加宽变高，地表隆起随之明显。墙体顺宽缓山脊的东缘构筑，充分利用外侧陡峭坡地，增加防御力度；而内侧较缓，便于日常巡防。墙体东侧沟谷较小，西侧为大南沟，沟内建筑有厂房。

墙体沿线调查烽燧 1 座，为南福永居 1 号烽燧。

南福永居 1 号烽燧（150205353201020001）

该烽燧位于国庆乡南福永居村西南 2.2 千米的坝梁山脊上，倚南福永居长城 2 段前小段墙体内侧建筑，北距南福永居 2 号烽燧 2.4 千米，两者隔石拐子西沟谷地遥遥相望。

烽燧以纯净的黄土夯筑而成，保存差。墩台坍塌，呈圆丘状，底部直径 10~13、顶部直径 4~5、残高 3 米（彩图一七五）；底部土台基近于正方形，边缘垒砌石块，顶部有石块垒砌的小敖包。烽燧建筑于山脊高丘上，视野开阔。东侧依托墙体，墙体下为陡坡；内侧坡地较平缓，有石块垒砌的建筑基址，痕迹模糊，形制不明。烽燧周围散布有陶片和少量瓦片，陶片可辨器形为折沿盆、侈口矮领罐，盆沿下施数道凹弦纹，其下施绳纹；罐施弦断绳纹（图八）。还发现有铁釜残片。推测烽燧西侧原曾建筑有障城，城垣俱已消失无存。

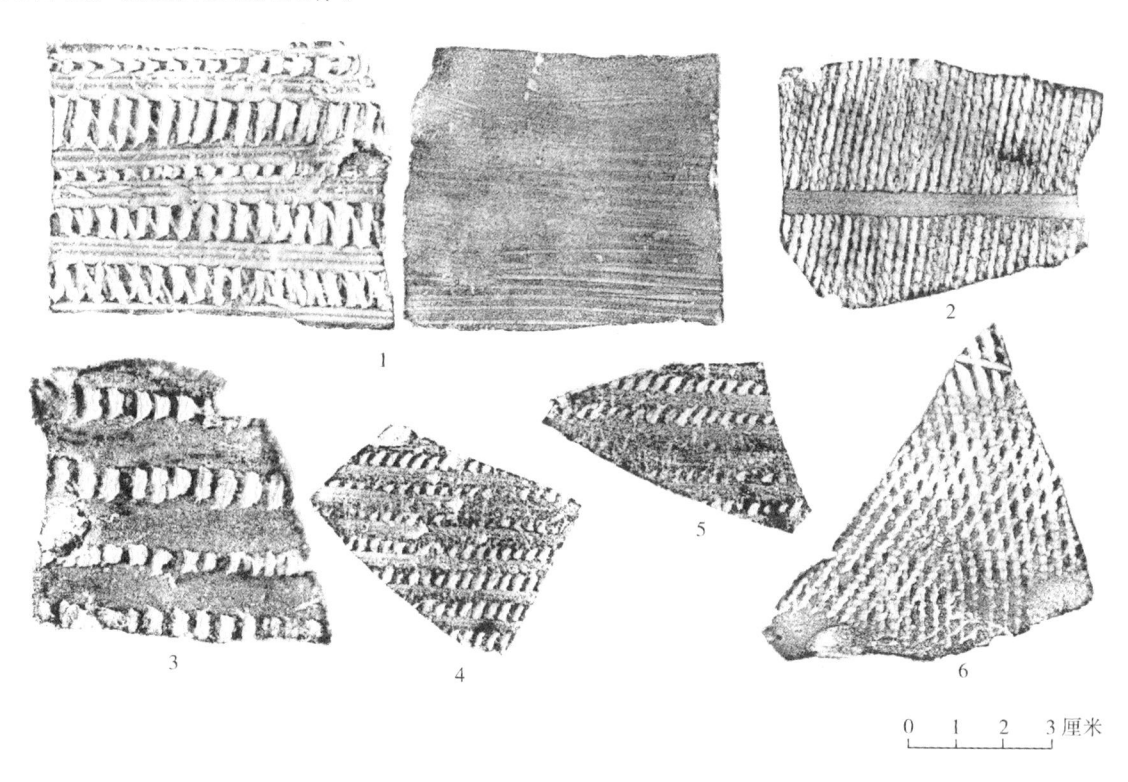

图八　南福永居 1、2 号烽燧采集陶片纹饰拓片
1. 弦断绳纹与内壁划线纹　2. 弦断细绳纹　3、4、5. 弦断绳纹　6. 交叉绳纹
（1、2 采自南福永居 1 号烽燧，3~6 采自南福永居 2 号烽燧）

3. 南福永居长城3段（150205382301020003）

该段长城起自国庆乡南福永居村西偏南1.1千米处，止于南福永居村西偏北0.98千米处。原墙体应作直线分布，呈南—北走向，上接南福永居长城2段，下接南福永居长城4段。

本段长城为消失段，起止点之间的直线长度为580米。原墙体应分布于南福永居村西的石拐子西沟谷地中，走下山岭的墙体进入东向延伸的谷地，谷底为宽阔的洪水河槽，河槽北岸有废弃的铁轨横亘，南岸为公路及一家铁粉加工厂。大南沟洪水东北流，注入主河槽，沿沟也建有厂房，洪水冲刷及工厂建设导致墙体消失。消失的墙体于河槽北岸断壁上复现，依据相邻上下段墙体情况，推断该段大部分墙体原应为土墙。谷底段是否构筑石墙以抵御洪水，调查难以判断。现今，石拐区第二工业园区工厂沿石拐子西沟河床南岸建设，坡上有民居散布。

4. 南福永居长城4段（150205382101020004）

该段长城起自国庆乡南福永居村西偏北0.98千米处，止于南福永居村西北0.95千米处。墙体大体作直线分布，呈南偏西—北偏东走向，上接南福永居长城3段，下接南福永居长城5段。

墙体长230米，为夯筑土墙，夯层厚8～10厘米。总体保存差，其中保存差部分长222米、消失部分长8米，分别占该段墙体总长的96.5%、3.5%。墙体分布于南福永居所在的石拐子西沟谷地河槽北岸坡地上，起点处的河槽北壁上见有墙体剖面，基础为修整的水平冲洪积层，其上用红褐土筑墙，墙体基宽6.2、顶宽5.8、残高2.7米（彩图一七六）。墙体于地表总体呈低矮的土垄状，底宽2.5～6.2、顶宽2.5、残高0.2～1.2米。前小段墙体处在山脚处坡地上，略微高出地表，轮廓隐约可见，大部分墙体因水土流失而埋藏于地表之下，山脚处有局部墙体消失；后小段墙体沿南偏西向伸出的山梁脊部修筑，作上坡行，轮廓较明显。墙体顶部有人行小道，东西两侧均为小沟谷，洪水南向下泄汇入石拐子西沟主河槽。

5. 南福永居长城5段（150205382102020005）

该段长城起自国庆乡南福永居村西北0.95千米处，止于南福永居村西北1.2千米处。墙体略作"S"形分布，由南偏西—北偏东走向折转呈南—北走向，上接南福永居长城4段，下接南福永居长城6段。

墙体长473米，为石墙。总体保存差，其中保存较差部分长22米、差部分长451米，分别占该段墙体总长的4.7%、95.3%。墙体分布于南福永居村西北部南向伸出的山梁上，顺山脊随山梁走势筑墙，先作北偏东上坡行，爬上山顶后再顺山脊北偏西行，又转北行，末端仍为北偏东走向，形成连续两个折转弯。墙体大部分为土石混筑，外侧垒砌石块（彩图一七七），当中以黄土夯筑填充，外包石大多滚落于两侧坡下，裸露出夯土墙并暴露夯层，夯层厚10～12厘米。现存墙体于地表呈土石垄状，底宽2～2.4、残高0.3～0.8米。前小段北偏东行的墙体为纯石墙，西壁底部借用自然石砬山体，东壁人工错缝垒砌石块，中间填充较小的石块（彩图一七八），石筑墙体长13、基宽2～2.2、残存最高0.5米。墙体东西侧为沟谷，洪水南向下泄汇入南部的石拐子西沟主河槽。

墙体沿线调查烽燧1座，为南福永居2号烽燧。

南福永居2号烽燧（150205353201020002）

该烽燧位于国庆乡南福永居村西北1千米的山岭顶端，处在墙体内侧，东距南福永居长城5段前小段墙体0.01千米，北偏西距后坝障城1.2千米，西北距后坝烽燧3千米。

烽燧以黄褐土夯筑而成，保存差。墩台已消失，仅存半圆形台基址，直径15、残高0.5米。烽燧周边采集到陶片、瓦片等遗物，陶片为泥质灰陶，施弦断绳纹和交叉绳纹（参见图八）；瓦片外壁饰绳纹，内腹饰席纹。烽燧东侧沟谷较深，南部有三条余脉并列西南向延伸至石拐子西沟谷地，南福永居长城5段墙体建筑在东山梁之上。烽燧修筑在山岭顶部缓丘上，地处南福永居长城5段墙体行经地域的制高点，隔石拐子西沟谷地与南福永居 1 号烽燧相呼应，西北与后坝烽燧遥遥相望（彩图一七九）。

6. 南福永居长城 6 段（150205382301020006）

该段长城起自国庆乡南福永居村西北 1.2 千米处，止于国庆乡后坝村东南 0.75 千米处。原墙体应沿山脊作 "S" 形分布，总体呈东南—西北走向，上接南福永居长城 5 段，下接后坝长城 1 段。

本段长城为消失段，起止点之间的直线长度为 368 米。原墙体应分布于南福永居村西北部的山岭之上，顺山脊弯曲延伸，两侧坡地陡峭，是墙体难于保存的因素之一。此外，有两座通讯信号铁塔架设在山岭上，维护信号塔的土路沿山脊穿行，是导致该段墙体消失的直接原因。实地调查发现，山脊两侧坡地上分布有较多石块，这些石块非山体原生物，应是滚落下来的筑墙石块，由此推断该段墙体原应为石墙。

7. 后坝长城 1 段（150205382101020007）

该段长城起自国庆乡后坝村东南 0.75 千米处，止于后坝村东南 0.7 千米处。墙体作直线分布，呈南偏东—北偏西走向，上接南福永居长城 6 段，下接后坝长城 2 段。

墙体长 89 米，为黄土夯筑的土墙，保存差。墙体分布于后坝村东南部的山梁上，通讯信号塔维护土路偏移至墙体西侧与之并行，墙体复现于山脊上，作下坡行，轮廓可分辨，于地表呈低矮的土垄状，底宽 1.4~3、顶宽 0.3~1、残存最高 1 米，部分地段墙体底部可见石砌基础或护坡石。墙体西侧为"丫"形沟谷的两条支沟脑，洪水西流，合流后转南向下泄，注入石拐子西沟；东侧亦为支沟谷，洪水东北流汇入边墙沟。

8. 后坝长城 2 段（150205382105020008）

该段长城起自国庆乡后坝村东南 0.7 千米处，止于后坝村东南 0.69 千米处。墙体作直线分布，呈南偏东—北偏西走向，上接后坝长城 1 段，下接后坝长城 3 段。

墙体长 4 米，为山险墙，保存较差。墙体分布于后坝村东南部的山岭西缘，系利用一小段自然凸起的黄褐色砂岩岩体加工而成，外壁经凿刻而形成直壁，凿刻痕迹清晰，底宽 5~5.7、顶宽 3~4、残高 1.5~2 米；内壁岩体风化较为严重，有残缺（彩图一八〇）。调查分析推断，山险墙之上可能加筑有土墙，以期达到赵北长城修筑所需求的基本标高。山险墙西侧为"丫"形沟谷的北支沟沟脑，沟脑与墙体之间为并行的通讯信号塔维护土路；东、北两侧均为边墙沟南支沟。

9. 后坝长城 3 段（150205382301020009）

该段长城起自国庆乡后坝村东南 0.69 千米处，止于后坝村东南 0.55 千米处。原墙体应作直线分布，呈东南—西北走向，上接后坝长城 2 段，下接后坝长城 4 段。

本段长城为消失段，起止点之间的直线长度为 191 米。分布于后坝村东山梁上，沿低缓的山岭顶部作下坡行，通讯信号塔维护土路复沿山岭脊部通行，直接叠压在墙体上，地表墙体痕迹完全消失。根据周边地形地貌及下段墙体情况，推断该段墙体原应为土墙。两侧均为沟谷的支沟脑，其中外侧沟脑呈鸡爪形，溯源侵蚀接近于山脊，山洪汇聚东北向下泄，注入东南向延伸的边墙沟；内侧为"丫"形沟谷的北沟脑，洪水西南流，与南支沟洪水合流注入石拐子西沟。

10. 后坝长城 4 段（150205382101020010）

该段长城起自国庆乡后坝村东南 0.55 千米处，止于后坝村东北 0.6 千米处。墙体作外向折线形分布，由前小段的南—北走向折转后小段的东南—西北走向，上接后坝长城 3 段，下接后坝长城 5 段。

墙体长 415 米，为黄土夯筑的土墙，夯层厚 10~12 厘米。总体保存差，其中保存一般部分长 69 米、较差部分长 143 米、差部分长 180 米、消失部分长 23 米，分别占该段墙体总长的 16.6%、34.5%、43.4% 和 5.5%。墙体分布于后坝村东北部低缓的山梁上，大体处在边墙沟的两条鸡爪形支沟之间，止点在后坝障城东北角。通讯信号塔维护土路偏移于山脊南侧通行，墙体复现，沿山脊作下坡行，于地表呈低矮的土垄状，底宽2~15、顶宽0.4~8、残高0.3~6.5米（彩图一八一）。前小段墙体地表隆起较低矮，后小段墙体中部外侧为大冲沟沟脑，洪水溯源侵蚀冲断墙体，断面上可见墙体夯层，夯土纯净；末端墙体被利用为后坝障城东墙，地表隆起较高大。墙体外侧大部分坡地被辟为林地，内侧为耕地或梯田。前小段墙体内侧为瓦窑沟村东沟，洪水西南流汇入石拐子西沟。

墙体沿线调查障城1座，为后坝障城。

后坝障城（150205353102020001）

该障城位于国庆乡后坝村东0.5千米处较平缓的山梁上，西北距后坝烽燧1.8千米。

障城平面呈正方形，边长76米。障城轮廓清晰，整体保存较好。障墙以黄土夯筑，东墙利用后坝长城4段末端墙体，并在此基础上加宽加高，另夯筑其余三面障墙而成。障墙夯筑精良，土质纯净，夯层均匀，结构致密坚实，夯层厚8~10厘米。障城四墙宽大高峻，底宽15、顶宽8、残高4~8.5米；北墙中部和南墙东部各有一个豁口。西墙正中辟门，门宽10米，方向为250°（图九；彩图一八二）。障城内辟为耕地，北墙外侧墙脚下有硬化水渠，西墙外有通讯信号塔维护土路环绕。城内散布遗物较少，采集到陶片、瓦片等遗物，还见有铁锈残块。陶片可辨器形为宽沿盆、绳纹侈口矮领罐等；另见有滚压"之"字形波浪线纹的泥质灰陶罐残片。瓦片分两类，内腹均施小菱形网格纹，而外壁或施细绳纹，或施弦断绳纹（图一〇）。遗物以战国时期为主，而网格纹瓦片当属于汉代。障城建筑在后坝村东北部山体西坡脚处的高台地上（彩图一八三），南、西、北三面为耕地，东墙外紧邻障墙为边墙沟支沟脑，冲沟深达二三十米，已经威胁到障城的保存，应对障城实施抢救性保护。

11. 后坝长城5段（150205382101020011）

该段长城起自国庆乡后坝村东北0.6千米处，止于后坝村北偏东1千米处。墙体作直线分布，呈南偏东—北偏西走向，上接后坝长城4段，下接后坝长城6段。

墙体长743米，以纯净的黄土夯筑，断面上的夯层厚7~11厘米。总体保存较差，其中保存一般部分长120米、较差部分长343米、差部分长280米，分别占该段墙体总长的16.2%、46.2%和37.6%。墙体分布于后坝村东北部低缓的梁背上，沿山梁顶部延伸，于地表呈低矮的土垄状，底宽1.2~5、顶宽0.8~3、残存最高2.5米（彩图一八四）。墙体顶部有硬化水渠，两侧为耕地。靠近后坝障城的前小段墙体保存较好，后小段墙体较低矮。后坝村通往边墙沟的土路自前小段墙体垂直穿过，造成墙体断豁。墙体两侧耕地外缘是并行的两条沟谷，外侧为边墙沟，洪水东南向下泄；内侧为石拐子西沟的东支沟，石家圪楞村民房沿沟谷东岸分布。

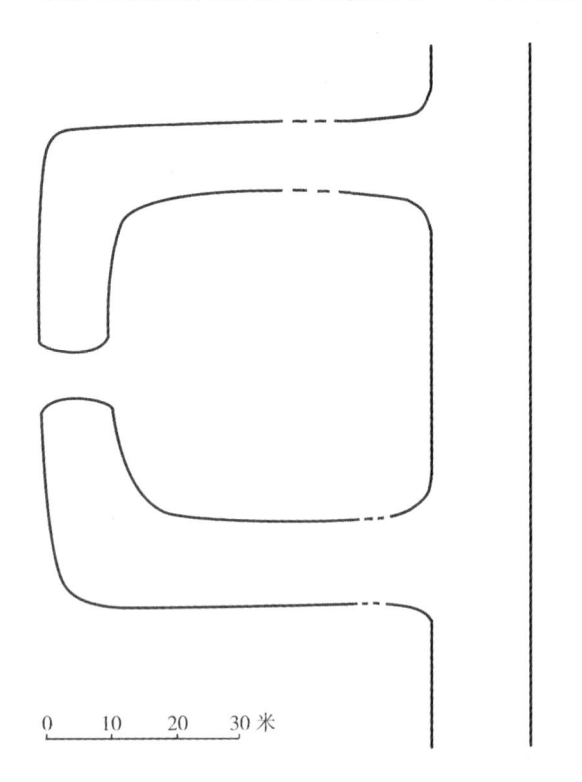

图九 后坝障城平面图

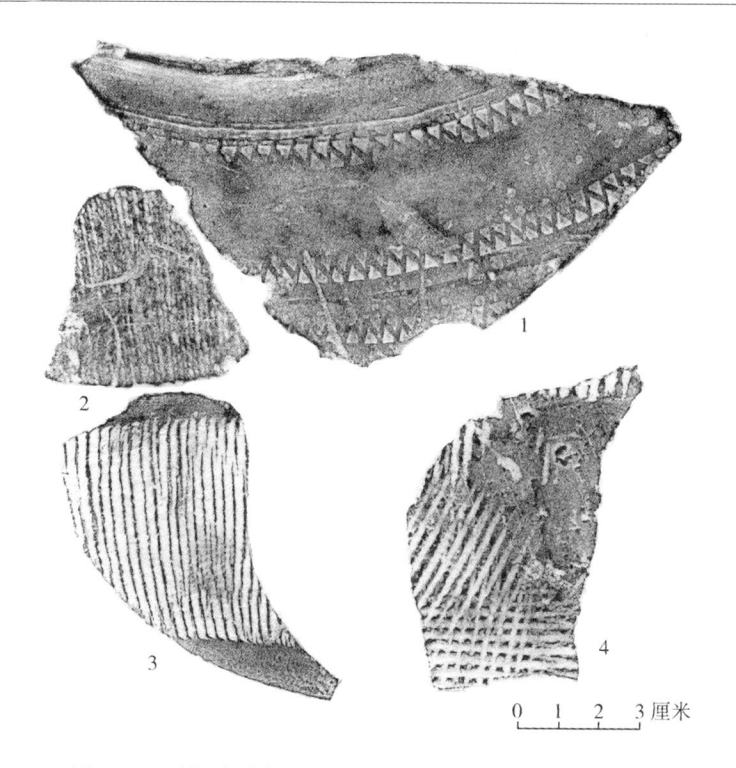

图一〇　后坝障城与后坝长城7段采集陶、瓦片纹饰拓片

1. "之"字形折线纹　2. 细绳纹瓦片　3. 弦断绳纹　4. 弦断绳纹与交叉绳纹

（1、2采自后坝障城，3、4采自后坝长城7段）

12. 后坝长城6段（1502053823010200012）

该段长城起自国庆乡后坝村北偏东1千米处，止于后坝村北1.25千米处。原墙体应作直线分布，呈南偏东—北偏西走向，上接后坝长城5段，下接后坝长城7段。

本段长城为消失段，起止点之间的直线长度为232米。原墙体应分布于后坝村北部低缓的山梁末端，应沿山梁顶部作下坡行。起点处有一座通讯信号铁塔，后小段坡地为深度整治的梯田，上述因素导致墙体全部消失。依据相邻上下段墙体情况，推断该段墙体原应为土墙。长城外侧是边墙沟的"丫"形沟脑，其西支沟大体与消失段并行；内侧为连通后坝村与包石公路的土路，南北向弯曲穿行，路西为白泥沟，有柏油路沿谷底穿行，通往二园区。

13. 后坝长城7段（1502053821010200013）

该段长城起自国庆乡后坝村北1.25千米，止于后坝村北1.6千米。墙体略作外向折弧形分布，总体呈南—北走向，上接后坝长城6段，下接后坝长城8段。

墙体长454米，为黄土夯筑的土墙，夯层厚7~13厘米。总体保存差，其中保存差部分长366米、消失部分长88米，分别占该段墙体总长的80.6%、19.4%。墙体分布于白泥沟村东部南高北低的缓梁上，止点在包石公路北侧黄土断崖之上。墙体沿土山岭顶部延伸，整体呈下坡行，部分地段墙体于地表呈较明显的土垄状，底宽3~5、顶宽1.2~2、残存最高1.3米；大部分墙体地表隆起不明显。前、中小段墙体地表隆起较明显，轮廓清晰，于起点处断面上测得墙体基部残宽3、残高2.1米（彩图一八五）。后小段墙体因梯田修整或道路通行而出现多处豁口，断面上暴露有清晰的夯层。包石（包头—石拐）公路呈"U"形垭口状穿过后小段墙体。

墙体沿线采集有陶片，可辨器形有盆、罐、釜等。盆为宽折沿，沿下施凹弦纹数条，凹弦纹带下施竖压绳纹；罐为泥质黑灰陶，腹部施弦断绳纹，有宽窄之分，为1.8~6厘米；釜为夹砂灰陶，下腹部施交叉绳纹（参见图一〇）。遗物采集于该段墙体末端内侧缓坡地上，位于包石公路北侧，坡地原为梯田，现改为林地。下段墙体折向西行，遗物分布的坡地正处在墙体直角拐弯处，推测依托墙体可能建筑有障城，障墙因水土流失、梯田修整与包石公路修筑而消失。

14. 后坝长城8段（150205382101020014）

该段长城起自国庆乡后坝村北1.6千米处，止于国庆乡柳树湾村东南0.9千米处。墙体作内向折弧形分布，由东—西走向转呈东偏南—西偏北走向，上接后坝长城7段，下接柳树湾长城1段。

墙体长812米，为黄土夯筑的土墙，夯层厚7~13厘米。总体保存差，其中保存一般部分长325米、较差部分长92米、差部分长338米、消失部分长57米，分别占该段墙体总长的40%、11.4%、41.6%和7%。墙体分布于白泥沟村北部的坡地及窄谷中，处在白泥沟东支沟东岸与柳树湾东沟之间。起点处林地中的部分墙体在地表隆起不明显，前小段墙体总体沿北高南低的坡地穿行，白泥沟并列的两条支沟洪水南向下泄冲断墙体，东西沟壁上见有墙体夯层（彩图一八六）；墙体北部的支沟均为双沟脑。穿过西支沟的后小段墙体作西偏北行，顺狭窄的沟谷底部修筑，明显隆起于地表，呈高土垄状，底宽2~6.5、顶宽0.5~2.5、残存最高2米。末端墙体在窄谷中作下坡行，南北两侧各伴有一条较窄的小冲沟，洪水西流，汇入柳树湾东沟，洪水冲刷危及墙体安全。南侧有包石公路大体并行。

墙体沿线调查烽燧1座，为后坝烽燧。

后坝烽燧（150205353201020003）

该烽燧位于国庆乡柳树湾村东南1.1千米处，北距后坝长城8段后小段墙体0.05千米，西距柳树湾烽燧2.4千米。

烽燧以黄土夯筑而成，保存差。墩台坍塌，呈覆钵形土丘状，底部直径7.5~8.5、顶部直径2.5~3.5、残高0.8米（彩图一八七）。烽燧建筑在较高的东西向山岭顶部，视野开阔。烽燧及其周边山地均为林地，栽植小油松，影响了烽燧的保存。烽燧西部为柳树湾东沟，北部坡下窄谷中为长城墙体，南部坡下为包石公路，东南部为三岔路口，有柏油路岔入二园区。

15. 柳树湾长城1段（150205382301020015）

该段长城起自国庆乡柳树湾村东南0.9千米处，止于柳树湾村南偏东0.48千米处。原墙体应作直线分布，呈东—西走向，上接后坝长城8段，下接柳树湾长城2段。

本段长城为消失段，起止点之间的直线长度为618米。原墙体应分布于柳树湾村东南部、石拐子西沟上游支沟杨家沟及其东沟之间，两沟之间的山梁有垭口，原墙体应沿垭口穿过。东沟谷较窄，柳树湾村所在的杨家沟较宽，为北镁科技厂区，山垭处被辟为储料场，止点处为南北向的厂区小柏油路，墙体在路西窄谷中复现。依据相邻上下段墙体情况，推断该段墙体原应为土墙。早期的洪水冲刷及水土流失是墙体消失的直接原因，工厂建设造成山垭中的墙体消失。消失段南部的包石公路，为绕过两沟之间的山梁，于沟谷洪水合流处作"U"形环绕。

16. 柳树湾长城2段（150205382101020016）

该段长城起自国庆乡柳树湾村南偏东0.48千米处，止于柳树湾村西南0.56千米处。墙体略作外向折线形分布，由东—西走向转呈东北—西南走向，上接柳树湾长城1段，下接柳树湾长城3段。

墙体长250米，为黄土夯筑的土墙，夯层厚8~12厘米，保存差。墙体分布于杨家沟及其西沟之间的窄谷中，地处包石公路与北镁科技厂区道路间的夹角地带。两沟之间山岭有豁口，墙体沿狭窄的谷底穿行，于地表呈低矮的土垄状，底宽3~6、顶宽0.5~2、残存最高1.5米。起止点处均暴露有墙体断面及夯层，夯土中夹杂细小砂砾（彩图一八八）。断面同时显示，墙体下半部因水土流失而埋藏于地表之下。墙体东临北镁科技厂区，西有包石公路穿行克尔玛东沟，杨家沟与克尔玛东沟洪水于该段墙体东南约0.5千米处汇合，包石公路于此建设柳树湾大桥。

17. 柳树湾长城3段（1502053823012020017）

该段长城起自国庆乡柳树湾村西南0.56千米处，止于柳树湾村西南0.84千米处。原墙体应作内向折线形分布，总体呈东—西走向，上接柳树湾长城2段，下接柳树湾长城4段。

本段长城为消失段，起止点之间的直线长度为578米。原墙体应分布于柳树湾村西南部的克尔玛东沟谷地中，谷底洪水迂曲冲刷，东南向下泄，于柳树湾大桥北侧汇入石拐子西沟上游正沟杨家沟；包石公路沿河槽西岸修筑。墙体西出北镁科技西部窄谷进入克尔玛东沟之中，应先沿河槽东岸作西偏南行，而后绕过南向伸出的山嘴，穿越河槽于河槽西岸转西偏北行，再西折岔入克尔玛东沟狭窄的西支沟谷地中，墙体于包石公路西侧复现。消失段前小段地处河槽中，后小段大体处在西北向顺东沟谷延伸的包石公路之下。依据相邻上下段墙体情况，推断该段墙体原应为土墙。

18. 柳树湾长城4段（1502053821012020018）

该段长城起自国庆乡柳树湾村西南0.84千米处，止于柳树湾村西南1.3千米处。墙体大体作直线分布，呈东—西走向，上接柳树湾长城3段，下接柳树湾长城5段。

墙体长555米，为黄土夯筑的土墙，夯层厚8~12厘米。总体保存差，其中保存差部分长496米、消失部分长59米，分别占该段墙体总长的89.4%、10.6%。墙体分布于柳树湾村西南部克尔玛东沟西支沟中，止点在克尔玛东沟上游东岸，西隔沟谷为包石公路"U"形路段。起点处墙体断面上可见有石砌基础，宽3.5、高0.5米；基础之上用纯净黄土逐层夯筑墙体，有的夯层之上可见一层很薄的细砂层，推测当与墙体修筑期间降雨相关。墙体在山岭间狭窄的沟谷内作上坡延伸，轮廓清晰，呈土垄状，底宽3~6、顶宽0.5~1.5、残存最高1.3米（彩图一八九）。有三条冲沟洪水东北向下泄，冲断前、中、后小段墙体；前小段墙体地处支沟下游，内外两侧均有冲沟并列分布，洪水冲刷对墙体的危害较大；后小段墙体明显高出于地表。墙体两侧山坡被辟为林地，绿化成果显现，有效抑制了水土持续流失。包石公路顺墙体北部的克尔玛东沟谷北岸延伸，呈外向圆弧形环绕。

19. 柳树湾长城5段（1502053823012020019）

该段长城起自国庆乡柳树湾村西南1.3千米处，止于柳树湾村西南1.4千米处。原墙体应作直线分布，呈东偏南—西偏北走向，上接柳树湾长城4段，下接柳树湾长城6段。

本段长城为消失段，起止点之间的直线长度为103米。原墙体应分布于柳树湾村西南部的克尔玛东沟上游的深沟中，洪水东北向下泄，注入石拐子西沟；包石公路沿外侧沟边修筑，墙体因洪水冲刷及公路建设而消失。依据相邻上下段墙体情况，推断该段墙体原应为土墙。消失段西部为分水岭，洪水分别向东西两侧分流，包石公路在克尔玛东山南侧环绕，穿过长城转于墙体南侧通行，旋即穿回下段墙体北侧。克尔玛西沟是阿塔沟的东支沟，洪水西流汇入阿塔沟正沟，南流入黄河。

20. 柳树湾长城6段（1502053821012020020）

该段长城起自国庆乡柳树湾村西南1.4千米处，止于国庆乡边墙壕村东2.7千米处。墙体内外稍有弯曲，总体略作内向折线形分布；呈东—西走向，上接柳树湾长城5段，下接边墙壕长城1段。

墙体长2023米，为黄土夯筑的土墙，夯层厚约10厘米。总体保存差，其中保存较差部分长175米、差部分长1615米、消失部分长233米，分别占该段墙体总长的8.7%、79.8%和11.5%。墙体分布于克尔玛东沟沟脑与阿塔沟河槽西岸之间的克尔玛西沟谷中，先穿过分水岭北端垭口，而后进入狭长的克尔玛西沟谷地，沿谷地南坡脚作下坡行，大部分墙体于地表呈高土垄状，底宽 3～6.5、顶宽 0.5～1、残高 0.5～3.5 米。起始部分墙体处在克尔玛山坳处，墙体隆起明显，宽大高峻（彩图一九〇）；地处克尔玛西沟谷中的中小段墙体，外侧谷底河槽洪水弯曲冲刷，局部冲毁墙体（彩图一九一），暴露出墙体断面，夯层清晰，夯土纯净；后小段墙体整体较低矮。包石公路略呈"U"形环绕分水岭处的克尔玛山，在山岭西部沿克尔玛西沟谷北坡地布设线路，近止点处跨越阿塔沟正沟河槽时修筑桥涵。墙体应在桥涵处转于包石公路北侧并行，有部分墙体消失于阿塔沟洪水河槽中。墙体前小段南侧分水岭处，克尔玛山的两座圆山丘东西分布，包石公路穿于其间。其中，东山丘上修筑有克尔玛沟烽燧，西山丘顶部有赵武灵王坐马弯弓铜像一尊，山间建设胡服骑射文化广场，宣传长城文化遗产，社会效益显著。

墙体沿线调查障城、烽燧各 1 座，为克尔玛沟障城、克尔玛沟烽燧。

克尔玛沟障城（1502053531 02020002）

该障城位于国庆乡柳树湾村西南 1.4 千米处，东南距后坝障城 3.6 千米，西侧 0.07 千米的孤山丘为克尔玛沟烽燧。

障城平面呈长方形，东西 29、南北 24 米。障城北墙利用长城墙体，以黄土夯筑其他三面障墙，整体保存差。除北墙隆起较明显外，东、南墙均呈低矮的土垄状，底宽 3～7、顶宽 0.5～1、残高 0.4～2.8 米；西墙模糊难辨（图一一；彩图一九二）。西墙正中辟门，门宽 5 米，方向为 277°；西与克尔玛沟烽燧相对。障城内散布有较多陶片，器形有折沿盆、绳纹侈口矮领罐和素面折腹钵等。障城建筑在克尔玛东山丘东侧平缓的高丘顶部，内外均栽植有小松树，西侧有网围栏围封，东、南侧断崖下紧邻包石公路。

克尔玛沟烽燧（1502053532 01020004）

该烽燧位于国庆乡柳树湾村西南 1.5 千米处，西距东坝岩 2.4 千米、边墙壕烽燧 2.8 千米，北距

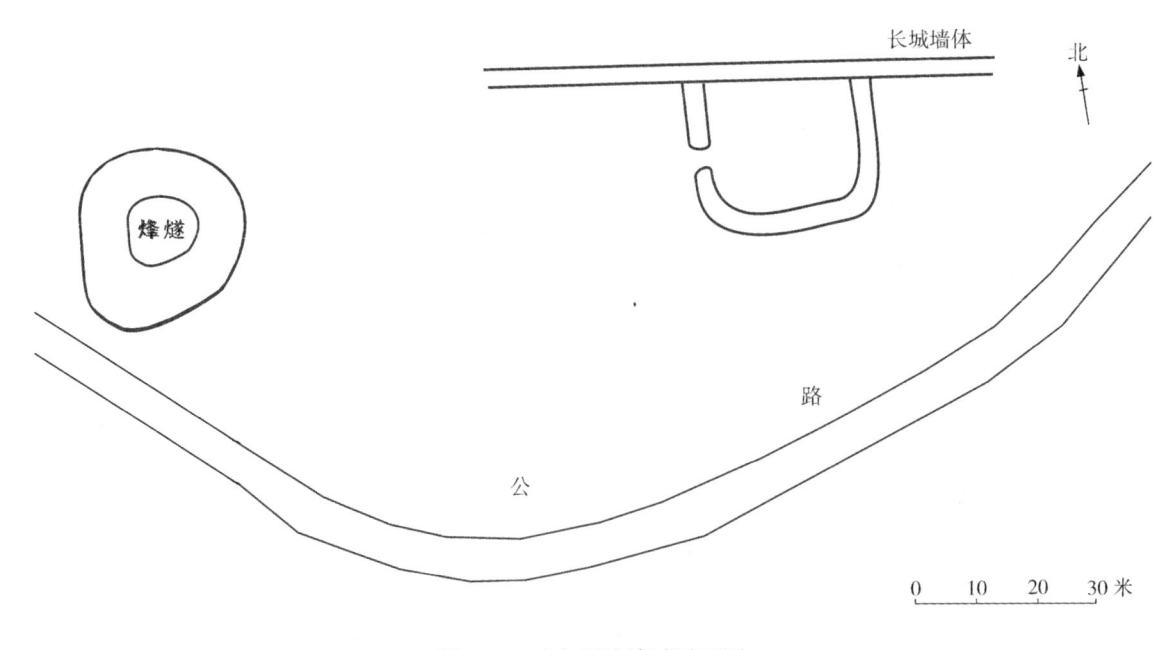

图一一　克尔玛沟障城平面图

柳树湾长城6段墙体0.05千米，东临克尔玛沟障城。

烽燧以经过夯土补筑的自然山丘为基础，以黄土夯筑而成，夯层厚8～11厘米，保存差。山丘顶部的墩台倾倒，几近消失；所在山丘呈覆钵形，底部东西28、南北30米，顶部东西13、南北12米，高17米。山丘的西、南、东面均为自然山体，东北侧山体经夯土补筑，有人为挖掘的小窑洞，洞壁上见有明显夯层，夯土纯净。附近采集到陶钵等遗物（图七：2）。山丘上生长有低矮灌木，同时挖掘树坑栽植了小松树。烽燧建筑在分水岭处的克尔玛东山丘上，便于监控东西克尔玛沟。烽燧西侧赵武灵王铜像所在的克尔玛西山丘顶部，推测也曾被当作烽燧利用。

21. 边墙壕长城1段（150205382301020021）

该段长城起自国庆乡边墙壕村东2.7千米处，止于边墙壕村东南2.4千米处。原墙体应作直线分布，呈东偏北—西偏南走向，上接柳树湾长城6段，下接边墙壕长城2段。

本段长城为消失段，起止点之间的直线长度为261米。原墙体应分布于阿塔沟河槽西岸与其西侧的山丘之间，起点东为包石公路桥涵。原墙体沿包石公路路基北侧的缓坡地延伸，沿线有三条较小的阿塔沟支沟洪水东南向下泄，穿过长城汇入主河槽；其间坡地被开垦，上述因素是墙体消失的直接原因；南侧紧邻包石公路，公路修筑也可能是导致墙体消失的因素之一。长城末端有略微隆起的土筑墙体残迹，地表模糊难辨，推测有部分墙体被埋于地表之下。

22. 边墙壕长城2段（150205382101020022）

该段长城起自国庆乡边墙壕村东南2.4千米处，止于边墙壕村东1.8千米处。墙体略作"Z"形弯曲分布，由东—西走向转呈东南—西北走向，边墙壕村东沟的末端墙体复呈东—西走向；上接边墙壕长城1段，下接边墙壕长城3段。

墙体长738米，为黄土夯筑的土墙，夯土纯净，层次均匀，致密坚硬，夯层厚6～8厘米。总体保存较差，其中保存较差部分长501米、差部分长195米、消失部分长42米，分别占该段墙体总长的67.9%、26.4%和5.7%。墙体分布于东坝岩沟东山丘与边墙壕村东沟两条支沟的交汇点之间，止点在包石公路拐弯处北侧。墙体沿沟谷地东北坡脚行，于地表呈土垄状，底宽3～10、顶宽0.8～6、残高0.5～6.5米。轮廓与走向较明显，受水土流失影响，部分地段外侧地表几乎与墙体顶部平齐，隆起不显。东坝岩沟较大，原有民房，居民迁出；其西侧沟较小，两沟洪水南向下泄冲断中小段墙体，造成墙体豁口；东坝岩沟东壁暴露出墙体横截面，测得墙体基宽7、顶宽5.3、残高6米（彩图一九三）。前小段墙体处于公路北侧，保存较好；中小段墙体因包石公路修筑而被切削出两个垂直的纵断面，断壁上裸露细密的墙体夯层，墙下基础为经过水平修整的淡绿色砂岩层，质地较软；后小段转西北行的墙体于地表隆起较低矮，依据中小段墙体冲沟断面及公路修筑遗留的纵剖面比照，下半部分墙体应湮没于地表之下；末端转西行的墙体略高出于地表。包石公路于该段墙体内侧相伴而行。

墙体沿线调查烽燧1座，为边墙壕烽燧。

边墙壕烽燧（150205353201020005）

该烽燧位于国庆乡边墙壕村东1.7千米处，东距包石公路0.16千米，北距边墙壕长城2段墙体止点0.15千米，西距大庙烽燧2.2千米。

烽燧以黄土夯筑而成，保存差。墩台倾倒，消失殆尽，地表略有隆起，呈低矮的土丘状，底部直径25～30、顶部直径10～12、残高1.5米；四周为斜坡，几乎与自然山丘融为一体（彩图一九四）。烽燧建筑于边墙壕村东部、包石公路直角转弯点西南侧的三棱形高山丘顶部，周边挖掘有树坑，南部沟谷的洪水西北流，穿过包石公路汇入边墙壕村东沟。烽燧东坡下缘为弃耕梯田，上缘较平缓，地表散落有较多陶片，可辨器形有泥质灰陶甑、颈下施绳纹的泥质黑褐陶侈口矮领罐（彩图一九五）。

23. 边墙壕长城 3 段（150205382301020023）

该段长城起自国庆乡边墙壕村东 1.8 千米处，止于边墙壕村东 1.7 千米处，原墙体应作直线分布，呈东—西走向，上接边墙壕长城 2 段，下接边墙壕长城 4 段。

本段长城为消失段，起止点之间的直线长度为 81 米。原墙体应分布于边墙壕村东沟的三岔口地带，地处沟谷地的南坡脚处。东沟的东北支沟洪水西南向下泄，包石公路所在的东南支沟洪水西北流，两股水流汇合后西流，洪水冲刷造成墙体消失。依据相邻上下段墙体情况，推断该段墙体原应为土墙。该段墙体北临河槽，南侧紧邻包石公路，路南山丘顶部为边墙壕烽燧。

24. 边墙壕长城 4 段（150205382101020024）

该段长城起自国庆乡边墙壕村东 1.7 千米处，止于边墙壕村东 1.5 千米处，墙体作直线分布，大体呈东—西走向，上接边墙壕长城 3 段，下接边墙壕长城 5 段。

墙体长 235 米，以黄土或黄褐土夯筑，夯层厚 6～8 厘米，保存差。墙体分布于边墙壕村东沟谷南岸坡地上，止点在东沟河槽南岸。墙体顺缓坡地延伸，于地表呈高土垄状，底宽 3～5、顶宽 1～2、残高 1～4 米（彩图一九六）；比照冲沟断面提供的墙体信息，表明有大部分墙体因水土流失而湮没于地表下。边墙壕烽燧西沟谷洪水北向下泄，垂直切断后小段墙体，暴露出包括基础在内的完整墙体剖面。东壁剖面显示，墙体基础为自然洪积层，经细致的平整夯实，形成低于地表 0.2 米的水平凹槽，在此基础上用土逐层夯筑墙体，夯层清晰，致密坚硬（彩图一九七）。该断面测得墙体原始基宽 7.2、顶部残宽 5.6、残高 6.5 米。墙体止点处也暴露有墙体剖面，其下半部分以黄褐土夯筑，上半部分用黄土夯筑，界限清晰分明。该段墙体北临东沟河槽，河槽中有土路穿行；南侧为并行的包石公路，墙体内外两侧均为条形耕地。东沟河槽洪水日益侵蚀着该段墙体。

25. 边墙壕长城 5 段（150205382301020025）

该段长城起自国庆乡边墙壕村东 1.5 千米处，止于边墙壕村东 1.2 千米处。原墙体应作直线分布，呈东偏南—西偏北走向，上接边墙壕长城 4 段，下接边墙壕长城 6 段。

本段长城为消失段，起止点之间的直线长度为 309 米。原墙体应分布于边墙壕村东部宽缓的东沟河槽中，长城由河槽南岸过渡到北岸，山洪滚动冲刷形成宽河槽，从而造成墙体灭失。依据相邻上下段墙体情况，推断该段墙体原应为土墙；过水地段可能修筑有石墙。北侧山体上有三条较小沟谷的洪水南向下泄，汇入坡下的东沟主河槽。河槽平时也作道路通行，河槽两岸均栽植有小松树，南侧的包石公路转西南行，墙体西行，于此分野。自此，长城走出大青山北麓的低山丘陵地区，进入大庙村所在的南北向川地。

26. 边墙壕长城 6 段（150205382101020026）

该段长城起自国庆乡边墙壕村东 1.2 千米处，止于边墙壕村东北 0.11 千米处，墙体略作内外折线形分布，由东偏南—西偏北走向转呈东—西走向，末端复为东偏南—西偏北走向；上接边墙壕长城 5 段，下接边墙壕长城 7 段。

墙体长 1092 米，为黄土夯筑的土墙，夯层厚 6～8 厘米。总体保存较差，其中保存较差部分长 931 米、消失部分长 161 米，分别占该段墙体总长的 85.3%、14.7%。墙体分布于边墙壕村东部东北高西南低的缓坡地上，处在东沟河槽北岸与边墙壕村河槽之间。沿较宽阔的东沟谷地北坡穿行，大部分墙体于地表呈高大的土垄状，底宽 3～9.2、顶宽 0.8～4、残高 0.5～2.5 米（彩图一九八）。作西偏北行的前小段墙体位于山前台地上，外侧有浅缓的漫水道并行，洪水汇入西南向下泄的另一道河槽之后冲断墙体，冲沟断面上暴露有夯层，土质纯净。在穿越该冲沟时，墙体先在东岸作西偏南向折转，过沟后于西岸西偏北行，在冲沟两岸大体呈倒置的"八"字形分布。大部分中小段墙体地表隆起明显，墙体较高大，外侧有冲沟洪水西流，与其西北部小冲沟的山洪汇合后转西南流，冲断后小段墙体；边墙壕村东宽缓的河槽洪水南偏西向下泄，造成后小段末端墙体消失；冲沟与河槽之间的墙体作西偏北行，靠墙体内侧有窑洞数孔，还有借用墙体搭建的房屋及牲畜圈，均已废弃，长城由此而受到严重损坏。墙体两侧为耕地，有农耕土路斜穿中小段墙体。

27. 边墙壕长城 7 段（150205382101020027）

该段长城起自国庆乡边墙壕村东北 0.11 千米处，止于边墙壕村西北 0.11 千米处。墙体略作外向折线形分布，总体上呈东偏南—西偏北走向，上接边墙壕长城 6 段，下接大庙长城 1 段。

墙体长 302 米，为黄土夯筑的土墙，夯层厚约 10 厘米，土质纯净。总体保存差，其中保存差部分长 285 米、消失部分长 17 米，分别占该段墙体总长的 94.4%、5.6%。墙体分布于边墙壕村中及其村西的山梁上，处在村东河槽西岸与村西山西店沟河槽东岸坡地之间。前小段墙体作上坡行，村中民房沿墙体南侧建设，大部分墙体被当作院落北墙，也见有在墙体上挖掘窑洞者。后小段墙体分布于村西山梁上，作下坡行，两侧为耕地，于地表呈低矮的土垄状，底宽 3~6、顶宽 0.5~2、残高 1~3 米（彩图一九九）。村中有两条南北向土路穿过墙体，依长城搭建房屋、挖掘窑洞对墙体造成严重破坏，后小段耕地中的墙体也见有豁口。西出边墙壕村的土路在墙体南侧与之并行，后小段墙体南部及西北部山丘上各有一座通讯铁塔。

28. 大庙长城 1 段（150205382301020028）

该段长城起自国庆乡大庙村东北 0.67 千米处，止于大庙村东北 0.58 千米处。原墙体应作直线分布，呈东偏南—西偏北走向，上接边墙壕长城 7 段，下接大庙长城 2 段。

本段长城为消失段，起止点之间的直线长度为 146 米。原墙体应分布于边墙壕与大庙村之间南北向的山西店沟浅缓的河槽及东岸坡地上，应先沿沟谷东坡地延伸，而后穿过河槽；前小段墙体消失于坡耕地里，后小段墙体消失在山西店沟河槽中。依据相邻上下段墙体情况，推断该段墙体大部分原应为土墙。现今，河槽中仍有一股较小的溪水南偏西向流淌。为保护耕地，河槽东岸修筑了一段防洪坝；河槽西岸川地上为与之并行的 211 省道。

29. 大庙长城 2 段（150205382101020029）

该段长城起自国庆乡大庙村东北 0.58 千米处，止于大庙村北 0.45 千米处。墙体作外向折线形分布，由东偏南—西偏北走向折转呈东偏北—西偏南走向，上接大庙长城 1 段，下接大庙长城 3 段。

墙体长 475 米，为黄土夯筑的土墙。总体保存较差，其中保存较差部分长 312 米、差部分长 83 米、消失部分长 80 米，分别占该段墙体总长的 65.7%、17.5% 和 16.8%。墙体分布于大庙村北部宽阔的南北向川地上，处在山西店沟河槽与大庙村西北河槽之间。沿北高南低的缓坡地延伸，墙体轮廓清晰，于地表呈高土垄状，底宽 3~9、顶宽 0.5~1、残高 0.5~2.2 米。大庙村正北也有一条窄小的冲沟洪水南向下泄，自该段墙体中部拐点处穿过，其东侧为 211 省道，洪水冲刷及道路修筑导致中小段墙体断豁（彩图二〇〇）。山西店沟河槽与省道间的前小段墙体地表隆起较低矮，两侧为耕地；省道西侧小冲沟与大庙西北河槽间的后小段墙体地表呈高大的土垄状（彩图二〇一）。前小段墙体南侧建筑一座现代小庙，庙前地表发现较多陶片；后小段墙体南侧为弃耕的荒坡地，北侧为耕地，有土路于墙体外侧并行；两条输电线路呈南北向并列穿过。

墙体沿线调查烽燧 1 座，为大庙烽燧。

大庙烽燧（150205353201020006）

该烽燧位于国庆乡大庙村北偏东 0.5 千米处，北距大庙长城 2 段墙体 0.02 千米，西距 211 省道 0.06 千米，西南距二相公 1 号烽燧 2.6 千米。

烽燧用黄土夯筑而成，保存差。墩台坍塌，呈低矮的土丘状，底部直径14、残高0.8米；其上建筑有现代砖木结构小庙一座，面阔三间。烽燧建筑在大庙村东北部高岗地上，南北两侧为耕地，西临省道公路。地表散布较多泥质灰陶片（彩图二〇二），器表施凹弦纹、绳纹、弦断绳纹，可辨器形有折腹钵、宽折沿盆、矮领罐、陶甑；采集陶纺轮2件；还见有背施绳纹的瓦片，其上有圆孔（图一二）。陶片中的黑皮宽折沿陶盆残片，沿下施两条并列的凸弦纹带，其间用泥条贴塑波浪纹（图一三）。丰富的遗物表明，该地原应建筑有障城，以扼守大庙川地，然四周城垣已湮灭无痕，无从确认。

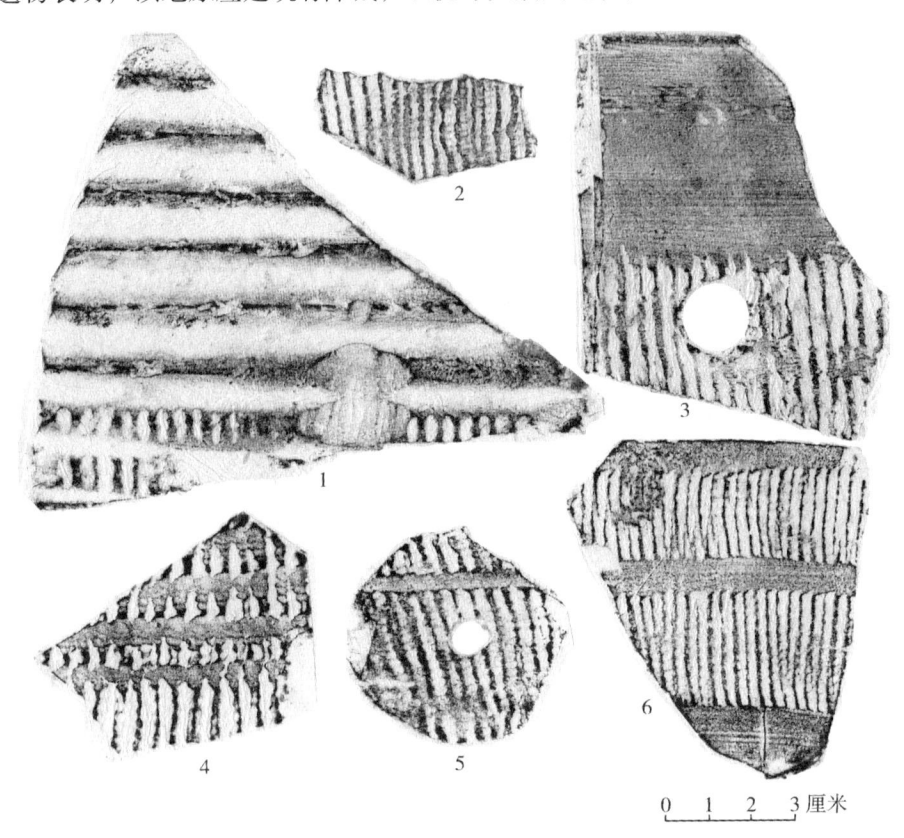

图一二　大庙烽燧采集陶、瓦片纹饰拓片
1. 凹弦纹与弦断绳纹　2. 绳纹　3. 绳纹瓦片　4、6. 弦断绳纹　5. 陶纺轮

30. 大庙长城3段（1502053823 01020030）

该段长城起自国庆乡大庙村北0.45千米处，止于大庙村西北0.44千米处。原墙体应作直线分布，呈东偏北—西偏南走向，上接大庙长城2段，下接大庙长城4段。

本段长城为消失段，起止点之间的直线长度为87米。原墙体应分布于大庙村西北部低缓的谷地上，谷地中央形成宽缓河槽，洪水东南向下泄，墙体消失于洪水河槽之中。依据相邻上下段墙体情况，推断该段墙体原应为土墙。河槽中有土路通行，进入大庙村。

31. 大庙长城4段（1502053821 01020031）

该段长城起自国庆乡大庙村西北0.44千米处，止于国庆乡三元沟村东南0.1千米处，墙体略作外向折线形分布，由东偏北—西偏南走向折转呈东北—西南走向，上接大庙长城3段，下接三元沟长城1段。

墙体长895米，为黄土夯筑的土墙，后小段墙体冲沟断面上见有夯层，夯层厚约10厘米。总体保存较差，其中保存一般部分长329米、较差部分长386米、差部分长158米、消失部分长22米，分别

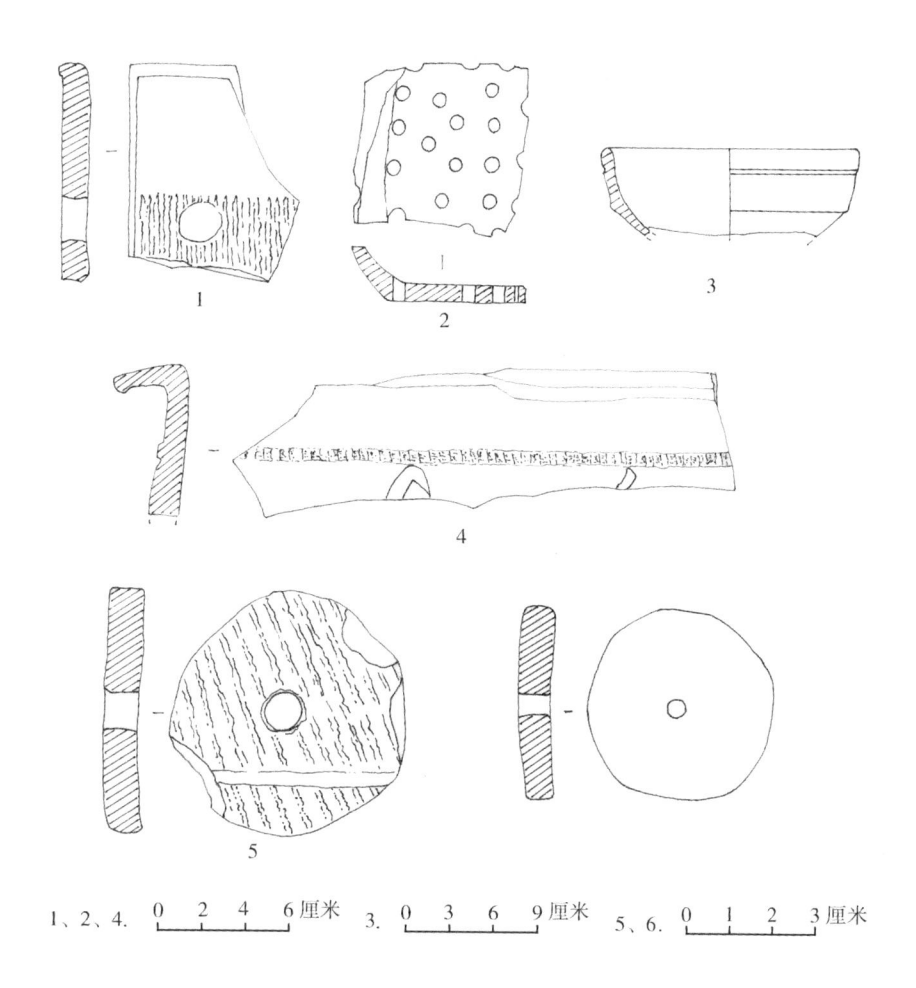

图一三　大庙烽燧采集陶、瓦片标本
1. 绳纹板瓦　2. 陶甑　3. 陶钵　4. 陶盆　5、6. 陶纺轮

占该段墙体总长的36.8%、43.1%、17.7%和2.4%。墙体分布于大庙村西北部山梁及其东西两侧坡地上，处在大庙西北河槽西岸与三元沟沟口东岸之间。墙体先沿山梁东侧缓坡地作上坡行（彩图二〇三），穿过山垭转西南向下坡行，过三元沟村东南部"丫"形冲沟的东北支沟，沿东西向沟谷地北坡脚延伸，于地表呈高土垄状，轮廓清晰分明，底宽1.5~9、顶宽1.5、残高0.8~2.2米。三元沟村东支沟洪水南向下泄，冲断墙体后汇入村南主河槽；冲沟以西的一小段墙体两侧为耕地，距离村庄较近，加之水土流失的影响保存差；除此之外，大庙与三元沟村之间山梁东西坡地上的大部分墙体保存较好。墙体南侧有土路并行，连接大庙与三元沟村；两条高压输电线路南北向穿过后小段墙体。

32. 三元沟长城1段（150205382301020032）

该段长城起自国庆乡三元沟村东南0.1千米处，止于三元沟村西南0.17千米处。原墙体应作直线分布，呈东北—西南走向，上接大庙长城4段，下接三元沟长城2段。

本段长城为消失段，起止点之间的直线长度为158米。原墙体应分布于三元沟沟口两岸坡地上，地处三元沟村口处。三元沟河槽平时亦作道路通行，其西侧坡地上另有西南向出村土路穿过长城，河槽与土路之间的坡地原为耕地，现为一家养鸡场，地表不见墙体痕迹，推测地下应有墙体遗存。依据相邻上下段墙体情况，推断该段墙体原应为土墙。长城北为三元沟村，南临洪水河槽，与消失段大体并列分布。

33. 三元沟长城2段（150205382101020033）

该段长城起自国庆乡三元沟村西南0.17千米处，止于三元沟村西南0.77千米处。墙体作直线分布，呈东北—西南走向，上接三元沟长城1段，下接青山区二相公长城1段。

墙体长636米，为黄土夯筑的土墙，冲沟断面显示的墙体夯层薄厚交替，夯层厚7～11厘米。总体保存差，其中保存较差部分长271米、差部分长340米、消失部分长25米，分别占该段墙体总长的42.6%、53.5%和3.9%。墙体分布于三元沟村西南部窄缓的沟谷地中，地处三元沟与包头市殡仪馆北沟沟口之间，沿狭窄谷地的北坡脚穿行，于地表呈高土垄状，底宽2～8、顶宽0.5～1.5、残高1～2米（彩图二〇四）。前小段墙体较低矮，两侧为耕地，保存差；有两条较小沟谷的洪水南向下泄，造成中小段墙体断豁；后小段墙体穿过山梁间的垭口进入青山区，保存相对较好，墙体上夯层裸露，亦见有人为挖掘的豁口（彩图二〇五）。墙体前小段采集到陶片和瓦片，陶片可辨器形为弦断绳纹矮领罐和宽沿盆；瓦片分两类，一类为外壁饰绳纹、内腹饰布纹，一类外壁呈凸起的瓦棱状、内腹素面（图一四；彩图二〇六）。

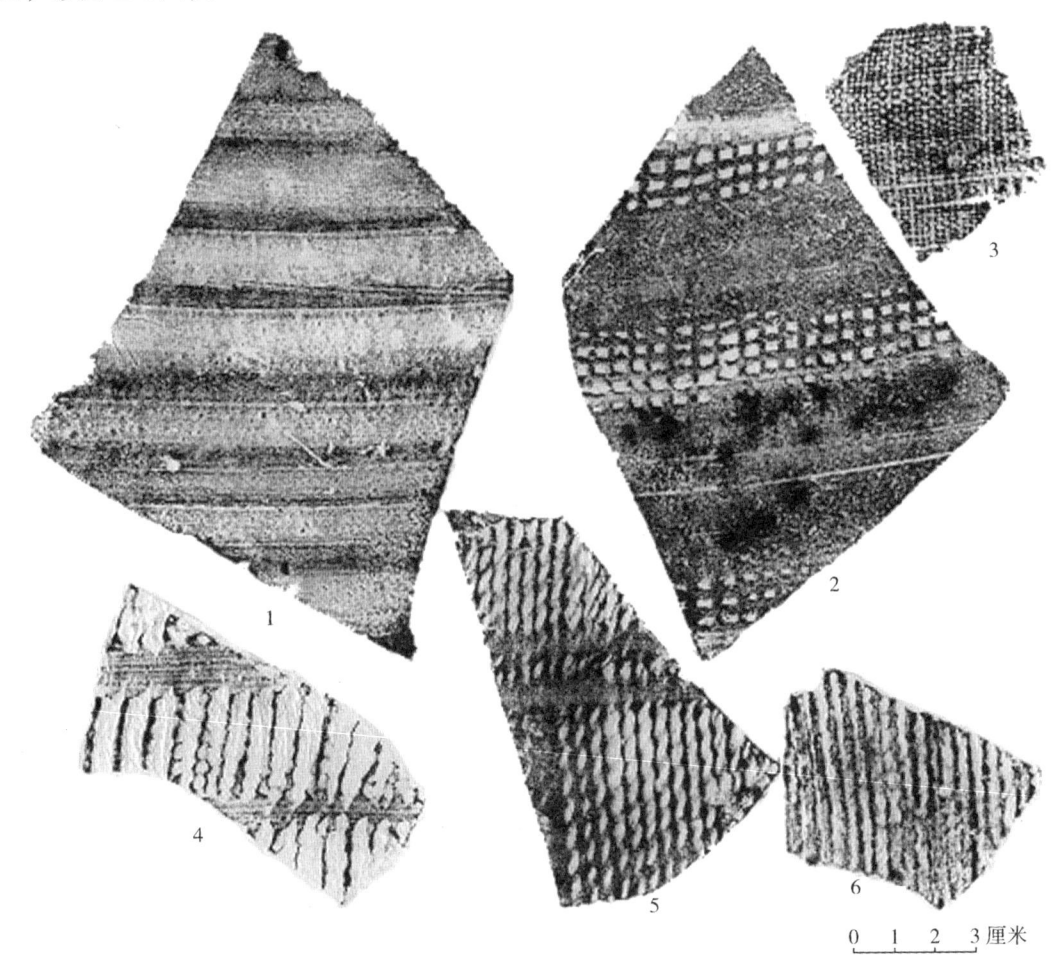

图一四　三元沟长城2段沿线采集陶、瓦片纹饰拓片
1、2 外壁凹弦纹与内壁篦点纹　3. 布纹瓦片　4、5. 弦断绳纹　6. 绳纹

墙体南约4千米处调查障城1座，为汉代的铜铺窑障城。

铜铺窑障城（150205353102040004）

该障城位于喜桂图新区铜铺窑村东侧，地处山间的平坦台地之上，当地老乡称之为古城梁。

障城平面呈长方形，东西210、南北180米。因耕地开垦，东、西、南墙破坏严重，仅见轮廓；北墙保存有部分段落，呈低矮的土垄状，底宽3~5、顶宽1、残高1米，夯层厚10~12厘米。门址不清。城内地表散布有较多陶片和少量瓦片，陶片纹饰有绳纹、附加堆纹、波浪纹等，瓦片主要见内壁饰菱形网格纹的板瓦。

四 包头市青山区

在调查中，将包头市青山区境内的战国赵北长城墙体划分为44段，包括土墙23段、消失段落21段。墙体总长22404米，其中土墙长10545米、消失段落长11859米。在总长10545米的土墙中，保存较差部分长2549米、差部分长6698米、消失部分长1298米。

（一）长城墙体分布与走向

青山区境内的赵北长城墙体，东由石拐区三元沟村南谷地伸入到兴胜镇二相公村东北部的包头市殡仪馆北沟东岸，墙体于冲沟西岸复现，沿山脚下坡地作西偏南行，穿过一道低缓的山垭，再沿浅缓的谷地底部行，至奔坝沟消失于沟口前宽缓的河槽及其西岸坡耕地中。消失墙体大体沿山前坡地西南行，过二相公村与东边墙村之间的小坤兑沟前河槽，复现于青大（青山区—大庙）线旅游公路北侧的河槽西岸。墙体仍沿缓坡地作西偏南行，于地表呈高大的土垄状隆起；至东边墙村北转西行，过村西河槽沿山前坡地转西北行，穿过东大沟后折转西南行，在东大沟两岸大体呈"八"字形分布。其后，沿西边墙村北缘西行，在西边墙村与笸箩铺村之间的银匠沟两岸又有较长距离消失，其间仅见有小段墙体遗迹，断多存少；有东西向土路大体处于原长城墙体分布线上，路北有多家砂石场。

墙体于笸箩铺村东土路北侧再现，依旧沿山前缓坡地西行，随后消失在笸箩铺村中。村西耕地中尚有一段明显的墙体存在，而后消失于达旦沟沟口东岸。达旦沟以西消失的墙体应沿山脚作西偏南行，大体叠压在笸箩铺村与王老大窑村之间的土路之下。墙体于兴胜公墓西墙外复现，沿山前坡地作西偏北行，经王老大窑村西北进入包头一机集团环形车辆试验场，在北侧长环道中延伸，出试验场西院墙进入银海新村中，折向西北行，经二海壕村中延伸至色气湾村东部的三道坝沟。墙体过沟转西行，进入色气湾村中，分布于村中的墙体多有消失。其后，墙体又沿山前坡地西行，在天龙生态园内有部分墙体消失于南向延伸的缓谷中。出天龙生态园西墙，墙体出现于高坡地上，呈高土垄状；西行进入边墙壕村中，仅见有小段墙体残存。边墙壕村西的墙体消失在坡地及G6高速公路之下，大体沿山脚下坡地西南行，直抵昆都仑河河槽东岸。昆都仑河岸边尚有65米的墙体存在，被利用为边墙壕障城北墙；河槽以西进入昆都仑区境内（地图八）。

（二）长城墙体与单体建筑保存现状

在对青山区赵北长城的调查中，除划分了44段墙体外，沿线还调查单体建筑6座，包括烽燧4座、障城2座。2座障城中，二相公障城为战国障城，边墙壕障城为汉代障城。2座障城之间，调查发现有疑似战国障城2座。下面，对这些墙体段落和单体建筑分作详细描述。

1. 二相公长城1段（1502043823010200001）

该段长城起自石拐区国庆乡三元沟村西南0.77千米处，止于青山区兴胜镇二相公村东北1.2千米处。原墙体应作直线分布，呈东北—西南走向，上接石拐区三元沟长城 2 段，下接二相公长城 2 段。

本段长城为消失段，起止点之间的直线长度为 61 米。原墙体应分布于二相公村东北部，包头市殡仪馆北部"丫"形沟谷的洪水河槽中，两条支沟洪水南向下泄，其中西支沟洪水在接近墙体前转东流，与正沟山洪合流后冲断墙体。依据相邻上下段墙体情况，推断该段墙体原应为土墙。有土路在冲沟中通行，消失段南部为西南向伸出的山岭余脉。

2. 二相公长城 2 段（150204382101020002）

该段长城起自兴胜镇二相公村东北 1.2 千米处，止于二相公村北 0.79 千米处。墙体略作外向折线形分布，总体呈东北—西南走向，上接二相公长城 1 段，下接二相公长城 3 段。

墙体长 676 米，为黄土夯筑的土墙，起点断面上可见清晰夯层，夯土中夹杂有细小的砾石，夯层厚 10 ~ 12 厘米；保存差。墙体分布于二相公村东北部低山坡脚、丘陵垭口处及其西侧的窄谷中，地处"丫"形沟谷与奔坝沟东侧的小东沟之间，大部分墙体于地表呈低矮的土垄状，底宽 3 ~ 6、顶宽 0.5 ~ 2、残高 1 ~ 3.2 米（彩图二〇七）。前小段墙体沿北高南低的缓坡地延伸，20 世纪 60 年代利用该段长城的前小段墙体修筑营房一排，对墙体的保存影响较大；有两条较小冲沟的洪水南向下泄，造成中小段墙体断豁，两沟之间的墙体保存相对较好；穿过低缓丘陵山垭的后小段墙体沿谷地西南向延伸，外侧有小股洪水西南向下泄，冲断墙体后转内侧紧邻墙体冲刷，威胁墙体保存；末端墙体濒于消失。

墙体沿线调查烽燧 1 座，为二相公 1 号烽燧。

二相公 1 号烽燧（150204353201020001）

该烽燧位于兴胜镇二相公村东北 0.8 千米处，北距二相公长城 2 段墙体 0.06 千米，西南距二相公障城 1.3 千米、二相公 2 号烽燧 1.9 千米。

烽燧以黄褐土夯筑而成，保存差。大部分墩台坍塌，仅存底部数层夯层，呈低矮的椭圆形土丘状，底部直径 5.5 ~ 6.5、残高 0.5 米（彩图二〇八）；夯土较细腻，夹杂有细小砂砾，夯层厚 7 ~ 12 厘米。墩台周边有带夯层的土块散落，东北侧挖掘有小坑。烽燧周围散布有较多陶片和瓦片，陶片可辨器形有泥质褐陶侈口矮领绳纹鼓腹罐、灰陶壶及素面陶钵等，还有较多泥质灰黑陶、灰陶绳纹及弦断绳纹陶片；瓦片均为泥质灰陶，外壁施绳纹或交叉绳纹，内腹素面。烽燧建筑在二相公村东北部低缓的山丘顶部，墙体在北侧丘陵垭口处穿行。

3. 二相公长城 3 段（150204382301020003）

该段长城起自兴胜镇二相公村北 0.79 千米处，止于二相公村北偏西 0.73 千米处。原墙体应作直线分布，呈东北—西南走向，上接二相公长城 2 段，下接二相公长城 4 段。

本段长城为消失段，起止点之间的直线长度为 104 米。原墙体分布在二相公村北部、奔坝沟沟口东岸浅缓的小东沟谷地中，应沿谷地中央作西南向下坡行。小东沟北支沟洪水西南向下泄，与上段墙体内侧并行的小冲沟洪水合流，洪水冲刷直接造成前小段墙体消失；后小段墙体略微隆起于地表，比照下段墙体可以确认，但几乎与地表平齐，划入消失段；推测有部分墙体埋于地表下。长城外侧为浅缓的洪水故道，如今洪水穿过长城中部西南向下泄，汇入二相公村北部的奔坝沟河槽。

4. 二相公长城 4 段（150204382101020004）

该段长城起自兴胜镇二相公村北偏西 0.73 千米处，止于二相公村北偏西 0.7 千米处。墙体作直线分布，大体呈东北—西南走向，上接二相公长城 3 段，下接二相公长城 5 段。

墙体长 68 米，为黄土夯筑的土墙，保存差。墙体止点处断面上裸露墙体夯层，夯层厚 10 厘米，夯土中夹杂小砾石。墙体分布于二相公村北部奔坝沟沟口东岸窄缓的谷地中，沿坡谷地作下坡行，于地表呈低矮的土垄状，残宽 2 ~ 4、残高 0.4 ~ 1 米（彩图二〇九）；有的地段因洪水冲刷仅残存一半墙体，冲沟断面显示有部分墙体埋在地表之下。导致上段墙体消失的冲沟洪水穿过墙体西南流，使得该段墙体得以保存。墙体北侧有缓沟，系洪水故道。墙体止点西侧有土路进入奔坝沟中，路西为耕地，耕地西侧是宽缓的奔坝沟沟口河槽，汛期多洪水。

5. 二相公长城5段（150204382301020005）

该段长城起自兴胜镇二相公村北偏西0.7千米处，止于兴胜镇东边墙村东北1.17千米处。原墙体应作直线分布，呈东北—西南走向，上接二相公长城4段，下接东边墙长城1段。

本段长城为消失段，起止点之间的直线长度为1566米。原墙体应分布于二相公村北奔坝沟沟口及其村西部小坤兑沟前河槽之间的山前缓坡地上，大青山山体随奔坝沟沟口略有收缩，依据本段墙体起止点所在位置分析判断，原墙体未曾折向沟口，仍选择山前坡地构筑，呈直线通过奔坝沟沟口。前小段墙体处在奔坝沟沟口外宽缓的河槽地带，洪水南向下泄，造成这部分墙体消失；后小段则主要消失于河槽西岸面积较大的一片坡耕地中，该段墙体止点处为南向下泄的小坤兑沟沟口前洪水河槽，其东部耕地中见有略微高出地表的土墙痕迹，若隐若现，处在长城起止点之间的连接线上，总体上可确认为长城遗迹；由此推断，应有部分墙体埋在耕地之下。沿线大青山南坡较为低缓，两沟之间又有数条较小的沟谷分布，其中居中的两条沟谷稍大，洪水东南向下泄，注入奔坝沟河槽。长城南部有土路和青大线旅游公路东西行。

墙体沿线调查障城1座，为二相公障城。

二相公障城（150204353102020001）

该障城位于兴胜镇二相公村西0.7千米处，北距二相公长城5段墙体约0.3千米，西南距二相公2号烽燧0.72千米。

障城城垣已消失，地表散见的遗迹遗物表明这里原来曾经是一座障城遗址。遗址中心点有一眼废弃的机井坑，坑壁上见有厚近1米的草木灰土文化层，中间夹杂有陶片和动物骨骼。地表见有折沿盆、弦断绳纹侈口矮领鼓腹罐以及绳纹瓦片等遗物。障城建筑于二相公村西的奔坝沟前河槽西岸平地上，北部依山，东侧紧邻洪水河槽，周边为耕地，北侧紧邻东西向土路，南为青大线旅游公路，东北临奔坝沟沟口，障城的设置当与扼守奔坝沟有关（彩图二一〇）。经奔坝沟翻越大青山可通往乌兰察布草原，第三次全国文物普查时于坝口处发现清道光二十六年（1846年）石碑两通，当时为沟通阴山南北的一条重要通道。

6. 东边墙长城1段（150204382101020006）

该段长城起自兴胜镇东边墙村东北1.17千米处，止于东边墙村西北0.42千米处。墙体作内向折线形分布，由东北—西南走向转呈东—西走向，上接二相公长城5段，下接东边墙长城2段。

墙体长1543米，为黄土夯筑的土墙。总体保存差，其中保存较差部分长704米、差部分长784米、消失部分长55米，分别占该段墙体总长的45.6%、50.8%和3.6%。墙体分布于东边墙村东北部的小坤兑沟前河槽与村西河槽之间，沿较缓的山前坡地延伸，在东边墙村北部转西行，于地表呈较高的土垄状，底宽2~6、顶宽1~3、残存最高1.5~2.2米。前小段墙体分布于村东北部缓坡地上，呈明显高出于地表的宽大土垄状，墙体上植被稀疏，南坡面局部显露出墙体夯层，有土路穿过墙体形成浅豁（彩图二一一）。中小段墙体处在临近村庄的东北部地势低洼地带，山体上有"丫"形沟谷分布，其中东支沟洪水西南流，顺墙体外侧冲刷，导致部分墙体出现锯齿状缺损，与主沟洪水合流后冲断墙体；这部分墙体紧邻村庄，早期建造的部分民房依附于墙体，有三条土路穿过，造成部分墙体消失。后小段墙体地处村西的山前缓坡地上，地表隆起较低矮，局部夯层裸露，夯土中夹杂有小砾石，夯层厚10~12厘米（彩图二一二）。

墙体沿线调查烽燧2座，为二相公2号烽燧、东边墙烽燧。

二相公2号烽燧（150204353201020002）

该烽燧位于兴胜镇二相公村西南1.4千米处，倚东边墙长城1段起点处墙体外侧修筑，西南距东边墙烽燧1千米，南距青大线旅游公路0.06千米。

烽燧以黄土夯筑而成，保存较差。墩台坍塌，呈圆形土丘状，底部东西18、南北11米，顶部东西5、南北4米，残高3.6米；北侧有现代人挖掘的洞穴，夯层清晰可见（彩图二一三）。墩台周围散布有少量泥质灰陶绳纹陶片，有的陶片上钻有圆孔，器形难辨；也见有瓦片，外壁为弦断细绳纹，内腹为粗绳纹。烽燧建筑在岗地上，东临小坤兑沟洪水河槽，西南有圆形小土丘，南侧有土路东西行，路南为青大线旅游公路。

二相公2号烽燧与东边墙烽燧之间的长城墙体外侧，有一座略微隆起的土丘，底部直径7、残高1.7米，其规格明显小于二相公2号烽燧。土丘地处高粱岗上，附近散布有陶片，其东北0.46千米处为二相公2号烽燧，西南0.54千米为东边墙烽燧，大体处在两座烽燧的中间部位，符合烽燧设置的大致间距及相关特征，初步推断应是倚墙体外侧建筑的烽燧。

东边墙烽燧（150204353201020003）

该烽燧位于兴胜镇东边墙村东北0.1千米处，北距东边墙长城1段墙体0.04千米，东南距青大线旅游公路0.15千米。

烽燧用黄土夯筑而成，保存差。墩台坍塌，呈低平的圆丘状，底部直径6米，残存基础部分。烽燧建筑在圆形山丘顶部，现今建筑有小庙一座，周边栽植了小松树（彩图二一四）。东侧可见一排石块，南北向排列，推测为烽燧基础残存。墩台周围散布有少量陶片，可辨器形有泥质褐陶宽沿盆、灰陶素面折腹钵和侈口矮领罐等（图一五；彩图二一五）。其中，陶盆的口沿下施七道凹弦纹，其下施弦断绳纹。

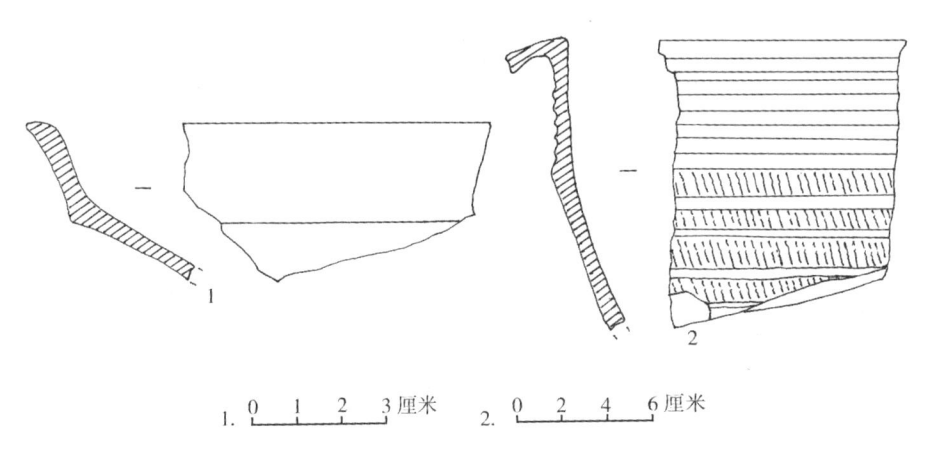

图一五　东边墙烽燧采集陶片标本
1. 陶钵　2. 陶盆

7. 东边墙长城2段（150204382301020007）

该段长城起自兴胜镇东边墙村西北0.42千米处，止于兴胜镇东边墙村西北0.56千米处。原墙体应作直线分布，呈东—西走向，上接东边墙长城1段，下接东边墙长城3段。

本段长城为消失段，起止点之间的直线长度为144米。原墙体应分布于东边墙村西河槽处，北部山体较低矮，沟谷上游呈"丫"形分布，纵深较长，洪水西南向下泄，于沟口外形成宽河槽；河槽西岸有民房基址，居民早已搬迁；墙体消失于洪水冲刷及早期的村庄建设中。依据相邻上下段墙体情况，推断该段墙体原应为土墙。

8. 东边墙长城 3 段（150204382101020008）

该段长城起自兴胜镇东边墙村西北 0.56 千米处，止于兴胜镇东大沟村东偏南 0.49 千米处。墙体作直线分布，呈东南—西北走向，上接东边墙长城 2 段，下接东大沟长城。

墙体长 1315 米，为黄土夯筑的土墙。总体保存差，其中保存差部分长 1172 米、消失部分长 143 米，分别占该段墙体总长的 89.1%、10.9%。墙体沿东边墙与东大沟两村之间山前缓坡地延伸，处在东边墙西河槽与东大沟河槽之间。大部分墙体于地表呈低矮的土垄状，底宽 2～5、顶宽 1～2、残存最高 1.3 米（彩图二一六）。前小段墙体分布于北部林地与南侧耕地的分隔处，地表隆起较明显；后小段墙体地处山前平地上，墙体较低矮，两侧为耕地，一处较大的院落建筑于墙体南侧，其西侧房屋建筑在墙体上，对墙体保存构成影响；前后有三条较窄的冲沟冲断墙体，南向下泄汇入东边墙西河槽，冲沟断面上可见夯层，夯土较为纯净，夹杂有零星小砾石，夯层厚 6～12 厘米。东大沟东岸有土路南北向穿过墙体，造成墙体出现局部断豁。

9. 东大沟长城（150204382301020009）

该段长城起自兴胜镇东大沟村东偏南 0.49 千米处，止于东大沟村西南 0.16 千米处。原墙体应作外向折线形分布，由东南—西北走向转呈东偏北—西偏南走向，大体作"八"字形分布；上接东边墙长城 3 段，下接西边墙长城 1 段。

本段长城为消失段，起止点之间的直线长度为 527 米。原墙体应分布于东大沟村东南部宽阔的东大沟河槽中及其西岸缓坡地上，沿东大沟沟口前缓坡地构筑。前小段墙体因山洪冲刷而消失，转西偏南行的后小段墙体消失于河槽西岸耕地中。依据相邻上下段墙体情况，推断该段墙体原应为土墙。

10. 西边墙长城 1 段（150204382101020010）

该段长城起自兴胜镇西边墙村东北 0.56 千米处，止于西边墙村东 0.42 千米处。墙体作直线分布，大体呈东偏北—西偏南走向，上接东大沟长城，下接西边墙长城 2 段。

墙体长 136 米，为黄褐土夯筑的土墙，保存差。上段消失的墙体于南出东大沟村的柏油路西侧复现，在东大沟与西边墙两村之间的平地上延伸，于地表呈低矮的土垄状，底宽 2～3、顶宽 1～2、残存最高 0.5 米。墙体两侧原为耕地，现已弃置不耕；受以往农田耕种的影响，墙体在地表隆起不明显，仅可分辨轮廓与走向。南侧有土路并行，南部有一座广播信号塔。

11. 西边墙长城 2 段（150204382301020011）

该段长城起自兴胜镇西边墙村东 0.42 千米处，止于西边墙村西 0.38 千米处。原墙体应作直线分布，呈东—西走向，上接西边墙长城 1 段，下接西边墙长城 3 段。

本段长城为消失段，起止点之间的直线长度为 804 米。原墙体应分布于西边墙村北缘及其村西缓坡地上，止点在村西河槽西岸。原墙体沿较平坦的山前平地、缓坡地上延伸，村庄北部民房紧贴前小段墙体建设，房屋或院墙直接建在长城墙体上，导致墙体消失，有部分住户的房基或院墙下尚有土筑墙体残存的痕迹；消失的后小段墙体处在村西浅缓的谷地中，被相同方向的砂石路所叠压破坏。谷中较小的冲沟洪水南向下泄，自消失段末端穿过。

12. 西边墙长城 3 段（150204382101020012）

该段长城起自兴胜镇西边墙村西 0.38 千米处，止于西边墙村西 0.59 千米处。墙体作直线分布，呈东—西走向，上接西边墙长城 2 段，下接西边墙长城 4 段。

墙体长 206 米，为黄褐土夯筑的土墙，夯层厚 8～11 厘米，保存差。墙体分布于西边墙村西部谷地中央小冲沟西岸，沟壁上见有夯层存在；沿缓坡地作上坡行，乡间砂石路紧邻墙体北侧通行，墙体在地表痕迹已不明显，略微隆起，底宽 1~2、残存最高 0.5 米；大体轮廓与走向可分辨。墙体西北部分布有较多砂石场，大型运砂车辆往来穿梭，对墙体保存影响较大，已濒于消失。

13. 西边墙长城 4 段（150204382301020013）

该段长城起自兴胜镇西边墙村西 0.59 千米处，止于兴胜镇笸箩铺村东北 0.68 千米处。原墙体应作外向折线形分布，由东偏南—西偏北走向转呈东—西走向，上接西边墙长城 3 段，下接笸箩铺长城 1 段。

本段长城为消失段，起止点之间的直线长度为 1727 米。原墙体应分布于西边墙村与笸箩铺村之间南向伸出的缓梁两侧，地处缓坡地上。消失的前小段墙体应作西偏北上坡行，翻过低缓山梁后转西行，有乡间土路直接叠压在墙体上，道路通行导致墙体消失。山梁顶部的墙体折弯处道路南侧，见有较短的一小段土墙遗存，略微高出于地表，划入消失段。长城沿线北部低缓的山体上分布着徐记沟、银匠沟等大小沟谷数条，北侧沟口处开辟有多家采砂场，有的地段墙体或被砂堆所掩埋；南侧坡地为林地或耕地。银匠沟大体处在该段墙体的中间部位，以东西向土路为界，路北为砂石场，路南河槽中有采砂坑，其东侧有南北向土路与东西向路相交叉。

14. 笸箩铺长城 1 段（150204382101020014）

该段长城起自兴胜镇笸箩铺村东北 0.68 千米处，止于笸箩铺村西 0.51 千米处。墙体作直线分布，呈东—西走向，上接西边墙长城 4 段，下接笸箩铺长城 2 段。

墙体长 1185 米，为黄褐土夯筑的土墙，止点处断面暴露夯层，夯层厚 10~12 厘米。总体保存差，其中保存差部分长 553 米、消失部分长 632 米，分别占该段墙体总长的 46.7%、53.3%。墙体分布于银匠沟西沟沟口西岸至达旦沟沟口东岸之间，地处笸箩铺村中及其两翼山前缓坡地上。造成上段墙体消失的东西向乡间道路南移，墙体在路北遗存，于地表呈低矮的土垄状，底宽 2~4、顶宽 1~1.5、残存最高 1.5 米（彩图二一七）。前小段墙体北侧堆积着加工过的砂石，有砂石场废料堆掩埋了部分墙体；村东一条窄缓的冲沟洪水西南向下泄，造成墙体豁口；中小段墙体消失于笸箩铺村中；村西耕地中的后小段墙体位于地块间的分隔处，地表隆起较明显。

15. 笸箩铺长城 2 段（150204382301020015）

该段长城起自兴胜镇笸箩铺村西 0.51 千米处，止于兴胜镇王老大窑村西北 0.69 千米处。原墙体应作内向折线形分布，总体呈东偏北—西偏南走向，上接笸箩铺长城 1 段，下接王老大窑长城 1 段。

本段长城为消失段，起止点之间的直线长度为 2475 米。原墙体应分布于笸箩铺村西的达旦沟沟口东岸与其西部的兴胜公墓西墙外小冲沟之间，地处王老大窑村东北部低缓的山前坡脚地带。沿线有数条大小沟谷的洪水南向或西南向下泄，河槽分布较为密集，上下均有采砂坑及堆积的大砂堆。消失的前小段墙体大体处在相同方向的乡间土路下，因车辆通行而消失；道路南折进入王老大窑村，其西侧的荒坡地上亦不见墙体踪迹；消失段末端建设有兴胜公墓，墙体在公墓西院墙外复现。依据相邻上下段墙体情况，推断该段墙体原应为土墙。

在兴胜公墓东侧的荒坡地上采集到宽沿盆、绳纹侈口矮领罐、交叉绳纹罐等陶器残片，其中宽沿盆沿下施凹弦纹带，带下施绳纹（彩图二一八）。推测这里或曾建筑有烽燧或障城，连同墙体在内俱已消失无踪。

16. 王老大窑长城 1 段（150204382101020016）

该段长城起自兴胜镇王老大窑村西北 0.69 千米处，止于王老大窑村西北 0.92 千米处。墙体作直线分布，大体呈东—西走向，上接笸箩铺长城 2 段，下接王老大窑长城 2 段。

墙体长272米，为黄土夯筑的土墙。总体保存差，其中保存差部分长225米、消失部分长47米，分别占该段墙体总长的82.7%、17.3%。墙体分布于兴胜公墓西部的山前缓坡地上，北距山体约0.3千米。墙体在地表呈低矮的土垄状，底宽2~4、顶宽1、残存最高1.5米。墙体顶部栽植了一排输电水泥杆，对墙体保存产生影响（彩图二一九）。起点处有小冲沟，山洪南流冲断墙体，冲沟两壁均见有夯层，夯土中夹杂有细小砾石，夯层厚10厘米。

17. 王老大窑长城2段（150204382301020017）

该段长城起自兴胜镇王老大窑村西北0.92千米处，止于王老大窑村西北1.1千米处。原墙体应作直线分布，大体呈东偏南—西偏北走向，上接王老大窑长城1段，下接王老大窑长城3段。

本段长城为消失段，起止点之间的直线长度为246米。原墙体应分布于王老大窑村西北部、兴胜公墓西部缓坡地上，北离山脚较远。沿线有被推土机平整的痕迹，加之以往的农田开垦与耕种，导致墙体消失。依据相邻上下段墙体情况，推断该段墙体原应为土墙。西向延伸的输电线路大体处在原墙体分布线上。消失段末端有一条洪水南流的小冲沟，其东侧有土路南北向穿过。

18. 王老大窑长城3段（150204382101020018）

该段长城起自兴胜镇王老大窑村西北1.1千米处，止于王老大窑村西北1.2千米处。墙体作直线分布，呈东偏南—西偏北走向，上接王老大窑长城2段，下接王老大窑长城4段。

墙体长39米，为黄土夯筑的土墙，保存差。墙体分布于王老大窑村西北部平缓的山前缓坡地上，处在兴胜公墓与车辆试验场的中间地带，于地表呈低矮的土垄状，底宽2~3、顶宽1、残存最高0.5米；略高出于地表，墙体轮廓可分辨。墙体两侧原为耕地，耕地开垦对墙体保存产生较大影响，调查时荒废不耕。墙体止点西侧原为小冲沟，现为一处较大的取土深坑，坑壁上可见墙体剖面，夯层厚10厘米。

19. 王老大窑长城4段（150204382301020019）

该段长城起自兴胜镇王老大窑村西北1.2千米处，止于王老大窑村西北1.6千米处。原墙体应作直线分布，呈东偏南—西偏北走向，上接王老大窑长城3段，下接王老大窑长城5段。

本段长城为消失段，起止点之间的直线长度为485米。原墙体应分布于王老大窑村西北部荒坡地上，处在大土坑与车辆试验场之间。前小段是取土深坑，坑西为废弃的坡耕地，地表的墙体痕迹不明显；末端是长环形车辆试验场北环道东缘。消失段中间有南北向的车辆试验场水泥路穿过，路东侧仍有可确认的土筑墙体残存，但几乎与地表平齐，划归消失段；推测有部分墙体埋在地表之下。墙体南部是一家企业单位，门前的车辆试验场水泥路通往青大线旅游公路。

20. 王老大窑长城5段（150204382101020020）

该段长城起自兴胜镇王老大窑村西北1.6千米处，止于王老大窑村西北1.9千米处。墙体作直线分布，呈东偏南—西偏北走向，上接王老大窑长城4段，下接王老大窑长城6段。

墙体长276米，为夯筑土墙，保存差。墙体分布于长环形车辆试验场北环道内东端，地处三老虎沟沟口南部。墙体沿低缓的山前坡地作上坡行，地表隆起较低矮，底宽5.1、顶宽1.5、残存最高1.4米（彩图二二〇）。从墙体起点的断面上观察，发现有部分墙体湮没在地表之下。墙体南北临环形试验场车道，车辆试验场建设对墙体保存产生一定影响。三老虎沟沟口因山洪冲积而形成扇形冲积面，分布有多处采砂坑。

21. 王老大窑长城6段（150204382301020021）

该段长城起自兴胜镇王老大窑村西北1.9千米处，止于王老大窑村西北2.1千米处。原墙体应作直线分布，呈东偏南—西偏北走向，上接王老大窑长城5段，下接王老大窑长城7段。

本段长城为消失段，起止点之间的直线长度为229米。原墙体应分布于车辆试验场北环道的东半部，应沿山前缓坡地修筑，墙体消失于耕地开垦中。依据相邻上下段墙体情况，推断该段墙体原应为土墙。参照上段墙体保存状况，推测消失段沿线地表下应有部分墙体遗存。墙体两侧为试验场车道，北部为三老虎沟沟口。

22. 王老大窑长城7段（1502043821010200022）

该段长城起自兴胜镇王老大窑村西北2.1千米处，止于王老大窑村西北2.4千米处。墙体作直线分布，呈东偏南—西偏北走向，上接王老大窑长城6段，下接王老大窑长城8段。

墙体长221米，为夯筑土墙，保存差。墙体分布于车辆试验场北环道中间偏东部位，在较缓的山前坡地上延伸，地势略显东高西低。墙体于地表呈低矮的土垄状，底宽2~3、顶宽1、残存最高1米（彩图二二一）。墙体局部有早期人为挖坑取土痕迹，植被已基本恢复。墙体南北两侧有试验场车道并行，北侧有长方形白色靶标；止点西侧有南北向土路穿过试验场车道，东北行进入三老虎沟。

23. 王老大窑长城8段（1502043823010200023）

该段长城起自兴胜镇王老大窑村西北2.4千米处，止于王老大窑村西北2.9千米处。原墙体应作直线分布，呈东偏南—西偏北走向，上接王老大窑长城7段，下接王老大窑长城9段。

本段长城为消失段，起止点之间的直线长度为540米。原墙体应分布于车辆试验场北环道的中间地带，沿平缓的山前坡地作下坡行，沿线栽植小杨树，局部仍见有土筑墙体略微隆起，地表遗迹总体不显，划归消失段。墙体两侧为车辆试验场车道，北侧的树林间也有土路并行。

24. 王老大窑长城9段（1502043821010200024）

该段长城起自兴胜镇王老大窑村西北2.9千米处，止于王老大窑村西北3千米处。墙体作直线分布，呈东偏南—西偏北走向，上接王老大窑长城8段，下接王老大窑长城10段。

墙体长107米，为夯筑土墙，保存差。墙体分布于车辆试验场北环道内中部偏西一侧的梁岗上，于杨树林西端复现，沿山前缓坡地作上坡行，于地表呈土垄状隆起，底宽3~5、顶宽1、残高0.5~1.5米；轮廓与走向明晰，墙体上有较多小石子，墙体及其周边绿草繁茂（彩图二二二）。墙体两侧为并行的试验场车道，北侧近墙体仍有土路延伸，接入该段墙体末端的南北向土路。

25. 王老大窑长城10段（1502043823010200025）

该段长城起自兴胜镇王老大窑村西北3千米处，止于兴胜镇银海新村东北1.3千米处。原墙体应作直线分布，呈东南—西北走向，上接王老大窑长城9段，下接银海新村长城1段。

本段长城为消失段，起止点之间的直线长度为814米。原墙体应分布于银海新村东部及车辆试验场北环道西端弧圈形车道内，应沿山前缓坡地作西北向下坡行，大体经车辆试验场北环道西端，穿出车辆试验场西围墙进入银海新村，墙体在村中东西路北侧复现。消失段沿线早期被开垦为耕地，地表不见墙体痕迹。依据相邻上下段墙体情况，推断该段墙体原应为土墙。

26. 银海新村长城1段（1502043821010200026）

该段长城起自兴胜镇银海新村东北1.3千米处，止于银海新村北1.2千米处。墙体作直线分布，呈东南—西北走向，上接王老大窑长城10段，下接银海新村长城2段。

墙体长1121米，为黄褐土夯筑的土墙。总体保存差，其中保存差部分长1031米、消失部分长90米，分别占该段墙体总长的92%、8%。墙体分布于银海新村中北部，大青山山体在西银匠村北部明显收缩，墙体沿山前缓坡地修筑，被包围在民房与工厂厂区之中，大部分墙体在地表呈低矮的土垄状，底宽2~6、顶宽0.5~1.5、残高0.5~1.5米（彩图二二三）。民房与工厂沿墙体两侧建筑，紧邻墙体南侧为村中道路；北侧处在民房门口外的墙体，居民为方便出行而将墙体铲平，造成多处墙体断豁，断面上暴露墙体夯层，夯层厚 10~15 厘米。

27. 银海新村长城 2 段（150204382301020027）

该段长城起自兴胜镇银海新村北 1.2 千米处，止于银海新村北 1.24 千米处。原墙体应作直线分布，呈东南—西北走向，上接银海新村长城 1 段，下接银海新村长城 3 段。

本段长城为消失段，起止点之间的直线长度为 101 米。原墙体应分布于银海新村中北部，前小段墙体消失在早期修筑的南北向水泥路下，路西的后半部分是一家新建的水泥预制件厂，厂区内尚有被夷平的土筑墙体痕迹。

28. 银海新村长城 3 段（150204382101020028）

该段长城起自兴胜镇银海新村北 1.24 千米处，止于银海新村西北 1.3 千米处。墙体作直线分布，大体上呈东南—西北走向，上接银海新村长城 2 段，下接银海新村长城 4 段。

墙体长 116 米，为黄土夯筑的土墙，夯层厚 10~12 厘米；保存差。墙体分布于银海新村中北部的南北向水泥路与其西部柏油路之间，于地表呈低矮的土垄状，底宽 4、顶宽 1、残高 0.7 米；部分地段墙体几乎被夷平，仅可分辨墙体走向。墙体南北两侧为工厂院落，工厂建设危及墙体安全。

29. 银海新村长城 4 段（150204382301020029）

该段长城起自兴胜镇银海新村西北 1.3 千米处，止于兴胜镇二海壕村东偏南 0.38 千米处。原墙体应作直线分布，呈东偏南—西偏北走向，上接银海新村长城 3 段，下接二海壕长城 1 段。

本段长城为消失段，起止点之间的直线长度为 78 米。原墙体应分布于银海新村中北部的南北向柏油路两侧，一条土路在消失段沿线自柏油路东北向岔出。消失段末端南北两侧建设有房屋，原墙体大体处在南侧房屋的墙基下，民房建设与道路修筑造成墙体消失。依据相邻上下段墙体情况，推断该段墙体原应为土墙。

30. 二海壕长城 1 段（150204382101020030）

该段长城起自兴胜镇二海壕村东偏南 0.38 千米处，止于二海壕村西偏北 0.77 千米处。墙体作直线分布，呈东偏南—西偏北走向，上接银海新村长城 4 段，下接二海壕长城 2 段。

墙体长 1154 米，为黄土夯筑的土墙。总体保存较差，其中保存较差部分长 1051 米、差部分长 15 米、消失部分长 88 米，分别占该段墙体总长的 91.1%、1.3%、7.6%。墙体分布于银海新村柏油路与青山公墓北冲沟之间，沿山前缓坡地延伸，大部分地段呈高土垄状，底宽 4~8、顶宽 1~2、残高 1~2.5 米；轮廓清晰，形体宽厚。前小段墙体分布于二海壕村中及其东部厂区中，地表隆起较低矮，有的民房或院墙紧贴墙体建筑；有三条南北向道路穿过墙体，导致墙体保存差或部分消失；后小段墙体处在村西荒坡地上，地势较平坦，地表隆起较高大（彩图二二四）。二海壕村西有土路垂直穿过墙体，末端为青山公墓北冲沟，洪水南向下泄，道路与冲沟均造成墙体断豁；断面上显露墙体夯层，夯土中夹杂着小石子，夯层厚 8~12 厘米。

31. 二海壕长城 2 段（150204382101020031）

该段长城起自兴胜镇二海壕村西偏北 0.77 千米处，止于二海壕村西偏北 1.1 千米处。墙体作直线分布，呈东偏南—西偏北走向，上接二海壕长城 1 段，下接二海壕长城 3 段。

墙体长 359 米，为黄土夯筑的土墙。总体保存差，其中保存差部分长 272 米、消失部分长 87 米，分别占墙体总长度的 75.8%、24.2%。墙体分布于二海壕村与色气湾村之间的山前缓坡地上，起点在青山公墓北沟河槽西岸，止点在三道坝沟东支沟西岸，北距山脚近 0.3 千米。墙体略作上坡行，地表呈明显的土垄状，底宽 0.5~4、顶宽 0.5~1.5、残高 1~2 米（彩图二二五）。中小段墙体外侧有一条窄小的水冲沟，紧邻墙体冲刷，连续造成两处墙体豁口，东偏南流汇入上段墙体末端的青山公墓北沟河槽；冲沟断面显示，墙体下为经过水平修整的自然砂石层，夯层厚 8~12 厘米。

32. 二海壕长城 3 段（1502043823010200032）

该段长城起自兴胜镇二海壕村西偏北 1.1 千米处，止于兴胜镇色气湾村东北 0.57 千米处。原墙体应作直线分布，呈东偏南—西偏北走向，上接二海壕长城 2 段，下接色气湾长城 1 段。

本段长城为消失段，起止点之间的直线长度为 159 米。原墙体应分布于色气湾村东部，地处三道坝沟与其东支沟之间。三道坝主沟山洪南偏东向下泄，东支沟洪水南偏西流，于消失段南部约 0.1 千米处合流。消失段沿线地貌为西北高、东南低的缓坡地，早期的洪水冲刷与后期的耕地开垦导致墙体消失。依据相邻上下段墙体情况，推断该段墙体原应为土墙。

33. 色气湾长城 1 段（1502043821101020033）

该段长城起自兴胜镇色气湾村东北 0.57 千米处，止于色气湾村东偏北 0.25 千米处。墙体作外向折线形分布，由东偏南—西偏北走向转呈东—西走向，上接二海壕长城 3 段，下接色气湾长城 2 段。

墙体长 318 米，为黄土夯筑的土墙，局部墙体表面裸露夯层，夯层厚 6~15 厘米；保存差。墙体分布于色气湾村东部的三道坝沟西岸与村东水泥路之间，沿山前缓坡地行进，于地表呈低矮的土垄状，底宽 2~4、顶宽 0.5~1.5、残存最高 2 米（彩图二二六）。有部分墙体北侧被养殖基地院墙和水泥预制件厂废料叠压，加之耕地开垦等人为因素，墙体受到较严重破坏。墙体南侧为耕地，紧邻墙体有土路并行，接入村东水泥路。

34. 色气湾长城 2 段（1502043823101020034）

该段长城起自兴胜镇色气湾村东偏北 0.25 千米处，止于色气湾村东北 0.07 千米处。原墙体应作直线分布，呈东—西走向，上接色气湾长城 1 段，下接色气湾长城 3 段。

本段长城为消失段，起止点之间的直线长度为 190 米。原墙体应分布于色气湾村中偏北部缓坡地上，前小段消失在紧邻村庄的南北向水泥路下，后小段因民房建设而消失。依据相邻上下段墙体情况，推断该段墙体原应为土墙。

35. 色气湾长城 3 段（1502043821101020035）

该段长城起自兴胜镇色气湾村东北 0.07 千米处，止于色气湾村北 0.04 千米处。墙体作直线分布，大体呈东—西走向，上接色气湾长城 2 段，下接色气湾长城 4 段。

墙体长 56 米，为黄土夯筑的土墙，保存差。墙体分布于色气湾村北半部，沿北高南低的缓坡地延伸，于地表呈低矮的土垄状，底宽 2~4、顶宽 0.5~1.5、残存最高 2 米；其中一段墙体裸露于地表，墙基出现粉状脱落，明显内凹，濒于倒塌。墙体南北两侧均为民房，西侧是南北向村中土路。

36. 色气湾长城 4 段（1502043823101020036）

该段长城起自兴胜镇色气湾村北 0.04 千米处，止于色气湾村西 0.28 千米处。原墙体应作直线分布，呈东偏北—西偏南走向，上接色气湾长城 3 段，下接前口子长城。

本段长城为消失段，起止点之间的直线长度为 288 米。原墙体应分布于色气湾西村及其两侧洪水河槽中，其中东沟河槽纵贯色气湾村，将该村分为东西两部分。原墙体应沿山前缓坡地上延伸，前小段墙体消失在村中河槽及西村中，后小段墙体消失于洪水南向下泄的深沟中，南部为深达 20 多米的大取土坑。西村中的一户民房北墙基下见有黄土夯筑的墙体残存，表明该段墙体原应为土墙。

37. 前口子长城（1502043821101020037）

该段长城起自兴胜镇色气湾村西 0.28 千米处，止于兴胜镇边墙壕村东北 0.31 千米处。墙体大体作直线分布，总体呈东—西走向，上接色气湾长城 4 段，下接边墙壕长城 1 段。

墙体长 1150 米，为黄土夯筑的土墙，其下为水平基础，夯层厚 9~14 厘米。总体保存较差，其中保存较差部分长 729 米、差部分长 265 米、消失部分长 156 米，分别占该段墙体总长的 63.4%、23% 和 13.6%。墙体分布于色气湾村西部与边墙壕村东部的山前缓坡地上，中部为天龙生态园。墙体沿山前缓坡地延伸，前、后小段墙体分布于平缓的高坡地及山梁上，明显隆起于地表，底宽 4～7、顶宽 3～5、残高 0.5～1.6 米（彩图二二七）。天龙生态园内的中小段墙体处在地势低洼的谷地中，一条缓沟洪水南向下泄，墙体在沟谷东岸先西南折，过沟沿西岸西北向折回，而后再直向西行，于沟谷两岸大体作倒置的"八"字形分布；缓沟内的墙体有部分消失，其西侧复有沟谷的洪水南向下泄，又导致部分墙体消失。两沟之间及其西部山梁上的后小段墙体被挖掘成水渠，致使墙体受到严重破坏。

墙体沿线调查烽燧 1 座，为前口子烽燧。

前口子烽燧（150204353201020004）

该烽燧位于兴胜镇前口子村东北 1.1 千米处，倚墙体外侧建筑，东距色气湾村 0.81 千米。

烽燧以黄土夯筑而成，夯层厚 9～14 厘米，保存差。墩台坍塌，呈椭圆形土丘状，底部东西 5、南北 6.5 米，顶部东西 2.1、南北 2.7 米，残高 1.5 米；顶部较平整，四周坍塌呈斜坡状，外侧夯层裸露，薄厚不匀（彩图二二八）。烽燧建筑在天龙生态园内缓沟东坡地上，周围为荒坡地，北侧为断崖，崖下取土遗留的大坑底部局部被平整成小块菜地。

烽燧北部断崖下散落着大量泥质灰陶或黑灰陶陶片，可辨器形为宽沿盆和侈口矮领罐，还见有素面陶钵，器表施绳纹、凹弦纹及弦断绳纹（图一六、一七）。

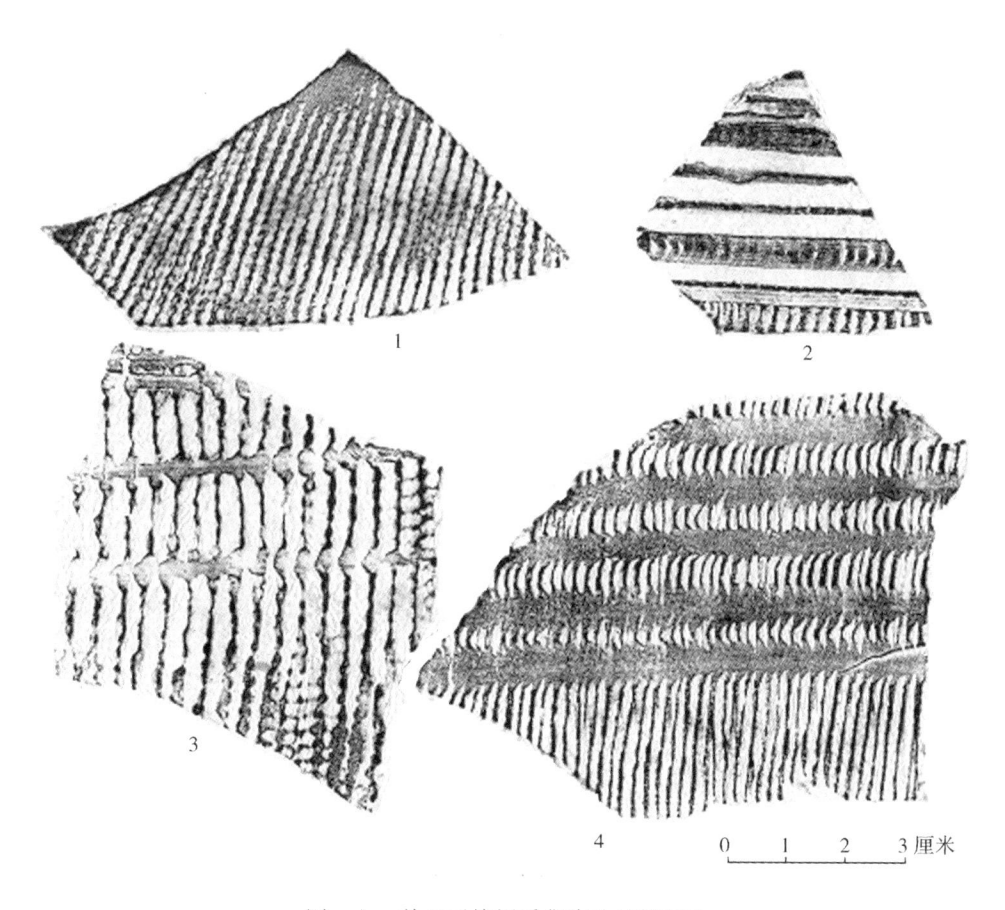

图一六 前口子烽燧采集陶片纹饰拓片
1. 绳纹　2. 凹弦纹与弦断绳纹　3、4. 弦断绳纹

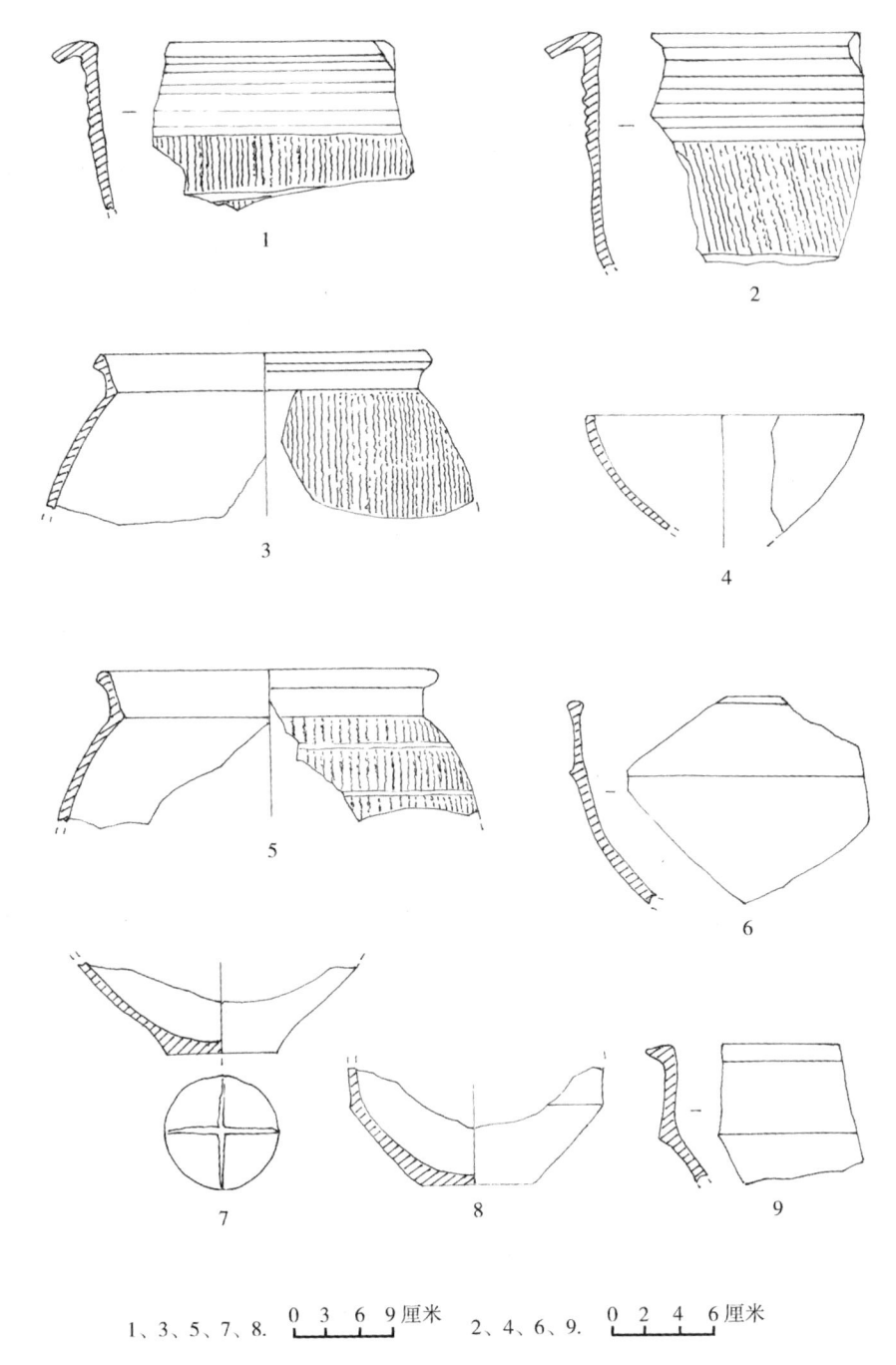

1、3、5、7、8. ┣━━━━┫ 0 3 6 9厘米　　2、4、6、9. ┣━━━┫ 0 2 4 6厘米

图一七　前口子烽燧采集陶片标本
1、2. 陶盆　3、5. 陶罐　4、6~9. 陶钵

　　烽燧西南部是一片东北高、西南低的缓坡地，地表及树坑旁均散布有陶片，2011年11月，包头市文物管理处曾做抢救性试掘，发掘出窖穴、灰坑和灰沟等遗迹，出土宽折沿盆、侈口矮领罐（彩图二二九）、折腹钵（彩图二三〇）、陶豆等典型战国遗物。陶钵底部见有刻划的"十"字线（彩图二三一）。陶盆为泥质灰褐质，宽沿，口微敛，斜弧腹，小平底，烧制火候高；口沿下施数道凹弦纹，其下施弦断绳纹，下腹部素面，口径32.5、底径14、高16.5厘米（彩图二三二）。文物遗存发现于缓沟沟

口东岸，试掘还发现有人工窖穴，且有较丰富的遗物集中出土，推测该地原曾建筑有障城。

38. 边墙壕长城 1 段（150204382101020038）

该段长城起自兴胜镇边墙壕村东北 0.31 千米处，止于边墙壕村北偏东 0.25 千米处。墙体作直线分布，大体呈东—西走向，上接前口子长城，下接边墙壕长城 2 段。

墙体长 123 米，为黄土夯筑的土墙，基础经水平修整，夯层厚 8~15 厘米；保存差。墙体分布于边墙壕村东坡地上，沿山前缓坡地作下坡行，于地表呈土垄状，底宽 3~7、顶宽 1.5~2.5、残高 0.5~2 米；部分地段墙体内侧挖掘有菜窖。后小段南侧倒塌的墙体堆积被清理，暴露出南壁原始轮廓，为调查重要发现。墙体自下而上有收分，测得南壁坡度 80°~85°；壁面上发现有板筑痕，筑墙夹板高 0.4 米（彩图二三三）。墙体北侧为荒坡地，南侧毗邻墙体新建一排砖木结构房屋。

39. 边墙壕长城 2 段（150204382301020039）

该段长城起自兴胜镇边墙壕村北偏东 0.25 千米处，止于边墙壕村西北 0.24 千米处。原墙体应作直线分布，呈东—西走向，上接边墙壕长城 1 段，下接边墙壕长城 3 段。

本段长城为消失段，起止点之间的直线长度为 158 米。原墙体应分布于边墙壕村中北部，沿线为浅缓的沟谷地带，东半部有村民三户，西半部有废弃的窑洞数孔，墙体消失于村落建设中。依据相邻上下段墙体情况，推断该段墙体原应为土墙。一条村中土路呈南北向自消失段前端穿过。

40. 边墙壕长城 3 段（150204382101020040）

该段长城起自兴胜镇边墙壕村西北 0.24 千米处，止于边墙壕村西北 0.24 千米处。墙体作直线分布，呈东—西走向，上接边墙壕长城 2 段，下接边墙壕长城 4 段。

墙体长 9 米，为黄土夯筑的土墙，墙体上裸露夯层，夯层厚 10 厘米；保存差。墙体分布于边墙壕村中部，残存于两间破旧窑洞的顶部，地表隆起较明显，底宽 3~4.4、顶宽 1.5~3、残存最高 3.5 米。墙体北侧为树木，南侧为断崖，断崖下为窑洞和洞前广场，四面临民房。

41. 边墙壕长城 4 段（150204382301020041）

该段长城起自兴胜镇边墙壕村西北 0.24 千米处，止于边墙壕村西北 0.4 千米处。原墙体应作直线分布，呈东—西走向，上接边墙壕长城 3 段，下接边墙壕长城 5 段。

本段长城为消失段，起止点之间的直线长度为 252 米。原墙体应分布于边墙壕村内西北部，沿线尽为房屋。前小段为农户院落，中间是一处厂房，后小段为菜园，园田中亦不见墙体痕迹。依据相邻上下段墙体情况，推断该段墙体原应为土墙。有村中土路在厂房东侧南北向穿过消失段。

42. 边墙壕长城 5 段（150204382101020042）

该段长城起自兴胜镇边墙壕村西北 0.4 千米处，止于边墙壕村西北 0.42 千米处。墙体作直线分布，呈东北—西南走向，上接边墙壕长城 4 段，下接边墙壕长城 6 段。

墙体长 30 米，为黄土夯筑的土墙，保存差。墙体位于边墙壕村西北部废弃的院落之间，周边被民房包围。墙体于地表大体呈土垄状，底宽 2、顶宽 1、内侧残高 2 米；外侧夯层显露，内侧紧邻墙体是一家民房，房屋建设导致墙体保存差。墙体西侧为南北向村中土路，东部为厂房。

43. 边墙壕长城 6 段（150204382301020043）

该段长城起自兴胜镇边墙壕村西北 0.42 千米处，止于边墙壕村西南 1.2 千米处。原墙体应作直线分布，呈东北—西南走向，上接边墙壕长城 5 段，下接边墙壕长城 7 段。

本段长城为消失段，起止点之间的直线长度为 911 米。原墙体应分布于边墙壕村西部的 G6 高速公路南北两侧，沿山前坡地修筑，后小段处在 G6 高速公路与 110 国道之间，末端在昆都仑沟沟口河槽东岸。消失的前小段墙体处在天龙生态园西园内，原为较大面积的取土坑，经平整栽植了各种树木，园中不见墙体痕迹；G6 高速公路斜穿后小段，公路内侧建筑有房屋，墙体消失于公路修筑与房屋建设之中。依据相邻上下段墙体情况，推断该段墙体原应为土墙。

44. 边墙壕长城 7 段（150204382101020044）

该段长城起自兴胜镇边墙壕村西南 1.2 千米处，止于边墙壕村西南 1.3 千米处。墙体作直线分布，呈东—西走向，上接边墙壕长城 6 段，下接昆都仑区昆都仑召长城 1 段。

墙体长 65 米，为黄褐土夯筑的土墙，止点处断面上可见夯层，夯层厚约 10 厘米；保存较差。墙体分布于昆都仑沟沟口河槽东岸一级台地上，于地表呈低矮的土垄状，底宽 5.5、顶宽 1.5、残高 1 米；有部分墙体应埋在地表之下（彩图二三四）。该段墙体被利用为边墙壕障城北墙，西临昆都仑沟河槽，南、北为 110 国道和 G6 高速公路，东侧是一家较大的院落。

墙体沿线调查障城 1 座，为边墙壕障城。

边墙壕障城（150204353102020002）

该障城位于兴胜镇边墙壕村西南 1 千米处，西距昆都仑区昆都仑召障城 0.62 千米，两者隔昆都仑河槽相望。

障城平面呈长方形，东西 70、南北 110 米。障城北墙利用长城墙体，其余障墙大部分残缺，仅西南角有小部分残存，据此可总体上把握障城轮廓。障墙以黄褐土夯筑，夯层厚 6~10 厘米；于地表呈低矮的土垄状，底宽 5.5、顶宽 1.5、残高 1 米。门址不清（彩图二三五）。障城建筑在昆都仑沟南沟口东台地上，西临河槽，东有前口子村，南、北有 110 国道和 G6 高速公路。障城内外见有较少的弦断绳纹陶片和瓦片。陶片可辨器形有折沿盆、侈口矮领绳纹罐和素面钵；瓦片分三类，一是外壁绳纹、内腹布纹，二是外壁绳纹、内腹菱形网格纹，三是外壁弦断绳纹、内腹布纹。其中，第二类瓦片应为汉代遗物，第三类具有北魏时期的特征。有土路斜穿障城进入昆都仑河槽中，路北有水泥杆输电线路。

五　包头市昆都仑区

在调查中，将包头市昆都仑区境内的赵北长城墙体划分为 31 段，包括土墙 16 段、消失段落 15 段。墙体总长 15814 米，其中土墙长 10394 米、消失段落长 5420 米。在总长 10394 米的土墙中，保存较差部分长 2145 米、差部分长 7460 米、消失部分长 789 米。

（一）长城墙体分布与走向

昆都仑区境内的战国赵北长城墙体，东起于哈业脑包乡昆都仑召村东北部昆都仑河河槽东岸的边墙壕障城西北角，向西随之消失在南流的昆都仑河槽中，于河槽西岸墙体复现，沿山前缓坡地作上坡行，G6 高速公路在更培庙沟沟口西侧斜穿长城，墙体中断。墙体再现于高速公路北侧路基下，穿行于乌拉山南麓山脚处狭窄的谷地之中，连续翻过两道山垭，进入西水泉村北部的包头市劳教所时再次消失。其后，墙体断续西行，呈低矮的土垄状延伸，经包头市垃圾填埋厂前，过大不柴沟遇有南向伸出的山梁，随即沿山梁东坡地南折，至山梁南缘岔入东西向窄谷地，顺谷地西偏南行；前后形成两个接近于直角的折转弯。

墙体在大塔所在的狭窄谷地中穿行，穿过谷地西山垭，向西行经两个并列的"丫"形沟谷沟口时均有墙体消失。走出谷地后的墙体复沿山前坡地西偏南行，在杨树沟与虎奔汉沟南口间大体作"V"形分布；于虎奔汉沟沟口西岸台地上建筑南北分布的障城 2 座，以扼守该沟口。虎奔汉沟与白新图沟之间有泉山金矿选矿厂，墙体消失在厂区之中；于其西墙外再现，经卜尔汉图嘎查南部直西而行，北侧有柏油路相伴随；过榆树沟直抵平房沟沟口。这段墙体地表遗迹较为明显，其间仅有少部分墙体消失在沟口前河槽中。过平房沟前河槽，墙体折向西南，继大不柴沟之后发生第二次较大范围的方向折转；经陈四窑村南，沿山脚行至哈德门村东转西行，穿过哈德门村及村中柏油路，止于哈德门沟沟口河槽东岸，过沟向西南进入九原区境域（地图八）。

（二）长城墙体与单体建筑保存现状

在对昆都仑区赵北长城的调查中，除划分了 31 段墙体外，沿线还调查单体建筑 9 座，包括烽燧 4 座、障城 4 座、古城 1 座。其中，4 座障城中，包括战国障城 3 座、汉代障城 1 座。另有消失的战国障城、汉代障城各 1 座；哈德门沟古城为汉代古城，古城内还包含有 1 座战国障城。下面，对这些墙体段落和单体建筑分作详细描述。

1. 昆都仑召长城 1 段（150203382301020001）

该段长城起自哈业脑包乡昆都仑召村东北 2.2 千米处，止于昆都仑召村北偏东 1.7 千米处。原墙体应作直线分布，呈东—西走向，上接青山区边墙壕长城 7 段，下接昆都仑召长城 2 段。

本段长城为消失段，起止点之间的直线长度为 918 米。原墙体应分布于南流的昆都仑沟河槽中及其东西两岸台地上，洪水冲刷导致墙体消失。依据相邻上下段墙体情况，推断原分布于台地上的墙体应为土墙。

墙体沿线调查障城 1 座，为昆都仑召障城。

昆都仑召障城（150203353102020001）

该障城位于哈业脑包乡昆都仑召村东北 1.4 千米处，110 国道与包白（包头—白云鄂博）铁路立体交叉口西北侧，东距青山区边墙壕障城 0.62 千米。

障城平面原呈长方形，北墙利用长城墙体，另筑其他三面障墙而成。城区内开辟为砂石厂，厂区建设几乎将障城夷为平地，除北墙外仅残存部分西墙。障墙以黄土夯筑而成，底宽 4.6、顶宽 3.3、残高 2.2 米；夯土纯净，夯层厚 9~12 厘米。20 世纪 80 年代中期，包头市文物管理处等单位曾对该障城作调查[1]，当时的记录是："障城北墙长 82 米，北墙即为赵长城，南墙及东西墙南端被毁。东墙方向正北，残长 40 米，残高 2.4 米。城内遗物较少，有绳纹板瓦、筒瓦、弦断绳纹陶片和罐等。"属于战国障城。

2. 昆都仑召长城 2 段（150203382101020002）

该段长城起自哈业脑包乡昆都仑召村北偏东 1.7 千米处，止于昆都仑召村北 1.5 千米处。墙体作内向折线形分布，总体呈东偏南—西偏北走向，上接昆都仑召长城 1 段，下接昆都仑召长城 3 段。

墙体长 686 米，为黄土夯筑的土墙。总体保存差，其中保存差部分长 660 米、消失部分长 26 米，分别占该段墙体总长的 96.2%、3.8%。墙体东临包白铁路，西至 G6 高速公路南侧路基下。起点处为昆都仑沟西小沟，末端为更培庙沟沟口西岸坡地，更培庙沟洪水出沟转东流，与西小沟洪水合流汇入昆都仑河槽。墙体沿冲沟南岸低缓的山前坡地作上坡行，于地表呈低矮的土垄状，底宽 3~7、顶宽 1~3、残高 1~2.5 米（彩图二三六）。包钢铺设输浆管道挖断前小段墙体，西壁上夯层清晰可见，夯层厚 6~13 厘米；有两条土路穿过中小段墙体，东侧路通往输浆泵站，西侧路通往更培庙沟，均造成

---

[1] 包头市文物管理处、达茂旗文物管理所：《包头境内的战国秦汉长城与古城》，《内蒙古文物考古》2000 年第 1 期。

中小段墙体豁口；后小段墙体处在高坡地上，相对保存较好，局部墙体被挖掘破坏，部分地段墙体上栽植了小松树。

3. 昆都仑召长城3段（1502033823011020003）

该段长城起自哈业脑包乡昆都仑召村北1.5千米处，止于昆都仑召村西北1.6千米处。原墙体应作直线分布，呈东偏南—西偏北走向，上接昆都仑召长城2段，下接西水泉长城1段。

本段长城为消失段，起止点之间的直线长度为422米。原墙体应分布于昆都仑召北部、更培庙沟沟口西部的山前缓坡地上，G6高速公路斜穿而过，道路修筑造成墙体灭失；下段墙体于路基北侧路旁林中复现。依据相邻上下段墙体情况，推断该段墙体原应为土墙。

4. 西水泉长城1段（1502033821011020004）

该段长城起自哈业脑包乡西水泉村东北1.5千米处，止于西水泉村东北0.27千米处。墙体前小段内外略有弯曲，后小段作直线分布；总体呈东—西走向，上接昆都仑召长城3段，下接西水泉长城2段。

墙体长1240米，为黄土夯筑的土墙。总体保存较差，其中保存较差部分长841米、差部分长359米、消失部分长40米，分别占该段墙体总长的67.8%、29%和3.2%。墙体分布于西水泉村东部低山沟谷地中及山前缓坡地上，止点在包头市劳教所东沟前河槽东岸。低山沟谷地之中的前小段墙体与G6高速公路之间，东西分布着三座圆形山丘，中、西两座山丘的南坡因高速公路修筑而切削，墙体先在东、中山丘之间的谷地中作西偏北行，翻过中间山丘北侧的山垭后沿西坡地作下坡行，穿过南向下泄的浅缓沟谷地，又西行翻过西山丘北侧的第二道山垭，沿狭窄的谷地作西偏南下坡行，跨过南向下泄的小洪水沟，穿出低山沟谷地带；小洪水沟西部的后小段墙体，沿山前缓坡地西行。墙体于地表呈低矮的土垄状，底宽3~7、顶宽1~2.5、残存最高1.5米（彩图二三七）。西山丘北部山垭两侧均为缓谷地，因水土流失而形成冲沟，东深西浅，有部分墙体消失在冲沟中，沟壁上暴露有墙体剖面，夯层厚8~12厘米（彩图二三八）。

墙体沿线调查烽燧2座，为西水泉1、2号烽燧。

西水泉1号烽燧（1502033532011020001）

该烽燧位于哈业脑包乡西水泉村东1.2千米处，北距山垭处的西水泉长城1段墙体0.08千米，西距西水泉2号烽燧0.27千米。

烽燧以黄土夯筑而成，保存差。墩台坍塌，仅残存底部，呈低平的土丘状，东西1.1~3、南北5.1、残高0.9米；顶部有人为挖掘的土坑，坑壁上可见墩台夯层。烽燧周围见有细碎的泥质灰褐陶片，器形难以辨识。烽燧建筑在中间圆形山丘顶部，地处南北向低缓山岭的末端。

西水泉2号烽燧（1502033532011020002）

该烽燧位于哈业脑包乡西水泉村东0.9千米处，北距坡下山垭处的墙体0.1千米，西南距西水泉3号烽燧3.7千米。

烽燧以黄土夯筑而成，保存差。墩台坍塌，仅残存基础部分，呈低矮的缓丘状，底部直径10~13、残高0.6米。墩台顶部发现有细碎陶片，器形不可辨，推测为筑烽燧用土中的包含物。烽燧建筑在西山丘顶部，南侧坡下为G6高速公路，其余三面坡地均为林地，东临沟谷，隔沟与西水泉1号烽燧相呼应。烽燧东北坡下有一半环形小山湾，北依长城墙体，避风向阳，地表见有较多陶片，均为灰褐陶，多施弦断绳纹（图一八），其次是绳纹和素面陶片，可辨器形有侈口矮领罐、宽沿盆和素面钵等（彩图二三九）。推测这里可能建筑有障城，以供值守沟谷两侧烽燧的士兵居住，但地表不见城垣，现为一片小树林。

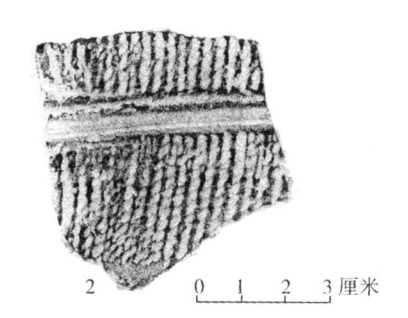

图一八　西水泉2号烽燧采集陶片纹饰拓片
1、2. 弦断绳纹

5. 西水泉长城2段（150203382301020005）

该段长城起自哈业脑包乡西水泉村东北0.27千米处，止于西水泉村西北0.52千米处。原墙体应作直线分布，呈东—西走向，上接西水泉长城1段，下接西水泉长城3段。

本段长城为消失段，起止点之间的直线长度为772米。原墙体应分布于G6高速公路之北的西水泉北村北部的山前缓坡地上，沿线后小段建设有包头市劳教所，劳教所大门大体处在原墙体分布线上；前小段是洪水南向下泄的河槽，洪水冲刷导致部分墙体灭失。河槽西岸坡地上有一家小工厂，院内的电线杆墩台上发现有墙体夯层，长约3米，为黄土夯筑的土墙，划归消失段。

6. 西水泉长城3段（150203382101020006）

该段长城起自哈业脑包乡西水泉村西北0.52千米处，止于西水泉村西北0.54千米处。墙体作直线分布，呈东—西走向，上接西水泉长城2段，下接西水泉长城4段。

墙体长24米，为黄土夯筑的土墙，保存差。墙体残存于包头市劳教所西侧的正源机械厂院内西北角，墙体较宽，略高出地面，呈土垄状，底宽8.1、残高0.5米。末端暴露出部分墙体断面，筑墙用土质地纯净，夯层厚8~12厘米。墙体附近采集到泥质灰陶片，器形应为罐，肩部施滚压斜线纹带（图一九）。

7. 西水泉长城4段（150203382301020007）

该段长城起自哈业脑包乡西水泉村西北0.54千米处，止于西水泉村西0.86千米处。原墙体应作直线分布，呈东—西走向，上接西水泉长城3段，下接西水泉长城5段。

本段长城为消失段，起止点之间的直线长度为320米。原墙体应分布于西水泉村西北部、包头市垃圾填埋厂东沟沟口外，沿山前缓坡地修筑，早期的山洪冲刷及包头市劳教所砖厂建设导致墙体消失。依据相邻上下段墙体情况，推断该段墙体原应为土墙。劳教所砖厂西院墙外有一条小河槽，洪水南流，下段墙体于河槽西岸复现。

8. 西水泉长城5段（150203382101020008）

该段长城起自哈业脑包乡西水泉村西0.86千米处，止于西水泉村西1.3千米处。墙体略作外向折线形分布，由东—西走向折转呈东偏北—西偏南走向，上接西

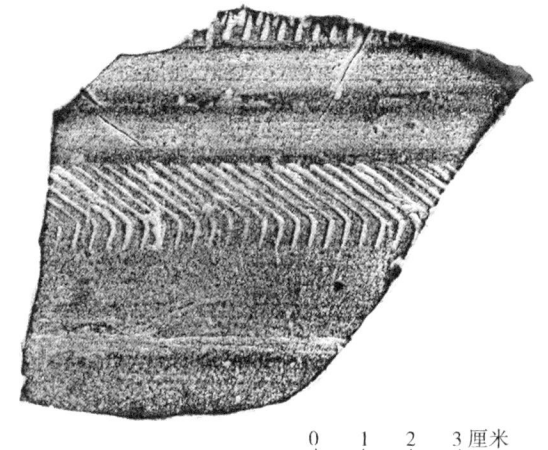

图一九　西水泉长城3段沿线采集滚压斜线纹带陶片拓片

水泉长城4段，下接西水泉长城6段。

墙体长418米，为黄褐土夯筑的土墙。总体保存差，其中保存差部分长335米、消失部分长83米，分别占该段墙体总长的80.1%、19.9%。墙体分布于劳教所砖厂西部的山前缓坡地上，东起于砖厂西院墙外小河槽西岸，西至垃圾填埋厂柏油路。墙体断续延伸，于地表呈低矮的土垄状，底宽1~3、顶宽0.5、残存最高0.8米（彩图二四〇）。有土路在后小段墙体南侧相伴行，其后穿过中小段墙体北行；穿过墙体的土路东西两侧各有一个取土坑，东大西小，人为取土造成部分墙体消失，坑壁上可见墙体夯层，夯土中夹杂有细砂砾，夯层厚约8厘米。

9. **西水泉长城6段**（152020338230102 0009）

该段长城起自哈业脑包乡西水泉村西1.3千米处，止于西水泉村西南1.6千米处。原墙体应作外向折线形分布，总体呈东偏北—西偏南走向，上接西水泉长城5段，下接西水泉长城7段。

本段长城为消失段，起止点之间的直线长度为368米。原墙体应分布于垃圾填埋厂沟与大不柴沟沟口之间，应西行穿过垃圾填埋厂沟口，翻过大不柴沟沟口东侧山垭，西南行垂直穿过大不柴沟口，墙体于沟口西岸缓坡地上再现。消失段沿线沟口地带有砂石场，砂石及废料堆积如山，早期的洪水冲刷与现代砂石开采导致墙体消失。依据相邻上下段墙体情况，推断该段墙体原应为土墙。

10. **西水泉长城7段**（152020338210102 0010）

该段长城起自哈业脑包乡西水泉村西南1.6千米处，止于西水泉村西南2.5千米处。墙体略作"S"状折线形分布，由东北—西南走向转呈北—南走向，末端转呈东偏北—西偏南走向；上接西水泉长城6段，下接西水泉长城8段。

墙体长1379米，为黄土夯筑的土墙。总体保存差，其中保存差部分长1294米、消失部分长85米，分别占该段墙体总长的93.8%、6.2%。墙体分布于大不柴沟沟口西岸及大塔东北部坡地上，先西南行穿过低缓的山垭，遇南向伸出的低矮山岭后转而沿东坡地南偏西行，南至山岭末端再沿谷地转作西偏南行，南北形成两个接近于直角的折弯。墙体于地表呈较明显的土垄状，底宽1~10、顶宽0.5~5、残存最高1米。前小段墙体多埋在地下，折弯处建设有砂石场，有部分墙体消失；后小段末端墙体处在狭窄的谷地中，受水土流失影响又有部分墙体消失；中小段墙体经行区域有两道小冲沟东南向下泄，均导致墙体出现断豁；南冲沟西岸墙体顶部裸露密集的夯窝，夯层厚8~13厘米，夯窝直径8~10、深3~5厘米；该冲沟南部山岭东坡地上及转弯处的墙体地表隆起较明显（彩图二四一、二四二）。墙体沿线发现有泥质灰陶宽沿盆残片，口沿下为凹弦纹，其下施弦断绳纹（图二〇）。

11. **西水泉长城8段**（152020338230102 0011）

该段长城起自哈业脑包乡西水泉村西南2.5千米处，止于西水泉村西南2.6千米处。原墙体应作直线分布，呈东—西走向，上接西水泉长城7段，下接西水泉长城9段。

本段长城为消失段，起止点之间的直线长度为164米。原墙体应分布于大塔所在的"十"字形谷地中，沿狭窄的东西向谷地修筑，南侧为沟口，紧邻G6高速公路。前小段沿线为灌木林地，谷地中央有一处独立院落，墙体大体应在该院落北侧穿过，地表不见墙体痕迹。依据相邻上下段墙体情况，推断该段墙体原应为土墙。

12. **西水泉长城9段**（152020338210102 0012）

该段长城起自哈业脑包乡西水泉村西南2.6千米处，止于西水泉村西南3.4千米处。墙体作外向折线形分布，由东—西走向转呈东北—西南走向，上接西水泉长城8段，下接西水泉长城10段。

墙体长738米，为黄土夯筑的土墙。总体保存差，其中保存较差部分长147米、差部分长547米、消失部分长44米，分别占该段墙体总长的19.9%、74.1%和6%。墙体分布于大塔西南部、新光第一

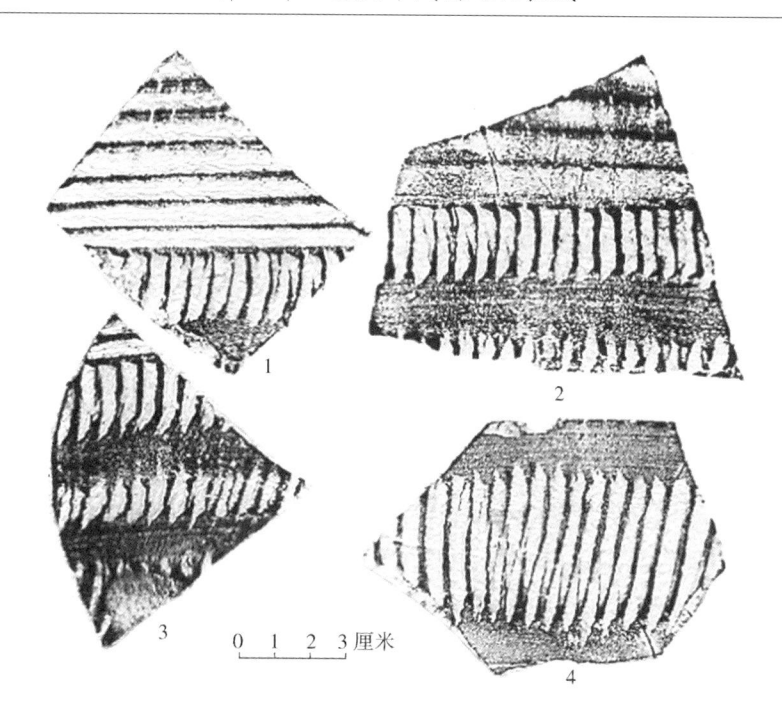

图二〇　西水泉长城7、9段沿线采集陶片纹饰拓片

1~3. 凹弦纹与弦断绳纹　4. 弦断绳纹

（1、3采自西水泉长城9段，2、4采自西水泉长城7段）

村东北部的乌拉山南麓低山丘陵之中，地处大塔与其西南部"丫"形沟谷之间。前小段墙体沿狭窄的谷地作上坡行，地表隆起较高大，局部墙体表面夯层裸露，夯层厚8~13厘米；穿过大塔西山垭转作下坡行，遇洪水西南向下泄的小沟谷，有部分墙体消失于河槽中；转于河槽西岸西南行的墙体逐渐穿出谷地，复沿乌拉山南麓坡地下坡行。墙体于地表呈低矮的土垄状，底宽3~7、顶宽1~2、残高0.5~3米（彩图二四三）。墙体沿线采集有泥质黑灰陶片，器形为盆，沿下施数道凹弦纹，其下施弦断绳纹（参见图二〇）。有土路在外侧伴随着前小段墙体，于中间小沟谷河槽处转于墙体南侧通行。前小段墙体所在的谷地之南为一条东西向山岭，山岭南坡脚下为G6高速公路。

墙体沿线调查烽燧1座，为西水泉3号烽燧。

西水泉3号烽燧（150203353201020003）

该烽燧位于哈业脑包乡西水泉村西南2.9千米处，东北距大塔0.33千米，北距山岭下谷地中的墙体0.09千米。

烽燧以黄土夯筑而成，保存差。墩台坍塌，仅残存基础部分，呈低矮的正方形土墩台，边长5.2、残高0.4米。西侧边缘有一排石块，推测为烽燧底部的基础石。烽燧修筑在墙体南侧东西向山岭顶部，为左近山体的制高点，借用自然山体，登高望远，视野开阔，便于瞭望与侦察（彩图二四四）。

13. 西水泉长城10段（150203382301020013）

该段长城起自哈业脑包乡西水泉村西南3.4千米处，止于西水泉村西南3.6千米处。原墙体应作直线分布，呈东偏北—西偏南走向，上接西水泉长城9段，下接杨树沟长城1段。

本段长城为消失段，起止点之间的直线长度为232米。原墙体应分布于大塔西南部"丫"形沟谷沟口处，两条支沟洪水分别呈西南向、东南向下泄，其中东支沟洪水出沟口受墙体阻挡而转西南流，与西支沟山洪汇合冲断墙体，形成宽缓的洪水河槽，河槽中有采砂遗留的大坑，洪水冲刷及人为采砂导致墙体消失。东支沟河槽南岸尚有部分土筑墙体残存，表明该段墙体原应为土墙。

14. 杨树沟长城 1 段（150203382101020014）

该段长城起自哈业脑包乡杨树沟村东 1.4 千米处，止于杨树沟村东南 0.06 千米处。墙体略作内向折线形分布，由东偏北—西偏南走向转呈东—西走向，上接西水泉长城 10 段，下接杨树沟长城 2 段。

墙体长 1329 米，为黄褐土夯筑的土墙，局部墙体表面有夯层显露。总体保存差，其中保存差部分长 1162 米、消失部分 167 米，分别占该段墙体总长的 87.4%、12.6%。墙体分布于杨树沟东南部山脚下，地处"丫"形沟谷沟口西岸与杨树沟沟口之间，沿低山前坡地延伸，于地表呈低矮的土垄状，底宽 3~5、顶宽 0.5~1.5、残存最高 1.6 米（彩图二四五）。西偏南行的前小段墙体地表隆起较明显，延伸至中部山体南凸处折向西行，有两条较小沟谷的洪水水流于拐点两侧冲断墙体，其中西沟东壁暴露墙体横断面，基宽 5.5 米，夯层厚 6~10 厘米。两沟之间的中小段墙体保存较好，后小段墙体比较低矮；末端为杨树沟，洪水南向下泄，其东支沟山洪西南流，洪水冲刷形成宽缓河槽，穿过墙体后两水流汇聚，导致部分墙体消失。有土路于外侧伴行后小段墙体，对墙体保存构成影响。

15. 杨树沟长城 2 段（150203382101020015）

该段长城起自哈业脑包乡杨树沟村东南 0.06 千米处，止于杨树沟村西偏南 1 千米处。墙体大略作"V"状内向折线形分布，由东北—西南走向转呈东偏南—西偏北走向，上接杨树沟长城 1 段，下接虎奔汉沟长城 1 段。

墙体长 1098 米，为夯筑土墙。总体保存差，其中保存较差部分长 485 米、差部分长 613 米，分别占该段墙体总长的 44.2%、55.8%。墙体分布于杨树沟与虎奔汉沟之间的乌拉山南麓山脚下，沿杨树沟西沟西岸的赭石山嘴前坡脚延伸，墙体拐点在西沟沟口处。墙体于地表呈低矮的土垄状，底宽 3~10、顶宽 0.5~3、残存最高 2.5 米（彩图二四六）。前小段墙体地表隆起较明显，后小段接近采砂场的部分墙体被砂石掩埋，墙体轮廓与走向可分辨。有三条较小沟谷的洪水南流，造成后小段墙体出现小断豁。一条土路穿过前小段墙体，转于外侧与之并行。

16. 虎奔汉沟长城 1 段（150203382301020016）

该段长城起自哈业脑包乡虎奔汉沟村南偏东 1 千米处，止于虎奔汉沟村南 0.86 千米。原墙体应作直线分布，呈东偏南—西偏北走向，上接杨树沟长城 2 段，下接虎奔汉沟长城 2 段。

本段长城为消失段，起止点之间的直线长度为 296 米。原墙体应分布于虎奔汉沟沟口东岸的山前缓坡地上，沿线前端为砂石料场，末端为沟壑；中间为林地，地表隐约可见略微隆起的土筑墙体痕迹，推测有部分墙体被湮没于地下。

17. 虎奔汉沟长城 2 段（150203382101020017）

该段长城起自哈业脑包乡虎奔汉沟村南 0.86 千米处，止于虎奔汉沟村南 0.85 千米处。墙体作直线分布，呈东偏南—西偏北走向，上接虎奔汉沟长城 1 段，下接虎奔汉沟长城 3 段。

墙体长 29 米，为夯筑土墙，保存差。墙体位于虎奔汉沟沟口东岸台地上，沿河槽边缘的缓坡地延伸，于地表呈低矮宽缓的土垄状，底宽 5、顶宽 2.5、残存最高 1.6 米（彩图二四七）。墙体西临虎奔汉沟采砂场，东临采砂深坑，受水土流失及采砂作业影响，这部分墙体已濒于消失。

18. 虎奔汉沟长城 3 段（150203382301020018）

该段长城起自哈业脑包乡虎奔汉沟村南 0.85 千米处，止于虎奔汉沟村南偏西 0.86 千米处。原墙体应作直线分布，呈东—西走向，上接虎奔汉沟长城 2 段，下接虎奔汉沟长城 4 段。

本段长城为消失段，起止点之间的直线长度为 159 米。原墙体应分布于虎奔汉沟沟口外，洪水冲刷形成浅缓河槽，现开辟为采砂场，以往的洪水侵蚀及采砂作业导致墙体消失。依据相邻上下段墙体

19. 虎奔汉沟长城 4 段（150203382101020019）

该段长城起自哈业脑包乡虎奔汉沟村南偏西 0.86 千米处，止于虎奔汉沟村南偏西 0.87 千米处。墙体作直线分布，呈东—西走向，上接虎奔汉沟长城 3 段，下接卜尔汉图长城 1 段。

墙体长 97 米，为黄土夯筑的土墙，保存差。墙体位于虎奔汉沟沟口西岸台地上，沿山前缓坡地延伸，于地表呈明显的土垄状，底宽 3～5、顶宽 1.5、残存最高 2 米；部分墙体被利用为虎奔汉沟北障城南墙（彩图二四八）。墙体西侧为泉山金矿选矿厂，东临虎奔汉沟，沟边有土路环绕障城。

墙体沿线调查障城 2 座，为虎奔汉沟北障城、虎奔汉沟南障城。其中，前者为战国障城，后者为汉代障城。

虎奔汉沟北障城（150203353102020002）

该障城位于哈业脑包乡虎奔汉沟村南偏西 0.8 千米处，倚墙体外侧建筑，南距虎奔汉沟南障城 0.15 千米。

障城平面呈长方形，东西 70、南北 47 米。障城凸出于墙体外侧，南墙利用虎奔汉沟长城 4 段墙体，另筑其他三墙而成，轮廓清晰，保存差（参见彩图二四八）。障墙以黄土夯筑而成，于地表呈较高的土垄状，底宽 8～10、顶宽 2～4、残高 1～1.7 米。南墙正中设门，门宽 6 米，方向为 176°。城内采集到宽沿陶盆、侈口矮领罐残片，盆沿下施数道凹弦纹，罐施弦断绳纹，绳纹规整；还见有夹砂粗绳纹陶釜残片。障城建筑于虎奔汉沟沟口西岸台地上，为重点防御该沟口而设置。

虎奔汉沟南障城（150203353102040002）

该障城位于哈业脑包乡虎奔汉沟村南偏西 0.95 千米处，修筑于虎奔汉沟沟口西岸台地上，北距赵北长城墙体 0.15 千米。

早期的调查，可见障城保存较为完整[1]。复查时，由于泉山金矿选矿厂实施工程扩建，将障城大半部包围在院落之中，障城仅存少部分墙体。依据早期调查资料，可知障城平面呈长方形，东西 144、南北 115 米。障城内有一道南北向墙体，将障城一分为二，东小城东西 60 米，西小城东西 84 米。东小城东墙中部设一门，西小城南、北墙中部各设一门，门址均宽约 10 米。障城内地表采集有泥质灰陶片、黑陶片等，纹饰有绳纹、弦断绳纹、菱形网格纹带等，可辨器形有平折沿盆、高领罐等。

20. 卜尔汉图长城 1 段（150203382301020020）

该段长城起自哈业脑包乡卜尔汉图嘎查东偏南 1.1 千米处，止于卜尔汉图嘎查东南 0.83 千米处。原墙体应作直线分布，呈东偏北—西偏南走向，上接虎奔汉沟长城 4 段，下接卜尔汉图长城 2 段。

本段长城为消失段，起止点之间的直线长度为 347 米。原墙体应分布于卜尔汉图嘎查东南部泉山金矿选矿厂院内，大体自东院墙北拐角处进入，于西院墙中北部出，选矿厂建设造成墙体消失。依据相邻上下段墙体情况，推断该段墙体原应为土墙。

21. 卜尔汉图长城 2 段（150203382101020021）

该段长城起自哈业脑包乡卜尔汉图嘎查东南 0.83 千米处，止于卜尔汉图嘎查东南 0.6 千米处。墙体作直线分布，呈东—西走向，上接卜尔汉图长城 1 段，下接卜尔汉图长城 3 段。

墙体长 267 米，为夯筑土墙，保存差。墙体位于卜尔汉图嘎查东南部白新图沟西岸的山前缓坡地上，于地表呈低矮的土垄状，底宽 3～5、顶宽约 1.5、残高 0.3～0.6 米（彩图二四九）。止点处因人为挖坑取土而破坏，断面显示筑墙前将自然坡地修整成水平基础，然后用黄土逐层夯筑墙体，夯层厚 8

---

[1] 包头市文物管理处、达茂旗文物管理所：《包头境内的战国秦汉长城与古城》，《内蒙古文物考古》2000 年第 1 期。

~12厘米。沿线采集陶壶口沿残片，为泥质黄褐陶，器壁较厚，侈口，三角唇，束颈。墙体南侧为出入卜尔汉图嘎查的柏油路，路南是一处较大的正方形院落；墙体北侧为绿化林地，林地西侧有一处牧民旅游点。

22. 卜尔汉图长城3段（15020338230102 0022）

该段长城起自哈业脑包乡卜尔汉图嘎查东南0.6千米处，止于卜尔汉图嘎查东南0.48千米处。原墙体应作直线分布，呈东—西走向，上接卜尔汉图长城2段，下接卜尔汉图长城4段。

本段长城为消失段，起止点之间的直线长度为153米。原墙体位于卜尔汉图嘎查东南部缓坡地上，出入卜尔汉图嘎查的柏油路斜穿墙体，其后转于下段墙体北侧与之并行，道路修筑造成墙体灭失。依据相邻上下段墙体情况，推断该段墙体原应为土墙。

23. 卜尔汉图长城4段（15020338210102 0023）

该段长城起自哈业脑包乡卜尔汉图嘎查东南0.48千米处，止于卜尔汉图嘎查西南0.96千米处。墙体作直线分布，呈东—西走向，上接卜尔汉图长城3段，下接卜尔汉图长城5段。

墙体长1251米，为黄褐土夯筑的土墙。总体保存差，其中保存较差部分长509米、差部分长552米、消失部分长190米，分别占该墙体总长的40.7%、44.1%和15.2%。墙体位于卜尔汉图嘎查西南部的山前缓坡地上，地处卜尔汉图嘎查东沟与榆树沟之间，于地表呈较高大的土垄状，底宽3~10、顶宽0.5~2、残存最高1.5米（彩图二五〇）。长城沿线前后有四条宽窄不一的浅冲沟分布，洪水南向下泄冲断墙体，冲沟断面上见有夯层，夯层厚9~12厘米，夯土较纯净。墙体中间及末端有三条南北向土路穿过，均造成墙体断豁。前小段墙体较低矮，后小段墙体相对隆起较明显。

24. 卜尔汉图长城5段（15020338230102 0024）

该段长城起自哈业脑包乡卜尔汉图嘎查西南0.96千米处，止于卜尔汉图嘎查西南1.1千米处。原墙体应作直线分布，呈东—西走向，上接卜尔汉图长城4段，下接卜尔汉图长城6段。

本段长城为消失段，起止点之间的直线长度为99米。原墙体应分布于卜尔汉图嘎查与平房沟之间的榆树沟沟口前河槽中，沿山前缓坡地修筑，榆树沟洪水南向冲刷导致墙体消失。依据相邻上下段墙体情况，推断该段墙体原应为土墙。

25. 卜尔汉图长城6段（15020338210102 0025）

该段长城起自哈业脑包乡卜尔汉图嘎查西南1.1千米处，止于卜尔汉图嘎查西南1.4千米处。墙体大体作直线分布，呈东—西走向，上接卜尔汉图长城5段，下接卜尔汉图长城7段。

墙体长404米，为夯筑土墙，总体保存差。墙体位于卜尔汉图嘎查西南部榆树沟与平房沟之间的山前缓坡地上，前小段作上坡行，后小段处在平房沟沟口东岸高岗地上，末端转向西南行。墙体于地表呈低矮的土垄状，底宽3~6、顶宽0.5~1、残存最高1.5米；部分地段墙体两侧散落有石块，推测局部地段可能有外包石（彩图二五一）。北侧有土路与墙体并行，西北向进入平房沟。有两条土路穿过中小段墙体，其中东侧土路东北行进入榆树沟，西侧土路西北行进入平房沟，车辆通行较少，对墙体影响甚微。

墙体沿线调查烽燧、障城各1座，为卜尔汉图烽燧、卜尔汉图障城。

卜尔汉图烽燧（15020335320102 0004）

该烽燧位于哈业脑包乡卜尔汉图嘎查西南1.4千米处，北距卜尔汉图长城6段墙体0.03千米。

烽燧以黄土夯筑而成，保存差。墩台坍塌，呈低矮的缓丘状，底部直径13、残高0.5米。墩台周围采集到泥质灰褐陶片，为弦断绳纹或绳纹侈口矮领罐腹部残片，还发现有外壁瓦棱纹瓦片（图二一；彩图二五二）。烽燧建筑在平房沟沟口东岸岗地上，地处卜尔汉图障城内中心部位，西临平房沟，东临榆树沟，可同时监控两条沟谷。

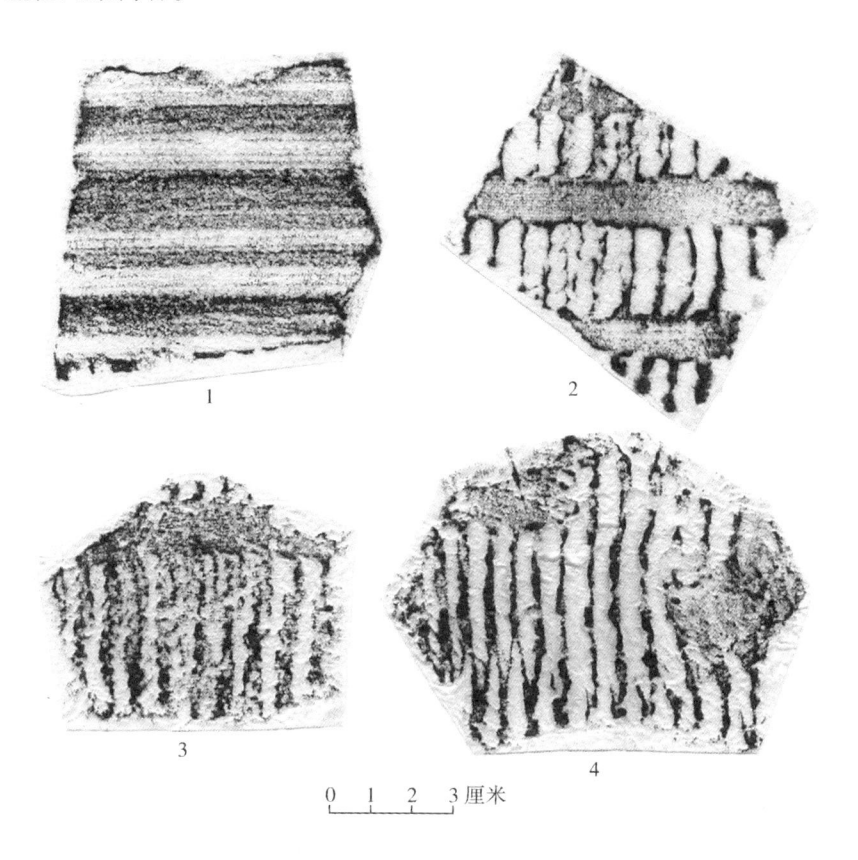

图二一　卜尔汉图烽燧采集陶、瓦片纹饰拓片
1. 瓦棱纹瓦片　2、3. 弦断绳纹　4. 绳纹

卜尔汉图障城（1502033531020200003）

该障城位于哈业脑包乡卜尔汉图嘎查西南1.4千米处，依卜尔汉图长城6段墙体南侧建筑，为战国障城。

障城平面呈长方形，东西90、南北72米。北墙利用卜尔汉图长城6段墙体，另筑其他三面障墙而成，保存差。障城四周城垣尚存，轮廓可分辨，整体较低矮，略隆起于地表，底宽3~4、顶宽0.5~1、残存最高0.5米。障墙以黄土夯筑而成，夯层厚9~11厘米。门址不清。障城建筑在平房沟东岸岗地上，为北高南低的缓坡地，西侧紧邻平房沟河槽，洪水南向下泄；南部为采砂坑。城内正中央为卜尔汉图烽燧（彩图二五三）。

在平房沟西侧，第二次全国文物普查时还调查有一座障城，本次调查时已消失不见，可能为一座汉代障城。

26. 卜尔汉图长城7段（1502033823010200026）

该段长城起自哈业脑包乡卜尔汉图嘎查西南1.4千米处，止于卜尔汉图嘎查西南1.7千米处。原墙体应作直线分布，呈东北—西南走向，上接卜尔汉图长城6段，下接卜尔汉图长城8段。

本段长城为消失段，起止点之间的直线长度为340米。原墙体应分布于平房沟沟口前河槽及其东北、西南岸坡地上，当沿障城南墙西行，垂直穿过平房沟河槽，过沟转西南行。平房沟纵深较长，洪水南向下泄形成宽阔河槽，沟中有采砂场，洪水冲刷及采砂作业造成墙体消失。依据相邻上下段墙体情况，推断该段墙体原应为土墙。

27. 卜尔汉图长城 8 段（150203382101020027）

该段长城起自哈业脑包乡卜尔汉图嘎查西南 1.7 千米处，止于卜尔汉图嘎查西南 2.4 千米处。墙体作内向折线形分布，总体呈东北—西南走向，上接卜尔汉图长城 7 段，下接卜尔汉图长城 9 段。

墙体长 663 米，为黄褐土夯筑的土墙。总体保存差，其中保存差部分长 627 米、消失部分长 36 米，分别占该段墙体总长的 94.6%、5.4%。墙体分布于陈四窑村东部山前缓坡地上，处于平房沟与陈四窑东侧小"丫"形沟谷之间，在地表呈低矮的土垄状，底宽 3~5、残存最高 0.5 米（彩图二五四）。止点处断面显示，筑墙前将基础作水平修整，再逐层夯筑墙体；该断面墙体基宽 6.2、残高 2 米；夯层厚 6~10 厘米。前小段墙体两侧均为采砂坑，有土路先在墙体内侧后转墙体外侧相伴而行；中小段有南流小洪水河槽，局部墙体因采砂而消失；后小段墙体于地表隆起较明显，有高压输电线路的铁塔直接建筑在墙体上。

28. 卜尔汉图长城 9 段（150203382301020028）

该段长城起自哈业脑包乡卜尔汉图嘎查西南 2.4 千米处，止于卜尔汉图嘎查西南 2.5 千米处。原墙体应作直线分布，呈东北—西南走向，上接卜尔汉图长城 8 段，下接哈德门长城 1 段。

本段长城为消失段，起止点之间的直线长度为 175 米。原墙体应分布于陈四窑村南的山前缓坡地上，发源于村北山体上的三条较小沟谷洪水南向下泄，于村南合流，遇墙体转西南流，顺墙体冲刷，加之冲沟中有采砂迹象，造成该段墙体灭失。依据相邻上下段墙体情况，推断该段墙体原应为土墙。

29. 哈德门长城 1 段（150203382101020029）

该段长城起自哈业脑包乡哈德门村东北 1.1 千米处，止于哈德门村东北 0.5 千米处。墙体作内向折线形分布，由东北—西南走向转呈东—西走向，上接卜尔汉图长城 9 段，下接哈德门长城 2 段。

墙体长 608 米，为黄褐土夯筑的土墙。总体保存差，其中保存差部分长 490 米、消失部分长 118 米，分别占该段墙体总长的 80.6%、19.4%。墙体分布于陈四窑村与哈德门村之间的山前缓坡地上，于地表呈高大宽厚的土垄状，底宽 4~7、顶宽 1~2、残高 0.5~2 米；顶部浑圆，两侧呈斜坡状（彩图二五五）。有四条大小沟谷的洪水南偏东向下泄，在墙体外侧形成深壕沟。其中，西侧两沟洪水直接冲断东西走向的后小段墙体，在墙体折弯点的南侧两水汇聚，现为较大的圆形采砂坑；东侧两沟的洪水冲断前小段墙体，断壁上发现墙体下有石块垒砌的墙基，由该断面测得墙体原始基宽 5.1、顶部残宽 2.5、残高 2.8 米；夯层厚 6~15 厘米。

30. 哈德门长城 2 段（150203382301020030）

该段长城起自哈业脑包乡哈德门村东北 0.5 千米处，止于哈德门村西北 0.4 千米处。原墙体应作直线分布，呈东—西走向，上接哈德门长城 1 段，下接哈德门长城 3 段。

本段长城为消失段，起止点之间的直线长度为 655 米。原墙体应沿山前缓坡地修筑，分布于哈德门村中，墙体消失于早期村落建设之中。依据相邻上下段墙体情况，推断该段墙体原应为土墙。

31. 哈德门长城 3 段（150203382101020031）

该段长城起自哈业脑包乡哈德门村西北 0.4 千米处，止于哈德门村西北 0.53 千米处。墙体作直线分布，呈东—西走向，上接哈德门长城 2 段，下接九原区阿嘎如泰长城 1 段。

墙体长 163 米，为黄土夯筑的土墙，保存较差。墙体分布于哈德门村西北部的哈德门沟沟口前河槽东岸台地上，沿山前坡地延伸，于地表呈低矮的土垄状，底宽 7~11、顶宽 5~7、残高 1~2 米；顶部经人为平整，两侧呈斜坡状，墙体形态已发生部分改变（彩图二五六）。墙体北侧有一家白灰厂，南为民房，东临石哈（石哈河—哈德门）公路，西临哈德门沟河槽。

墙体沿线调查古城1座，为哈德门沟古城。

哈德门沟古城（150203353102040003）

该古城位于哈业脑包乡哈德门村西北0.5千米处，地处哈德门沟沟口东岸台地之上。古城分为内外城，其中内城为战国障城，外城为西汉五原郡中部都尉治所原高城。

古城外城依所在台地地势修筑，平面呈不规则四边形，东墙长291米、南墙长197米、西墙长212米、北墙长360米。城墙夯筑而成，保存差，仅断续可见，现存墙体底宽3~5、顶宽0.5~1、残高0.5~3米；于古城东墙断面上测得墙体原始基宽8.4、顶宽2.5、残高3.4米；夯层厚8~13厘米。古城内西北部二级台地上修筑有一座障城，边长约50米，墙体高出地表约1米。南墙中部有一座石头堆，似为门址，方向为182°（图二二；彩图二五七）。古城内地表采集有陶片、瓦片等遗物。陶器可辨器形有泥质褐陶弦断绳纹盆等；瓦片均为板瓦，一类外壁、内腹均饰绳纹或交叉绳纹，另一类外壁素面、内腹饰布纹（图二三；彩图二五八）。

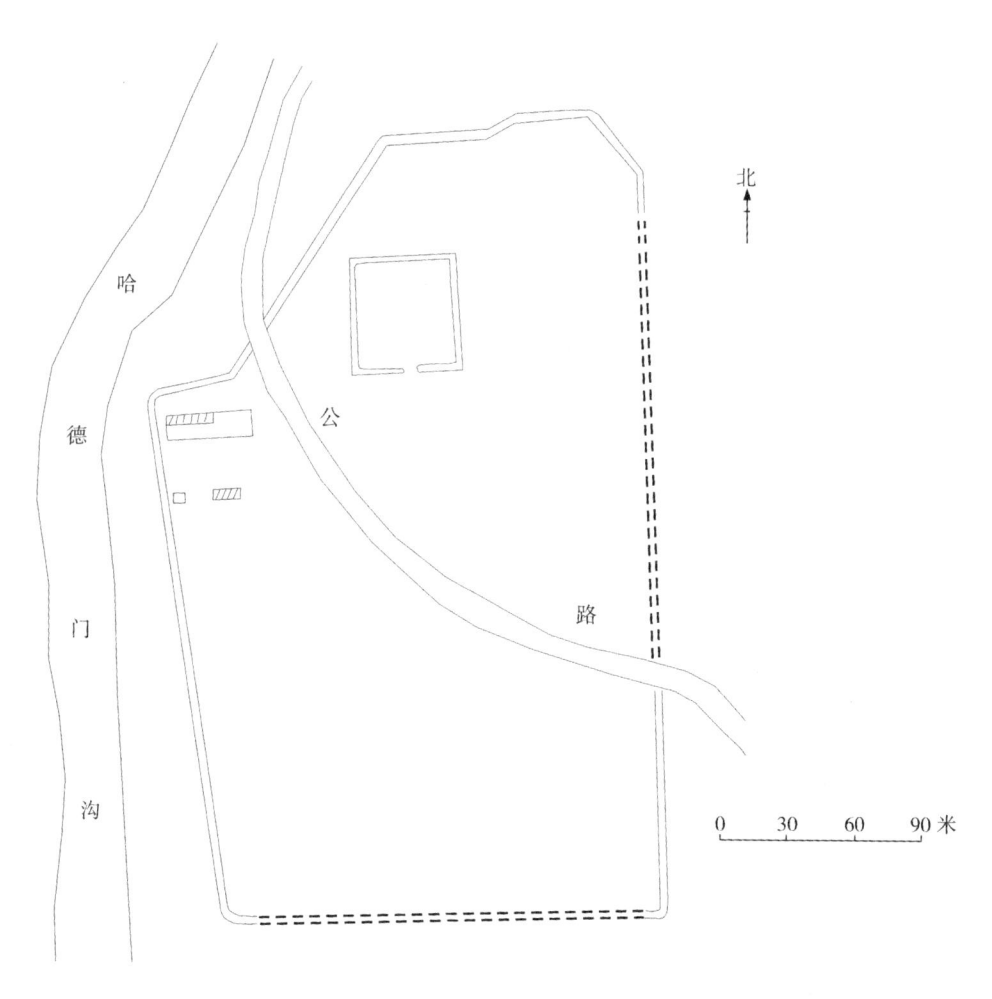

图二二 哈德门沟古城平面图

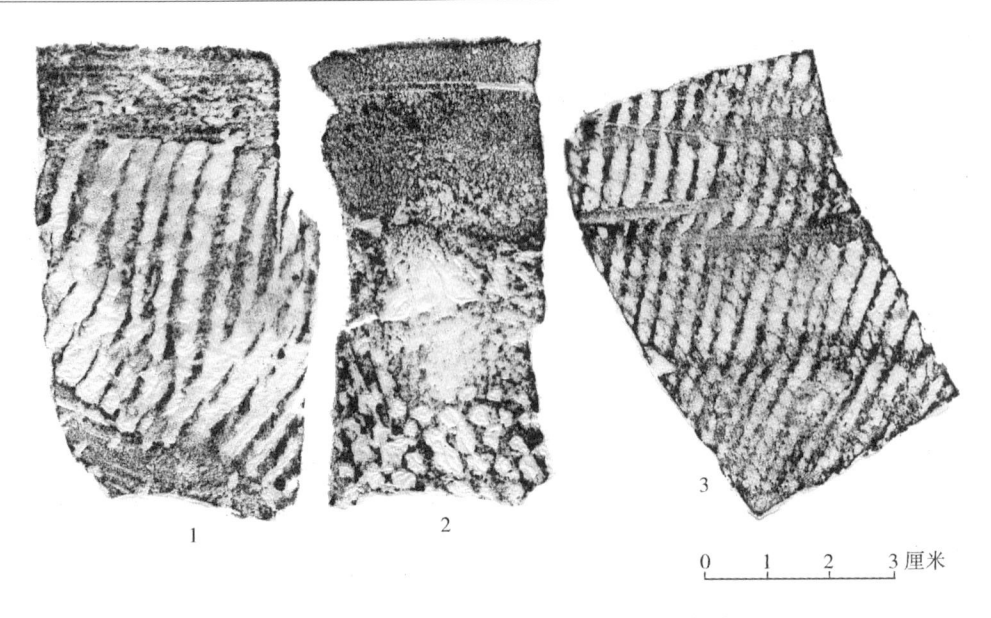

图二三　哈德门沟古城采集陶、瓦片纹饰拓片
1、2. 外壁绳纹瓦片　3. 弦断绳纹陶片

六　包头市九原区

在调查中，将包头市九原区境内的战国赵北长城墙体划分为 48 段，包括土墙 25 段、石墙 1 段、消失段落 22 段。墙体总长 23184 米，其中土墙长 13237 米、石墙长 42 米、消失段长 9905 米。在总长 13237 米的土墙中，保存较差部分长 2556 米、差部分长 9891 米、消失部分长 790 米。

（一）长城墙体分布与走向

九原区境内的战国赵北长城墙体，东端起自于哈德门沟洪水河槽东岸边，消失于沟口河槽中及其西南部哈德门沟早期洪水冲刷形成的洪积滩地上。大体沿山前坡地西南行，在呼热图沟口与哈德门金矿间的"丁"字路口西北部有一小段低矮的土墙遗存，其后墙体再次消失不见，直至阿嘎如泰苏木呱呱叫矿泉水厂东 0.98 千米的东柏树沟沟口前河槽东岸林地中出现。墙体西行，穿过白石头沟前河槽，在阿嘎如泰苏木呱呱叫矿泉水厂院落南侧再度出现短距离消失，复现于其西部小冲沟西岸，冲沟断面有墙体夯层，发现有部分墙体因水土流失而埋在地表之下。墙体仍沿乌拉山南麓前缓坡地西行，连续穿过白石头沟与大坝沟之间的两道洪水河槽后转西北行，直奔大坝沟沟口而去。

墙体在大坝沟沟口西岸西南行，于沟口两岸呈"八"字形分布。墙体折返出大坝沟又西行，经乌兰计八村北过呼鲁斯太沟，前后延续近 4 千米，至乌兰不浪沟口又因洪水冲刷而消失。墙体再现于乌兰不浪沟沟口西岸二级台地上，经乌兰不浪嘎查村中西南行，沿山前坡地断续延伸，横穿数道大小沟谷的沟口后抵达阿贵沟，墙体随之消失于沟口河槽中。

墙体在阿贵沟沟口西岸坡脚处又现，沿低矮的山岭作西向爬升，至山岭顶部作直角折弯，转沿山脊作南向下坡行，走下山梁后再西折，至南向凸出的山嘴前坡脚处转西南行；通过南北两个直角折弯，穿出阿贵沟。墙体在草库图村西北部沿山脚行，内外略有弯曲，环绕阿贵沟与巴彦布拉格沟之间南向凸出的山体。随后，进入巴彦布拉格沟谷中，顺沟谷地西北行，在主沟口前穿出谷地，沿山脚西偏北行，直抵梅力更沟沟口。墙体在沟口河槽处多有消失，大部分地段墙体地表隆起呈明显的土垄状。

在梅力更沟沟口，墙体先沿河谷东岸溯水北行，至狭窄的河谷地段转西行，垂直穿过谷底河槽；再沿西岸高台地南向回折，而后复沿山脚西行；沟口两岸的墙体随山体收缩大体呈"几"字形布局，以拓展沟谷地带的防御纵深。梅力更沟以西墙体经庙西梁西南行，跨过村西南门道沟河槽，延伸到巴楞色拉沟沟口前洪水冲积滩地，绕过河槽西岸南向伸出的低缓山岭，复沿山前缓坡地西行，经西滩村北过达拉盖沟沟口，墙体先后消失于沟口河槽及西滩油库中；油库西墙外的墙体地处冲洪积地貌之上，存失参半。墙体又断续西行，经呼和浩特铁路局哈业胡同道渣厂办公区北、道渣厂厂区，于西滩村西1.4千米处过乃林沟洪水河槽，西行进入巴彦淖尔市乌拉特前旗境内（地图八）。

（二）长城墙体与单体建筑保存现状

在对九原区战国赵北长城的调查中，除划分了48段墙体外，沿线还调查单体建筑24座，包括烽燧20座、障城4座。4座障城中，除梅力更召障城为汉代障城外，其余3座障城均为战国障城。下面，对这些墙体段落和单体建筑分作详细描述。

1. 阿嘎如泰长城1段（1502073823010200001）

该段长城起自昆都仑区哈业脑包乡哈德门村西北0.53千米处，止于阿嘎如泰苏木呱呱叫矿泉水厂东0.98千米处。原墙体应作直线分布，呈东北—西南走向，上接昆都仑区哈德门长城3段，下接阿嘎如泰长城2段。

本段长城为消失段，起止点之间的直线长度为3737米。原墙体应分布于哈德门沟西部山脚下及阿嘎如泰苏木呱呱叫矿泉水厂东北部的山前缓坡地上，大体处在哈德门沟与东柏树沟南冲积滩地西缘之间。消失的墙体穿过哈德门沟沟口河槽，应先沿山脚作西偏南下坡行，于哈德门金矿东部转西南行；在哈德门沟与东柏树沟之间，乌拉山南坡前后有大小七条沟谷分布，洪水南向或西南向下泄，在山前形成大面积冲积滩地。其中，以哈德门沟最大，洪水出沟转西南流，是导致前小段墙体消失的主要因素；后小段沿线建设有哈德门金矿所属材料厂，长城大略从该院落的西北隅穿过，其西侧为灌木林地，地表亦不见墙体痕迹；下段墙体于该院落西部再现时转为东西走向。院落东侧为荒坡地，其东北部有"丁"字形路口，复查时在路口西北侧发现一段土筑墙体，沿山前缓坡地西南向延伸，墙体长约180米，地表隆起较低矮，底宽4~6、顶宽1~2、残高0.5~1.3米。路口北为水泥路，筑路时切断了墙体，其西侧暴露出墙体断面，以黄褐土夯筑，夯层厚7~11厘米，基宽4.2、残高1.3米。复查发现的这段墙体，为判断原墙体修筑情况及分布与走向提供了依据。

2. 阿嘎如泰长城2段（1502073821010200002）

该段长城起自阿嘎如泰苏木呱呱叫矿泉水厂东0.98千米处，止于呱呱叫矿泉水厂东北0.67千米处。墙体作直线分布，大体呈东—西走向，上接阿嘎如泰长城1段，下接阿嘎如泰长城3段。

墙体长314米，为夯筑土墙，保存差。墙体分布于呱呱叫矿泉水厂东部的山前缓坡地上，地处东柏树沟与柏树沟东沟前河槽之间，北距山脚0.76千米。墙体于地表呈低矮的土垄状，底宽2~4、顶宽1、残高0.2~0.4米（彩图二五九）；痕迹较模糊，轮廓与走向可分辨。前小段墙体南侧为新开辟的灌木林地，有部分树坑直接挖掘在墙体上；后小段南侧为耕地。北侧为绿化林地，栽植小柏树，周边以砖墙围封。墙体止点西侧为南向下泄的柏树沟东沟前河槽，其上游有东柏树沟的部分山洪汇入。河槽西为包头市种羊繁殖基地，西侧紧邻呱呱叫矿泉水厂，南有G6高速公路并行。

3. 阿嘎如泰长城3段（1502073823010 20003）

该段长城起自阿嘎如泰苏木呱呱叫矿泉水厂东北0.67千米处，止于呱呱叫矿泉水厂西1千米处。原墙体应作直线分布，呈东—西走向，上接阿嘎如泰长城2段，下接阿嘎如泰长城4段。

本段长城为消失段，起止点之间的直线长度为1668米。原墙体应分布于呱呱叫矿泉水厂东侧大院北半部、呱呱叫矿泉水厂院门前，西至柏树沟与白石头沟两沟洪水汇合后形成的前河槽；沿山前缓坡地延伸，北距乌拉山山脚0.7千米。前小段沿线有包头市种羊繁殖基地，基地院落边长约500米，院内北半部的东西向土路处在原墙体分布线上，土路两侧栽植有路旁林，地表不见墙体痕迹。柏树沟东沟与东柏树沟的部分洪水合流后南向下泄，自前小段穿过；柏树沟与白石头沟两股洪水合流后，在呱呱叫矿泉水厂西侧穿过消失段中部，冲沟西壁上见有被掩埋于地表下的墙体残断面，以黄褐土夯筑，夯层厚约9厘米，测得墙体基宽3.5、残高0.5米。消失段末端有白石头沟之西沟河槽，洪水南偏东向下泄；其东岸林地中见有略微隆起的墙体痕迹，几乎与地表持平，结合冲沟壁上的墙体断面，表明该段墙体原应为土墙。110国道通往呱呱叫矿泉水厂的柏油路穿过消失段，南有G6高速公路与消失段并行。

4. 阿嘎如泰长城4段（150207382101020004）

该段长城起自阿嘎如泰苏木呱呱叫矿泉水厂西1千米处，止于呱呱叫矿泉水厂西1.2千米处。墙体作直线分布，大体呈东—西走向，上接阿嘎如泰长城3段，下接阿嘎如泰长城5段

墙体长214米，为黄褐土夯筑的土墙，保存差。墙体分布于阿嘎如泰苏木呱呱叫矿泉水厂西部白石头沟与西柏树沟前河槽之间的林地中，北距乌拉山较远，沿山前缓坡地延伸，两端为洪水河槽，起点处河槽西壁上可见墙体夯层。墙体建筑在冲洪积层之上，大部分墙体于地表呈低矮的土垄状，底宽7~9、顶宽2~3、残高1~2.3米（彩图二六〇）；总体较宽，高矮不等，轮廓较清晰，墙体上有较多树坑，有网围栏南北向跨墙体布设。墙体末端有洪水河槽，水出西柏树沟、三道坝东沟，包括大坝沟东南向分流部分，调查时有溪水流淌。

5. 阿嘎如泰长城5段（150207382301020005）

该段长城起自阿嘎如泰苏木呱呱叫矿泉水厂西1.2千米处，止于呱呱叫矿泉水厂西1.5千米处。原墙体应作直线分布，呈东偏南—西偏北走向，上接阿嘎如泰长城4段，下接阿嘎如泰长城6段。

本段长城为消失段，起止点之间的直线长度为308米。原墙体应分布于西柏树沟、三道坝东沟以及大坝沟部分山洪合流形成的河槽中，洪水东南向冲刷下泄造成墙体消失；当地群众在河床中采砂。依据相邻上下段墙体情况，推断该段墙体原应为土墙。

6. 阿嘎如泰长城6段（150207382101020006）

该段长城起自阿嘎如泰苏木呱呱叫矿泉水厂西1.5千米处，止于呱呱叫矿泉水厂西2.4千米处。墙体作外向折线形分布，由东南—西北走向转呈东偏南—西偏北走向，上接阿嘎如泰长城5段，下接阿嘎如泰长城7段。

墙体长905米，为夯筑土墙。总体保存较差，其中保存较差部分长756米、差部分长47米、消失部分长102米，分别占该段墙体总长的83.5%、5.2%和11.3%。墙体分布于大坝沟沟口东南部的山前缓坡地上，地处大坝沟正河槽与西柏树沟南部河槽之间，作西北向上坡行，向大坝沟沟口延伸。墙体于地表呈宽厚的土垄状隆起，底宽3~8、顶宽1~5、残高1~2米。源出大坝沟的一股较小洪水东南向下泄，遇前小段墙体后于外侧作"S"状迂曲下泄冲刷，形成浅缓河槽，造成前小段墙体部分消

失（彩图二六一）；最终冲断起点处墙体，汇入导致上段墙体消失的西柏树沟前河槽。河槽断面显示，筑墙前将洪积砾石层平整为水平基础，其上以红褐土夯筑墙体，夯层厚6~10厘米。中、后小段墙体的分界点是一条浅缓的漫水道，洪水东南向冲刷导致墙体出现断豁；现今，在墙体豁口处修筑了一个长方形蓄水池，用于绿化浇树。其东南部的中小段墙体痕迹较明显，西偏北延伸的后小段墙体地表隆起较低矮，大部分地段墙体上挖掘有树坑，栽植了杏树。

7. 阿嘎如泰长城7段（150207382301020007）

该段长城起自阿嘎如泰苏木呱呱叫矿泉水厂西2.4千米处，止于呱呱叫矿泉水厂西2.7千米处。原墙体应作直线分布，呈东—西走向，上接阿嘎如泰长城6段，下接阿嘎如泰长城8段。

本段长城为消失段，起止点之间的直线长度为250米。原墙体应分布于大坝沟沟口前正河槽中，洪水南向下泄冲刷造成墙体消失。过大坝沟沟口之前，墙体先于东岸作西偏北行，接近沟口处折向西行，过沟后墙体于西岸一级台地上复现；又沿台地转西南行，在沟口前大体呈"八"字形布局。河床中有一家规模较大的采砂场，砂石料堆积如山，对河床两侧的上下段墙体保存影响甚大。大坝沟是乌拉山南麓一条较大的沟谷，纵深长，支沟众多，山洪汇聚，于沟口倾泻而出。

8. 阿嘎如泰长城8段（150207382101020008）

该段长城起自阿嘎如泰苏木呱呱叫矿泉水厂西2.7千米处，止于呱呱叫矿泉水厂西3.7千米处。前小段墙体略作"Z"状折线形分布，先呈东—西走向，后转呈东北—西南走向，走出沟谷复呈东—西走向；上接阿嘎如泰长城7段，下接阿嘎如泰长城9段。

墙体长1083米，为红褐土夯筑的土墙。总体保存差，其中保存差部分长1008米、消失部分长75米，分别占该段墙体总长的93.1%、6.9%。墙体分布于大坝沟与乌兰计七村北部的正沟前河槽间，正沟地势低洼，洪水南向下泄。大坝沟沟口西岸一级台地上是一段较短的东西向墙体，依靠这段墙体于内侧建筑障城及烽燧；随后，沿台地转西南行，摆脱大坝沟沟谷后复沿山前缓坡地西行。墙体于地表呈扁平低矮的土垄状，底宽5~8、残存最高0.5米。正沟之东沟河槽断面显示，墙基经水平修整，其上逐层夯筑墙体，夯土中夹杂较多小砾石；于该断面测得墙体基宽5.9、顶宽5、残高1.6米，夯层厚8~11厘米。墙体沿线大部分被辟为林地，墙体上也见有挖掘的树坑。正沟东部两条浅缓沟谷的洪水南偏西向下泄，冲断后小段墙体（彩图二六二）。因洪水冲击、水土流失及坡地绿化等自然和人为因素影响，大部分墙体损毁严重。

墙体沿线调查烽燧、障城各1座，为阿嘎如泰1号烽燧、阿嘎如泰障城。

阿嘎如泰1号烽燧（150207353201020001）

该烽燧位于阿嘎如泰苏木呱呱叫矿泉水厂西2.7千米处，倚阿嘎如泰长城8段起点处墙体外侧建筑，东北距大坝沟口牧户0.6千米，西距阿嘎如泰2号烽燧1.8千米。

烽燧以黄褐土夯筑而成，保存差。墩台坍塌，呈低矮的缓丘状，底部直径10、顶部直径6.1、残高1.2米。烽燧建筑于大坝沟沟口西岸边一级台地上，位于阿嘎如泰障城东北角，南接障城东墙。烽燧东临大坝沟沟口，以监视沟谷为重点，设置意图明显。

阿嘎如泰障城（150207353102020001）

该障城位于阿嘎如泰苏木呱呱叫矿泉水厂西2.7千米处，障城东北角为阿嘎如泰1号烽燧。

障城平面呈长方形，东西25、南北32米。障城北墙借用长城墙体，另筑其他三墙而成，总体保存差。障墙以黄褐土夯筑，于地表呈低矮的土垄状，底宽3~6、残存最高1米。南墙中部设门，宽7米，方向为169°。障城附近地表不见遗物。障城紧邻大坝沟沟口建筑，地处西岸一级台地上，为专守大坝沟而设置（彩图二六三）。东侧河床中是一家规模较大的采砂场，有土路自障城西侧穿过。

9. 阿嘎如泰长城 9 段（1502073821010200009）

该段长城起自阿嘎如泰苏木呱呱叫矿泉水厂西 3.7 千米处，止于阿嘎如泰苏木乌兰不浪嘎查东 1.7 千米处。墙体前小段作直线分布，末端略有折线形内收；总体呈东—西走向，上接阿嘎如泰长城 8 段，下接阿嘎如泰长城 10 段。

墙体长 1862 米，为夯筑土墙。总体保存差，其中保存较差部分长 196 米、差部分长 1512 米、消失部分长 154 米，分别占该段墙体总长的 10.5%、81.2% 和 8.3%。墙体分布于乌兰计八村北偏东部的低洼地带，东起大坝沟西部第三河槽，为"丫"形河槽的东支沟；西至呼鲁斯太沟西部低洼地带的第二条河槽，该河槽上游由三条支沟的洪水合流而成，其西支沟上游沟口左右各有牧户一家，山洪东南向下泄，遇下段墙体阻截转东流，与正沟、东支沟洪水合流冲断墙体。墙体沿山前缓坡地延伸，于地表呈低矮的土垄状，底宽 3~7、顶宽 1~2、残存最高 1.5 米。大部分墙体建筑在冲洪积层之上，基础经人工平整，以黄土夯筑墙体，土色泛红，夯层清晰；冲沟断面上测得墙体原始基宽 6.2、顶宽 4.2、残高 2 米，夯层厚 8~13 厘米。呼鲁斯太沟东沟前河槽西岸另有墙体西北向岔出，分岔点与呼鲁斯太沟之间的中小段墙体处在高坡地上，呈较高大的土垄状，保存相对较好（彩图二六四）；其东部低洼地及沿缓坡作上坡行的前小段墙体较低矮，北距山脚约 0.3 千米；前后有五条较小沟谷的洪水南向或东南向下泄，造成墙体断豁；呼鲁斯太沟西部的后小段墙体保存差，距山脚较近，其中呼鲁斯太沟河槽深达五六米，上下均有采砂坑；其西沟洪水出沟口后分流，南向下泄致使墙体出现两处断豁。两家牧户依附于呼鲁斯太沟东岸的中小段墙体南侧建房，对墙体造成了一定程度的破坏。

呼鲁斯太东沟前河槽西岸西北向岔出的墙体作直线分布，直奔呼鲁斯太沟沟口而去，正对着沟口西岸的红石砬山头，连接赵北长城墙体与呼鲁斯太沟口之间。该段墙体长 606 米，保存较差。墙体前小段长 488 米，土石混筑，呈较高大的土垄状，底宽 4~6、顶宽 1、残高 1.2~2 米，墙体上散布着较多石块；后小段墙体长 118 米，为石墙，分布于沟口两岸，末端与红石砬山头东南山脚相接；河槽中的墙体消失，沟口西岸残存有石墙断面，两壁用石块错缝垒砌，向上略有收分，基宽 5、残存最高 1.6 米。这段墙体应晚于赵北长城，当为汉代当路塞。

阿嘎如泰长城 9 段后小段墙体南侧约 0.05 千米的缓坡地上，复有低矮的土筑墙体痕迹，与后小段墙体并行；其东端接近于呼鲁斯太沟西岸，西端延伸至乌兰不浪沟沟口前河槽东岸，长约 1150 米，略微隆起于地表，明显较主墙低矮，整体轮廓模糊不清，类似于副墙。该区域墙体普遍建筑在冲洪积层之上，表明长城修筑之前即已出现了比较严重的水土流失，筑墙用土当从他处运输而来。在洪水持续冲刷作用下，原筑墙体颓败，难以修复，遂弃之不用，改线于北侧重新兴筑墙体，以确保防御体系的完整性。

墙体沿线调查烽燧 4 座，为阿嘎如泰 2~5 号烽燧。

阿嘎如泰 2 号烽燧（1502073532010200002）

该烽燧位于阿嘎如泰苏木呱呱叫矿泉水厂西 4.4 千米处，倚阿嘎如泰长城 9 段前小段墙体外侧建筑，西距呼鲁斯太沟东岸边的阿嘎如泰 3 号烽燧 0.51 千米。

烽燧以黄土夯筑而成，保存较差。墩台顶部坍塌，呈圆形土丘状，底部直径 11~20、顶部直径 5~10、残高 3 米；顶部较平整，四周为缓坡，墩台上有芨芨草数丛，周边草木稀疏（彩图二六五）。烽燧西侧有长方形石头圈，顺墙体南坡面砌筑，石墙较窄，已坍塌，东西 20、南北 8 米，应为晚期遗迹。烽燧建筑在缓坡地上，地势西北高、东南低，北部为呼鲁斯太沟冲洪积地貌，卵石裸露于地表；南部坡地为林地，新近挖掘了大面积树坑。烽燧东部有一段土石混筑墙体，西北向呼鲁斯太沟沟口延伸。南侧有土路东西行，于烽燧西侧穿过墙体北行进入呼鲁斯太沟口牧户。

阿嘎如泰 3 号烽燧（150207353201020003）

该烽燧位于阿嘎如泰苏木呱呱叫矿泉水厂西 4.9 千米处，东距墙体南侧的呼鲁斯太牧户 0.12 千米，倚阿嘎如泰长城 9 段中小段墙体外侧建筑，西距阿嘎如泰 4 号烽燧 0.25 千米，两者隔呼鲁斯太沟相望。

烽燧以黄土夯筑而成，保存差。墩台坍塌，呈较大的圆形土丘状隆起，底部直径 13、顶部直径 7、残高 3.5 米；顶部较平整，四周呈缓坡状，植被较少，呈半裸露状态（彩图二六六）。烽燧南侧挖掘有菜窖，坑壁上暴露有夯层，夯层厚约 10 厘米。有水泥输电线杆栽在墩台上，造成破坏。烽燧修筑在呼鲁斯太沟前河槽东岸边，北对沟口。

阿嘎如泰 4 号烽燧（150207353201020004）

该烽燧位于阿嘎如泰苏木呱呱叫矿泉水厂西 5.2 千米处，东距呼鲁斯太沟 0.19 千米，倚阿嘎如泰长城 9 段后小段墙体外侧建筑，西距阿嘎如泰 5 号烽燧 0.23 千米，两者隔缓沟谷而置。

烽燧以黄土夯筑而成，保存差。墩台坍塌，呈低缓的圆丘状，底部直径 15、顶部直径 8、残高 3 米；明显高出于两侧墙体，顶部较平缓，四周呈缓坡状，顶部杂草低矮密集。烽燧修筑于呼鲁斯太沟与其西沟之间的岗地上，视野较开阔（彩图二六七）。烽燧东南侧有一家定居的牧户，有土路在烽燧北侧环绕。

阿嘎如泰 5 号烽燧（150207353201020005）

该烽燧位于阿嘎如泰苏木呱呱叫矿泉水厂西 5.4 千米处，东距呼鲁斯太沟 0.43 千米，倚阿嘎如泰长城 9 段末端墙体外侧建筑，西距阿嘎如泰 6 号烽燧 0.44 千米。

烽燧以黄土夯筑而成，夯层厚 10 厘米，保存较差。墩台坍塌呈覆钵形圆丘状，底部直径 19~21、顶部直径 7~9、残高 4 米；形体较高大，顶部较平缓，四周呈斜坡状，顶部因风雨侵蚀而暴露夯层。烽燧修筑于呼鲁斯太沟西沟与其西侧"鸡爪沟"之间的山前高坡地上，可同时监视两条沟谷。两侧均为浅缓的洪水河槽，周围皆为冲洪积层，卵石裸露于地表；东侧有南北向土路穿过墙体。

10. 阿嘎如泰长城 10 段（150207382101020010）

该段长城起自阿嘎如泰苏木乌兰不浪嘎查东 1.7 千米处，止于乌兰不浪嘎查东偏南 0.63 千米处。中小段墙体作内向折线形分布，总体呈东偏南—西偏北走向，上接阿嘎如泰长城 9 段，下接阿嘎如泰长城 11 段。

墙体长 1093 米，为夯筑土墙。总体保存差，其中保存差部分长 1064 米、消失部分长 29 米，分别占该段墙体总长的 97.3%、2.7%。墙体沿呼鲁斯太沟西部低洼处河槽与乌兰不浪沟前河槽之间的山前缓坡地延伸，略高出地表，呈宽平低矮的土垄状，底宽 4~6、残存最高 0.5 米（彩图二六八）。北部山脚下两户牧民之间的"鸡爪沟"西支沟洪水东南向下泄，遇墙体阻挡后转东流，造成前小段部分墙体消失；断面显示墙体基础经水平修整，夯土中夹杂有少量小石子，夯层厚 8~12 厘米。中小段墙体分布于乌兰不浪沟东沟两岸坡地上，东沟东南向延伸，墙体遇沟转西南行，垂直穿过沟谷，沟谷底部的墙体因洪水冲刷而消失；跨过东沟之后墙体复作西偏北行，直指乌兰不浪沟沟口。除前述两条沟谷之外，前后还有数条窄缓的浅洪沟或漫水道的洪水东南向下泄，致使墙体出现多处较小断豁。

墙体沿线调查烽燧 3 座，为阿嘎如泰 6~8 号烽燧。

阿嘎如泰 6 号烽燧（150207353201020006）

该烽燧位于阿嘎如泰苏木呱呱叫矿泉水厂西 5.9 千米处，西偏北距乌兰不浪沟东岸牧户 0.7 千米，倚阿嘎如泰长城 10 段前小段墙体外侧建筑，西距阿嘎如泰 7 号烽燧 0.33 千米，两者隔乌兰不浪沟东沟相望。

烽燧以黄土夯筑而成，保存差。墩台坍塌，呈圆形土丘状，底部直径17、顶部直径9、残高2.5米；整体浑圆，地表隆起较明显，南半部墩台植被较少，北半部杂草茂密（彩图二六九）。烽燧修筑于"鸡爪沟"与乌兰不浪东沟之间偏西一侧的墙体转角处，地处高岗地上，北依山体，西侧紧邻深沟，旨在重点防控东、西沟。

阿嘎如泰7号烽燧（150207353201020007）

该烽燧位于阿嘎如泰苏木呱呱叫矿泉水厂西6.2千米处，西北距乌兰不浪沟东岸牧户0.4千米，倚阿嘎如泰长城10段后小段墙体外侧建筑，西偏北距阿嘎如泰8号烽燧0.33千米。

烽燧以夯土建筑而成，保存差。墩台坍塌，呈圆形土丘状，底部直径13～15、顶部直径7、残高3米；明显隆起于地表，顶部比较平缓，四周呈斜坡状，墩台顶部及周边野草茂盛（彩图二七〇）。烽燧修筑于乌兰不浪沟与其东沟前河槽之间的山前缓坡地上，地势西北高、东南低，能够与前后烽燧便捷通联。

阿嘎如泰8号烽燧（150207353201020008）

该烽燧位于阿嘎如泰苏木呱呱叫矿泉水厂西6.5千米处，北距乌兰不浪沟东岸牧户0.15千米，倚阿嘎如泰长城10段末端墙体外侧建筑，西北距乌兰不浪1号烽燧0.63千米，两者隔乌兰不浪沟相望。

烽燧夯土建筑，保存差。墩台坍塌，呈圆形缓丘状，底部直径17～21、顶部直径7～9、残高3米；顶部较平缓，四周呈缓坡状，其上杂草密集，周边为植被低矮的荒坡地（彩图二七一）。烽燧修筑在乌兰不浪沟沟口东岸缓坡地上，西偏北与乌兰不浪1号烽燧相呼应。

11. 阿嘎如泰长城11段（150207382301020011）

该段长城起自阿嘎如泰苏木乌兰不浪嘎查东偏南0.63千米处，止于乌兰不浪嘎查东0.07千米处。原墙体应作直线分布，呈东偏南—西偏北走向，上接阿嘎如泰长城10段，下接乌兰不浪长城1段。

本段长城为消失段，起止点之间的直线长度为564米。原墙体应分布于乌拉山南麓较大的乌兰不浪沟沟口河槽及其两翼台地上，先沿河槽东岸西偏北行，接近沟口处西行穿过河槽，洪水冲刷导致墙体消失。河槽西岸是一家较大院落，院内开垦为园田，原墙体应在园田中南部穿过，下段墙体在其西侧的二级台地上复现。依据相邻上下段墙体情况，推断该段墙体大部分原应为土墙。

12. 乌兰不浪长城1段（150207382101020012）

该段长城起自阿嘎如泰苏木乌兰不浪嘎查东0.07千米处，止于乌兰不浪嘎查西南0.18千米。墙体作内向直角折弯分布，由北偏东—南偏西走向折转呈东偏南—西偏北走向，再转呈东偏北—西偏南走向；上接阿嘎如泰长城11段，下接乌兰不浪长城2段。

墙体长262米，为黄土夯筑的土墙，保存差。墙体分布于乌兰不浪嘎查东缘高台地上，东临乌兰不浪沟沟口，先顺沟边作直角南偏西折，旋即西偏北折，形成两个90°的直角弯；而后再转向西偏南下坡行。墙体于地表痕迹较模糊，总体呈低矮的土垄状，底宽3～5、残存最高0.5米（彩图二七二）；大部分墙体仅可分辨轮廓与走向，局部墙体地表隆起较明显。一家牧户的房屋及院落建设在墙体南折角的西北侧，对墙体造成较大程度破坏。嘎查中东部有小沟谷的洪水南流，造成墙体断豁，断面显示墙基经水平修整，筑墙用土夹杂有少量砂砾，夯层厚约10厘米。小洪沟西岸的墙体北侧有村中土路并行，也对墙体产生影响。

墙体沿线调查烽燧、障城各1座，为乌兰不浪1号烽燧、乌兰不浪障城。

乌兰不浪1号烽燧（150207353201020009）

该烽燧位于阿嘎如泰苏木乌兰不浪嘎查东0.07千米处，倚乌兰不浪障城东北角障墙北外侧修筑，西南距乌兰不浪2号烽燧0.83千米。

烽燧以黄土夯筑而成，夯层厚 10 厘米，保存差。墩台坍塌，呈低矮的缓丘状，底部直径 19～21、顶部直径 9～11、残高 2 米；顶部较平缓，有芨芨草数丛，四周呈斜坡状，周边有荨麻丛（彩图二七三）。

乌兰不浪障城（150207353102020002）

该障城位于阿嘎如泰苏木乌兰不浪嘎查东部的二级台地边缘，倚乌兰不浪长城 1 段前小段墙体外侧建筑，西偏南距梅力更召障城 5.7 千米。

障城平面呈长方形，东西 32、南北 63 米。为建筑障城，预先将乌兰不浪长城 1 段前小段墙体设计成两个直角折弯，利用为障城的东、南墙，而后将乌兰不浪长城 1 段墙体起点西延，建筑起北墙；再加筑西墙，与南墙对接而成，对墙体加以充分利用，事半功倍。障城与长城墙体的平面关系近于"互"字形，同时不排除北、西墙利用了长城墙体，补筑东、南墙建筑障城的可能性。障城轮廓可分辨，保存差（彩图二七四）。障墙有残缺，保存北墙、南墙、西墙北半部和东墙中间部分，城中有一户民房，对遗迹造成较大程度破坏。障墙以黄土夯筑而成，于地表呈低矮的土垄状，底宽 2～4、残存最高 1 米。东墙设门，门宽 5 米，方向为 87°。障城内采集到泥质灰褐陶盆口沿残片，外沿下施七道凹弦纹，下施弦断绳纹（图二四）；其次是泥质黑灰陶罐腹片，肩部施两道滚压绳纹带，带宽 1 厘米；第三类是泥质灰褐陶板瓦片，外壁瓦棱纹，内腹素面。此外，采集五铢钱一枚（彩图二七五）。乌兰不浪沟亦为纵深较长的大沟谷，源自于乌拉山分水岭，上游支沟谷众多，洪水量较大。障城建筑在紧邻乌兰不浪沟沟口的西岸高岗地上，其设置旨在重点控制该沟谷。

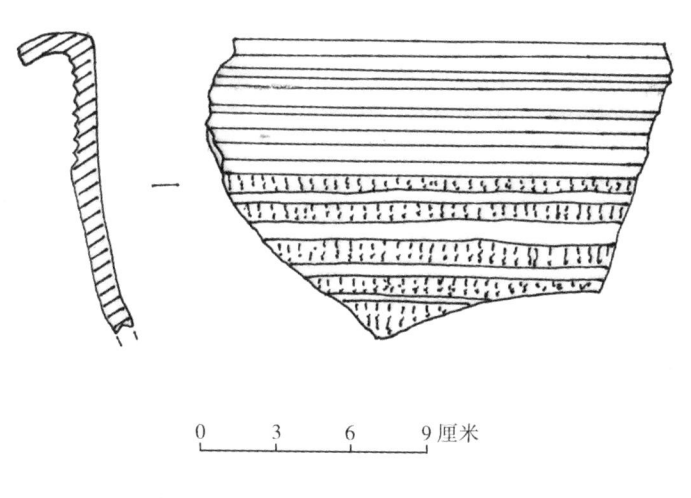

图二四　乌兰不浪障城采集陶片标本

13. 乌兰不浪长城 2 段（150207382301020013）

该段长城起自阿嘎如泰苏木乌兰不浪嘎查西南 0.18 千米处，止于乌兰不浪嘎查西南 0.5 千米处。原墙体应作内向折线形分布，由东偏北—西偏南走向转呈东—西走向，上接乌兰不浪长城 1 段，下接乌兰不浪长城 3 段。

本段长城为消失段，起止点之间的直线长度为 324 米。原墙体应分布于乌兰不浪嘎查西半部及村西沟谷地带，应先沿村中缓坡地西南行，至嘎查西侧深沟谷，沟东的前小段墙体消失于民房建设中；消失的后小段墙体处在深沟与其西支沟之间，南北建设有选矿厂，墙体因洪水冲刷及工厂建设而消失。依据相邻上下段墙体情况，推断该段墙体原应为土墙。

14. 乌兰不浪长城 3 段（150207382101020014）

该段长城起自阿嘎如泰苏木乌兰不浪嘎查西南 0.5 千米处，止于乌兰不浪嘎查西南 1.6 千米处。墙体作外向折线形分布，由东—西走向转呈东北—西南走向，上接乌兰不浪长城 2 段，下接阿贵沟长城 1 段。

墙体长 1129 米，为黄褐土夯筑的土墙。总体保存差，其中保存差部分长 1064 米、消失部分长 65 米，分别占该段墙体总长的 94.2%、5.8%。墙体分布于乌兰不浪嘎查西部选矿厂与阿贵沟之间的山前坡地上，其间又有"丫"形沟谷东南向延伸，调查称作中沟；墙体以中沟为界，整体略呈"八"字形分布。起点处的墙体位于选矿厂西北侧支沟中及其两岸坡地上，沟东墙体西行，过沟后转西偏南行，又转西偏北行，至中沟沟口东岸止，中沟以东的前小段墙体经行区域地形起伏较大，墙体于地表隆起较低矮，走向可分辨；穿过中沟的后小段墙体沿坡地转向西偏南直行，地表隆起较明显，呈较宽大的土垄状，底宽4~6、残存最高0.8米（彩图二七六）。中沟上游有四条支沟，两端大中间小，其中两条小沟洪水合并于西支沟，再与东支沟洪水合流，墙体在东西支沟山洪交汇点北侧穿过，有部分墙体消失于山洪冲刷。河槽岸边有墙体断面，墙体建筑在修整的水平基础之上，夯土中夹杂有少量河卵石砂砾，夯层厚约10厘米。后小段墙体沿线，又有数条窄小的洪水河槽或漫水道穿过，造成多处墙体断豁；断面上发现墙体下有石块，推测墙体过沟时采用石砌墙基，或在缓沟谷地段局部构筑了石墙。

墙体沿线调查烽燧3座，为乌兰不浪2~4号烽燧。

乌兰不浪2号烽燧（150207353201020010）

该烽燧位于阿嘎如泰苏木乌兰不浪嘎查西南0.8千米处，倚乌兰不浪长城3段前小段墙体外侧建筑，西偏南距乌兰不浪3号烽燧0.35千米。

烽燧以黄土夯筑而成，保存差。墩台坍塌，呈低缓的圆形土丘状，底部直径9~15、顶部直径3~5、残高3米；明显高出于两侧墙体，顶部及周边植被低矮稀疏（彩图二七七）。烽燧建筑在中沟东岸高岗地上，地势北高南低，中间高两侧低，北部山体余脉较低缓。

乌兰不浪3号烽燧（150207353201020011）

该烽燧位于阿嘎如泰苏木乌兰不浪嘎查西南1.1千米处，倚乌兰不浪长城3段后小段墙体外侧建筑，西南距乌兰不浪4号烽燧0.44千米。

烽燧以黄土夯筑而成，保存差。墩台坍塌，呈缓丘状，底部直径17、顶部直径9、残高2.5米；明显高出两侧墙体，顶部较平整，杂草繁茂，有石块堆积，四周为缓坡（彩图二七八）。烽燧修筑在山前冲洪积坡地上，地势较高，视野开阔。

乌兰不浪4号烽燧（150207353201020012）

该烽燧位于阿嘎如泰苏木乌兰不浪嘎查西南1.55千米处，西北距阿贵沟嘎查牧户0.24千米，倚乌兰不浪长城3段末端墙体外侧建筑，西南距阿贵沟1号烽燧0.33千米，两者隔阿贵沟相望。

烽燧夯土建筑，保存差。墩台坍塌，呈圆丘状，底部直径21、顶部直径15、残高2.5米；顶部较平缓，底部南侧有人工垒砌的石块分布，推测为烽燧石筑基础（彩图二七九）。烽燧修筑于阿贵沟沟口东部两条沟谷之间的高岗地上，其中西侧的阿贵沟东沟较大，设置烽燧或与重点防控该沟谷有关。

15. 阿贵沟长城1段（150207382101020015）

该段长城起自阿嘎如泰苏木阿贵沟嘎查牧户东南0.57千米处，止于阿贵沟嘎查牧户南偏东0.56千米处。墙体作内向折线形分布，由东北—西南走向转呈东—西走向，上接乌兰不浪长城3段，下接阿贵沟长城2段。

墙体长136米，为黄土夯筑的土墙。总体保存差，其中保存差部分长99米、消失部分长37米，分别占该段墙体总长的72.8%、27.2%。墙体分布于阿贵沟与其东沟沟谷地带及两沟之间梁岗上，沿山前坡谷地带穿行，于地表呈低矮的土垄状，底宽3~5、残存最高0.5米。地处阿贵沟东沟谷的前小段墙体地表隆起较低矮，谷底部分墙体因洪水冲刷而消失；沟谷西壁暴露墙体断面，测得墙体原始基宽3.7、顶宽2、残高0.7米；夯层厚10厘米，墙基为自然淤积层，经水平修整。后小段墙体分布于山梁及阿贵沟东岸坡地上，地表隆起较明显，先作西南行，至梁嘴处转西行，抵阿贵沟沟口河槽边。

16. 阿贵沟长城 2 段（150207382301020016）

该段长城起自阿嘎如泰苏木阿贵沟嘎查牧户南偏东 0.56 千米处，止于阿贵沟嘎查牧户南 0.56 千米处。原墙体应作直线分布，呈东偏北—西偏南走向，上接阿贵沟长城 1 段，下接阿贵沟长城 3 段。

本段长城为消失段，起止点之间的直线长度为 104 米。原墙体应分布于阿贵沟沟口河槽中，洪水东南向下泄冲刷，造成墙体消失；下段墙体于河槽西岸山坡脚处复现。依据相邻上下段墙体情况，推断该段墙体原应为土墙。

17. 阿贵沟长城 3 段（150207382101020017）

该段长城起自阿嘎如泰苏木阿贵沟嘎查牧户南 0.56 千米处，止于阿贵沟嘎查牧户南 0.58 千米处。墙体作直角折线形分布，由东—西走向转呈北—南走向，上接阿贵沟长城 2 段，下接阿贵沟长城 4 段。

墙体长 137 米，为黄土夯筑的土墙，总体保存差。墙体位于阿贵沟沟口西岸的山岗上，先顺山梁东坡地作西偏南上坡行，于山半坡折向西行，至山丘顶部作直角折弯，沿山梁脊部直南而行，于半腰处改筑一段石墙。墙体于地表呈低矮的土垄状，底宽 3～6、顶宽 0.5～1、残高 1～1.3 米。起点处墙体断面显示，在人工修整的水平基础上夯筑墙体，夯土中夹杂少量砂砾，夯层厚 8～10 厘米。东西走向的前小段墙体外侧明显见有壕沟痕迹，壕边模糊。墙体转角东南部缓坡地上，发现有少量绳纹及素面陶片。墙体起点南侧是暗红色石砬山，西临阿贵沟西沟谷，东临阿贵沟河槽，岸边有柏油路南北行。

墙体沿线调查烽燧 1 座，为阿贵沟 1 号烽燧。

阿贵沟 1 号烽燧（150207353201020013）

该烽燧位于阿嘎如泰苏木阿贵沟嘎查牧户南 0.6 千米处，倚阿贵沟长城 3 段中小段墙体外侧建筑，西南距阿贵沟 2 号烽燧 1.8 千米。

烽燧以黄土夯筑而成，保存差。墩台坍塌，呈明显隆起的土丘状，底部直径 20、顶部直径 15、残高 2 米；接近圆锥体，明显高出于两侧墙体，顶部植被稀疏低矮，有芨芨草丛。烽燧修筑在阿贵沟沟口西侧高坡地上，地势较高，正北直面阿贵沟，西侧紧邻山丘，东、南、北面可通视，地理位置险要，以控扼阿贵沟为重点，兼顾前后烽燧间的通视与联络（彩图二八○）。

18. 阿贵沟长城 4 段（150207382102020018）

该段长城起自阿嘎如泰苏木阿贵沟嘎查牧户南 0.58 千米处，止于阿贵沟嘎查牧户南 0.62 千米处。墙体作直线分布，呈北—南走向，上接阿贵沟长城 3 段，下接阿贵沟长城 5 段。

墙体长 42 米，为土石混筑，保存差。墙体分布于阿贵沟沟口与其西沟之间的南北向山梁上，地处山梁中上部，作下坡行。墙体沿山梁脊部建筑，两侧用石块错缝垒砌，中间填充土石，于地表呈低矮的石垄状，底宽 4～5、顶宽 1.5～2、残高 1.5～2 米。墙体明显高于两端土墙，石块多滚落于墙体两侧坡地上，局部基础部位墙体仍有残存，测得墙体原始基宽 2.1 米。墙体西侧紧邻沟谷，洪水南向下泄；东临阿贵沟口暗红色石砬山，山脚下的柏油路大体与该段墙体并行。

19. 阿贵沟长城 5 段（150207382101020019）

该段长城起自阿嘎如泰苏木阿贵沟嘎查牧户南 0.62 千米处，止于阿贵沟嘎查牧户西南 1.9 千米处。墙体总体作直角折线形分布，由北—南走向转东—西走向，再转呈东北—西南走向；上接阿贵沟长城 4 段，下接阿贵沟长城 6 段。

墙体长 1554 米，为黄土夯筑的土墙。总体保存差，其中保存较差部分长 745 米、差部分长 724 米、消失部分长 85 米，分别占该段墙体总长的 47.9%、46.6% 和 5.5%。墙体分布于阿贵沟沟口西南部山脚下，先沿沟口西侧山梁脊部作下坡行，至山脚处直角变线转西行。这部分墙体地表隆起较明显，有网围栏紧贴南北向墙体东侧布设；转西南行的后小段墙体沿山前坡地延伸，土垄状墙体较低矮，止于草库图村西偏北部洪水东南向下泄的"丫"形沟谷西支沟沟口河槽东岸。墙体于地表总体呈低矮的土垄状，底宽4~10、顶宽0.8~1.5、残高0.5~1.5米；有部分墙体处在地表之下。沿线包括与墙体并行的阿贵沟西沟在内前后有三条浅缓沟谷的洪水南向下泄冲断墙体，其中的一股水流西南向下泄，顺后小段墙体外侧冲刷，危及到这部分墙体安全。墙体末端断面显示，墙体修筑在冲洪积地貌之上，基础做细致的水平修整，而后逐层夯筑墙体，有的地段墙体夯土中夹杂有大量小砾石，测得墙体原始基宽5.2、顶宽4、残高1.5米；夯层厚6~10厘米。

20. 阿贵沟长城6段（150207382301020020）

该段长城起自阿嘎如泰苏木阿贵沟嘎查牧户西南1.9千米处，止于阿贵沟嘎查牧户西南2.1千米处。原墙体应作外向折弧形分布，由东—西走向折转呈东北—西南走向，上接阿贵沟长城5段，下接阿贵沟长城7段。

本段长城为消失段，起止点之间的直线长度为232米。原墙体应分布于阿贵沟与巴彦布拉格沟的中间地带，地处草库图西偏北部洪水东南向下泄的"丫"形沟谷沟口处，河槽东侧有黄土坑，洪水冲刷与取土造成前小段墙体消失；西岸地表见有低矮的土筑墙体痕迹，呈西南向延伸，由此可基本把握该段长城的分布走向。

21. 阿贵沟长城7段（150207382101020021）

该段长城起自阿嘎如秦苏木阿贵沟嘎查牧户西南2.1千米处，止于阿贵沟嘎查牧户西南2.3千米处，南距G6高速公路最近距离0.18千米。墙体略作内向折线形分布，由东北—西南走向转呈东偏南—西偏北走向，上接阿贵沟长城6段，下接梅力更长城1段。

墙体长313米，为黄土夯筑的土墙，保存差。墙体分布于阿贵沟与巴彦布拉格沟之间的中间地带，地处南向凸出的山嘴下，沿山前台地下缓坡地延伸，于地表呈低矮的土垄状，底宽4~6、顶宽1~2、残存最高0.5米。前、后小段部分墙体上挖掘了树坑，对墙体产生一定程度的破坏（彩图二八一）。一条狭窄的小冲沟洪水东南向下泄，导致中小段墙体出现断豁，断面显示大部分墙体淹没于地表之下，地上残存部分较少。墙体建筑在自然淤积层上，经水平修整，测得墙体原始基宽4、顶部残宽2.7、残高1米；夯层厚8~12厘米。中小段墙体南侧是一个较大的取土坑，持续取土危及墙体安全。

墙体沿线调查烽燧1座，为阿贵沟2号烽燧。

阿贵沟2号烽燧（150207353201020014）

该烽燧位于阿嘎如泰苏木阿贵沟嘎查牧户西南2.2千米处，南距G6高速公路0.21千米，倚阿贵沟长城7段墙体内侧建筑，西距梅力更1号烽燧1.2千米。

烽燧以黄土夯筑而成，保存差。墩台坍塌，呈半丘状，人为取土破坏了烽燧南半部，断面上测得墩台底部东西长18、顶部东西长7、残高2米；夯层厚7~10厘米。烽燧修筑在山前台地坡脚处，地处南向凸出的山嘴下，北依低缓山丘，东西两侧为绿化林地，南为取土坑，北有窄沟，洪水东南向冲刷，导致烽燧受到严重破坏，濒于消失。

22. 梅力更长城1段（150207382301020022）

该段长城起自哈业胡同镇梅力更嘎查东偏北2.3千米处，止于梅力更嘎查东偏北2.26千米处。原墙体应作直线分布，呈东南—西北走向，上接阿贵沟长城7段，下接梅力更长城2段。

本段长城为消失段，起止点之间的直线长度为95米。原墙体应分布于巴彦布拉格沟东沟沟口外偏东一侧，地处沟口前缓坡地上，洪水东南向下泄冲毁墙体，形成一条漫水河槽。现今，洪水出沟口转西南流，该河槽已成旧水道，辟为绿化地，河床中挖掘有树坑。依据相邻上下段墙体情况，推断该段墙体原应为土墙。

23. 梅力更长城 2 段（150207382101020023）

该段长城起自哈业胡同镇梅力更嘎查东偏北 2.26 千米处，止于梅力更嘎查东偏北 2.18 千米处。墙体作直线分布，呈东偏南—西偏北走向，上接梅力更长城 1 段，下接梅力更长城 3 段。

墙体长 88 米，为夯筑土墙，保存差。墙体分布于巴彦布拉格沟之东沟沟口外，沟口洪水出沟原为东南向下泄，后改道转向西南流，正对沟口的这段墙体得以幸存。墙体于地表呈低矮的土垄状，底宽 5、顶宽 1.5、残存最高 0.5 米；略微高出地面，有部分墙体因洪水冲积而埋于地表之下。末端墙体断面可见基础是经水平修整的冲洪积层，其上用黑土及黄褐土交替逐层夯筑，局部夯土中夹杂有较多碎石；发现有夯窝，直径 8 厘米；测得墙体原始基宽 5.2、顶部残宽 2.5、残高 1 米；夯层厚 8～11 厘米。墙体两端为沟口浅河槽，北侧有现代采砂坑，南侧分布现代坟茔，墙体沿线新近被辟为绿化地。一条南北向土路穿过墙体进入沟中，路东栽植小柳树两行。

24. 梅力更长城 3 段（150207382301020024）

该段长城起自哈业胡同镇梅力更嘎查东偏北 2.18 千米处，止于梅力更嘎查东偏北 2.1 千米处。原墙体应作直线分布，接近东—西走向，上接梅力更长城 2 段，下接梅力更长城 4 段。

本段长城为消失段，起止点之间的直线长度为 70 米。原墙体应分布于巴彦布拉格沟之东沟沟口前偏西一侧，地处山脚地带，洪水出沟西南流，形成宽缓河槽，该沟谷洪水冲刷再次造成墙体消失。河槽中偏西一侧仍见有孤立的一小段土筑墙体残留，以黑土夯筑而成，表明该段墙体原应为土墙。

25. 梅力更长城 4 段（150207382101020025）

该段长城起自哈业胡同镇梅力更嘎查巴彦布拉格牧户东 1.1 千米处，止于巴彦布拉格牧户东南 0.61 千米处。墙体略作"S"形内外弯曲分布，由东—西走向折转呈东北—西南走向，再转呈东—西走向；上接梅力更长城 3 段，下接梅力更长城 5 段。

墙体长 582 米，为黄褐土夯筑的土墙。总体保存差，其中保存差部分长 547 米、消失部分长 35 米，分别占该段墙体总长的 94%、6%。墙体分布于巴彦布拉格沟前沟口东岸山脚下坡地上，随山脚蜿蜒延伸，大部分墙体因水土流失而被埋在地表之下，地上墙体亦呈明显的土垄状，底宽 4～10、顶宽 1～1.5、残高 0.5～2.2 米；整体轮廓与走向较清晰。前后有两条冲沟的洪水冲断墙体，将墙体分成前、中、后三个小段。前小段墙体地表隆起较低矮，介于巴彦布拉格沟东沟与其西侧第一道短支沟之间，冲沟洪水东南向下泄汇入东沟，其间又有两条漫水道造成墙体断豁；两条短沟之间的中小段墙体呈折线形外凸，于地表呈高大的土垄状；前端冲沟洪水冲刷暴露出墙体外壁夯层及基础情况，筑墙前先将凹凸不平的原地表做水平铺垫，并且加夯，剖面上显露基础夯窝，直径 8～10 厘米，有的夯窝深达 20 厘米（彩图二八二），测得墙体原始基宽 4.6、顶部残宽 2、残高 2.1 米。第二道短沟由两条支沟洪水汇聚而成，其中西沟山洪遇墙体阻截转东流，与东沟洪水合力冲断墙体。冲沟东岸的墙体内侧有烽燧存在迹象，高度大体与墙体平齐，调查时未做单独记录。冲沟西岸至巴彦布拉格沟沟口东岸之间的后小段墙体呈内向折线形分布，末端西北行拐入巴彦布拉格沟谷中，保存稍好。中小段墙体南北两侧为现代墓葬区。

26. 梅力更长城 5 段（150207382301020026）

该段长城起自哈业胡同镇梅力更嘎查巴彦布拉格牧户东南 0.61 千米处，止于巴彦布拉格牧户东南 0.42 千米处。原墙体应作直线分布，呈东南—西北走向，上接梅力更长城 4 段，下接梅力更长城 6 段。

本段长城为消失段，起止点之间的直线长度为 190 米。原墙体应分布于巴彦布拉格沟沟口内河槽两岸谷地上，河槽及其两岸卵石遍地，西岸有采砂场，早期洪水冲刷及现代采砂作业造成墙体消失。依据相邻上下段墙体情况，推断该段墙体原应有部分土墙；筑墙之初当为河流，过水地段可能构筑了石墙。消失段东侧为低山，西侧为低缓的丘陵台地，台地上建筑了梅力更1号烽燧。河槽西侧有土路顺沟西北行，通往沟谷中的巴彦布拉格牧户。

27. 梅力更长城6段（152020738210102002**7**）

该段长城起自哈业胡同镇梅力更嘎查巴彦布拉格牧户东南0.42千米处，止于巴彦布拉格牧户东南0.3千米处。墙体作直线分布，呈东南—西北走向，上接梅力更长城5段，下接梅力更长城7段。

墙体长117米，为黄土夯筑的土墙，保存差。墙体分布于巴彦布拉格沟沟谷中，沿沟谷地穿行，东临洪水河槽，西侧为采砂区。墙体地处沙河洲上，于地表呈低矮的土垄状，底宽4~6、顶宽1~2、残高1.5米；起点处断面显示，有部分墙体处在地表下（彩图二八三）。洪水冲刷暴露墙体外壁夯层及墙基，墙下为经过修整的冲洪积层，筑墙土从他处运输而来，夯层厚8~12厘米。河槽中采砂形成的砂堆局部叠压了墙体，山洪冲刷及采砂作业等因素，对墙体保存影响较大。

墙体沿线调查烽燧1座，为梅力更1号烽燧。

梅力更1号烽燧（150207353201020015）

该烽燧位于哈业胡同镇梅力更嘎查东北1.2千米处，东北距梅力更长城6段起点0.17千米，西北距梅力更2号烽燧0.48千米，南距G6高速公路0.58千米。

烽燧以黄土夯筑而成，保存较差。墩台坍塌，明显隆起于地表，呈高大的长方形土丘状，底部东西10、南北25米，顶部东西5、南北13米，残高3.2米；顶部较平整，植被稀疏，表面大部分裸露（彩图二八四）。墩台下采集到泥质灰陶三角外叠唇侈口罐口沿残片。烽燧建筑在巴彦布拉格沟沟口西岸二级台地的高岗地上，东部沟谷中的墙体在沟口处作45°角的折弯，地处墙体转角西部，与沟口东岸墙体东西处在同一条线上。

28. 梅力更长城7段（150207382301020028）

该段长城起自哈业胡同镇梅力更嘎查巴彦布拉格牧户东南0.3千米处，止于巴彦布拉格牧户东南0.12千米处。原墙体应作直线分布，呈东南—西北走向，上接梅力更长城6段，下接梅力更长城8段。

本段长城为消失段，起止点之间的直线长度为183米。原墙体应分布于巴彦布拉格牧户东南部河槽中，在沟谷中穿行，沿线为洪水河槽，河槽中采砂，砂石堆积如山；洪水冲刷及采砂作业导致墙体消失。依据相邻上下段墙体情况，推断该段墙体原应为土墙。

29. 梅力更长城8段（150207382101020029）

该段长城起自哈业胡同镇梅力更嘎查巴彦布拉格牧户东南0.12千米处，止于巴彦布拉格牧户东南0.06千米处。墙体作直线分布，呈东南—西北走向，上接梅力更长城7段，下接梅力更长城9段。

墙体长63米，为黄土夯筑的土墙，保存差。墙体沿巴彦布拉格沟谷中的河槽西岸穿行，地表隆起较低矮，呈土垄状，底宽4~7、顶宽1、残高0.5米；起点处断面显示，墙体下半部分处在地表之下，以修整的自然洪积层为基础，夯土中夹杂有细小石子；墙体原始基宽5.4、顶宽4、残高0.5米；夯层厚7~13厘米。墙体东临河槽，西侧有并行土路，西北部为巴彦布拉格牧户。

30. 梅力更长城9段（150207382301020030）

该段长城起自哈业胡同镇梅力更嘎查巴彦布拉格牧户东南0.06千米处，止于巴彦布拉格牧户西0.05千米处。原墙体应作直线或外向折线形分布，总体呈东南—西北走向，上接梅力更长城8段，下接梅力更长城10段。

本段长城为消失段，起止点之间的直线长度为106米。原墙体分布于巴彦布拉格沟河槽西岸谷地上，沿线有两家牧户南北分布，前小段墙体消失在前户牧民的房屋及畜舍建设中；后小段墙体应分布于北户房屋西侧陡峭的沟坡上，因水土流失而消失；墙体顺坡地西北行爬上二级台地，下段墙体复现于台地之上。依据相邻上下段墙体情况，推断该段墙体原应为土墙。

31. 梅力更长城10段（150207382101020031）

该段长城起自哈业胡同镇梅力更嘎查巴彦布拉格牧户西0.05千米，止于梅力更嘎查北偏东1千米。墙体作内向折线形分布，由东偏南—西偏北走向转呈东南—西北走向，上接梅力更长城9段，下接梅力更长城11段。

墙体长698米，为黄土夯筑的土墙。总体保存较差，其中保存较差部分长360米、差部分长320米、消失部分长18米，分别占该段墙体总长的51.6%、45.8%和2.6%。墙体分布于巴彦布拉格沟与梅力更沟之间台地上，在地表呈低矮的土垄状，底宽5~7、顶宽2~4、残高0.5~1.5米（彩图二八五）。大部分墙体先沿山前缓坡地延伸，地表隆起较明显；至梅力更沟沿河槽东岸折转呈西北行的后小段墙体，地表隆起则相对较低矮，局部仅可分辨墙体走向。有两道狭窄的小冲沟洪水西南向下泄贯穿后小段墙体，断面显示基础经水平修整，夯层厚7~13厘米。折弯处以东的前小段墙体末端也有稍大沟谷分布，洪水南向下泄冲断墙体，再转西南流汇入梅力更沟主河槽。

墙体沿线调查烽燧1座，为梅力更2号烽燧。

梅力更2号烽燧（150207353201020016）

该烽燧位于哈业胡同镇梅力更嘎查东北1.1千米处，东距巴彦布拉格沟牧户0.06千米，倚梅力更长城10段起点处墙体外侧建筑，西偏北距梅力更3号烽燧0.89千米。

烽燧以黄土夯筑而成，保存差。墩台坍塌，呈低缓的圆形土丘状，底部直径21、顶部直径16、残高1.5米；顶部较平缓，整体高于两侧墙体，在内侧坡下观察烽燧轮廓较明显。墩台上埋设一根输电水泥杆，西南侧挖掘有长方形浅坑，夯层显露，夯层厚约10厘米。烽燧修筑在山前二级台地上，地处墙体转角处，东临巴彦布拉格主沟口，东南与梅力更1号烽燧相呼应。

32. 梅力更长城11段（150207382301020032）

该段长城起自哈业胡同镇梅力更嘎查北偏东1千米处，止于梅力更嘎查北1.18千米处。原墙体应作内向折线形分布，由东南—西北走向转呈南偏东—北偏西走向，上接梅力更长城10段，下接梅力更长城12段。

本段长城为消失段，起止点之间的直线长度为186米。原墙体应分布于梅力更沟口内侧河槽东岸，应沿河谷缓坡地西北向上溯。消失段东临岩石裸露的山体，西临梅力更沟主河槽，沿线地表卵石遍布，受洪水冲刷、水土流失等自然因素影响，地表不见墙体踪迹。依据相邻上下段墙体情况，推断该段墙体原应为土墙。沟谷中河槽西岸有梅力更风景区旅游公路并行，南部隔河槽为梅力更召。

33. 梅力更长城12段（150207382101020033）

该段长城起自哈业胡同镇梅力更嘎查北1.18千米处，止于梅力更嘎查北1.2千米处。墙体作"L"形分布，由南偏东—北偏西走向转呈东—西走向，上接梅力更长城11段，下接梅力更长城13段。

墙体长27米，为黄褐土夯筑的土墙，保存差。墙体分布于梅力更沟口内侧河槽东岸一级台地上，先沿较平缓的河岸延伸，继而作直角折转，垂直伸向河槽，呈跨河之势。墙体于地表隆起较低矮，轮廓可分辨，底宽4~6、顶宽1~2、残高0.5~1米。断面显示，水平基础下为自然淤积层，夯层厚8~12厘米。末端河槽断崖处残存有石墙，残长1、基宽2、残高1米。

34. 梅力更长城13段（150207382301020034）

该段长城起自哈业胡同镇梅力更嘎查北1.2千米处，止于梅力更嘎查北1.2千米处。原墙体应作直线分布，呈东—西走向，上接梅力更长城12段，下接梅力更长城14段。

本段长城为消失段，起止点之间的直线长度为 85 米。原墙体应分布于梅力更召北部的梅力更沟河槽中及其西岸水泥路下，墙体因洪水冲刷而消失。梅力更风景区旅游公路顺河谷西岸一级台地通行，穿过消失段。

35. 梅力更长城 14 段（1502073821020035）

该段长城起自哈业胡同镇梅力更嘎查北 1.2 千米处，止于梅力更嘎查庙西梁南 0.09 千米处。墙体作内向折线形分布，由东—西走向转呈北—南走向，再转呈东偏北—西偏南走向；上接梅力更长城 13 段，下接梅力更长城 15 段。

墙体长 822 米，为黄土夯筑的土墙。总体保存较差，其中保存较差部分长 499 米、差部分长 198 米、消失部分长 125 米，分别占该段墙体总长的 60.7%、24.1% 和 15.2%。墙体分布于庙西梁东南部的山前缓坡地上，地处梅力更沟西岸与庙西梁南小洪水河槽东岸之间，先沿梅力更沟沟口西岸二级台地上作连续的两个直角内折弯，其后转西偏南行；在梅力更沟沟谷东、西岸总体作"几"字形布局。墙体于地表呈低矮的土垄状，底宽 5~7、顶宽 2~4、残高 0.5~1 米；轮廓宽大明晰。梅力更河槽西岸的一、二级台地间为 70°陡坡，坡地上石块密布，大体遗留有原筑石墙的迹象；爬上二级台地改筑土墙，先作 35 米较短的西行，随即直角南折，延伸 82 米后再转作西偏南行；中小段墙体分布于庙西梁东侧圆形山丘的前坡脚处，于地表呈高大的土垄状（彩图二八六）；后小段墙体分布于庙西梁东南部，距离村庄较近，地表痕迹较低矮。前、中小段墙体之间有窄缓沟谷的洪水南向下泄，导致谷中墙体消失；断面表明，墙下为人工修整的水平基础，夯层厚 8~13 厘米。有两条浅缓的河槽洪水南向下泄，造成中小段墙体断豁；庙西梁东沟山洪南向下泄，其西侧有水泥路西北行进入村中，均造成后小段墙体局部消失。

墙体沿线调查烽燧 3 座、障城 2 座，为梅力更 3、4 号烽燧、梅力更沟烽燧、梅力更召障城和梅力更沟障城。

梅力更 3 号烽燧（1502073532010220017）

该烽燧位于哈业胡同镇梅力更嘎查北 1.1 千米处，倚梅力更召障城北墙中部外侧建筑，北距梅力更长城 14 段墙体 0.06 千米，西距梅力更 4 号烽燧 0.2 千米。

烽燧以黄土夯筑而成，保存差。墩台坍塌，呈覆钵形圆丘状，底部直径 15~19、顶部直径 9~11、残高 3 米；略高于障城城墙，顶部较平缓，四周为缓坡，接近于圆锥体，植被稀疏，有芨芨草数丛。烽燧北侧的林地中散布较多泥质灰陶片，以弦断绳纹为多，其次是绳纹，也有部分素面陶片，可辨器形为盆、侈口矮领罐和钵等（彩图二八七）。

梅力更召障城（1502073531020040001）

该障城位于哈业胡同镇梅力更嘎查北 1.1 千米，地处梅力更沟沟口西岸的台地之上，南距梅力更召 0.5 千米，北距梅力更长城 14 段墙体 0.06 千米。

障城平面呈正方形，边长 46 米。障墙以黄土夯筑而成，呈高土垄状，底宽 11~13、顶宽 2.5~5.5、残高 2~3 米，夯层厚 8~10 厘米；顶部植被较少，受风雨侵蚀影响而逐步萎缩。北墙中部外侧附筑梅力更 3 号烽燧。南墙中部设门，门宽 10 米，方向为 173°。城内有一条南北向土垄，较低矮，疑为建筑基址（图二五；彩图二八八）。障城内长满杂草，有 3 座现代坟茔，对障城保存与观瞻有一定影响。

障城南部地势也较高，敖包附近现栽植有成排松树，松树坑旁侧挖出汉代的陶片、瓦片等。初步判断，障城南部有一座与障城东、西墙相连的关厢，关厢的范围东西约 70、南北约 100 米。障城左近散布有少量泥质灰褐陶片，以凹弦纹下施绳纹、弦断绳纹为多见，其次是绳纹和素面，可辨器形有宽沿盆、侈口矮领罐和钵。主障与关厢的结合是汉代障城的典型特征。

梅力更沟障城（150207353102020003）

该障城位于哈业胡同镇梅力更嘎查北1.94千米处，南距梅力更长城14段墙体0.76千米、梅力更召障城0.92千米。

障城平面呈长方形，东西40、南北25米。障墙以黄土夯筑而成，地表呈较高大的土垄状，底宽4~7、顶宽0.5~1.5、残高1~2.5米。南墙中部有一堆高于城墙的石堆，部分石块滚落于南部坡下，应为石砌门址，门宽近2米，方向为192°。障城内偏东部有一道南北向土隔墙，明显较四周障墙低矮，作用不明（图二六；彩图二八九）。障城所处地势西北高、东南低，北墙大体处于山脊顶部，城内较平缓。门址东侧有窄小的洪水沟道冲断障墙，基础部位暴露有石块，推测筑墙时于低缓地段加筑石砌基础。障城西北角外附筑烽燧。障城外周边地表散布有较多陶片，以泥质灰褐陶为主，同时见有夹砂厚壁陶片，纹饰有绳纹、弦断绳纹、交叉绳纹、弦断绳纹与粗绳纹、凹弦纹与绳纹等（图二七），可辨器形有折沿盆、侈口矮领罐、钵和甗等。在一块陶盆残片的外腹壁上发现有长圆形压印戳记，长3、宽2厘米。铭文两字，横书，右读，阴文篆书，经上海市松江博物馆馆长杨坤先生释读，为"谒长"两字（彩图二九〇），系官职名。戳记陶片应系战国遗物，该官职名大体相当于后来的谒者仆射。

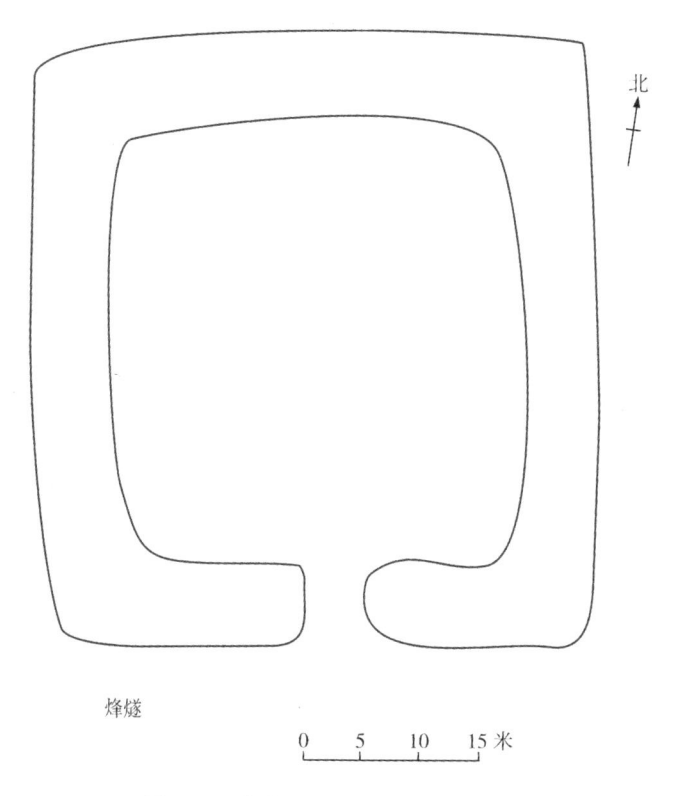

图二五　梅力更召障城主障平面图

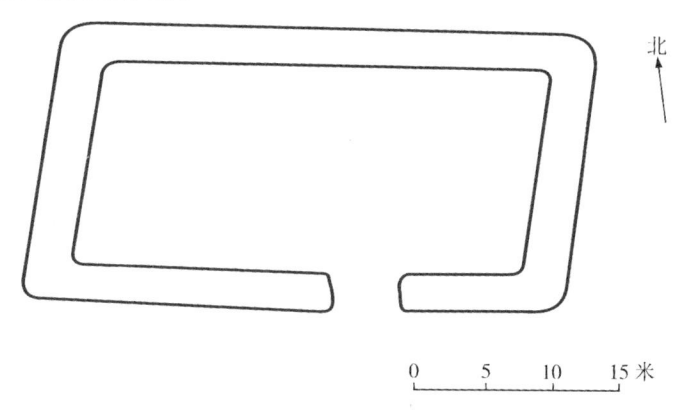

图二六　梅力更沟障城平面图

梅力更沟烽燧（150207353201020020）

该烽燧位于哈业胡同镇梅力更嘎查北1.96千米处，倚梅力更沟障城北墙西端外侧建筑，南距梅力更3号烽燧0.91千米，西偏南距梅力更4号烽燧0.92千米。

烽燧以黄土夯筑而成，保存较差。墩台坍塌，呈圆丘状隆起，顶部较平缓，其上植被稀疏低矮。

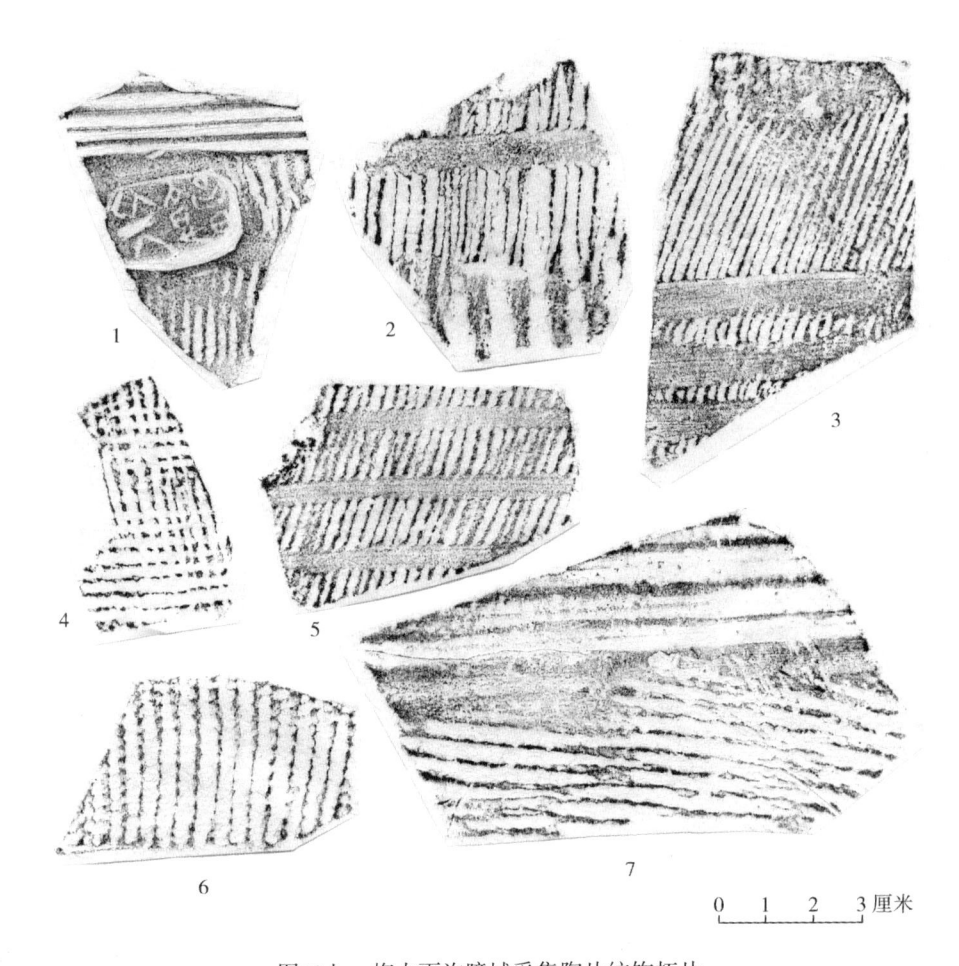

图二七 梅力更沟障城采集陶片纹饰拓片
1. "谒长"戳记 2. 弦断绳纹与粗绳纹 3、5. 弦断绳纹 4. 交叉绳纹 6. 绳纹 7. 凹纹纹与绳纹

烽燧建筑在梅力更沟障城西北角,呈角台状,东西7、南北5、残高3.2米,明显高出于障墙。烽燧修筑在东南向伸出山岭的顶部,北部直对梅力更沟谷,背靠障城,北侧沟坡陡立。

梅力更4号烽燧(1502073532010200018)

该烽燧位于哈业胡同镇梅力更嘎查西北1.1千米处,倚梅力更长城14段中小段墙体外侧建筑,西南距西滩烽燧3.1千米,东距梅力更召障城0.2千米。

烽燧以黄土夯筑而成,保存较差。墩台坍塌,呈高大的圆形土丘状,底部直径15、顶部直径9、残高3.5米;明显高出于所依附墙体,顶部较平缓,植被较少,大部分墩台裸露(彩图二九一)。烽燧修筑在山前高坡地上,南北两侧为林地。站在烽燧上西南向远眺,视野宽广。

36. 梅力更长城15段(1502073823010200036)

该段长城起自哈业胡同镇梅力更嘎查庙西梁南0.09千米处,止于庙西梁西南0.18千米处。原墙体应作直线分布,呈东偏北—西偏南走向,上接梅力更长城14段,下接梅力更长城16段。

本段长城为消失段,起止点之间的直线长度为107米。原墙体紧邻庙西梁村南分布,地处山前缓坡地上,沿线前小段为一条浅缓的洪水河槽,河槽东西两岸地表有较大的花岗岩石块裸露。河槽西为一家民房,原墙体大体分布于民宅院落的南院墙内侧,地表不见墙体痕迹,出院墙西南角墙体再现。依据相邻上下段墙体情况,推断该段墙体原应为土墙。

37. 梅力更长城 16 段（150207382101020037）

该段长城起自哈业胡同镇梅力更嘎查庙西梁西南 0.18 千米处，止于庙西梁西南 0.87 千米处。墙体后小段略作"S"形内外弯曲分布，总体呈东北—西南走向，上接梅力更长城 15 段，下接梅力更长城 17 段。

墙体长 713 米，为黄褐土夯筑的土墙。总体保存差，其中保存差部分长 672 米、消失部分长 41 米，分别占该段墙体总长的 94.2%、5.8%。墙体分布于庙西梁西南部民房至巴楞色拉沟前河槽东岸之间，沿较缓坡地或冲洪积地貌延伸，于地表呈高低不等的土垄状，底宽 3～8、残高 0.5～1 米；轮廓和走向较清晰。西南出庙西梁的前小段墙体沿门道沟河槽东岸山前缓坡地作下坡行，明显隆起于地表；后小段墙体进入卵石裸露的冲洪积滩地中，呈宽薄而低矮的土垄状，在门道沟洪水汇入巴楞色拉沟河槽前，墙体转西行，大体垂直穿过河槽，河槽中的墙体因洪水冲刷而灭失；河槽西岸的墙体复为西南行，再穿洪水南向冲刷的巴楞色拉沟前河槽，洪水量明显比门道沟大，形成宽缓的洪水冲击面，墙体止于河槽东岸。止点为洪水冲刷形成的墙体横断面，剖面有墙体夯层，夯土中夹杂有细小的砂砾，基础为人工平整的冲洪积层；测得墙体原始基宽 3、顶部残宽 2、残高 1.5 米；夯层厚 6～10 厘米（彩图二九二）。前小段墙体中部南侧有三户民房东西成排分布，后小段墙体建筑在洪积滩地中，经行区域局部设为绿化地，受风雨侵蚀影响，整体保存很差，濒临消失。巴楞色拉沟洪水滚动冲刷，正日益侵蚀着末端墙体，建议设置防洪坝加以保护。

38. 梅力更长城 17 段（150207382301020038）

该段长城起自哈业胡同镇梅力更嘎查庙西梁西南 0.87 千米处，止于庙西梁西南 1.38 千米处。原墙体应作直线分布，呈东北—西南走向，上接梅力更长城 16 段，下接梅力更长城 18 段。

本段长城为消失段，起止点之间的直线长度为 524 米。原墙体应分布于庙西梁西南部宽缓的巴楞色拉沟前河槽中及其西岸洪积滩地上，跨过宽缓的河滩地，直奔前方乌拉山南麓伸出的低矮山岭南山嘴而去。滩地的东半部已发育成南向下泄的洪水河槽，宽 140 多米，洪水东西滚动冲刷，造成前小段墙体消失；其西岸滩地现被辟为绿化地，于山岭东坡脚下前后发现两段土墙遗存，西距山脚约 25 米；其中前段墙体长 18 米，后段长 28 米，轮廓大体可分辨，地表仅见略微隆起，划入消失段，表明该段墙体大部分原应为土墙。至巴楞色拉沟西山岭山嘴下，墙体沿山脚转西偏南行，最终绕出梅力更沟及其两翼硕大的扇形沟口。山岭中有小沟谷的洪水南偏西向下泄，出沟口转西偏南流，应是造成末端墙体消失的主要因素。河槽中有采砂坑，消失段后小段沿线为绿化地，栽植小杏树。有土路顺巴楞色拉沟河槽北行，穿过消失段进入沟中。

39. 梅力更长城 18 段（150207382101020039）

该段长城起自哈业胡同镇梅力更嘎查庙西梁西南 1.38 千米处，止于哈业胡同镇西滩村东北 0.48 千米处。墙体作直线分布，呈东偏北—西偏南走向，上接梅力更长城 17 段，下接西滩长城 1 段。

墙体长 494 米，为黄褐土夯筑的土墙。总体保存差，其中保存差部分长 470 米、消失部分长 24 米，分别占该段墙体总长的 95.1%、4.9%。墙体分布于西滩村东北部巴楞色拉沟西侧沟口及其两翼山脚下，地处伸出山岭山嘴处与达拉盖沟沟口东岸之间。墙体于山嘴下复现后，沿较平缓的山前坡地作西偏南行，调查发现有大部分墙体保存在地表之下，地上残存部分较少，呈宽平土垄状，底宽 3～6、残存最高 0.5 米（彩图二九三）。巴楞色拉沟西沟的一股山洪出沟口西南向下泄，冲断中小段墙体，断面显示墙体夯层，夯土中夹杂有大量花岗岩细砂砾，以经过水平修整的冲洪积层为基础，夯层厚 8～10 厘米。豁口东侧有土路南北行，穿过中小段墙体进入西沟中，也造成墙体断豁。墙体南侧为耕地，北侧新近辟为绿化地，局部墙体上也见有树坑分布，部分地段栽植了柳树，对墙体造成破坏。

40. 西滩长城 1 段（1502073823010200400）

该段长城起自哈业胡同镇西滩村东北 0.48 千米处，止于西滩村东北 0.29 千米处。原墙体应作直线分布，呈东偏北—西偏南走向，上接梅力更长城 18 段，下接西滩长城 2 段。

本段长城为消失段，起止点之间的直线长度为 210 米。原墙体应分布于西滩村北部的达拉盖沟沟口河槽中及其两岸洪积滩地上，沿山前缓坡地修筑。达拉盖沟有较短的两条东支沟，西为主沟，三条沟洪水于消失段北侧合流后南偏东向下泄，造成该段墙体消失。依据相邻上下段墙体情况，推断该段墙体原应为土墙。

41. 西滩长城 2 段（1502073821010200410）

该段长城起自哈业胡同镇西滩村东北 0.29 千米处，止于西滩村东北 0.22 千米处。墙体作直线分布，呈东偏北—西偏南走向，上接西滩长城 1 段，下接西滩长城 3 段。

墙体长 77 米，为黄褐土夯筑的土墙，保存差。墙体分布于西滩村北部的山前洪积滩地上，东临达拉盖沟河槽，西至西滩油库东院墙。墙体沿山前缓坡地延伸，于地表呈低矮的土垄状，底宽 3～4、顶宽 1～2、残高 0.5～1.2 米。通过起点处断面观察，墙体建筑在经过平整的洪积层之上，夯土不纯净，含砂量较大，夯层厚约 10 厘米。达拉盖沟山洪冲刷造成墙体被掩埋与侵害，墙体外壁大部分存在于地表之下，内侧墙体因土地平整及取土而导致墙体夯层裸露（彩图二九四）。

42. 西滩长城 3 段（1502073823010200420）

该段长城起自哈业胡同镇西滩村东北 0.22 千米处，止于西滩村西北 0.2 千米处。原墙体应作直线分布，大体呈东—西走向，上接西滩长城 2 段，下接西滩长城 4 段。

本段长城为消失段，起止点之间的直线长度为 263 米。原墙体应分布于西滩村北部西滩油库院内，北部正对达拉盖沟沟口，地处山前缓坡地上。油库内分布储油罐两排，每排 3 个，消失的墙体大体位于前排储油罐下，早期的洪水冲刷及油库、西侧铁路专用线建设造成墙体消失。依据相邻上下段墙体情况，推断该段墙体原应为土墙。

43. 西滩长城 4 段（1502073821010200430）

该段长城起自哈业胡同镇西滩村西北 0.2 千米处，止于西滩村西北 0.3 千米处。墙体作直线分布，基本呈东—西走向，上接西滩长城 3 段，下接西滩长城 5 段。

墙体长 137 米，为黄褐土夯筑的土墙，保存差。墙体分布于西滩油库西侧，位于达拉盖沟沟口外偏西一侧。油库西墙外复现的墙体，沿山前较平缓的洪水冲积滩地前行，略凸出于地表，呈低矮的土垄状，底宽 4～6、残存最高 0.5 米（彩图二九五）。止点处是一条窄小的洪水冲沟，洪流源自达拉盖沟，西南向下泄，遇墙体转西偏南流，造成下段墙体消失。通过断面观察，墙体建筑在经平整的洪积层上，夯土中含砂量较大，夯层厚约 10 厘米。墙体两侧为冲积滩地，新近开辟为绿化地，地表树坑遍布，部分地段墙体上也见有树坑分布，墙体濒临消失。

44. 西滩长城 5 段（1502073823010200440）

该段长城起自哈业胡同镇西滩村西北 0.3 千米处，止于西滩村西北 0.49 千米处。原墙体应作直线分布，呈东偏北—西偏南走向，上接西滩长城 4 段，下接西滩长城 6 段。

本段长城为消失段，起止点之间的直线长度为 216 米。消失段位于西滩村西北部洪积滩地上，西南为呼和浩特铁路局哈业胡同道渣厂办公区。消失段地处山前平缓坡地上，达拉盖沟西南向分流的洪水冲刷造成墙体消失。沿线地表河卵石裸露，被开辟为林地，树坑遍布，地表不见墙体痕迹。依据相邻上下段墙体情况，推断该段墙体原应为土墙。

45. 西滩长城 6 段（1502073821010200045）

该段长城起自哈业胡同镇西滩村西北 0.49 千米处，止于西滩村西北 0.56 千米处。墙体作直线分布，呈东—西走向，上接西滩长城 5 段，下接西滩长城 7 段。

墙体长 72 米，为红褐土夯筑的土墙，保存差。墙体分布于呼和浩特铁路局哈业胡同道渣厂办公区北部，沿山前平地延伸，地表保存的墙体遗迹较少，呈低平土垄状，底宽 4～5、残存最高 0.5 米（彩图二九六）。起点处墙体南侧被挖掘机挖出纵断面，长 15 米；结合横断面可知，墙体为水平基础，其下为冲洪积层，夯土中含砂量较大，夯土较松软，夯层厚约 10 厘米。受道渣厂建设、道路通行以及人为取土等诸多因素影响，墙体损坏严重，濒于消失。墙体南侧为铁路线，北侧有土路并行，路北是活动板房，为道渣厂工人生活区。

墙体沿线调查烽燧 1 座，为西滩烽燧。

西滩烽燧（1502073532010200019）

该烽燧位于哈业胡同镇西滩村西偏北 0.5 千米处，倚西滩长城 6 段起点墙体外侧修筑，西距巴彦淖尔市乌拉特前旗乌布拉格 1 号烽燧 1.1 千米。

烽燧以黄褐土夯筑而成，保存差。墩台坍塌，呈较高大的圆形土丘状，底部直径 12、顶宽 5、残高 3 米；顶部较平缓，四面呈缓坡状。烽燧建筑在山前平地上，墩台东南侧被人为挖掘了断面（彩图二九七），剖面观察有界线分明的两种夯土，表明烽燧与墙体夯筑用土不同，北侧烽燧用黄褐土夯筑，夯土中仅含有少量砂砾，夯层清晰，土质坚硬，夯层厚 8～12 厘米；南侧的筑墙用土呈红褐色，含砂量较大，夯层较松软。此外，是后者叠压前者，说明烽燧与墙体并非一次性修筑而成，而是先建筑烽燧，之后紧贴烽燧南壁夯筑墙体。

46. 西滩长城 7 段（1502073823010200046）

该段长城起自哈业胡同镇西滩村西北 0.56 千米处，止于西滩村西北 0.78 千米处。原墙体应作直线分布，呈东—西走向，上接西滩长城 6 段，下接西滩长城 8 段。

本段长城为消失段，起止点之间的直线长度为 223 米。消失段分布在西滩村西北部的呼和浩特铁路局哈业胡同道渣厂办公区北侧，地处较缓的山前坡地上，道渣厂铁路专用线西偏北行穿过消失段，铁路建设造成该段长城后小段墙体消失；其东侧的荒地上亦不见墙体痕迹。依据相邻上下段墙体情况，推断该段墙体原应为土墙。

47. 西滩长城 8 段（1502073821010200047）

该段长城起自哈业胡同镇西滩村西北 0.78 千米处，止点于西滩村西北 1.1 千米处。墙体作直线分布，呈东—西走向，上接西滩长城 7 段，下接西滩长城 9 段。

墙体长 345 米，为黄褐土夯筑的土墙，保存差。墙体分布于呼和浩特铁路局哈业胡同道渣厂办公区西北部、乃林沟东岸缓坡地上，于地表呈低矮的土垄状，底宽 4～6、残高约 0.5 米（彩图二九八）。有南向下泄的小洪水冲沟冲断中小段墙体，通过墙体断面观察，墙基经水平修整，墙体夯层清晰，夯层厚约 10 厘米；冲沟东侧的前小段墙体受人为取土及道渣厂建设等诸多因素影响，地表痕迹大部分不明显，仅可断续相连；其西侧的后小段墙体地表隆起较明显，轮廓与走向较明晰。有两条运输砂石的土路穿过，车辆通行对墙体影响甚大，危及墙体保存。墙体南侧又有土路并行，北侧为专用铁路线，北部山脚下为道渣加工厂区。

48. 西滩长城 9 段（1502073823010200048）

该段长城起自哈业胡同镇西滩村西北 1.1 千米处，止于西滩村西北 1.4 千米处。原墙体应作直线分布，呈东—西走向，上接西滩长城 8 段，下接巴彦淖尔市乌拉特前旗乌布拉格长城 1 段。

本段长城为消失段，起止点之间的直线长度为 260 米。原墙体应分布于呼和浩特铁路局哈业胡同道渣厂及其西部的乃林沟沟口河槽中，地处沟口地带及东岸山前缓坡地上。消失段前小段墙体处在道渣厂西缘，废料堆积如山，墙体痕迹无从探寻；消失的后小段墙体地处乃林沟沟口前河槽中，洪水出沟东南向冲刷导致墙体灭失。依据上段墙体及沿线地貌情况，推断河槽东岸的墙体原应为土墙。

第五章

巴彦淖尔市战国赵北长城

　　战国赵北长城在巴彦淖尔市境内，仅分布于乌拉特前旗东部的乌拉前山山麓地带。在调查中，将乌拉特前旗境内的赵北长城墙体划分为 70 个调查段，包括土墙 39 段、石墙 1 段、消失段落 30 段。墙体总长 53243 米，其中土墙为连续性墙体，消失段落原来亦均为土墙，土墙与消失段落合计总长 53203 米。石墙长 40 米，位于赵北长城墙体末端，系土筑墙体与乌拉前山山体的过渡衔接。土墙中，有墙体存在段落长 27757 米，消失段长 25446 米；在总长 27757 米的土墙中，保存较差部分长 4075 米、差部分长 14687 米、消失部分长 8995 米。

　　此外，在乌拉特前旗战国赵北长城沿线的沟口地带，调查有许多当路塞性质的墙体，或与赵北长城墙体相接，或游离于赵北长城墙体之外，均系汉代当路塞。这些墙体多断续分布，又多与赵北长城墙体混杂在一起，仅将西二驹沟长城、小庙长城 11 段、哈拉罕长城 10 段单列出来，命名为"乌拉山当路塞"小节予以专门介绍。其他当路塞墙体，多附记于相邻的赵北长城墙体之后予以简要介绍，长度不再作专门统计。

一　长城墙体分布与走向

　　乌拉特前旗境内的战国赵北长城墙体，东端由包头市九原区哈业胡同镇西滩村西的乃林沟西岸进入，呈东西走向沿山前坡地穿行，经白彦花镇乌布拉格嘎查北，向西穿过乌布拉格沟沟口时消失。过沟口，墙体又现于山脚下，受乌布拉格沟洪水西南向冲刷影响，又有数百米墙体消失。再现的墙体于双沟处环绕南向凸出的山体，接近 G6 高速公路时转西偏北行，经和顺庄村北，又消失于东二驹沟沟口。在东二驹沟沟口西部台地下先发现乌布拉格 5 号烽燧，其西北 0.22 千米处墙体复现，沿山前坡地断续西偏北行，随之再消失于红旗队所在的西二驹沟沟口。墙体于西二驹沟沟口西部复现，沿山脚西行，穿过阿贵沟前台地沟口，于沟口西岸作西南行，环绕南向凸出的低山岭，其后作 180° 折转弯，拐入阿贵沟西侧狭窄的沟谷中，沿沟谷西坡地作东北向延伸。翻过阿贵沟西山岭，再入阿贵沟，沿台地沟口与山沟口之间的河槽西岸北行，随即折转向西北行，穿过山垭进入巴润乌布拉格沟沟口，这段墙体总体上呈倒置的"S"状分布。巴润乌布拉格沟纵深长，源自乌拉山分水岭，沟叉众多，水系庞杂，沟口前形成大面积冲积扇。长城修筑时，为躲避山洪侵袭，提前选择低矮的山地构筑墙体，向巴润乌布拉格沟沟口方向迂回环绕，其设计与布局独具匠心。墙体在巴润乌布拉格沟沟口呈"几"字形分布，过沟复沿山脚作西偏北行，在大东沟东侧的东格巴牧户山脚下出现了 2500 米的消失段，复查时发现三段沿山脚分布的土筑墙体，可基本定位其间的长城分布与走向。墙体复现于大东沟沟口西岸台地脚下，大体沿山前坡地断续西行，经乌日图高勒嘎查北缘延伸至小庙沟，于沟口东岸消失，至西岸台地上再现，在小庙沟总体作"几"字形分布。墙体沿坡台地作西南向折返，出沟转西偏北行，环绕台地上一条小沟谷的沟脑后又转西南行，穿过哈日吉拉沟台地沟口河槽后走下台地，再沿坡脚转西行，这部分墙体略呈"S"形分布。

在哈日吉拉沟与达日嘎沟（乌兰吉拉沟）之间，墙体继续沿台地坡脚或山脚西行，有数条纵深较短的沟谷洪水南向下泄，洪水侵袭导致墙体断多存少。又西行经达日嘎沟、巴音布拉格沟及其西部郎拉沟沟口前，其间为2300米的消失段，仅在沟口之间或沟口前的冲积扇上偶见有断续的小段墙体残存，在巴音布拉格沟沟口西岸，沿山脚上部构筑墙体。墙体再现于西哈拉罕嘎查西北柏树沟两岸，东岸分布于台地之上，西岸走下台地的墙体又消失不见。达拉盖沟沟口东岸三角形台地上的墙体保存较好，随之消失于沟口河槽中。墙体大体呈"几"字形过达拉盖沟、呼都格宝力格沟和大坝沟沟口，沟口间的墙体可断续相连。大坝沟西岸的特汉其牧户与查干布拉格牧户之间，包括哈日宝力格沟、查干布拉格沟在内，有数条较大的沟谷分布，其间有5700米长的消失段。墙体在查干布拉格沟西侧的两条短沟沟口间有小段遗存，其后再次消失于沟口；呼和宝力格嘎查北部山脚下至公庙子沟的墙体时断时续。公庙子沟与太恩格尔沟之间，乌拉山南麓山体陡峭，沟口密集分布，因而又出现3240米的消失段，其间仅见个别烽燧和数小段二三十米长的墙体保存，基本上可把握此间墙体的分布与走向情况。自太恩格尔沟以西至乌兰布拉格沟沟口之间，有大部分墙体保存，沿山脚西行，经呼热楚鲁嘎查中北部，一直沿山脚延伸到乌兰布拉格沟沟口东岸的防洪堤坝之下，仅在途经较大沟口时出现消失段。

西出乌兰布拉格沟沟口的墙体再度消失，其与张连喜店村北部的大沟沟口之间，发现有5座烽燧在山前缓坡地上呈曲尺形分布，其中乌兰布拉格1~4号烽燧东西处于同一条线上；以4号烽燧为拐点，乌兰布拉格5号烽燧位于其北部，二者作南北向分布。此外，乌兰布拉格5号烽燧北侧与乌拉山前台地间发现了较为清晰的墙体痕迹，调查认定这些烽燧都应该是倚墙体修筑。张连喜店村北部大沟沟口东侧为小红石沟，其沟口东侧的台地陡坡上是一道山梁，土筑墙体延伸至山脚，山梁上改筑为石墙，与乌拉山南麓山体对接，本次调查确定为赵北长城西端的最后一段墙体（地图九）。

二　长城墙体与单体建筑保存现状

在对乌拉特前旗赵北长城的调查中，除划分的70段长城墙体外，沿线还调查烽燧44座、障城5座。5座障城中，包括战国障城4座、汉代障城1座，另发现疑似汉代障城2座。下面，对这些墙体段落和单体建筑分作详细描述。

1. 乌布拉格长城1段（150823382101020001）

该段长城起自白彦花镇乌布拉格嘎查东偏北0.93千米处，止于乌布拉格嘎查北偏西0.15千米处。墙体作直线分布，呈东—西走向，上接包头市九原区西滩长城9段，下接乌布拉格长城2段。

墙体长966米，为黄褐土夯筑的土墙。总体保存差，其中保存差部分长826米、消失部分长140米，分别占该段墙体总长的85.5%、14.5%。墙体分布于乌布拉格嘎查北侧山脚下，地处包头市与巴彦淖尔市交界处的乃林沟与乌拉特前旗乌布拉格沟东小沟沟口西岸之间，沿山脚下缓坡地延伸，于地表呈低矮的土垄状，底宽3~8.5、顶宽2~3、残高0.5~1.3米。沿线前后有六条较小沟谷的洪水南向下泄冲断墙体，断面显示墙基经水平修整，夯土中夹有花岗岩砂砾，夯层厚8~10厘米。前小段墙体受乃林沟洪水冲刷影响而出现多处断豁；中小段墙体分布于两条"丫"形沟谷的前河槽之间，墙体消失，北侧有一家牧户；有数条窄浅的漫水道穿过后小段前端墙体，有的造成墙体断豁；末端墙体处在乌布拉格嘎查北缘的一家牧户门前，地表隆起甚低矮，濒于消失。墙体南侧、乌布拉格嘎查东侧，分布有一处汉代遗址，疑为障城。

墙体沿线调查烽燧2座，为乌布拉格1、2号烽燧。

乌布拉格1号烽燧（150823353201020001）

该烽燧位于白彦花镇乌布拉格嘎查东偏北0.73千米处，倚乌布拉格长城1段墙体外侧修筑，西距乌布拉格2号烽燧0.43千米。

烽燧以黄褐土夯筑而成，保存差。墩台坍塌，呈圆形土丘状隆起，底部直径12、顶部直径2.2、残高3米（彩图二九九）。烽燧修筑在乌布拉格嘎查东北部的山前缓坡地上，地处乃林沟河槽西岸，北临沟口，除呼应前、后烽燧外，还有重点监控沟口之设置意图。

乌布拉格2号烽燧（150823353201020002）

该烽燧位于白彦花镇乌布拉格嘎查东北0.33千米处，倚乌布拉格长城1段后小段墙体外侧修筑，西距乌布拉格3号烽燧1.6千米。

烽燧以黄褐土夯筑而成，保存差。墩台坍塌，呈圆形土丘状，底部直径11、顶部直径2、残高3米。烽燧修筑在山前高坡地上，地处两条"丫"形沟谷的前河槽之间，偏于东河槽一侧。

2. 乌布拉格长城2段（150823382101020002）

该段长城起自白彦花镇乌布拉格嘎查北偏西0.15千米处，止于乌布拉格嘎查西偏北0.52千米处。墙体作直线分布，呈东—西走向，上接乌布拉格长城1段，下接乌布拉格长城3段。

墙体长456米，为黄褐土夯筑的土墙。总体保存差，其中保存差部分长406米、消失部分长50米，分别占该段墙体总长的89%、11%。墙体分布于乌布拉格沟沟口东岸山脚下缓坡地上，地处乌布拉格嘎查内西北部，于地表呈低矮的土垄状，底宽3~5、顶宽1.5~2、残高0.3~1米。源自北部山坡的三道浅缓冲沟洪水南向下泄，前两沟冲断墙体，西沟正对着墙体南侧一家牧户，牧民修筑堤坝截水西流，于墙体末端穿过。冲沟断面显示墙体下为人工修整的水平基础，低缓处基础部位见有石块，局部可能加筑有石墙基。水土流失与民房建设导致前小段部分墙体消失。墙体分布于村庄中，居民的生产活动以及牲畜常年踩踏均对墙体构成影响。

3. 乌布拉格长城3段（150823382301020003）

该段长城起自白彦花镇乌布拉格嘎查西偏北0.52千米处，止于乌布拉格嘎查西偏北1.2千米处。原墙体应作直线分布，大体呈东—西走向，上接乌布拉格长城2段，下接乌布拉格长城4段。

本段长城为消失段，起止点之间的直线长度为642米。原墙体应分布于乌布拉格嘎查西部的乌布拉格沟沟口处，地处山脚下，洪水冲刷造成墙体灭失。沟口东侧山脚下见有隆起于地表的土筑墙体遗迹，依此判断该段墙体大部分原应为土墙。沟口东岸一级台地上有疑似障城遗迹，顶部有长方形现代土围墙，东西19、南北15米。周边有较多汉代陶片，可辨器形有罐、盆和钵等。

4. 乌布拉格长城4段（150823382101020004）

该段长城起自白彦花镇乌布拉格嘎查西偏北1.2千米处，止于乌布拉格嘎查西1.38千米处。墙体略作内外折线形分布，由东—西走向转呈东偏北—西偏南走向，后小段复为东—西走向；上接乌布拉格长城3段，下接乌布拉格长城5段。

墙体长247米，为黄褐土夯筑的土墙。总体保存较差，其中保存较差部分长217米、消失部分长30米，分别占该段墙体总长的87.9%、12.1%。墙体分布于乌布拉格沟口西岸山脚地带，地处乌布拉格沟与其西侧小沟口之间。为躲避沟口洪水，选择山脚上部的陡坡地构筑墙体，大部分墙体于地表呈高土垄状，底宽3~7、顶宽1.5~2、残高0.3~2米。墙体南部坡下紧邻洪水河槽，北侧为山体裸露的陡坡地，生成数条较小的洪水流，东南向下泄冲断墙体。从断面上观察，墙体夯筑在修整的水平基础之上，部分地段墙体内壁夯层裸露，夯土粗糙不纯净，有大量小石块及花岗岩砂砾夹杂其中，夯层厚8~10厘米（彩图三〇〇）。

墙体沿线调查烽燧1座，为乌布拉格3号烽燧。

乌布拉格3号烽燧（150823353201020003）

该烽燧位于白彦花镇乌布拉格嘎查西1.3千米处，倚乌布拉格长城4段墙体外侧修筑，西偏南距乌布拉格4号烽燧1.74千米。

烽燧以黄褐土夯筑而成，保存差。墩台坍塌，呈圆形土丘状，底部直径9.5、顶部直径5、残高3米；顶部有芨芨草数丛，花岗岩砂砾密布。有人为挖掘的长方形洞穴，穴壁及墩台东南侧裸露夯层，夯层厚8~12厘米，夯土中夹杂有砂砾。烽燧修筑在乌布拉格沟口西岸陡坡地上，地处沟口西侧的山体转角处，所在地势较高，在重点针对沟口防御的同时，又保证前后烽燧间的沟通呼应（彩图三〇一）。

5. 乌布拉格长城5段（150823382301020005）

该段长城起自白彦花镇乌布拉格嘎查西1.38千米处，止于乌布拉格嘎查西1.98千米处。原墙体应作外向折线形分布，由东—西走向转呈东北—西南走向，上接乌布拉格长城4段，下接乌布拉格长城6段。

本段长城为消失段，起止点之间的直线长度为623米。原墙体应分布于乌布拉格沟西沟沟口处及两翼山脚下，应先西行，过西沟口后折向西南行。西沟洪水东南向下泄，导致前小段河槽中的墙体消失；沟口东岸发现一小段略微高出地表的土筑墙体遗迹，沟口处的墙体类别不明。西岸墙体原应沿台地下分布，因乌布拉格沟口东岸防洪堤坝的拦截，洪水转西偏南向下泄，顺墙体冲刷造成后小段墙体消失。接近墙体止点处的河槽中有采砂坑，河槽对岸为大体与消失段并行的乌布拉格沟口防洪堤坝。

6. 乌布拉格长城6段（150823382101020006）

该段长城起自白彦花镇乌布拉格嘎查西1.98千米处，止于乌布拉格嘎查西3千米处。墙体作直线分布，呈东偏北—西偏南走向，上接乌布拉格长城5段，下接乌布拉格长城7段。

墙体长1028米，为黄褐土夯筑的土墙。总体保存差，其中保存差部分长686米、消失部分长342米，分别占该段墙体总长的66.7%、33.3%。墙体分布于乌布拉格嘎查西部、和顺庄村东北部山脚下，地处乌布拉格沟西部第二沟沟口至其西部并列双沟之西沟沟口西岸山嘴处，紧邻乌拉山南坡脚延伸，于地表呈低矮的土垄状，底宽2.5~3、顶宽1.5~2、残高0.3~0.8米。后小段墙体前端有并列双沟洪水南向下泄，冲断墙体后合流，东南向下泄汇入乌布拉格沟河槽，双沟沟口前为扇形冲积面，造成大部分后小段墙体消失，其中西沟口冲积面下掩埋了部分墙体。此外，双沟东部有两条短沟洪水冲断墙体，断面暴露墙体夯层及水平基础，夯层厚8~10厘米。

墙体沿线调查烽燧1座，为乌布拉格4号烽燧。

乌布拉格4号烽燧（150823353201020004）

该烽燧位于白彦花镇乌布拉格嘎查西村牧户北0.2千米处，倚乌布拉格长城6段止点处墙体外侧修筑，西距乌布拉格5号烽燧2.1千米。

烽燧以黄褐土夯筑而成，保存较差。墩台坍塌，呈高大的圆形土丘状，底部直径14、顶部直径1、残高3.8米；顶部尖缓，四周呈斜坡状，明显高于两侧墙体。烽燧修筑在凸出山体南缘弧端处，地处山体转角地带，便于前后烽燧间的沟通联系（彩图三〇二）。

7. 乌布拉格长城 7 段（150823382101020007）

该段长城起自白彦花镇乌布拉格嘎查西 3 千米处，止于白彦花镇和顺庄村东北 0.73 千米处。墙体作直线分布，呈东偏南—西偏北走向，上接乌布拉格长城 6 段，下接乌布拉格长城 8 段。

墙体长 887 米，为黄褐土夯筑的土墙。总体保存差，其中保存较差部分长 345 米、差部分长 483 米、消失部分长 59 米，分别占该段墙体总长的 38.8%、54.5% 和 6.7%。墙体沿和顺庄村东北部山脚分布，处在双沟之西沟与和顺庄北沟之间。起点处在一座半环形凸出山体的山嘴下，绕过山嘴的墙体转西偏北行，紧邻陡峭山体坡脚延伸，于地表呈低矮的土垄状，底宽 2.5~8、顶宽 1.5~2.5、残高 0.5~1.2 米。部分墙体表面裸露夯层，夯层厚约 9 厘米。前小段墙体地表隆起较明显，沿线有数条大小沟谷的洪水南向下泄，以中间沟谷为大，冲断墙体。

8. 乌布拉格长城 8 段（150823382301020008）

该段长城起自白彦花镇和顺庄村东北 0.73 千米处，止于和顺庄村北偏东 0.71 千米处。原墙体应作直线分布，呈东偏南—西偏北走向，上接乌布拉格长城 7 段，下接乌布拉格长城 9 段。

本段长城为消失段，起止点之间的直线长度为 219 米。原墙体应分布于和顺庄村北"丫"形沟谷沟口处，止点正对沟口，大部分处在沟口东岸山脚地带。沟谷南北纵深较长，洪水出沟转东南向冲刷，冲毁墙体。依据相邻上下段墙体情况，推断该段墙体原应为土墙。

9. 乌布拉格长城 9 段（150823382101020009）

该段长城起自白彦花镇和顺庄村北偏东 0.71 千米处，止于和顺庄村北偏西 0.76 千米处。墙体作直线分布，大体呈东南—西北走向，上接乌布拉格长城 8 段，下接乌布拉格长城 10 段。

墙体长 307 米，为黄褐土夯筑的土墙。总体保存差，其中保存差部分长 254 米、消失部分长 53 米，分别占该段墙体总长的 82.7%、17.3%。墙体分布于和顺庄村北部的北沟口与东二驹沟沟口之间，沿高台地下的山脚延伸，于地表呈略微隆起的土垄状，底宽 4~10、顶宽 1.5~3、残高 0.2~0.8 米。前后有三条较小沟谷的洪水南向下泄，前两条沟谷的洪水出沟口合流；西端沟谷洪水出沟遇墙体阻截，顺墙体外侧东南流，再与前两沟洪水合流冲断墙体，汇入东二驹沟河槽。河槽西岸墙体断面基宽 7.2、残高 1.6 米，夯层厚 9~12 厘米。

10. 乌布拉格长城 10 段（150823382301020010）

该段长城起自白彦花镇和顺庄村北偏西 0.76 千米处，止于和顺庄村西北 1.52 千米处。原墙体应作直线分布，呈东南—西北走向，上接乌布拉格长城 9 段，下接和顺庄长城 1 段。

本段长城为消失段，起止点之间的直线长度为 952 米。原墙体应分布于和顺庄村西北部的东二驹沟沟口处及其两翼台地下，止点位于西北侧相邻的小"丫"形沟谷支沟洪水合流处。东二驹沟洪水自消失段中部东南向下泄，在沟口形成隆起的半环形冲积面，洪水冲刷、淤积导致消失段前端墙体消失，应有部分墙体或湮没于冲洪积层下。沟口西北约 0.3 千米处的台地下调查发现乌布拉格 5 号烽燧，其西侧尚有部分土筑墙体残留，地表痕迹低平，隆起不明显。

墙体沿线调查烽燧 1 座，为乌布拉格 5 号烽燧。

乌布拉格 5 号烽燧（150823353201020005）

该烽燧位于白彦花镇和顺庄村西北 1.3 千米处，应倚乌布拉格长城 10 段末端墙体外侧修筑，西北距和顺庄 1 号烽燧 0.42 千米。

烽燧以黄褐土夯筑而成，保存差。墩台坍塌，呈圆形土丘状，底部直径 13、顶部直径 3、残高 2.5 米；顶部较平缓，四周为缓坡，南坡台面裸露，北半坡有芨芨草丛。烽燧修筑在东二驹沟沟口西侧山脚下，北依台地，北部为暗红色石山，山体陡峭，光秃无植被，沟谷底部偶见柏树生长。烽燧西侧有土筑墙体残留，由此可大体确定其建筑位置（彩图三〇三）。

11. 和顺庄长城1段（150823382101020011）

该段长城起自白彦花镇和顺庄村西北1.52千米处，止于和顺庄村西北1.8千米处。墙体作直线分布，呈东南—西北走向，上接乌布拉格长城10段，下接和顺庄长城2段。

墙体长327米，为黄褐土夯筑的土墙。总体保存差，其中保存差部分长302米、消失部分长25米，分别占该段墙体总长的92.4%、7.6%。墙体分布于和顺庄村西北部，布塔音补隆嘎查东北部的山脚下，处在东二驹沟西部洪水西南向下泄的第一、第三小沟沟口前河槽之间，沿山前坡地延伸；大部分墙体于地表呈宽缓的土垄状，底宽2~7、顶宽1~1.5、残高0.2~1米。墙体两侧坡地为现代墓葬区，北部坟墓较多，有的坟墓紧邻后小段墙体内侧分布。前后有两条土路垂直穿过墙体，进入北部沟中或现代坟墓区，日常车辆通行较少。

墙体沿线调查烽燧1座，为和顺庄1号烽燧。

和顺庄1号烽燧（150823353201020006）

该烽燧位于白彦花镇和顺庄村西北1.7千米处，西南距布塔音补隆嘎查1.6千米，倚和顺庄长城1段后小段墙体外侧建筑，西北距和顺庄2号烽燧1.32千米。

烽燧以黄褐土夯筑而成，保存差。墩台坍塌，呈高大的土丘状，底部直径15、顶部直径3、残高3.2米；顶部尖缓无植被，四周呈缓坡状，坡面植被稀疏低矮（彩图三〇四）。烽燧修筑在地势较高的山脚坡地上，位于东二驹沟西部的第二沟沟口前河槽西岸，北依台地，北部山体山岩裸露。

12. 和顺庄长城2段（150823382301020012）

该段长城起自白彦花镇和顺庄村西北1.8千米处，止于和顺庄村西北1.9千米处。原墙体应作直线分布，呈东南—西北走向，上接和顺庄长城1段，下接和顺庄长城3段。

本段长城为消失段，起止点之间的直线长度为96米。原墙体应分布于东二驹沟西部第三小沟沟口前河槽及西岸坡地上，洪水南偏西向下泄冲刷造成墙体消失。依据相邻上下段墙体情况，推断该段墙体原应为土墙。

13. 和顺庄长城3段（150823382101020013）

该段长城起自白彦花镇和顺庄村西北1.9千米处，止于白彦花镇布塔音补隆嘎查北偏东1.3千米处。墙体略作外向折线形分布，由东南—西北走向转呈东—西走向，末端复呈东南—西北走向；上接和顺庄长城2段，下接和顺庄长城4段。

墙体长1118米，为黄褐土夯筑的土墙。总体保存差，其中保存较差部分长279米、差部分长714米、消失部分长125米，分别占该段墙体总长的24.9%、63.9%和11.2%。墙体分布于和顺庄村西北部，布塔音补隆嘎查东北部山脚下，大部分墙体于地表呈低矮的土垄状，底宽2~10.5、顶宽1.5~2.5、残高0.3~1.5米。前小段墙体复现于东二驹沟沟口西部第三小沟前河槽西岸，紧邻山脚延伸，地表隆起较明显；中小段墙体较低矮，北侧山体收缩，墙体并未追随山脚作外向环绕，而是沿山前坡地转西行；后小段墙体保存状况与前小段接近，止点在西二驹沟沟口东部南向凸出的台地坡脚处。墙体沿线有十数条较小沟谷的洪水南向下泄，导致墙体连续出现断豁，可见夯层厚8~10厘米。墙体沿线北部山岩裸露，易于洪水生成，洪水冲刷与水土流失是导致墙体保存差的直接因素。墙体两侧为现代墓葬区，有的坟墓直接建在墙体上。

墙体沿线调查烽燧1座，为和顺庄2号烽燧。

和顺庄2号烽燧（150823353201020007）

该烽燧位于白彦花镇和顺庄村西北2.9千米处，南偏西距布塔音补隆嘎查1.3千米，倚和顺长城3段止点处墙体外侧修筑，西北距和顺庄3号烽燧0.33千米。

烽燧以黄褐土夯筑而成，保存较差。墩台坍塌，呈较高大的圆形土丘状，底部直径15、顶部直径3.5、残高3米；外向凸出部分较长，顶部较平缓，四周为缓坡，其上散布有较多石块。西侧临小冲沟，洪水冲刷暴露烽燧底部结构，断面观察基础经水平修整，墩台夯层裸露，夯层厚8～10厘米，夯土中夹杂细小砂砾。烽燧建筑在西二驹沟东岸南向凸出台地的弧端坡脚处，地处墙体转角地带，承上启下，保证前后烽燧间视线通畅，利于防御信息的有效沟通。

14. 和顺庄长城4段（150823382101020014）

该段长城起自白彦花镇布塔音补隆嘎查北偏东1.3千米处，止于布塔音补隆嘎查北1.5千米处。墙体作内向折线形分布，由东南—西北走向转呈南偏东—北偏西走向，上接和顺庄长城3段，下接和顺庄长城5段。

墙体长374米，为夯筑土墙。总体保存差，其中保存差部分长340米、消失部分长34米，分别占该段墙体总长的90.9%、9.1%。墙体分布于布塔音补隆嘎查北部山脚下，前小段墙体绕过南向凸出台地的弧端处，紧贴坡脚西北行，为躲避东南流的西二驹沟洪水，中小段墙体沿着一条洪水南流沟谷西岸山梁作北偏西上坡行；爬上台地的后小段墙体沿台地边缘延伸。墙体于地表呈低矮的土垄状，底宽2.5～8.5、顶宽2～3、残高0.3～1.3米。前后有四条大小沟谷的洪水南向下泄，以墙体折弯处沟谷为大，均造成宽窄不一的墙体断豁。墙体东北依山，西南临西二驹沟洪水河槽，洪水冲刷危及墙体安全。

墙体沿线调查烽燧1座，为和顺庄3号烽燧。

和顺庄3号烽燧（150823353201020008）

该烽燧位于白彦花镇和顺庄村西北3.3千米处，南距布塔音补隆嘎查1.5千米，倚和顺庄长城4段末端墙体外侧修筑，西北距和顺庄4号烽燧0.78千米。和顺庄3、4号烽燧分置于西二驹沟沟口两翼，隔沟口相望。

烽燧以黄褐土夯筑而成，保存较差。墩台坍塌，呈圆形土丘状，底部直径13、顶部直径3.4、残高3.5米；顶部尖圆，四周为斜坡，形体高峻，明显高出所倚墙体（彩图三〇五）。烽燧修筑在乌拉山南麓前台地坡脚处，东北依山，西北临西二驹沟沟口，西南紧靠洪水河槽，地理位置重要。西二驹沟洪水出沟口东南流，正逐步侵蚀着烽燧北侧墙体，并危及烽燧安全。

15. 和顺庄长城5段（1508233823 01020015）

该段长城起自白彦花镇布塔音补隆嘎查北1.5千米处，止于布塔音补隆嘎查北1.68千米处。原墙体应作直线分布，呈南偏东—北偏西走向，上接和顺庄长城4段，下接和顺庄长城6段。

本段长城为消失段，起止点之间的直线长度为204米。原墙体应分布于西二驹沟沟口东侧小沟口处及其两翼台地下，出沟洪水西南向下泄，汇入东南流的西二驹沟主河槽，在两条沟谷洪水的冲刷作用下造成墙体消失。依据相邻上下段墙体情况，推断该段墙体原应为土墙。

16. 和顺庄长城6段（150823382101020016）

该段长城起自白彦花镇布塔音补隆嘎查北1.68千米处，止于布塔音补隆嘎查北1.85千米处。墙体略作外向折线形分布，由南偏东—北偏西走向转呈东南—西北走向，上接和顺庄长城5段，下接和顺庄长城7段。

墙体长208米，为黄褐土夯筑的土墙，保存差。墙体分布于西二驹沟沟口东岸与其东侧毗邻小沟沟口之间，沿台地下坡脚延伸，于地表呈低矮的土垄状，底宽3～8、顶宽1.5～2.5、残高0.3～1米。末端墙体暴露横断面，墙下为修整的水平洪积层，其上为以黄褐土夯筑的墙体，测得墙体基宽2.6米；夯层厚10～14厘米。有小股洪水流发源于台地上，顺墙体外侧南流，冲断墙体汇入主河槽；水土流失对墙体保存影响较大。

17. 和顺庄长城 7 段（150823382301020017）

该段长城起自白彦花镇布塔音补隆嘎查北 1.85 千米处，止于白彦花镇阿贵高勒嘎查东北 2.45 千米处。原墙体应作直线分布，呈东—西走向，上接和顺庄长城 6 段，下接阿贵高勒长城 1 段。

本段长城为消失段，起止点之间的直线长度为 444 米。原墙体应分布于西二驹沟及其西侧第三小沟沟口之间，沿线有四条大小沟谷分布，其中以西二驹沟最大，沟口前为扇形冲积面；洪水流量大时出沟口呈放射状下泄，流量小时分为西流和东南流两股水流。西流河槽地处原墙体分布线上，其北部又有三条较小沟谷的洪水南向下泄汇入西河槽，末端小沟洪水汇入后转西南流，沟口及西流河槽洪水冲刷造成墙体消失。近止点处沟口前的西流河槽中，残存一段长 8 米的土筑墙体遗迹，以黑褐土筑墙，夯土中夹杂较多花岗岩砂砾，于东断面测得墙体基宽 2.6、残高 1.3 米；夯层厚 10~14 厘米。

18. 阿贵高勒长城 1 段（150823382101020018）

该段长城起自白彦花镇阿贵高勒嘎查东北 2.45 千米处，止于阿贵高勒嘎查北偏东 2.35 千米处。墙体作直线分布，呈东—西走向，上接和顺庄长城 7 段，下接阿贵高勒长城 2 段。

墙体长 270 米，为黄褐土夯筑的土墙。总体保存差，其中保存差部分长 240 米、消失部分长 30 米，分别占该段墙体总长的 88.9%、11.1%。墙体分布于西二驹沟西侧第三小沟沟口西岸与阿贵高勒沟沟口东岸之间，沿台地坡脚延伸，于地表呈低矮的土垄状，底宽 3~6、顶宽 1.5~3、残高 0.2~1 米。墙体两端临洪水河槽，中间有窄沟山洪冲断墙体，断面显示墙基经水平修整，夯层厚 8~10 厘米；窄沟东侧又有部分墙体因山水侵蚀而消失。

墙体沿线调查烽燧 1 座，为和顺庄 4 号烽燧。

和顺庄 4 号烽燧（150823353201020009）

该烽燧位于白彦花镇阿贵高勒嘎查东北 2.45 千米处，倚阿贵高勒长城 1 段起点处墙体外侧修筑，西距阿贵高勒 1 号烽燧 0.41 千米。

烽燧以黄褐土夯筑而成，保存差。墩台坍塌，呈高大的土丘状，底部直径 16、顶部直径 2.5、残高 3.8 米；平面呈南北向椭圆形，顶部较平缓，表面光秃无植被（彩图三〇六）。烽燧修筑在西二驹沟西部第三沟沟口西岸山脚处缓坡地上，沟谷较小，出沟洪水南向下泄，汇入西二驹沟西流河槽；河槽洪水于烽燧东侧转西南流，洪水冲刷导致烽燧东侧墙体消失，同时危及烽燧保存。

19. 阿贵高勒长城 2 段（150823382301020019）

该段长城起自白彦花镇阿贵高勒嘎查北偏东 2.35 千米处，止于阿贵高勒嘎查北偏东 2.2 千米处。原墙体应作外向折线形分布，由东—西走向转呈东北—西南走向，上接阿贵高勒长城 1 段，下接阿贵高勒长城 3 段。

本段长城为消失段，起止点之间的直线长度为 199 米。原墙体应分布于阿贵高勒沟台地沟口处及西侧小沟西岸，因洪水冲刷而消失。消失的墙体应先西行，垂直穿过河槽，于沟口西岸山岭末端坡地上调查烽燧 1 座，烽燧两侧见有土墙略微隆起于地表。除沟口过水地段墙体类别不明外，两岸墙体原应为土墙，由此可大体把握原墙体分布与走向。消失段南侧有土路并行，沟口西侧有土路北向岔出，进入取土场。

墙体沿线调查烽燧 1 座，为阿贵高勒 1 号烽燧。

阿贵高勒 1 号烽燧（150823353201020010）

该烽燧位于白彦花镇阿贵高勒嘎查北偏东 2.3 千米、巴润乌布拉格牧户东南 1 千米处，原应倚阿贵高勒长城 2 段中小段墙体外侧修筑，西距阿贵高勒 2 号烽燧 0.28 千米。

烽燧以黄褐土夯筑而成，保存差。墩台坍塌，于地表呈高大的圆形土丘状，底部直径 12、顶部直径 3.2、残高 3 米；顶部较平缓，植被较少，表面覆盖一层砂砾（彩图三〇七）。烽燧修筑在两沟之间山岭南缘坡脚处，其中东侧阿贵高勒沟纵深较长，应与重点监控该沟谷有关。

20. 阿贵高勒长城 3 段（150823382101020020）

该段长城起自白彦花镇阿贵高勒嘎查北偏东 2.2 千米处，止于阿贵高勒嘎查北偏东 3.18 千米处。墙体略作"U"形分布，先作东北—西南走向，呈折弧线形沿山脚环绕，而后西北行进入阿贵沟与巴润乌布拉格沟之间的窄沟之中，沿窄沟西坡地作北偏东行、东北行，复入阿贵高勒沟下游西岸边；上接阿贵高勒长城 2 段，下接阿贵高勒长城 4 段。

墙体长 1467 米，为黄褐土夯筑的土墙。总体保存差，其中保存较差部分长 288 米、差部分长 806 米、消失部分长 373 米，分别占该段墙体总长的 19.6%、54.9% 和 25.5%。墙体分布于阿贵高勒沟西部的低山沟谷地带，地处阿贵高勒沟西侧沟沟谷西岸与北部的阿贵高勒沟西岸之间。阿贵高勒沟西部的巴润乌布拉格沟，纵深直达乌拉山分水岭，支沟众多，洪水量较大；为躲避前方台地沟口宽阔的洪水冲积面，先沿其东部狭窄的沟谷西坡地东北向上溯，通过半圆形环绕，再迂曲回折到阿贵高勒沟内河槽西岸。其后，西北向翻越山梁进入巴润乌布拉格大沟山沟口东岸。墙体于地表呈低矮的土垄状，底宽 3~10、顶宽 1~2.5、残高 0.3~1.5 米；轮廓与走向较清晰，窄沟西坡地上的中小段墙体保存较好。墙体沿线有数条较小沟谷的洪水南流冲断墙体，断面暴露夯层，夯层厚 8~10 厘米，夯土中夹杂较多细砂砾；处在阿贵高勒沟西支沟的部分后小段墙体，因洪水冲刷而消失，末端墙体处在阿贵高勒沟主河槽之中。阿贵高勒沟前台地沟口西岸"U"形墙体内侧有取土场，持续取土对这部分墙体危害较大，局部墙体出现断豁，有土路经豁口进出取土场。

墙体沿线调查烽燧 4 座，为阿贵高勒 2~5 号烽燧。

阿贵高勒 2 号烽燧（150823353201020011）

该烽燧位于白彦花镇阿贵高勒嘎查北偏东 2.17 千米、巴润乌布拉格牧户东南 0.88 千米处，倚阿贵高勒长城 3 段"U"形弧端部位墙体外侧修筑，北偏西距阿贵高勒 3 号烽燧 0.23 千米。

烽燧以黄褐土夯筑而成，保存差。墩台坍塌，呈高大的椭圆形土丘状，底部直径 12、顶部直径 2.8、残高 3.1 米；顶部平缓，无植被（彩图三〇八）。烽燧修筑在南向凸出的山嘴前缘坡地上，与东侧的阿贵高勒 1 号烽燧、西北部的阿贵高勒 3 号烽燧相呼应。西临小冲沟，沟中有酸枣树数棵；西南坡地上是一片现代石堆墓，东部有土路进出取土场。

阿贵高勒 3 号烽燧（150823353201020012）

该烽燧位于白彦花镇阿贵高勒嘎查北偏东 2.36 千米、巴润乌布拉格牧户东南 0.66 千米处，倚阿贵高勒长城 3 段窄沟谷西坡地的墙体外侧修筑，东北距阿贵高勒 4 号烽燧 0.27 千米。

烽燧以黄褐土夯筑而成，保存差。墩台坍塌，呈高大的椭圆形土丘状，底部东西 6、南北 7 米，顶部东西 3、南北 4 米，残高 3 米；顶部尖缓，四周作陡坡状，表面植被稀少，周边有芨芨草丛（彩图三〇九）。烽燧修筑在窄沟西坡地上，东临沟谷，西依山岭。长城墙体在沟谷地中迂回延伸，地形起伏较大。

阿贵高勒 4 号烽燧（150823353201020013）

该烽燧位于白彦花镇阿贵高勒嘎查北 2.6 千米、巴润乌布拉格牧户东南 0.6 千米处，倚阿贵高勒长城 3 段中小段墙体外侧修筑，东北距阿贵高勒 5 号烽燧 0.32 千米。

烽燧以黄土夯筑而成，保存差。墩台坍塌为椭圆形土丘状，底部东西 5、南北 6 米，顶部东西 3、南北 4 米，残高 3 米；顶部尖圆，四周为缓坡，明显高出所倚墙体，表面植被低矮稀疏。烽燧修筑在北高南低的山岭顶部，东、西侧为窄沟谷，东北部山头山岩裸露，南侧有座圆形山丘，南向视野开阔。

阿贵高勒 5 号烽燧（150823353201020014）

该烽燧位于白彦花镇阿贵高勒嘎查北偏东 2.85 千米、巴润乌布拉格牧户东偏南 0.77 千米处，倚阿贵高勒长城 3 段后小段墙体外侧修筑，北偏西距阿贵高勒 6 号烽燧 0.64 千米。

烽燧以黄土夯筑而成，保存差。墩台坍塌，呈较高大的椭圆形土丘状，底部东西 5、南北 6 米，顶部东西 3、南北 4 米，残高 3 米；顶部较平缓，四周作缓坡状，明显高出两侧墙体，表面植被稀疏低矮。烽燧修筑在阿贵高勒沟西侧山岭顶部，西北依马鬃山，东临阿贵高勒沟河槽，北、东、南方向视野开阔。

21. 阿贵高勒长城 4 段（150823382301020021）

该段长城起自白彦花镇阿贵高勒嘎查巴润乌布拉格牧户东 0.91 千米处，止于巴润乌布拉格牧户东 0.88 千米处。原墙体应作直线分布，呈南偏东—北偏西走向，上接阿贵高勒长城 3 段，下接阿贵高勒长城 5 段。

本段长城为消失段，起止点之间的直线长度为 98 米。消失段分布于阿贵高勒沟前台地沟口与北部山沟口之间宽缓的洪水河槽中，洪水冲刷导致大部分墙体消失。调查发现，沿线尚有一截鱼背状隆起的土筑墙体残存于河床之中，表明该段墙体原应为夯筑土墙。消失段西侧有一条与墙体平行延伸的窄沟，洪水南偏东向下泄注入阿贵高勒沟主河槽；沟西为马鬃山，北部山沟口两岸为阿贵高勒牧户。

22. 阿贵高勒长城 5 段（150823382101020022）

该段长城起自白彦花镇阿贵高勒嘎查巴润乌布拉格牧户东 0.88 千米处，止于巴润乌布拉格牧户北偏东 0.74 千米处。墙体略作"3"字状内外折线形分布，经山垭进入巴润乌布拉格沟沟口东岸坡底，总体呈东南—西北走向，上接阿贵高勒长城 4 段，下接阿贵高勒长城 6 段。

墙体长 713 米，为黄褐土夯筑的土墙。总体保存差，其中保存较差部分长 143 米、差部分长 440 米、消失部分长 130 米，分别占该段墙体总长的 20.1%、61.7% 和 18.2%。墙体分布于阿贵高勒沟与巴润乌布拉格沟之间低缓的山岭两侧，先沿东坡地作外向折弧上坡行，至山岭顶部内折，而后再沿西北向延伸的沟谷南坡地外折，顺沟谷作北偏西下坡行。墙体表面因风雨侵蚀而斑驳裸露，夯土中夹杂有大量花岗岩砂砾及少量小石子，夯层清晰，板结坚硬，厚 8~10 厘米（彩图三一〇、三一一）；局部外壁夯层上翘，当系洪水于内侧冲刷造成了墙体倾斜。近坡底的墙体折向西行，止于北区南缘牧户南侧的河槽西岸。现存墙体于地表总体呈低矮的土垄状，底宽 2~8、顶宽 1.5~2.5、残高 0.3~2 米。山岭东坡上缘的部分墙体因水土流失而消失，沿线有数条较小沟谷的洪水冲断墙体，断面显示大部分地段墙体为水平基础；后小段石碴岗上也有部分墙体消失，地表花岗岩石块裸露，这段墙体的墙基未加修整，应该是直接构筑在自然坡地上；山岭西坡下缘的部分墙体保存差。

墙体沿线调查烽燧 1 座，为阿贵高勒 6 号烽燧。

阿贵高勒 6 号烽燧（150823353201020015）

该烽燧位于白彦花镇阿贵高勒嘎查北偏东 3.4 千米、巴润乌布拉格嘎查东北 0.75 千米处，倚阿贵高勒长城 5 段墙体外侧修筑，西北距阿贵高勒 7 号烽燧 0.96 千米，两座烽燧隔巴润乌布拉格沟沟口相望。

烽燧以黄褐土夯筑而成，保存差。墩台坍塌，呈圆形土丘状，类似圆锥体，底部直径 12.5、顶部直径 3、残高 2.6 米；高出两侧墙体，表面几乎无植被，有逐步萎缩趋势。烽燧南侧地表显现出墙体原始轮廓线，宽 3.15 米。轮廓线贯穿于烽燧，表明先建筑墙体，后倚墙体修筑烽燧（彩图三一二）。烽燧地处乌拉山南麓南向伸出的余脉山垭处，西为巴润乌布拉格沟，东为阿贵高勒沟，处在制高点上，控扼东西侧沟谷。

23. 阿贵高勒长城 6 段（150823382101020023）

该段长城起自白彦花镇阿贵高勒嘎查巴润乌布拉格牧户北偏东 0.74 千米处，止于巴润乌布拉格牧户北偏东 1.15 千米处。墙体略作"Z"形分布，由东—西走向转呈南—北走向，至沟口处复为东—西走向；上接阿贵高勒长城 5 段，下接阿贵高勒长城 7 段。

墙体长 722 米，为夯筑土墙。总体保存差，其中保存差部分长 246 米、消失部分长 476 米，分别占该段墙体总长的 34.1%、65.9%。墙体分布于巴润乌布拉格沟口东岸一级台地上，先沿南北两区牧户之间的坡地西行，近河槽直角折向北行，于山沟口处横穿巴润乌布拉格河槽。南北走向的墙体两端有部分墙体残迹，于地表呈低矮的土垄状，底宽 3～10、顶宽 1～3、残高 0.2～1.2 米。北区牧户东部有支沟洪水西南向下泄，导致前小段东西走向的墙体部分消失；主沟洪水冲刷造成后小段东西走向的墙体消失；南北走向的墙体处在巴润乌布拉格北区牧户中，房屋建设及耕地开垦又造成部分墙体消失。复查发现，该段墙体北部、河槽东岸的石砬山头内侧残存有当路塞石墙，石墙东侧有土筑烽燧，顶面平整，呈正方形，边长 7 米；基本保存了原始形态。

24. 阿贵高勒长城 7 段（150823382101020024）

该段长城起自白彦花镇阿贵高勒嘎查巴润乌布拉格牧户北偏东 1.15 千米处，止于巴润乌布拉格牧户西偏北 1.67 千米处。墙体作内向折弧形分布，由东北—西南走向折转呈东偏南—西偏北走向；上接阿贵高勒长城 6 段，下接阿贵高勒长城 8 段。

墙体长 1710 米，为夯筑土墙。总体保存差，其中保存较差部分长 520 米、差部分长 894 米、消失部分长 296 米，分别占该段墙体总长的 30.4%、52.3%、17.3%。墙体分布于巴润乌布拉格沟沟口西岸的山前缓坡地上，与分布于东岸的上段墙体总体呈"几"字形布局。墙体于山沟口西岸陡坡上复现，紧邻山脚西南行，向沟口外折返，东侧紧邻防洪堤坝；穿出沟口后，墙体沿山前坡地转向西偏南行，又西偏北行。大部分墙体于地表呈高土垄状，底宽 3～15、顶宽 1.5～5、残高 0.3～2.6 米。前小段墙体因距河槽较近，地表隆起较低矮；西偏南行的中小段墙体明显隆起于地表，较宽大（彩图三一三）；后小段墙体在地表保存相对低矮。沿线有十数条较小沟谷洪水冲断墙体，出现连续断豁；断面显示，墙基为洪积层，经水平修整，其上以黄褐土夯筑墙体，夯土中夹杂大量花岗岩砂砾，夯层不均匀，薄厚交替，夯层厚 8～15 厘米；夯层中发现有泥质黄褐、黑褐陶片，施凹弦纹带及弦断绳纹，可辨器形有折沿盆、侈口矮领罐等。中小段墙体内侧为巴润乌布拉格嘎查居民区，后小段墙体南侧有土路并行，外侧河槽洪水由东向西顺墙体冲刷，已危及墙体安全。

墙体沿线调查烽燧 1 座，为阿贵高勒 7 号烽燧。

阿贵高勒 7 号烽燧（150823353201020016）

该烽燧位于白彦花镇阿贵高勒嘎查西北 3.8 千米、巴润乌布拉格牧户西偏北 0.93 千米处，倚阿贵高勒长城 7 段中小段墙体外侧修筑，西距小庙 1 号烽燧 5.88 千米。

烽燧以黄褐土夯筑而成，保存差。墩台坍塌为低缓的圆形土丘状，底部直径 9、顶部直径 2、残高 2.7 米；顶部无植被，表面有一层花岗岩砂砾。烽燧修筑在巴润乌布拉格沟口西岸坡地上，两侧均临沟谷河槽，西侧并列的两条沟谷洪水南向下泄，其中东支沟洪水遇墙体转西流，与西支沟水流汇合后冲断墙体。

25. 阿贵高勒长城 8 段（150823382301020025）

该段长城起自白彦花镇阿贵高勒嘎查巴润乌布拉格牧户西偏北 1.67 千米处，止于白彦花镇乌日图高勒嘎查东 1.04 千米处。原墙体应作直线分布，呈东偏南—西偏北走向，上接阿贵高勒长城 7 段，下接小庙长城1段。

本段长城为消失段，起止点之间的直线长度为2495米。原墙体应分布于巴润乌布拉格沟西部三水汇流的河槽东岸与大东沟西岸之间，地处山前缓坡地上，沿线北部山体陡峭，前后有数条沟谷洪水南向下泄，其中以大东沟为大，沟口外形成扇形冲积面，大部分洪水出沟转东南流，导致后小段墙体被洪水冲毁或部分湮没于洪积层中；东格巴牧户东部的小直沟与其东部"丫"形沟谷的洪水泛滥，造成前小段大部分墙体消失；小直沟与东侧沟的沟口冲积面之间，有一小截土筑墙体残存，且有土筑烽燧遗迹；东格巴牧户与其西部养殖场之间，亦有疑似烽燧及土筑墙体遗存，墙体两侧有枣树；大东沟之东沟口西岸有两家牧户，其中前户南院墙外也有土筑墙体残存；据此可知大部分墙体原应为土墙。G6高速公路修筑时于消失段中间筑有南北向防洪坝，北连山麓，南接公路桥涵，以控制大东沟洪水；坝东部有土路东西行，东格巴的三家牧户沿山脚散布，原墙体大体沿土路北侧及民房一线延伸。大东沟西岸的消失段末端南侧有牧户四家，其中东户院落的东南、西北侧亦见有土筑墙体残存，房西发现较多汉代绳纹陶片，还有完整的绳纹青砖，长29、宽14.5、厚4厘米。据以上信息推测，沟口处或曾建筑有障城。

26. 小庙长城1段（150823382101020026）

该段长城起自白彦花镇乌日图高勒嘎查东1.04千米处，止于乌日图高勒嘎查东北0.49千米处。墙体略作内外弯曲分布，总体呈东—西走向，上接阿贵高勒长城8段，下接小庙长城2段。

墙体长625米，为黄土夯筑的土墙。总体保存差，其中保存差部分长451米、消失部分长174米，分别占该段墙体总长的72.2%、27.8%。墙体沿乌日图高勒嘎查东北部的大东沟沟口西岸山脚下分布，地处大东沟与其西侧并列的双沟沟口前河槽之间，于地表呈低矮的土垄状，底宽3~12、顶宽1.5~3、残高0.3~1米。断面显示，墙体底部经水平修整，夯土中夹杂较多花岗岩砂砾，夯层厚8~10厘米。前小段墙体顶部有一段垒砌的石墙，长40米、宽1.8米，应为后期补筑。前小段墙体沿山脚延伸，随山体收缩而呈西偏北下坡行，这部分墙体地表隆起较明显；后小段墙体沿山前坡地延伸，经行区域地势低洼，因山洪冲刷及漫水道侵蚀而出现连续的宽窄不等的墙体断豁；末端双沟沟口前均为扇形冲积面，洪水冲断墙体后合流。

27. 小庙长城2段（1508233821010 20027）

该段长城起自白彦花镇乌日图高勒嘎查东北0.49千米处，止于乌日图高勒嘎查东北0.39千米处。墙体作直线分布，呈东—西走向，上接小庙长城1段，下接小庙长城3段。

墙体长120米，为夯筑土墙。总体保存差，其中保存差部分长78米、消失部分长42米，分别占该段墙体总长的65%、35%。墙体分布于乌日图高勒嘎查东北部山脚下，北侧正对双沟之西沟沟口，沿山前坡地延伸，于地表呈土垄状，底宽6~10、顶宽3~5、残高0.6~2米。大部分墙体外侧被流石所淤积覆盖，几乎与墙体顶部平齐，内侧墙体部分显露，局部墙体被西沟山洪冲毁；有的地段墙体为石块垒砌墙基，其上再以黄土夯筑墙体，夯土中夹杂有少量碎石。

28. 小庙长城3段（150823382301020028）

该段长城起自白彦花镇乌日图高勒嘎查东北0.39千米处，止于乌日图高勒嘎查东北0.32千米处。原墙体应作直线分布，呈东—西走向，上接小庙长城2段，下接小庙长城4段。

本段长城为消失段，起止点之间的直线长度为104米。原墙体应分布于乌日图高勒嘎查东北部双沟与小庙沟之间的"丫"形沟谷前河槽处，地处山前坡地上，沿线为洪水南偏东向下泄的河槽，墙体消失在河槽中。依据相邻上下段墙体及地貌情况，推断该段墙体原应为加筑石墙基的土墙。

29. 小庙长城 4 段（150823382101020029）

该段长城起自白彦花镇乌日图高勒嘎查东北 0.32 千米处，止于乌日图高勒嘎查西北 0.26 千米处。墙体作直线分布，呈东—西走向，上接小庙长城 3 段，下接小庙长城 5 段。

墙体长 325 米，为夯筑土墙。总体保存差，其中保存差部分长 170 米、消失部分长 155 米，分别占该段墙体总长的 52.3%、47.7%。墙体分布于乌日图高勒嘎查中北部山脚下，起点处在"丫"形沟谷前河槽西岸边，末端在乌日图高勒嘎查所在的小庙沟沟口东岸。墙体地处嘎查北缘山脚下，于地表呈低矮的土垄状，底宽 3~4、顶宽 2~3、残高 0.3~1 米。墙体南北均有民房分布，牧民建设房屋及牲畜圈舍造成部分墙体消失。墙体末端北为小庙沟沟口东侧石砬山山脚，南部为房屋排列整齐的牧民新村。

30. 小庙长城 5 段（150823382301020030）

该段长城起自白彦花镇乌日图高勒嘎查西北 0.26 千米处，止于乌日图高勒嘎查西北 0.64 千米处。原墙体分布与走向不明，上接小庙长城 4 段，下接小庙长城 6 段。

本段长城为消失段，起止点之间的直线长度为 442 米。原墙体应分布于乌日图高勒嘎查北部的小庙沟沟口河槽中及其东岸一级台地上，墙体消失于洪水冲刷、水土流失与房屋建设中。复查时于小庙沟口内东岸发现一段当路塞石墙，墙南 0.15 千米处的水泥路东侧断崖上有土筑墙体断面，证明墙体曾拐入小庙沟沟口内部，其后穿过河槽再沿西岸回折，于小庙沟沟口作"几"字形分布。该段长城起点西侧 0.15 千米的沟口东台地上，有一较大的圆形土丘，其上散布较多绳纹及素面陶片，还见有外壁绳纹、内腹菱形网格纹瓦片，初步判定为汉代烽燧。

31. 小庙长城 6 段（150823382101020031）

该段长城起自白彦花镇乌日图高勒嘎查西北 0.64 千米处，止于乌日图高勒嘎查西 0.78 千米处。墙体大体作直线分布，呈东北—西南走向，上接小庙长城 5 段，下接小庙长城 7 段。

墙体长 342 米，为黄褐土夯筑的土墙。总体保存差，其中保存差部分长 217 米、消失部分长 125 米，分别占该段墙体总长的 63.5%、36.5%。墙体分布于小庙沟沟口西岸陡坡地上，起点处是一条较窄的东南向下泄的碎石冲沟，冲沟南壁有墙体断面，墙体夯筑于经平整的洪积层上，夯土中夹杂较多细小砂砾，夯层厚约 9 厘米（彩图三一四）。地表发现绳纹侈口矮领罐口沿残片。墙体沿陡峭的山体下缘台地及半山腰延伸，西南行向沟口外折返，于地表呈低矮的土垄状，底宽 3~9、顶宽 1.5~3、残高 0.5~1 米。沿线有三条缓谷洪水东南向下泄冲断墙体；后小段墙体处在山岭下缘陡峭的坡台地上，大部分墙体地表失去痕迹。墙体建筑在陡坡上，西北依山，坡下紧邻乌日图高勒嘎查西部的小庙沟前河槽，水土流失是造成墙体保存差乃至消失的主要因素。

墙体末端内侧有烽燧存在痕迹，呈低矮的土丘状，倚墙体修筑，西南距小庙 1 号烽燧 0.65 千米。烽燧修筑在陡峭的坡地上，以扼守小庙沟。受水土流失影响，墩台遗迹不明显，与残存的墙体相差无几，近于消失。

32. 小庙长城 7 段（150823382301020032）

该段长城起自白彦花镇乌日图高勒嘎查西 0.78 千米处，止于乌日图高勒嘎查西偏南 1.32 千米处。原墙体应作直线分布，呈东北—西南走向，上接小庙长城 6 段，下接小庙长城 8 段。

本段长城为消失段，起止点之间的直线长度为 641 米。原墙体应分布于乌日图高勒嘎查西部的小庙沟前河槽西岸山脚下，沿线山前台地出现断口，有并列的两条短沟分布。小庙沟洪水出沟西南向顺山脚冲刷，短洪水东南向下泄，于沟口外形成扇形冲积面，洪水冲刷导致地表墙体消失。东侧短沟东岸台地上有低平的土筑墙体痕迹，可与上段墙体相连；短沟沟口冲积扇之间有疑似土筑墙体残留，结合相邻上下段墙体情况，推断该段墙体原应为土墙。

33. 小庙长城 8 段（150823382101020033）

该段长城起自白彦花镇乌日图高勒嘎查西偏南 1.32 千米处，止于乌日图高勒嘎查西南 1.63 千米处。墙体大体作直线分布，呈东北—西南走向，上接小庙长城 7 段，下接小庙长城 9 段。

墙体长 354 米，为夯筑土墙。总体保存差，其中保存差部分长 344 米、消失部分长 10 米，分别占该段墙体总长的 97.2%、2.8%。墙体分布于乌日图高勒嘎查西南部山脚处，沿低缓的小庙沟前河槽西岸台地边缘下坡行，于地表呈低矮的土垄状，底宽 3~9、顶宽 2~2.5、残高 0.5~1 米。前小段墙体受风雨侵蚀影响，形成两处低凹断豁；后小段墙体外侧有沟谷洪水西南向下泄，孤立于东侧河槽冲积扇与西侧沟谷之间。东侧坡下紧邻河槽，起点处墙体东隔小沟有防洪坝。

墙体沿线调查烽燧 1 座，为小庙 1 号烽燧。

小庙 1 号烽燧（150823353201020017）

该烽燧位于白彦花镇小庙村东北 2.5 千米、乌日图高勒嘎查西偏南 1.32 千米处，倚小庙长城 8 段起点处墙体外侧修筑，西南距小庙 2 号烽燧 0.52 千米。

烽燧以黄土夯筑而成，保存差。墩台坍塌，明显隆起于地表，呈圆形土丘状，底部直径 11、顶部直径 2.8、残高 3.2 米；顶部较平缓，植被稀疏，覆盖一层砂砾（彩图三一五）。墩台东侧被挖掘一个洞，暴露出黄土夯层，夯层厚 8~11 厘米。烽燧建筑在小庙沟沟口西南部的台地边缘地带，西北依山，东临南北向防洪坝，隔宽缓的小庙沟洪水河槽为乌日图高勒嘎查牧民新村。

34. 小庙长城 9 段（150823382301020034）

该段长城起自白彦花镇乌日图高勒嘎查西南 1.63 千米处，止于乌日图高勒嘎查西南 1.74 千米处。原墙体应作直线分布，呈东偏北—西偏南走向，上接小庙长城 8 段，下接小庙长城 10 段。

本段长城为消失段，起止点之间的直线长度为 149 米。原墙体应分布于乌日图高勒嘎查西南部"丫"形沟谷沟口处，地处小庙沟与其西部的哈日吉拉沟之间。原墙体应从上段墙体经行的山岭末端走下台地，转西偏南行穿过台地沟口，继而再爬上台地。该段长城经行的沟谷有两条支沟，支沟上游又有数条分支沟，洪水东南向下泄，于沟口处合流，注入小庙沟主河槽，山洪冲刷造成墙体灭失。依据相邻上下段墙体情况，推断该段墙体原应为土墙。

35. 小庙长城 10 段（150823382101020035）

该段长城起自白彦花镇乌日图高勒嘎查西南 1.74 千米处，止于白彦花镇小庙村北 1.82 千米处。墙体作"S"状内外折弧形分布，总体呈东—西走向，上接小庙长城 9 段，下接小庙长城 12 段。

墙体长 959 米，为黄土夯筑的土墙。总体保存差，其中保存较差部分长 301 米、差部分长 562 米、消失部分长 96 米，分别占该段墙体总长的 31.4%、58.6% 和 10%。墙体分布于哈日吉拉沟前沟口东岸台地上及西岸台地坡脚处，止点在西小沟那林沟河槽东岸。前小段墙体沿山前台地作西北向上坡行，绕过一条浅谷的沟脑，而后折转向西偏南行，于沟口地段穿过南向下泄的哈日吉拉河槽；在河槽西岸走下台地，沿台地下坡地西行。墙体于地表呈低矮的土垄状，底宽 3~9、顶宽 1.5~3、残高 0.2~1.2 米。前小段外向折线形延伸的部分墙体较宽大，地表隆起明显（彩图三一六）；台地下西行的后小段墙体整体较低矮，轮廓与走向明晰；沿线有四条低凹窄小的地表洪水流自台地南流冲断墙体；中小段墙体消失于哈日吉拉河槽中。后小段墙体南北两侧有较多现代坟茔，末端北部台地上为小庙长城 11 段墙体，属于汉代当路塞。

墙体沿线调查烽燧 2 座，为小庙 2、3 号烽燧。

小庙 2 号烽燧（150823353201020018）

该烽燧位于白彦花镇小庙村东北 2.1 千米、乌日图高勒嘎查西南 1.82 千米处，倚小庙长城 10 段前小段墙体内侧修筑，西偏南距小庙 3 号烽燧 0.5 千米。

烽燧以黄土夯筑而成，保存差。墩台坍塌，呈椭圆形土丘状，底部直径 14、顶部直径 3.5、残高 4 米；形体较高大，明显高出于两侧墙体，顶部较平缓，四周作缓坡状，表面无植被。烽燧修筑在台地下缘坡地上，地势西北高东南低，东北紧邻 "丫" 形沟谷，东南部为宽阔的小庙沟冲积扇，西部为洪水南向下泄的哈日吉拉沟河槽。

小庙 3 号烽燧（150823353201020019）

该烽燧位于白彦花镇小庙村北偏东 1.8 千米处，倚小庙长城 10 段后小段墙体内侧修筑，西距小庙 4 号烽燧 0.98 千米。

烽燧以黄土夯筑而成，保存差。墩台坍塌，地表隆起较低矮，呈圆形土丘状，底部直径 11、顶部直径 3.4、残高 2 米；顶部较平缓，植被稀疏低矮，明显凸出于墙体（彩图三一七）。烽燧修筑在哈日吉拉沟西岸台地下坡脚处，两端有洪水西南向下泄的小窄沟，北依台地，东临河槽，南部为冲积扇，有 G6 高速公路东西行。

36. 小庙长城 12 段（150823382301020036）

该段长城起自白彦花镇小庙村北 1.82 千米处，止于小庙村北偏西 1.94 千米处。原墙体应作内外向折线形分布，由北偏东—南偏西走向转呈东偏南—西偏北走向，末端呈东—西走向；上接小庙长城 10 段，下接小庙长城 13 段。

本段长城为消失段，起止点之间的直线长度为 699 米。原墙体应分布于哈日吉拉沟西侧那林沟前河槽东岸与达日嘎沟东小沟沟口西岸之间，地处台地下坡脚处。消失段北部山体陡峭险峻，沿线前后有包括那林沟在内的五条沟谷洪水南向倾泻，中部两条沟谷作 "丫" 形，其中东沟两条支沟洪水在沟口内合流，西沟支沟洪水穿过消失段合流，末端有达日嘎沟东小沟，洪水冲刷导致大部分墙体消失。田野调查时，在那林沟台地沟口西部、东西 "丫" 形沟之间及西 "丫" 形沟的两条支沟之间台地下，发现有鱼背状隆起的土墙遗迹 3 段，长在 10 米左右，紧贴台地下坡脚分布；其中中间部位还有烽燧遗迹，为判断墙体类别、分布与走向提供了依据。墙体先沿那林沟东岸台地边缘作南偏西下坡行，有土墙明显隆起于地表，东侧平缓的坡地上见有较多陶片，应为障城遗迹；障城西墙应是借用长城墙体，其余三面障墙消失，应呈正方形，边长 25 米左右。走下台地于台地沟口处穿过那林沟河槽，再沿台地下坡地西偏北行，穿过大小洪水河槽后转西行，墙体复现于达日嘎沟东小沟沟口西岸台地下。北部山体上有稀疏柏树，南部有 G6 高速公路并行。

37. 小庙长城 13 段（150823382101020037）

该段长城起自白彦花镇小庙村北偏西 1.94 千米处，止于小庙村北偏西 1.95 千米处。墙体作直线分布，呈东—西走向，上接小庙长城 12 段，下接小庙长城 14 段。

墙体长 72 米，为夯筑土墙，保存差。墙体分布于达日嘎沟沟口东岸台地下缓坡地上，受达日嘎沟洪水冲刷淤积影响，外侧地表几乎与墙体平齐，呈较缓的斜坡状隆起，底宽 3~7、顶宽 1.5~2.5、残高 0.5~1 米。达日嘎沟东偏南向分流的两股洪水均导致墙体断豁，洪水泛滥危及墙体安全，处于消失的边缘。墙体北依台地，西、南两侧为沟口冲积扇，东侧是一条窄小的洪水东南向下泄的小冲沟。

墙体沿线调查烽燧 1 座，为小庙 4 号烽燧。

小庙 4 号烽燧（150823353201020020）

该烽燧位于白彦花镇小庙村西北 1.94 千米处，倚小庙长城 13 段首端墙体外侧修筑，西距小庙 5

号烽燧0.29千米。

烽燧以黄土夯筑而成，保存差。墩台坍塌，呈低缓圆形土丘状，底部直径11、顶部直径2.4、残高2.6米；向外凸出并明显高出于墙体，顶部圆缓，植被低矮，东南侧有较多小石块（彩图三一八）。烽燧建筑在达日嘎沟沟口东岸台地下，外侧有小窄沟，洪水东南向下泄，遇烽燧于其东侧环绕，在东南部与源出达日嘎沟的一股山洪合流。

38. 小庙长城14段（150823382301020038）

该段长城起自白彦花镇小庙村北偏西1.95千米处，止于白彦花镇西哈拉罕嘎查北1.54千米处，原墙体应作直线分布，大体呈东—西走向，上接小庙长城13段，下接哈拉罕长城1段。

本段长城为消失段，起止点之间的直线长度为2403米。原墙体分布于达日嘎沟、巴音布拉格沟及其西侧郎拉沟三条沟谷之沟口处，地处沟口前坡地上，出沟口洪水呈放射状冲刷，造成大部分墙体消失。在达日嘎沟沟口处及西岸台地下发现烽燧两座；达日嘎沟与巴音布拉格沟之间又有四条较小沟谷分布，于东数第四小沟沟口两岸及巴音布拉格沟沟口西岸发现有土筑墙体痕迹，紧邻台地分布，其中前者底宽9、顶宽1.7、残存最高1.4米，东侧有墓园；后者分布于山脚陡坡处，内侧底部垒砌石块，有长6、宽2米的内向凸台；为判断该段长城墙体的类别及分布与走向提供了重要信息。有数条土路穿过消失段进入北部沟中；巴音布拉格沟与其西侧郎拉沟沟口之间有一条南接G6高速公路的防洪坝，其南端东侧又筑半环形堤坝，导巴音布拉格沟洪水分流于相连的两个公路桥洞中。

墙体沿线调查烽燧2座，为小庙5、6号烽燧。

小庙5号烽燧（150823353201020021）

该烽燧位于白彦花镇小庙村西北2千米处，原应倚小庙长城14段前小段墙体外侧修筑，西距小庙6号烽燧0.2千米。

烽燧以黄土夯筑而成，保存差。墩台坍塌，呈高大的土丘状，底部直径9.5、顶部直径3、残高3.1米。西、北两侧因洪水冲击而残缺，暴露有夯层，夯层厚8~10厘米，夯土中夹杂有细小卵石颗粒。烽燧修筑在达日嘎沟沟口外的中间地带，周边为洪水冲积扇，两侧有便道于其北侧汇合，进入达日嘎沟中；西南部是一处采砂场。

小庙6号烽燧（150823353201020022）

该烽燧位于白彦花镇小庙村西北2.1千米处，原应倚小庙长城14段前小段墙体外侧修筑，西南距哈拉罕1号烽燧2.38千米。

烽燧以黄土夯筑而成，保存差。大部分墩台掩埋于流石中，仅暴露顶部，表面有夯层，夯层厚8~10厘米；地表部分呈低矮的土丘状，底部直径3.5、顶部直径0.5、残高1.3米。烽燧修筑在达日嘎沟沟口西岸台地下，背依三角形台地，周边为冲积扇，地表河卵石遍布；西临小沟口，南部是一处采砂场。

39. 哈拉罕长城1段（150823382101020039）

该段长城起自白彦花镇西哈拉罕嘎查北1.54千米处，止于西哈拉罕嘎查西北1.75千米处。前小段墙体作直线分布，后小段作外向折弧形分布；由东—西走向转呈东南—西北走向，又作东偏北—西偏南向回转，末端转为东北—西南走向；上接小庙长城14段，下接哈拉罕长城2段。

墙体长893米，为黄土夯筑的土墙。总体保存差，其中保存差部分长737米、消失部分长156米，分别占该段墙体总长的82.5%、17.5%。墙体位于西哈拉罕嘎查北部的巴音布拉格沟西沟郎拉沟与柏树沟沟口之间，沿山前台地南半部弯曲延伸，于地表呈低矮的土垄状，底宽3~8、顶宽1.5~2.5、残高0.5~1.2米。复现于郎拉沟西岸的墙体先西行，穿过台地上的三道山梁及其间两条较小沟谷的洪水河槽，延伸至台地边缘转作西北向上坡行，绕过台地边缘缺口后转西行，又转西南向下坡行，直抵柏树沟台地沟口东岸边。两条较小沟谷的洪水南向下泄，前小段部分墙体消失在河槽中；有四条低凹的洪水道穿过后小段墙体，造成墙体断豁，断面显示墙下为水平基础；豁口南侧补筑有石墙，坍塌成石垄状，其中西侧沟石墙长18、基宽1.8米，两端接土墙。

墙体沿线调查烽燧2座，为哈拉罕1、2号烽燧。

哈拉罕1号烽燧（150823353201020023）

该烽燧位于白彦花镇西哈拉罕嘎查西北1.6千米处，倚哈拉罕长城1段前小段墙体外侧修筑，西距哈拉罕2号烽燧0.39千米。

烽燧以黄土夯筑而成，保存差。墩台坍塌，呈低缓的圆形土丘状，底部直径10、顶部直径3、残高2.6米；明显凸出于墙体，顶部较平缓，四周为缓坡，其上植被稀疏低矮。烽燧修筑在南向凸出的半环形台地中部，西南台地下为柏树沟冲积扇，东临较小沟谷，北侧为现代家族墓地。

哈拉罕2号烽燧（150823353201020024）

该烽燧位于白彦花镇西哈拉罕嘎查西北1.8千米处，倚哈拉罕长城1段末端墙体外侧修筑，西距哈拉罕3号烽燧1.55千米。

烽燧以黄土夯筑而成，保存差。墩台坍塌，呈明显隆起于地表的圆丘状，底部直径13、顶部直径2.3、残高3米；形体较高大，顶部被挖掘了长方形洞穴，暴露出夯层，夯层厚8~10厘米。烽燧南侧有土墙东南向伸出，长37米，明显较烽燧所倚墙体宽大；西侧紧邻柏树沟沟口。

40. 哈拉罕长城2段（150823382301020040）

该段长城起自白彦花镇西哈拉罕嘎查西北1.75千米处，止于西哈拉罕嘎查西北1.85千米处。原墙体应作直线分布，大体呈东—西走向，上接哈拉罕长城1段，下接哈拉罕长城3段。

本段长城为消失段，起止点之间的直线长度为121米。原墙体应分布于柏树沟台地沟口处，沿台地边缘穿越沟口，墙体消失在洪水河槽中。

41. 哈拉罕长城3段（150823382101020041）

该段长城起自白彦花镇西哈拉罕嘎查西北1.85千米处，止于西哈拉罕嘎查西北2千米处。墙体作内向折线形分布，由东北—西南走向折转呈东—西走向，上接哈拉罕长城2段，下接哈拉罕长城4段。

墙体长386米，为黄土夯筑的土墙，保存差。墙体位于柏树沟沟口西岸与其西小沟沟口东岸之间，沿台地边缘及台地下坡脚延伸，转换于台地上下之间。墙体先沿柏树沟西岸台地作西南向下坡行，走下台地后再沿山脚转西行，于地表呈低矮的土垄状，底宽3~9、顶宽1.5~2.5、残高0.5~1米。墙体首端河槽断面显示墙基经水平修整，夯层厚8~10厘米；内侧有较多石块，推测曾加筑有石墙。分布于台地上的前小段墙体受水土流失影响而保存差；后小段墙体北侧有三股较小的洪水水流自台地西南向下泄，受墙体阻挡转西流，在止点处汇聚冲断墙体。

42. 哈拉罕长城4段（150823382301020042）

该段长城起自白彦花镇西哈拉罕嘎查西北2千米处，止于西哈拉罕嘎查西北2.77千米处。原墙体应作直线分布，大体呈东—西走向，上接哈拉罕长城3段，下接哈拉罕长城5段。

本段长城为消失段，起止点之间的直线长度为895米。原墙体应分布于柏树沟与达拉盖沟的中间地带，地处台地下坡地上。沿线为地势低洼地带，北部山体大小沟谷分布众多，于台地南缘汇聚成四条沟谷，洪水分别呈西南、南和东南向下泄，沟口外形成大面积冲积扇，洪水冲刷及流石掩埋造成墙体消失。消失段前小段的两个冲积扇之间发现有土筑墙体残留，结合相邻上下段墙体情况，推断该段墙体大部分原应为土墙。

43. 哈拉罕长城 5 段（150823382101020043）

该段长城起自白彦花镇达日盖嘎查北偏东 1.7 千米处，止于达日盖嘎查北 1.74 千米处。墙体作外向折线形分布，总体呈东偏南—西偏北走向，上接哈拉罕长城 4 段，下接哈拉罕长城 6 段。

墙体长 624 米，为夯筑土墙。总体保存差，其中保存差部分长 530 米、消失部分长 94 米，分别占该段墙体总长的 84.9%、15.1%。墙体分布于达日盖嘎查北部达拉盖沟沟口东岸的三角形台地上，由台地下再次爬升到台地之上，以躲避洪水侵袭；同时，选择较窄的地段通过达拉盖沟台地沟口。墙体复现于台地东南缘，沿山梁鼻作西北向上坡行，爬上台地后逐步回折转西行，延伸至台地沟口东岸边缘处消失。现存墙体于地表呈低矮的土垄状，底宽 4~10、顶宽 1.5~2.5、残高 0.5~1.3 米。前小段墙体在地表隆起较低矮，有并行的两股较小洪水流在墙体外侧东南向下泄，合流后冲断墙体，断豁前后又有小部分墙体因水土流失而消失；后小段墙体地处台地中心及西部边缘地带，明显隆起于地表。

墙体前小段外侧 5 米处有一段石墙并行，调查时定名为达拉盖沟长城，为汉代当路塞。石墙坍塌，于地表呈低矮的石垄状，长约 95 米。

墙体沿线调查烽燧 2 座，为哈拉罕 3、4 号烽燧。

哈拉罕 3 号烽燧（150823353201020025）

该烽燧位于白彦花镇西哈拉罕嘎查西北 2.9 千米处，倚哈拉罕长城 5 段前小段墙体外侧修筑，西偏北距哈拉罕 4 号烽燧 0.45 千米。

烽燧以黄土夯筑而成，保存差。墩台坍塌，呈形体高大的圆丘状，底部直径 20、顶部直径 3、残高 5 米；顶部圆缓，植被低矮稀少；明显高出于所依附的墙体，西侧因洪水冲刷暴露墩台，夯土中夹杂大量花岗岩砂砾，夯层厚 8~10 厘米。烽燧修筑在三角形台地东南缘坡地上，西侧有浅缓的水道顺山鼻梁东南向下泄，在穿过该水道时墙体先作西北向折转，而后西行大体垂直跨越水道。烽燧位于水道东侧的墙体拐点处，北部面对达拉盖沟东沟谷西喇嘛沟，其设置当兼顾该沟谷的防控；外侧为陡坡，坡下为洪水东南向下泄的西喇嘛沟河槽。

哈拉罕 4 号烽燧（150823353201020026）

该烽燧位于白彦花镇达日盖嘎查北 1.72 千米处，倚哈拉罕长城 5 段末端墙体外侧修筑，西北距哈拉罕 5 号烽燧 0.63 千米。

烽燧以黄土夯筑而成，保存差。墩台坍塌，呈圆形土丘状，底部直径 16、顶部直径 3.5、残高 2.8 米；明显高出于墙体，顶部较平缓，有石筑小敖包。烽燧修筑在达拉盖沟沟口东岸高台地上，紧邻台地边缘设置，视野开阔。

44. 哈拉罕长城 6 段（150823382301020044）

该段长城起自白彦花镇达日盖嘎查北 1.74 千米处，止于达日盖嘎查北偏西 1.85 千米处。原墙体应作直线分布，呈东偏南—西偏北走向，上接哈拉罕长城 5 段，下接哈拉罕长城 7 段。

本段长城为消失段，起止点之间的直线长度为 358 米。原墙体应分布于达日盖嘎查北部的达拉盖沟台地沟口处河槽中，河床及其陡立的东岸坡地不见墙体痕迹，于西岸台地上墙体复现。达拉盖沟沟脑在乌拉山分水岭，沟内支岔密布，现今仍有泉水涌出。

45. 哈拉罕长城 7 段（150823382101020045）

该段长城起自白彦花镇达日盖嘎查北偏西 1.85 千米处，止于达日盖嘎查西北 1.96 千米处。墙体略作"几"字形分布，由南偏东—北偏西走向转呈东—西走向，回折呈东北—西南走向；上接哈拉罕长城 6 段，下接哈拉罕长城 8 段。

墙体长 1259 米，为黄土夯筑的土墙。总体保存差，其中保存较差部分长 374 米、差部分长 760

米、消失部分长125米，分别占该段墙体总长的29.7%、60.4%和9.9%。墙体分布于达拉盖沟沟口西岸台地上，地处主河槽西部的浅谷两岸。墙体先作北偏西上坡行，随后转北行，靠近台地北部边缘时呈直角折向西行，旋即沿沟谷西坡脚转西南向下坡行；于地表呈高矮不一的土垄状，底宽3~9、顶宽1.6~3、残高0.3~1.3米。前小段有部分墙体因风雨侵蚀而消失，墙体上见有清代建筑的砖窑址，其北侧墙体夯层裸露，夯层厚10厘米；沟口西岸台地上有小浅沟，发源于达拉盖沟山沟口西坡上，浅沟正沟及西支沟洪水南向下泄，冲断西南行的中小段墙体后合流，地处"几"字形墙体中部；后小段墙体分布于台地西南缘的山岭顶部，沿山脊作西南向下坡行，两侧临沟，东侧为冲断墙体后合流的浅沟，西侧沟谷稍大，这部分墙体地表隆起较明显。墙体总体呈"几"字形分布于达拉盖沟山沟口与台地沟口间的河槽西岸台地上，北端延伸到山沟口，并于东端拐角处构筑烽燧，烽燧南侧建筑了障城，极大地展延了沟口地带防御纵深。

墙体沿线调查障城1座、烽燧3座，为达拉盖沟障城和哈拉罕5~7号烽燧。

达拉盖沟障城（150823353102020001）

该障城位于白彦花镇西哈拉罕嘎查西北3.94千米处，南偏东距达日盖嘎查2.18千米，倚哈拉罕长城7段"几"字形墙体北端东墙外侧修筑，北距哈拉罕5号烽燧0.05千米，西距大坝沟障城3.6千米。

障城平面呈正方形，边长23米。障城整体东向伸出，轮廓清晰，西墙利用哈拉罕长城7段墙体，另筑其他三面障墙，保存差。南墙中间辟门，宽2.8米，方向190°。障墙以黄土夯筑而成，于地表呈低矮的土垄状，底宽3.5~5、顶宽1.5~2、残高0.5~1.2米；顶部散布有较多石块（彩图三一九）。城内见有少量绳纹及素面灰陶片，可辨器形有宽沿盆、侈口矮领罐、绳纹折肩罐、豆和钵等。障城修筑在达拉盖沟沟口西岸台地上，西北依山，东南临河槽，北对沟口。北侧为哈拉罕5号烽燧，与障城南北并列设置，以扼守达拉盖沟。

哈拉罕5号烽燧（150823353201020027）

该烽燧位于白彦花镇达日盖嘎查北偏西2.68千米处，地处哈拉罕长城7段"几"字形墙体北端，倚东北拐角处墙体外侧修筑，西南距哈拉罕6号烽燧0.39千米。

烽燧以黄土夯筑而成，保存差。墩台坍塌，呈低缓的圆形土丘状，底部直径12、顶部直径3、残高2.6米；高于所依附墙体，顶部较平缓，四周为缓坡，其上植被低矮。墩台附近散布较多绳纹、弦断绳纹、交叉绳纹、凹弦纹及素面陶片，可辨器形为侈口矮领罐和盆。烽燧修筑在达拉盖沟沟口西岸坡台地上，南与达拉盖沟障城毗邻设置。

哈拉罕6号烽燧（150823353201020028）

该烽燧位于白彦花镇达日盖嘎查西北2.11千米处，倚哈拉罕长城7段后小段墙体外侧修筑，西南距哈拉罕7号烽燧0.31千米。

烽燧以黄褐土夯筑而成，保存差。墩台坍塌，呈低缓的圆形土丘状，底部直径12、顶部直径3、残高3米；明显高出于墙体，顶部植被较少，散布一层小石子（彩图三二○）。烽燧修筑在山岭顶部，西北、东南侧临较小沟谷，视野通达，与达拉盖沟河槽对岸的哈拉罕4号烽燧及其前后的哈拉罕5、7号烽燧紧密相连，构成扼守达拉盖沟沟口之势。

哈拉罕7号烽燧（150823353201020029）

该烽燧位于白彦花镇达日盖嘎查西北1.99千米处，倚哈拉罕长城7段末端墙体内侧修筑，西距哈拉罕8号烽燧1.5千米。

烽燧以黄褐土夯筑而成，保存差。墩台坍塌，呈低矮的圆形土丘状，底部直径14、顶部直径3、残高 2.5 米；顶部较平缓，植被较少，有一层小石子（彩图三二一）。烽燧修筑在台地山岭南缘顶部，两侧临纵深较短的小沟谷，西侧为达拉盖沟西沟沟口。

46. 哈拉罕长城 8 段（150823382301020046）

该段长城起自白彦花镇达日盖嘎查西北 1.96 千米处，止于达日盖嘎查西北 2.42 千米处。原墙体应作内向折弧形分布，总体呈东南—西北走向，上接哈拉罕长城 7 段，下接哈拉罕长城 9 段。

本段长城为消失段，起止点之间的直线长度为 559 米。原墙体应分布于达拉盖沟西沟与呼都格宝力格沟东胡鲁斯台沟沟口之间，墙体因相邻的两条沟谷洪水冲刷而消失。踏查分析判断，消失的墙体总体略呈"U"形分布。墙体应先走下台地，穿过达拉盖沟之西沟沟口，环绕两沟之间南向伸出的半环形台地，而后穿过胡鲁斯台沟沟口，沿沟口西岸作北偏西上坡行，墙体复现于台地之上。半环形台地南缘坡脚下有达日盖嘎查的四家牧户，其东西两侧临洪水河槽，牧户房屋建设应造成部分墙体消失。呼都格宝力格沟与其东沟之间亦为南向伸出的台地，台地下有牧户一家，牧户北部的台地东南缘发现有土筑墙体痕迹，长约 40 米，大体呈南北向分布，是判断该段墙体类别及其分布与走向的主要依据。

47. 哈拉罕长城 9 段（150823382101020047）

该段长城起自白彦花镇达日盖嘎查达拉盖沟口牧户东偏北 0.59 千米处，止于达拉盖沟口牧户东北 0.57 千米处。墙体作外向折线形分布，由南偏东—北偏西走向转呈东南—西北走向，末端转呈东—西走向；上接哈拉罕长城 8 段，下接哈拉罕长城 11 段。

墙体长 294 米，为黄褐土夯筑的土墙。总体保存差，其中保存较差部分长 132 米、差部分长 162 米，分别占该段墙体总长的 44.9%、55.1%。墙体位于呼都格宝力格沟与其东侧胡鲁斯台沟之间乌拉山南麓伸出山岭末端平缓的台地上，沿台地的东北边缘作折线式向山沟口方向延伸，于地表呈低矮的土垄状，底宽 3~8、顶宽 1.5~3、残高 0.3~1 米（彩图三二二）。中小段墙体地表隆起较明显，前、后小段墙体受水土流失的影响，地表隆起较低矮，墙体顶部无植被，土质逐年分解，遗留一层细砂砾。墙体末端内侧似曾依托墙体修筑有烽燧，以黄褐土夯筑而成，呈低矮的土丘状，高度接近于墙体。烽燧西北部对着呼都格宝力格沟山沟口，西侧紧邻河槽，濒于消失。烽燧南侧有疑似障城遗迹，北墙借用长城墙体，其余三面障墙不甚清晰，有较多石块散布。障城大体呈正方形，边长在 25 米左右。地表陶片遍布，以泥质灰陶绳纹、弦断绳纹、凹弦纹陶片居多，其次是素面陶片，可辨器形为盆、侈口矮领罐；有少量夹砂粗绳纹陶釜残片；还采集到石环状器，砂岩琢制，穿孔两面略经磨制，残半。障城南部 0.1 千米处发现有石筑烽燧，呈正方形，边长 8.5、残高 1.2 米；周边亦见绳纹、弦断绳纹和交叉绳纹灰陶片，发现有泥质灰陶豆柄。

48. 哈拉罕长城 11 段（150823382301020048）

该段长城起自白彦花镇达日盖嘎查达拉盖沟口牧户东北 0.57 千米处，止于达拉盖沟口牧户北偏西 0.34 千米处。原墙体应作外向折线形分布，大体呈东偏北—西偏南走向，上接哈拉罕长城 9 段，下接哈拉罕长城 12 段。

本段长城为消失段，起止点之间的直线长度为 463 米。原墙体位于呼都格宝力格沟沟口处河槽中及西岸台地上，部分墙体灭失于洪水河槽中，两岸台地上的大部分墙体因水土流失而消失。河槽两岸的一级台地上局部发现有土筑墙体痕迹，建筑在洪积层上，是判断该段墙体分布情况之依据。墙体大体应先西行下陡坡，从高台地下降至一级台地上，河槽边有土墙残留；而后西偏南行垂直穿过沟口处河槽，沿西岸坡地转向西南行，于二级高台地上墙体复现。呼都格宝力格沟沟脑在乌拉山分水岭处，纵深相对较短，但洪水冲击力较大，沟口河槽中巨石遍布。消失段南部河槽西岸的台地沟口内外，为沿河而居的达日盖嘎查部分牧户。

49. 哈拉罕长城 12 段 （150823382101020049）

该段长城起自白彦花镇达日盖嘎查达拉盖沟口牧户北偏西 0.34 千米处，止于达拉盖沟口牧户西偏北 0.44 千米处。墙体作直线分布，呈东北—西南走向，上接哈拉罕长城 11 段，下接哈拉罕长城 13 段。

墙体长 365 米，为夯筑土墙。总体保存差，其中保存较差部分长 137 米、差部分长 228 米，分别占该段墙体总长的 37.5%、62.5%。墙体在呼都格宝力格沟山沟口西岸二级台地上复现，作西南向下坡行，延伸至台地西南边缘的短沟东岸墙体再次消失。墙体在地表呈低矮的土垄状，底宽 3~10、顶宽 1.5~3、残高 0.3~1.2 米；大部分中小段墙体地表隆起较明显，两端墙体相对较低矮。

墙体沿线调查烽燧 1 座，为哈拉罕 8 号烽燧。

哈拉罕 8 号烽燧 （150823353201020030）

该烽燧位于白彦花镇达日盖嘎查达拉盖沟口牧户西偏北 0.41 千米处，倚哈拉罕长城 12 段末端墙体外侧修筑，西偏北距哈拉罕 9 号烽燧 0.91 千米。

烽燧以黄褐土夯筑而成，保存差。墩台坍塌，呈较大的圆形缓丘状，底部直径 13、顶部直径 3、残高 4 米；顶部较平缓，四周为缓坡，植被低矮稀疏，顶端有一层细砂，周边为碎石块（彩图三二三）。烽燧修筑在呼都格宝力格沟与其西侧短沟之间的台地西部边缘地带，西临陡峭沟坡地，坡地上长有零星柏树。烽燧北侧有因水土流失而形成的漫水道，汇入南向下泄的短沟谷底河槽。烽燧南侧为小沟沟脑，山洪持续冲刷将危及烽燧保存；南部短沟沟口两侧为定居的达拉盖沟口牧户。

50. 哈拉罕长城 13 段 （150823382301020050）

该段长城起自白彦花镇达日盖嘎查达拉盖沟口牧户西偏北 0.44 千米处，止于达拉盖沟口牧户西 0.55 千米处。原墙体应作直线分布，呈东偏北—西偏南走向，上接哈拉罕长城 12 段，下接哈拉罕长城 14 段。

本段长城为消失段，起止点之间的直线长度为 131 米。原墙体应分布于达拉盖沟口牧户西北部、呼都格宝力格沟西侧短沟谷中，洪水冲刷、水土流失造成河槽中及东侧陡坡上的大部分墙体消失。河床东岸边尚有部分墙体残迹，用黄土夯筑，表明该段墙体原应为土墙。短沟沟床呈半环状，上游洪水西南流，下游转南流，于台地沟口外形成冲积扇。

51. 哈拉罕长城 14 段 （150823382101020051）

该段长城起自白彦花镇达日盖嘎查达拉盖沟口牧户西 0.55 千米处，止于达拉盖沟口牧户西偏北 0.94 千米处。墙体略作外向"八"字形分布，总体呈东—西走向，上接哈拉罕长城 13 段，下接哈拉罕长城 15 段。

墙体长 406 米，为黄褐土夯筑的土墙。总体保存差，其中保存差部分长 310 米、消失部分长 96 米，分别占该段墙体总长的 76.4%、23.6%。墙体分布于呼都格宝力格沟与大坝沟之间的中沟（乌吉拉）河槽及其两侧台地上，整体作上坡行。中沟呈"丫"字形，选择两支沟洪水合流处的河口地带跨越沟谷，先沿东岸西北行，过沟后再沿西岸西南向回折，整体作外向"八"字形分布。墙体于地表呈低矮的土垄状，底宽 2.2~6.5、顶宽 1.6~3、残高 0.3~0.8 米。前小段墙体位于短沟与中沟之间台地上，略作内向折线形分布，沿台地边缘西偏北行，再转西北行延伸至中沟两水合流处，这部分墙体于地表隆起较低矮，外侧小缓沟洪水东向注入短沟；西岸的后小段墙体分布于中沟与大坝沟之间的台地东北缘，外侧紧邻中沟的西支沟，水土流失暴露出水平墙基，筑墙夯土含砂量较大，夯层厚 8~10 厘米；中沟谷底河槽及陡峭东坡地上的墙体消失。

52. 哈拉罕长城 15 段（150823382101020052）

该段长城起自白彦花镇达日盖嘎查达拉盖沟口牧户西偏北 0.94 千米处，止于白彦花镇特汉其嘎查沟口牧户北偏东 0.71 千米处。墙体总体略作"S"状折线形分布，由东偏南—西偏北走向折转呈东南—西北走向，末端呈东—西走向；上接哈拉罕长城 14 段，下接哈拉罕长城 16 段。

墙体长 885 米，为黄褐土夯筑的土墙。总体保存较差，其中保存较差部分长 823 米、消失部分长 62 米，分别占该段墙体总长的 93%、7%。墙体分布于大坝沟山沟口东岸南向伸出山岭的脊背及其前台地上，先沿台地东北缘作西北向上坡行，过浅缓的小沟谷后转北偏西沿山脊行，直奔大坝沟山沟口而去，至沟口东岸的山岭北缘消失。墙体于地表呈明显的土垄状隆起，底宽 2.5~9、顶宽 1.6~3、残高 0.3~1.3 米；顶部无植被，覆盖一层细密而醒目的小石子（彩图三二四）。除中小段小缓沟造成墙体断豁之外，末端另有小沟谷的洪水西南流，冲断墙体后注入大坝沟河槽。断面显示，墙体下为修整过的水平基础，夯土中夹杂大量花岗岩砂砾，夯层厚 8~11 厘米。

此外，有一道石墙穿过墙体，长 430 米，保存差。石墙东北接大坝沟沟口东岸山脊，西南接大坝沟河槽，大体呈半环形分布。石墙坍塌较为严重，于地表呈低矮的石垄状，底宽 1~1.5、残高 0.5~1.2 米，接近河槽处的墙体较宽。石墙叠压哈拉罕长城 15 段墙体建筑，修筑年代晚于赵北长城，应为一段汉代当路塞。

墙体沿线调查烽燧 2 座，为哈拉罕 9、10 号烽燧。

哈拉罕 9 号烽燧（150823353201020031）

该烽燧位于白彦花镇特汉其嘎查沟口牧户东北 0.65 千米处，倚哈拉罕长城 15 段中小段墙体外侧修筑，西北距哈拉罕 10 号烽燧 0.47 千米。

烽燧以黄褐土夯筑而成，保存差。墩台坍塌，呈土丘状，底部直径 20、顶部直径 3、残高 4 米；形体高大浑圆，明显高出于墙体；顶部无植被，周边植被低矮。当路塞石墙自墩台顶部穿过（彩图三二五）。

哈拉罕 10 号烽燧（150823353201020032）

该烽燧位于白彦花镇特汉其嘎查沟口牧户东北 0.72 千米处，倚哈拉罕长城 15 段末端墙体外侧修筑，西南距哈拉罕 11 号烽燧 0.36 千米。

烽燧以含有大量花岗岩砂砾的黄土夯筑而成，保存差。墩台坍塌，呈圆形缓丘状，底部直径 13、顶部直径 3、残高 2.7 米；明显高出于所倚墙体，顶部较平缓，有低矮的芨芨草丛，周边散布有少量石块（彩图三二六）。烽燧修筑在大坝沟沟口东岸乌拉山南麓余脉山岭北缘西侧，地势较高，西侧为沟口河槽，对岸为大坝沟障城，两者分置于沟口两侧，以控扼纵深直达乌拉山分水岭的大坝沟。

53. 哈拉罕长城 16 段（150823382301020053）

该段长城起自白彦花镇特汉其嘎查沟口牧户北偏东 0.71 千米处，止于特汉其嘎查沟口牧户北偏西 0.75 千米处。原墙体应作外向折线形分布，由东南—西北走向折转呈东—西走向，结合上下段墙体，在大坝沟山沟口外总体呈"几"字形布局；上接哈拉罕长城 15 段，下接哈拉罕长城 17 段。

本段长城为消失段，起止点之间的直线长度为 307 米。原墙体应分布于大坝沟山沟口河槽中及其东岸坡脚处，应先沿沟口东岸坡地西北行，复查时于陡坡上发现石墙基，基宽 2.4 米；走下山岭，至大坝沟山沟口处转西行，临近河槽的坡地上见有低矮的土墙痕迹，而后消失在河槽中。沟口西岸有一条较短的小支沟，洪水东流于大坝沟山沟口处注入主河槽，其南侧河床断面上暴露有墙体夯层。沟口东岸发现的墙体痕迹与止点处的墙体处在同一条线上，表明该段墙体大部分原应为土墙。

54. 哈拉罕长城 17 段（150823382101020054）

该段长城起自白彦花镇特汉其嘎查沟口牧户北偏西 0.75 千米处，止于特汉其嘎查沟口牧户西偏南 0.53 千米处。墙体作内向折线形分布，由北—南走向渐变呈东北—西南走向，末端接近东西走向；上接哈拉罕长城 16 段，下接哈拉罕长城 18 段。

墙体长 1279 米，为夯筑土墙。总体保存差，其中保存较差部分长 320 米、差部分长 719 米、消失部分长 240 米，分别占该段墙体总长的 25%、56.2% 和 18.8%。墙体分布于大坝沟河槽西岸台地及其西南部乌拉山南麓台地上，地处大坝沟山沟口与其西沟（特汉其沟）台地沟口东岸之间，沿大坝沟山沟口前河槽西岸一级台地及山脚坡地南偏东行，向沟口外折返；在特汉其嘎查沟口牧户北侧沿山脚逐渐转作西南行，爬升到山前高台地上，又西南复沿台地东南缘作下坡行，穿过特汉其嘎查沟口牧户西部纵深较短的"丫"字形小沟谷，至大坝沟西沟东岸止。现存墙体于地表呈低矮的土垄状，底宽 3～10、顶宽 1.5～3、残高 0.3～1.2 米。大坝沟西岸山体上有数条小沟洪水东向下泄，导致前小段障城附近的部分墙体消失，推测障城北墙、西墙均利用长城墙体，再筑东、南两墙为城。障城东侧 6 米沿台地边缘修筑有石墙，于地表呈石垄状，北接大坝沟山沟口西岸山脚，向南延伸 150 米左右；这段石墙与障城顶部垒砌的石墙应属于一个时期，为后期利用形成。后小段墙体沿线"丫"形沟谷的洪水南流，造成墙体断豁，豁口两侧墙体明显隆起于地表。

墙体沿线调查障城、烽燧各 1 座，为大坝沟障城、哈拉罕 11 号烽燧。

大坝沟障城（150823353102020002）

该障城位于白彦花镇特汉其嘎查沟口牧户北偏西 0.73 千米处，建筑在哈拉罕长城 17 段墙体首端西侧，南偏东距哈拉罕 11 号烽燧 0.24 千米，西偏南距哈日宝力格障城 3.2 千米。

障城平面略呈正方形，边长 25 米。障墙以红褐土夯筑而成，于地表呈较高的土石垄状，底宽 3～5、顶宽 1～1.5、残高 0.5～1 米；顶部石块密布，有石墙垒筑于土墙之上，推测为后期利用所致。南墙中部辟门，门宽 1.5 米，方向为 169°（图二八；彩图三二七）。障城北、东北侧各有一处窑址，洪水冲刷暴露出窑壁，为清代砖窑。城内可见少量素面、绳纹、弦断绳纹、细绳纹及凹弦纹灰陶片，可辨器形有宽沿盆、侈口矮领罐和钵等，还采集有汉"半两"铜钱、砥石、铁釜残片。障城修筑在大坝沟山沟口西岸一级台地上，地势较平缓，东北紧邻大坝沟口，北、东侧临沟谷河槽，其中北侧支沟洪水东流，于沟口处注入洪水南向下泄的大坝沟河槽。障城南部分布有石圈石堆墓 5 座，多为圆形，直径 2.5～3.5 米，仅见一座呈长方形墓，长 2.1 米、宽 1.5 米。

哈拉罕 11 号烽燧（150823353201020033）

该烽燧位于白彦花镇特汉其嘎查沟口牧户北 0.48 千米处，倚哈拉罕长城 17 段前小段墙体外侧修筑，西偏南距公庙 1 号烽燧

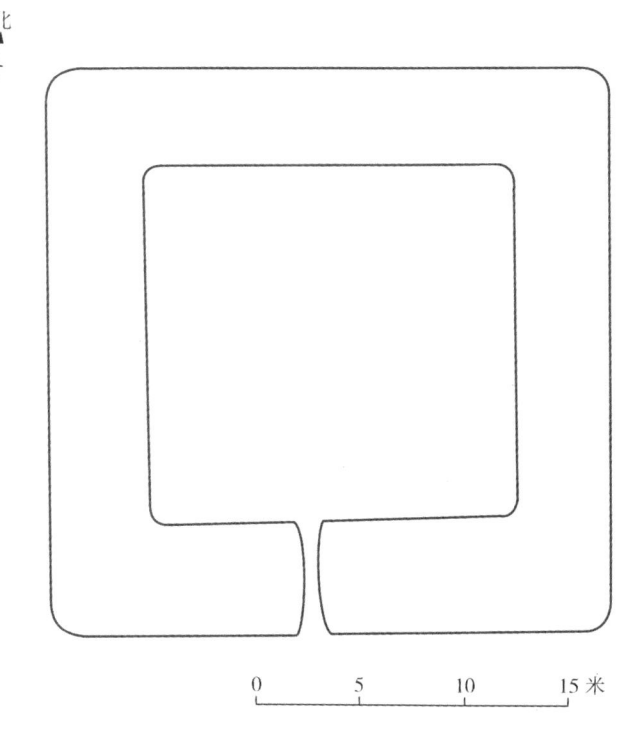

图二八　大坝沟障城平面图

6.6 千米。

烽燧用含有较多花岗岩砂砾的红褐土夯筑，保存差。墩台坍塌，呈圆形土丘状，形体较高大，底部直径 16、顶部直径 2.5、残高 3.5 米（彩图三二八）。墩台及其左近坡地植被较差，仅见低矮的芨芨草丛，有石块从西侧山体上滚落，散布于地表。烽燧修筑在大坝沟障城南部的山脚处高坡地上，北可瞭望至大坝沟深处。

55. 哈拉罕长城 18 段（150823382301020055）

该段长城起自白彦花镇特汉其嘎查沟口牧户西偏南 0.53 千米处，止于白彦花镇呼和布拉格嘎查东偏北 1.16 千米处。原墙体大体应作直线分布，接近于东—西走向，上接哈拉罕长城 17 段，下接公庙长城 1 段。

本段长城为消失段，起止点之间的直线长度为 5694 米。原墙体应分布于特汉其嘎查与呼和布拉格嘎查之间的乌拉山南麓，上段长城于大坝沟西沟东岸台地上消失不见，推测墙体过沟后沿沟谷西岸略作西南行，走下台地；沿特汉其嘎查西部牧户北侧台地坡脚下西行，经哈日宝力格、查干布拉格嘎查紧邻山脚散居的牧户，墙体于查干布拉格沟沟口西部再现。消失段沿线前后有特汉其沟、乌兰吉拉沟、额尔德尼宝拉格沟、那林高勒沟、哈日宝力格沟、西哈日宝力格沟、胡瑞沟（干沟）及查干布拉格沟等十数条大小沟谷的洪水南向倾泄，在沟口形成冲积扇，大部分墙体被洪水冲毁或叠压在洪积层下。在哈日宝力格嘎查东部牧户的院落之间，哈日宝力格沟、西哈日宝力格沟和查干布拉格沟三条沟口的冲积扇之间，断续发现 3 段总长不超过 20 米的土筑墙体遗迹，沿山脚地带分布，为该段长城的分布与走向提供了可靠信息。鉴于这些墙体保存差、低矮且较短，已不具备独立划分墙体段落的实际意义，均归入消失段。

墙体沿线调查障城 1 座，为哈日宝力格障城。

哈日宝力格障城（150823353102020003）

该障城位于白彦花镇哈日宝力格嘎查北 0.17 千米处，南距台地下的哈拉罕长城 18 段墙体 0.15 千米。

障城平面略呈正方形，边长 25 米。障墙以黄土夯筑而成，呈高大的土垄状，底宽 4~8、顶宽 1.5~2、残高 1~2.2 米。门址及东墙中部有石块散布。南墙中部辟门，门宽 6 米，方向为 196°（图二九；彩图三二九）。障城内外散布有较多陶片，包括新石器时代和战国两个时期。战国陶片以泥质灰褐陶为主，器表施凹弦纹带、绳纹、弦断绳纹和交叉绳纹，也见有夹砂粗绳纹薄壁陶片，可辨器形为盆、罐、釜等。新石器时代遗物有彩陶片、施蓝纹泥质灰陶片和石磨盘、磨棒等，属于仰韶文化阿善三期类型遗物，表明该障城修筑在一个新石器时代遗址之上。

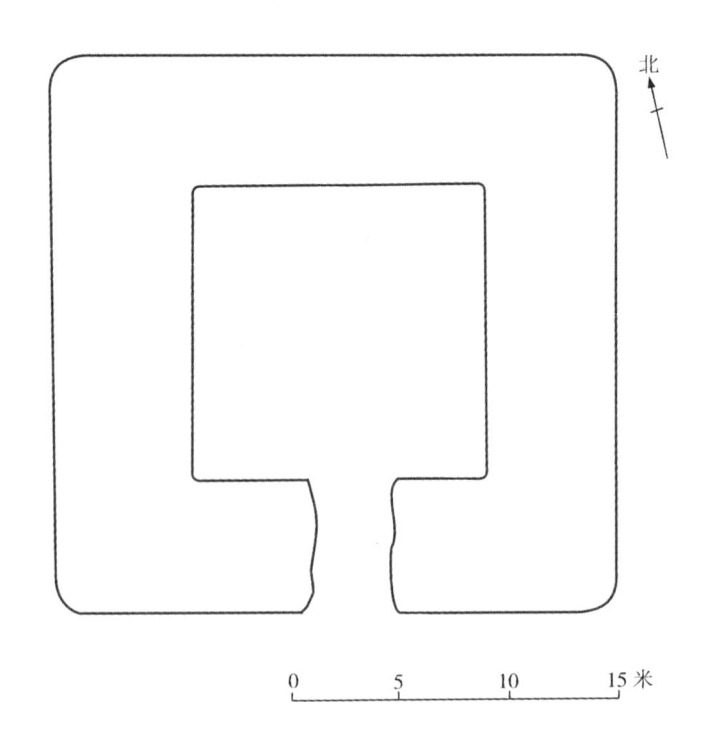

图二九　哈日宝力格障城平面图

障城修筑在乌拉山南麓高台地上，处在墙体外侧，东侧坡地较宽阔，西侧紧邻哈日宝力格沟，陡峭的沟坡上生长着成片柏树。台地下有牧户八九家，依山脚而居。障城东北 0.17 千米的石砬山头顶部南侧有随坡倒塌的石块，显系人为形成，表明原来曾在自然山顶的基础上修筑有障城的瞭望台。瞭望台北侧正对哈日宝力格沟，南侧坡地上散布有战国陶片，顶部见有绳纹青砖残块。哈日宝力格沟东支沟沟脑为山垭口，穿过山垭便可进入大坝沟。

56. 公庙长城 1 段（150823382101020056）

该段长城起自白彦花镇呼和布拉格嘎查东偏北 1.16 千米处，止于呼和布拉格嘎查东偏北 1.12 千米处。墙体作直线分布，呈东偏北—西偏南走向，上接哈拉罕长城 18 段，下接公庙长城 2 段。

墙体长 40 米，为土墙，保存差。墙体位于查干布拉格嘎查与呼和布拉格嘎查的中间地带，处在查干布拉格沟沟口西侧相邻的两条较小沟谷的沟口之间，沿山脚下坡地延伸，于地表呈低矮的土垄状，底宽 3～6、顶宽 1.5～2.5、残高 0.4～1 米；墙体内侧隆起较明显，外侧因洪水淤积而几乎与地表持平。墙体两端为沟口冲积扇，地表生长有零星酸枣树；南部偏东有隶属于查干布拉格嘎查的三家牧户，院落外围均设置防洪坝。

57. 公庙长城 2 段（150823382301020059）

该段长城起自白彦花镇呼和布拉格嘎查东偏北 1.12 千米处，止于呼和布拉格嘎查东北 0.76 千米处。原墙体应作直线分布，呈东偏北—西偏南走向，上接公庙长城 1 段，下接公庙长城 3 段。

本段长城为消失段，起止点之间的直线长度为 364 米。原墙体应分布于呼和宝力格嘎查东北部公庙子沟东沟及其东小沟沟口之间，两沟并列且相距较近，洪水冲刷在沟口形成凸起的冲积扇。原墙体地处山前坡地上，因洪水冲刷而消失，或有部分墙体埋藏于洪积层下。消失段两端均为土墙，首端西侧是洪水东南向下泄的小河槽，其西岸残存有土筑墙体痕迹；由此向西 0.08 千米，又有圆形土丘状墙体残留，不排除为烽燧墩台的可能性。如上信息表明该段墙体大部分应为土墙。

58. 公庙长城 3 段（150823382101020060）

该段长城起自白彦花镇呼和布拉格嘎查东北 0.76 千米处，止于呼和布拉格嘎查西北 0.42 千米处。墙体略作内向折线形分布，由东—西走向转呈东偏南—西偏北走向，上接公庙长城 2 段，下接公庙长城 4 段。

墙体长 955 米，为黄褐土夯筑的土墙。总体保存差，其中保存差部分长 322 米、消失部分长 633 米，分别占该段墙体总长的 33.7%、66.3%。墙体起点在公庙子沟东沟沟口西岸，沿呼和布拉格嘎查北部、公庙子沟沟口东岸山脚分布。墙体于地表呈低矮的土垄状，底宽 3～9、顶宽 1.5～2.5、残高 0.4～1.2 米；墙体内侧隆起较明显，外侧因山洪淤积几乎不见墙体隆起。前小段墙体沿线有五条沟谷等距分布，洪水南向下泄冲断墙体；中小段有人为挖掘的大坑切断墙体，测得墙体基宽 5.6、残高 2.9 米，夯层厚 7～11 厘米；外壁坡度为 85°。后小段墙体沿公庙子沟口东岸呈西偏北向上溯，水土流失与民房建设导致大部分墙体消失，保存的墙体濒临消失。

墙体沿线调查烽燧 2 座、障城 1 座，为公庙 1、2 号烽燧和公庙沟口障城。

公庙 1 号烽燧（150823353201020034）

该烽燧位于白彦花镇呼和布拉格嘎查东偏北 0.76 千米处，倚公庙长城 3 段首端墙体外侧修筑，西距公庙 2 号烽燧 0.42 千米。

烽燧用含有较多花岗岩砂砾的黄褐土夯筑而成，保存差。墩台坍塌，呈圆形土丘状，底部直径 13.5、顶部直径 3、残高 3 米；明显高出所依附墙体，顶部平缓无植被，覆盖一层小石子及砂砾（彩图三三〇）。烽燧北依台地，两侧临沟口，其中以东沟为大，洪水冲击造成烽燧东侧墙体消失；西沟较小，洪水冲断墙体形成豁口。

公庙 2 号烽燧（150823353201020035）

该烽燧位于白彦花镇呼和布拉格嘎查东北 0.4 千米处，倚公庙长城 3 段中小段墙体外侧修筑，西偏南距公庙 5 号烽燧 1.45 千米。

烽燧用含有较多花岗岩砂砾的黄褐土夯筑而成，保存差。墩台坍塌，呈低缓的圆形土丘状，底部直径 14、顶部直径 2.5、残高 2.8 米；顶部较平缓，四周为缓坡，其上光秃无植被（彩图三三一）。烽燧北依山脚，西北有石筑房屋的残墙，左右两侧临小沟口，偏于东小沟一侧，沟口前均形成较小的冲积扇。

公庙沟口障城（150823353102040005）

该障城位于白彦花镇呼和布拉格嘎查南部，地处公庙子沟沟口东岸坡地上。

早期的调查资料显示，障城土筑，保存完整；平面呈正方形，边长 140 米，夯筑墙体高约 2 米。曾采集有灰陶弦纹罐、绳纹砖、内腹饰菱形格纹板瓦、卷云纹瓦当和"半两"钱、"五铢"钱等[1]。复查时，障城主体已消失于村庄建设中，地表仅见部分陶片等遗物。初步推断，该障城为西汉五原郡西部都尉田辟城治所。

乌拉山前的其他汉代障城多破坏无存，原或分布于乌拉山当路塞的山口地带。

59. 公庙长城 4 段（150823382301020059）

该段长城起自白彦花镇呼和布拉格嘎查西北 0.42 千米处，止于白彦花镇太恩格尔嘎查西 0.42 千米处。原墙体应作内向折线形分布，总体呈东偏北—西偏南走向，上接公庙长城 3 段，下接公庙长城 5 段。

本段长城为消失段，起止点之间的直线长度为 3237 米。原墙体应分布于呼和布拉格嘎查与太恩格尔嘎查之间的山脚下，东起公庙子沟，西至太恩格尔沟。消失在公庙子沟沟口处河槽东岸的墙体，穿过沟口后大体应沿西岸回折，然后再沿山脚西行，于太恩格尔沟沟口西岸复现。公庙子沟洪水出沟西南流，是造成前小段墙体消失的直接原因；自沟口向西，沿线山麓分布大小沟谷十一条，洪水南向下泄，于沟口外形成冲积扇，导致大部分后小段墙体消失。在消失段中部沟口前冲积扇中及其东部相邻的冲积扇之间，先后发现有土墙残段及烽燧，皆以黄褐土夯筑，隆起低矮，濒于消失，调查划入消失段，成为判断原墙体类别及分布与走向的依据。

墙体沿线调查烽燧 2 座，为公庙 5、6 号烽燧。

公庙 5 号烽燧（150823353201020038）

该烽燧位于白彦花镇呼和布拉格嘎查西 1.14 千米处，原应倚公庙长城 4 段中小段墙体外侧修筑，西偏南距公庙 6 号烽燧 0.44 千米。

烽燧以黄褐土夯筑而成，保存差。墩台坍塌，呈圆形缓丘状，底部直径 13.5、顶部直径 2、残高 2.6 米；顶部较平缓，表面裸露无植被。烽燧修筑在公庙子沟西沟沟口西岸山前坡地上，西部有沟谷并列，沟口前为冲积扇，与烽燧间有墙体遗存；西侧有小洪水河槽，水出公庙子西沟，南流汇入公庙子沟河槽，东南部的河槽东岸为呼和布拉格嘎查牧户。

公庙 6 号烽燧（150823353201020039）

该烽燧位于白彦花镇呼和布拉格嘎查西偏北 1.58 千米处，原应倚公庙长城 4 段中小段墙体外侧修筑，西偏南距公庙 3 号烽燧 3.74 千米。

烽燧以黄褐土夯筑而成，保存较差。墩台坍塌，呈高大的圆形土丘状，底部直径 20、顶部直径 3、残高 3.2 米。烽燧修筑在公庙子沟西部第二沟及其西侧"丫"字形沟谷的沟口冲积扇之间，其间为低

---

[1] 内蒙古文物工作队编：《内蒙古文物资料选辑》，内蒙古人民出版社，1964 年，第 77 页。

洼地带，北部山体又分布三个相邻的小短谷，三条谷的洪水在烽燧西侧合流后南下，形成三十多米宽的河槽；河槽西侧及烽燧东侧均见有低矮的土筑墙体遗迹，是判断该烽燧建筑位置的依据。洪水持续冲刷，危及烽燧安全。

60. 公庙长城 5 段（150823382101020060）

该段长城起自白彦花镇太恩格尔嘎查西 0.42 千米处，止于太恩格尔嘎查西部（G6 高速公路公庙子出口北）牧户东 0.62 千米处。墙体略作外向折线形分布，总体呈东偏北—西偏南走向，上接公庙长城 4 段，下接公庙长城 6 段。

墙体长 741 米，为黄褐土夯筑的土墙。总体保存差，其中保存差部分长 314 米、消失部分长 427 米，分别占该段墙体总长的 42.4%、57.6%。墙体分布于太恩格尔嘎查东西牧户之间的太恩格尔沟沟口西部，地处太恩格尔沟与其西沟之间，沿乌拉山南麓山脚延伸，于地表呈低矮的土垄状，底宽 3~10、顶宽 1.5~2.2、残高 0.3~1.2 米；有多处豁口，断面表明墙基经水平修整，筑墙土夹杂较多花岗岩砂砾，夯层厚 8~12 厘米。两沟之间的墙体沿线又有五条较小沟谷分布，在沟口处形成扇形洪积面，造成大部分中小段墙体消失；前、后小段有部分墙体明显隆起于地表。此外，在太恩格尔嘎查的东西部牧户之间，墙体沿线有五家牧户分布，民房建设造成部分墙体消失。

61. 公庙长城 6 段（150823382301020061）

该段长城起自白彦花镇太恩格尔嘎查西部牧户东 0.62 千米处，止于太恩格尔嘎查西部牧户东南 0.15 千米处。原墙体应作直线分布，呈东偏北—西偏南走向，上接公庙长城 5 段，下接公庙长城 7 段。

本段长城为消失段，起止点之间的直线长度为 507 米。原墙体应分布于太恩格尔沟西沟沟口处，沟谷发源于呼和努仁山，纵深较短，沟坡陡峭，植被稀少，沟口狭窄，洪水冲击猛烈，泥沙俱下，沟口外冲积扇明显隆起，地表有酸枣树散布；墙体或毁于山洪冲刷，或覆盖于冲洪积层下。在沟口南部发现一截土筑墙体，长不足 10 米，土垄宽平，围裹在洪积层中，表明该段墙体原应为土墙，也为原墙体的分布与走向提供了线索。

62. 公庙长城 7 段（150823382101020062）

该段长城起自白彦花镇太恩格尔嘎查西部牧户东南 0.15 千米处，止于太恩格尔嘎查西部牧户西南 0.24 千米处。墙体作直线分布，呈东偏北—西偏南走向，上接公庙长城 6 段，下接公庙长城 8 段。

墙体长 324 米，为夯筑土墙。总体保存差，其中保存差部分长 232 米、消失部分长 92 米，分别占该段墙体总长的 71.6%、28.4%。墙体紧邻太恩格尔嘎查西部牧户南侧分布，沿山前缓坡地延伸，于地表呈低矮的土垄状，底宽 3~5、顶宽 1.5~3、残高 0.5~0.8 米。

63. 公庙长城 8 段（150823382301020063）

该段长城起自白彦花镇太恩格尔嘎查西部牧户西南 0.24 千米处，止于太恩格尔嘎查西部牧户西偏南 0.6 千米处。原墙体应作直线分布，呈东偏北—西偏南走向，上接公庙长城 7 段，下接公庙长城 9 段。

本段长城为消失段，起止点之间的直线长度为 376 米。原墙体应分布于太恩格尔嘎查西部牧户西南部沟口前冲积扇上及其西部小河槽之间，地处山前缓坡地上。大部分墙体被洪水冲毁，前小段洪积面上有断续残存的土筑墙体四截，以黄褐土筑墙，长约 10、底宽约 8 米，内侧略微隆起，呈宽平土垄状；末端河槽东岸，耸立烽燧一座，以上信息可把握原墙体类别及分布与走向。西沟口冲积扇上，开辟有一家砂石场。消失段南部有并行的两条输电线路，大体呈东西走向，南部为 G6 高速公路公庙子出口。

墙体沿线调查烽燧 1 座，为公庙 3 号烽燧。

公庙 3 号烽燧（150823353201020036）

该烽燧位于白彦花镇太恩格尔嘎查西部牧户西偏南 0.53 千米处，原应倚公庙长城 8 段墙体外侧修筑，西距公庙障城 0.2 千米、公庙 4 号烽燧 2.76 千米。

烽燧以黄褐土夯筑而成，夯土中夹杂有较多小石子，夯层厚 10~15 厘米；保存较差。大部分墩台坍塌，呈不规则柱状体，底部东西 2、南北 2.8、残高 4.5 米。墩台基础为细河卵石层，经粗夯，结构较疏松，北、西侧明显内凹；墩台出现多道纵向裂缝（彩图三三二）。烽燧建筑在太恩格尔嘎查西部牧户西沟口西岸缓坡地上，东为砂石场，西临小洪水河槽，其西部高台地上有公庙障城，南部为 G6 高速公路公庙子出口。

64. 公庙长城 9 段（150823382101020064）

该段长城起自白彦花镇太恩格尔嘎查西部牧户西偏南 0.6 千米处，止于太恩格尔嘎查西部牧户西 1.65 千米处。墙体略作内向折线形分布，由东偏北—西偏南走向转呈东—西走向，上接公庙长城 8 段，下接公庙长城 10 段。

墙体长 1078 米，为黄土夯筑的土墙。总体保存差，其中保存较差部分长 196 米、差部分长 527 米、消失部分长 355 米，分别占该段墙体总长的 18.2%、48.9% 和 32.9%。墙体分布于太恩格尔嘎查西部牧户西沟口西岸与哈日达巴沟沟口东岸之间，沿山前坡地及山脚延伸，前小段墙体分布在高坡地上，在地表呈高大的土垄状；后小段墙体紧贴山脚构筑，地表隆起呈低矮的土垄状，底宽 3~13、顶宽 1~3、残高 0.3~2.8 米。后小段墙体沿线有多条小沟谷的洪水南流，导致墙体出现多处断豁，断面显示墙基做水平修整，夯土中含较多花岗岩砂砾，夯层厚 8~14 厘米；中小段墙体在两条并列沟谷洪水的冲击下大部分消失，尚见有 25 米长的墙体残留，孤立于洪积层间，略微隆起，状如鱼背。

墙体沿线调查障城 1 座，为公庙障城。

公庙障城（150823353102020004）

该障城位于白彦花镇太恩格尔嘎查西部牧户西偏南 0.74 千米处，倚公庙长城 9 段前小段墙体内侧修筑，南偏东距 G6 高速公路公庙出口 0.7 千米。为赵北长城沿线末端保存的最后一座障城。

障城平面呈正方形，边长 28 米。障城整体轮廓较清晰，北墙利用长城墙体，另筑其他三面障墙而成，保存差。障墙以黄褐土夯筑，大部分呈高大的土垄状，底宽 5~13、顶宽 1~3、残高 1~2.8 米。南墙中部辟门，门宽 3.5 米，方向为 164°（图三〇；彩图三三三）。障城内外散布的陶片以泥质灰褐陶为主，施凹弦纹带、绳纹、弦断细绳纹、内外壁细绳纹、弦断绳纹等，可辨器形有宽沿盆、侈口矮领罐等，为战国时期的典型遗物。还采集部分具有汉代特征的陶片，如以三道压印连弧纹组成的波浪纹为主、两侧辅以压印篦点纹的陶片，滚压斜线纹带陶片（图三一）。

障城北侧 0.12 千米处，是一条与长城墙体并行的土墙，分布于两条小沟谷之间，于地表亦呈低矮的土垄状，总体上较长城墙体低矮，长 208 米。紧邻山脚建筑，推测为早期墙体，障城及所依附墙体为后期改筑。障城西、北侧为现代坟茔。

65. 公庙长城 10 段（150823382301020065）

该段长城起自白彦花镇太恩格尔嘎查西部牧户西 1.65 千米处，止于白彦花镇乌兰布拉格嘎查呼热楚鲁牧户东 0.82 千米处。原墙体应作直线分布，呈东—西走向，上接公庙长城 9 段，下接公庙长城 11 段。

本段长城为消失段，起止点之间的直线长度为 1614 米。原墙体应分布于呼热楚鲁牧户东部哈日达巴沟与苏木图沟两沟沟口处及其两侧山脚下，紧邻山脚修筑。哈日达巴沟、苏木图沟发源自乌拉山分水岭，纵深短而落差大，山洪冲刷在沟口形成大面积冲积扇，其间又有数条较小沟谷的洪水南流，大部分墙体毁于山洪冲刷，或有墙体覆盖于洪积层下。在哈日达巴沟与苏木图沟及苏木图沟与止点之间，

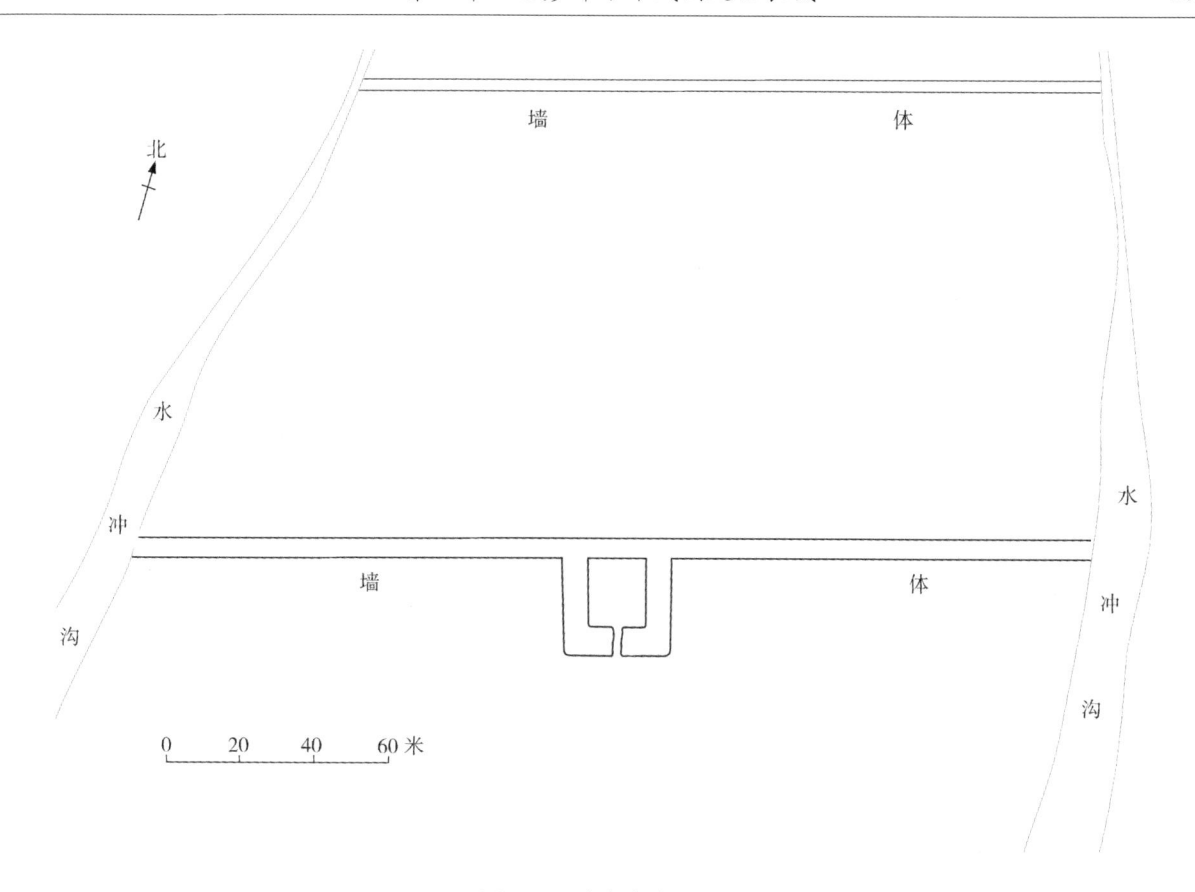

图三〇 公庙障城平面图

陆续见有一二十米长的低矮土墙，保存差，调查时均归入消失段。

后期复查时，在哈日达巴沟沟口西侧0.25千米处的山脚下发现烽燧一座，倚墙体外侧建筑，于地表呈圆形土丘状，底部直径13、顶部直径2.5、残高约2.6米。烽燧北依山脚，两侧紧邻小沟谷，其中东侧为"丫"字形沟谷；西侧沟谷洪水不大，但已危及烽燧保存。

66. 公庙长城11段（150823382101020066）

该段长城起自白彦花镇乌兰布拉格嘎查呼热楚鲁牧户东0.82千米处，止于呼热楚鲁牧户东北0.1千米处。墙体作直线分布，呈东偏南—西偏北走向，上接公庙长城10段，下接公庙长城12段。

墙体长751米，为黄土夯筑的土墙。总体保存差，其中保存差部分长398米、消失部分长353米，分别占该段墙体总长的53%、47%。墙体分布于呼热楚鲁牧户东部的苏木图沟西沟沟口西岸与呼热楚鲁沟沟口东岸之间，紧邻山脚延伸，于地表呈低矮的土垄状，底宽3~12、顶宽为1~2、残高0.5~1.3米；部分墙体如鱼背状隆起。沿线有多条较小沟谷的洪水南向下泄冲断墙体，整体断续参半（彩图三三四）。断面显示，墙基经水平修整，夯土中夹杂较多砂砾，夯层厚约10厘米。

墙体沿线调查烽燧1座，为公庙4号烽燧。

公庙4号烽燧（150823353201020037）

该烽燧位于白彦花镇乌兰布拉格嘎查呼热楚鲁牧户东0.8千米处，倚公庙长城11段首端墙体外侧修筑，西距乌兰布拉格1号烽燧3.35千米。

烽燧以黄土夯筑而成，夯土中含有较多砂砾；保存差。墩台坍塌，呈明显隆起的圆形土丘状，底部直径14、顶部直径3、残高3米；墩台凸出于所依附墙体，顶部较缓无植被，表面密布一层花岗岩砂砾，周边散布有石块（彩图三三五）。

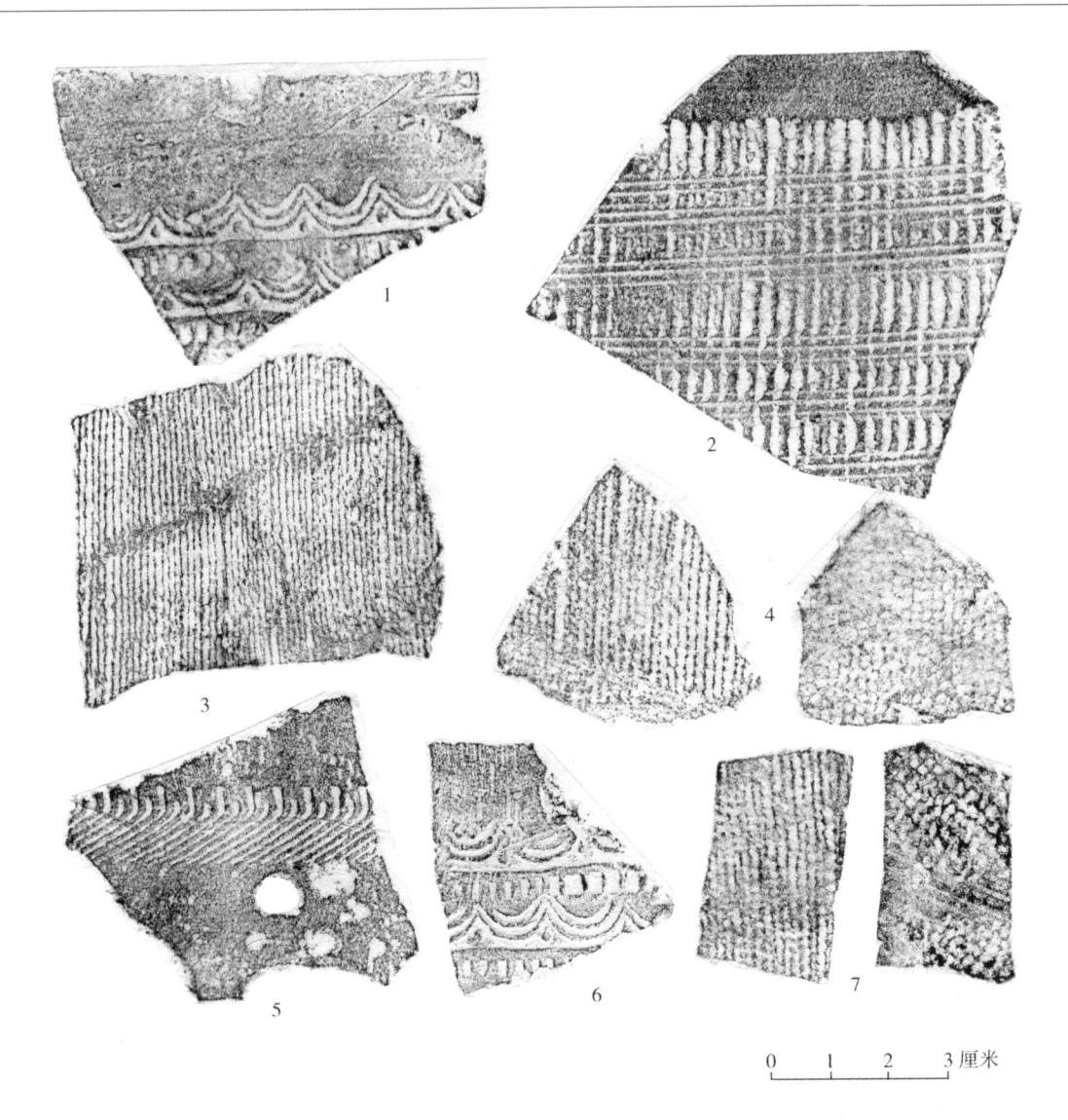

图三一 公庙障城采集陶片纹饰拓片
1、6. 波浪纹与篦点纹 2. 弦断绳纹 3. 细绳纹 4、7. 内外壁绳纹 5. 滚压斜线纹带

67. 公庙长城 12 段（150823382301020067）

该段长城起自白彦花镇乌兰布拉格嘎查呼热楚鲁牧户东北 0.1 千米处，止于呼热楚鲁牧户西偏北 0.36 千米处。原墙体应作直线分布，呈东偏南—西偏北走向，上接公庙长城 11 段，下接公庙长城 13 段。

本段长城为消失段，起止点之间的直线长度为 410 米。原墙体应分布于呼热楚鲁沟沟口前冲积扇上，消失的前小段墙体地处呼热楚鲁牧户中，后小段为洪积地貌，沿线地表不见墙体痕迹。原墙体毁于山洪冲刷，或有部分墙体覆盖于洪积层下。依据相邻上下段墙体情况，推断该段墙体原应为土墙。

68. 公庙长城 13 段（150823382101020068）

该段长城起自白彦花镇乌兰布拉格嘎查呼热楚鲁牧户西偏北 0.36 千米处，止于乌兰布拉格嘎查东 0.19 千米处。墙体作直线分布，呈东偏南—西偏北走向，上接公庙长城 12 段，下接乌兰布拉格长城 1 段。

墙体长 1000 米，为夯筑土墙。总体保存差，其中保存差部分长 218、消失部分长 782 米，分别占该段墙体总长的 21.8%、78.2%。墙体分布于呼热楚鲁沟沟口西岸与乌兰布拉格沟沟口东岸之间的山脚地带，沿山脚或山前坡地延伸，于地表呈低矮的土垄状，底宽 4~9、顶宽 1.5~2.2、残高 0.2~0.8

米。墙体仅残存4小段，大部分墙体消失。乌兰布拉格沟东沟洪水冲刷，导致大部分前小段墙体消失或叠压于洪积层下，冲积扇东半部有两小截鱼背状墙体残存，其中东段墙体保存在一家牧户北侧的山脚下，牧户在东、北侧设置了防洪坝，以防水患。后小段墙体沿线有乌兰布拉格嘎查的六家牧户，牧民沿山而居，其中的大部分墙体消失，局部保存的土墙略微隆起于地表，牧户东部的墙体隆起较为明显；牧户西侧与乌兰布拉格沟沟口东岸防洪坝之间，保存的一段墙体呈低矮的宽土垄状，长30米。

该段墙体止点西侧为乌兰布拉格沟口，沟谷纵深长，汛期洪水量大，沟口两岸建设有防洪堤坝。东坝下的末端墙体南部见有较多陶片，均为泥质褐陶，施绳纹、弦断绳纹、平行凹弦纹带以及压印平行篦点纹等，可辨器形有宽沿盆、侈口矮领罐、折腹钵和甑等。还见有外壁绳纹、内壁菱形网格纹的板瓦。其中，压印篦点纹陶片及菱形网格纹板瓦应为汉代遗物。陶片分布区位于乌兰布拉格沟口东岸较平坦的缓坡地上，结合地表发现较多陶片分析，此处原应修筑有一座汉代障城。

69. 乌兰布拉格长城1段（150823382101020069）

该段长城起自白彦花镇乌兰布拉格嘎查东0.19千米处，止于乌兰布拉格嘎查希热哈达牧户西北0.38千米处。墙体总体作曲尺形分布，由东偏北—西偏南走向转呈东—西走向，末端折转为南—北走向；上接公庙长城13段，下接乌兰布拉格长城2段。

墙体长2880米，为夯筑土墙。保存差，其中保存差部分长65、消失部分长2815米，分别占该段墙体总长的2.3%、97.7%。墙体分布于乌兰布拉格沟口与张连喜店村北部大沟沟口东岸的小红石沟之间，沿低缓的山前坡地延伸。墙体前小段穿过乌兰布拉格沟沟口后应沿山前缓坡地西偏南行，而后转西行，沿线北部山体有数条小沟谷的洪水南向下泄，形成大面积冲积滩地，地表卵石遍布，难以辨识墙体。初步推断，沿线的5座烽燧均当倚墙体修筑，成为判断墙体分布与走向的重要依据。乌兰布拉格4号烽燧处在墙体直角拐点部位，这部分墙体原应作曲尺形分布。自乌兰布拉格4号烽燧北行，穿过小红石沟浅河槽及其两岸冲积滩地，经乌兰布拉格5号烽燧，直奔乌拉山山脚而去，呈墙体与山险相接之势。后小段末端墙体位于乌兰布拉格5号烽燧北侧，以黄褐土夯筑，呈低矮宽平的土垄状，底宽4~7、顶宽2~3、残存最高0.4米；因处在地势较高的山脚地带而得以保存下来。

墙体沿线调查烽燧5座，为乌兰布拉格1~5号烽燧。

乌兰布拉格1号烽燧（150823353201020040）

该烽燧位于白彦花镇乌兰布拉格嘎查希热哈达牧户东1.05千米、乌兰布拉格嘎查西偏南1.06千米处，原应倚乌兰布拉格长城1段中小段墙体建筑，西距乌兰布拉格2号烽燧0.36千米。

烽燧以黄褐土夯筑，保存差。墩台坍塌，明显隆起于地表，呈低矮的圆形土丘状，底部直径16、顶部直径4、残高1.7米；顶部较平缓，墩台表面及周边地表植被低矮稀疏，有荨麻和芨芨草丛（彩图三三六）。

乌兰布拉格2号烽燧（150823353201020041）

该烽燧位于白彦花镇乌兰布拉格嘎查希热哈达牧户东0.69千米处，原应倚乌兰布拉格长城1段中小段墙体建筑，西距乌兰布拉格3号烽燧0.37千米。

烽燧以黄褐土夯筑而成，保存差。墩台坍塌，地表隆起较低矮，呈圆形缓丘状，底部直径9.5、顶部直径4、残高1.3米；顶部较平缓，周边及墩台表面几乎无植被，北侧有芨芨草数丛。墩台东侧发现灰层，其中夹杂黑色炭粒及泥质灰陶盆残片，也见有内壁带圆点的灰陶片。

乌兰布拉格3号烽燧（150823353201020042）

该烽燧位于白彦花镇乌兰布拉格嘎查希热哈达牧户东0.32千米处，原应倚乌兰布拉格长城1段中小段墙体建筑，西距乌兰布拉格4号烽燧0.55千米。

烽燧以黄褐土夯筑而成，保存差。墩台坍塌，略微隆起于地表，呈低平的圆形土丘状，底部直径

7.5、顶部直径 4、残高 0.4 米。烽燧修筑在山前缓坡地上，周边为洪积地貌，碎石遍布，植被稀疏低矮，偶见芨芨草丛。北部山体上有三条小沟谷呈"川"字形分布，两端沟谷稍大，居中者较小，沟脑部位有一座突兀耸立的尖山。

乌兰布拉格 4 号烽燧（150823353201020043）

该烽燧位于白彦花镇乌兰布拉格嘎查希热哈达牧户西 0.23 千米处，原应倚乌兰布拉格长城 1 段后小段墙体建筑，北距乌兰布拉格 5 号烽燧 0.23 千米。

烽燧以黄褐土夯筑而成，保存差。墩台坍塌，地表隆起较低矮，呈圆形缓丘状，底部直径 10、顶部直径 4.5、残高 1.2 米；顶部平缓，植被低矮，其上有石块散布。

乌兰布拉格 5 号烽燧（150823353201020044）

该烽燧位于白彦花镇乌兰布拉格嘎查希热哈达牧户西北 0.29 千米处，原应倚乌兰布拉格长城 1 段后小段墙体内侧修筑。为本次调查的赵北长城沿线西端最末一座烽燧。

烽燧以黄褐土夯筑，夯层厚 10~13 厘米，保存差。墩台坍塌，呈圆形土丘状，底部直径 15、顶部直径 4、残高 1.5 米；顶部较平缓，表面长有一片小矮蒿。西南侧被挖掘有洞穴，暴露出墩台夯层，夯土致密坚硬，北侧保存有土筑墙体。烽燧修筑在大沟沟口东岸山前缓坡地上，北为小红石沟沟口，西南侧紧邻窄浅的小红石沟前河槽，洪水东南向下泄（彩图三三七）。墩台周围地表所见遗物较少，零散可见泥质灰陶片和外壁饰绳纹、内壁饰布纹的板瓦残片。

70. 乌兰布拉格长城 2 段（150823382101020070）

该段长城起自白彦花镇乌兰布拉格嘎查希热哈达牧户西北 0.38 千米处，止于乌兰布拉格嘎查希热哈达牧户西北 0.41 千米处，西距张连喜店村北侧的大沟沟口 0.45 千米。墙体作直线分布，大体呈南—北走向，上接乌兰布拉格长城 1 段，北接乌拉山南麓山体，为赵北长城西端的最后一段墙体。

墙体长 40 米，为石墙，保存差。墙体分布于大沟沟口东部的乌拉山前坡脚隆起的山梁上，西侧紧邻小红石沟沟口。墙体于地表呈低矮的石垄状，筑墙石块散布于坡地上，现存墙体底宽 2~2.5、顶宽 1.5、残存最高 0.4 米。该段长城南接土墙，北与乌拉山陡峭裸露的石山体相接，确认为赵北长城的西部端点。小红石沟狭窄，两侧岩体裸露，沟口东侧有一条低矮的自然石垄，呈南北向分布。自然石垄与长城墙体之间的坡地上，有一座低矮的小石堆，似为一座石圈墓。

小红石沟之西，为张连喜店村北侧的大沟，沟口两侧山峰耸立，为《史记》记载的战国赵北长城修筑的西至"高阙"（彩图三三八）。大沟西距乌拉山西缘西山嘴约 12.5 千米，在大沟与西山嘴之间，乌拉山进入西部尾闾地带，山体陡峭，山前台地升高，顶部狭窄，大小沟壑密布，台地下皆为黄河冲积滩地，已不适宜修筑长城。

三　乌拉山当路塞

西汉时期，在对战国赵北长城墙体作加筑沿用的同时，在阴山山口地带还修筑了大量当路塞。这些当路塞墙体大部分位于山谷险要处，较战国赵北长城墙体靠北；但小部分当路塞墙体受山势限制，与战国赵北长城墙体相邻，甚至依托于战国赵北长城墙体而延伸，这些当路塞主要集中于乌拉山一线。不与战国赵北长城墙体相连接的汉代当路塞，在《内蒙古自治区长城资源调查报告·中南部秦汉长城卷》中予以专章介绍；而与战国赵北长城墙体相连接的汉代当路塞，在本报告中予以一并介绍，统称之为乌拉山当路塞。

乌拉山当路塞共划分了 3 段墙体，均为石墙，总长 2698 米，均保存差。

1. 西二驹沟长城（1508233821010040011）

该段长城起自乌拉特前旗白彦花镇西二驹沟村北偏东 2.5 千米处，止于西二驹沟村东北 3.1 千米处。墙体作折弧形分布，大体呈东北—西南走向。

墙体长 764 米，为石墙，保存差。墙体为石块砌筑而成，呈明显隆起于地表的石垄状，底宽 2~3、顶宽 1.5~2、残高 0.5~1 米；墙体基宽 2.4 米。墙体起自于西二驹沟口北部西岸边，先呈西北向上坡行，然后沿山腰较缓的二级台地西行，再沿两沟之间的山梁顶部转西南行，至西二驹沟沟口西侧的台地边缘消失。

2. 小庙长城 11 段（1508233821020200036）

该段长城起自乌拉特前旗白彦花镇小庙村东北 2.57 千米处，止于小庙村北 1.8 千米处。墙体作外向折弧形分布，由东—西走向折转为东南—西北走向，再折转呈东北—西南走向。

墙体长 1709 米，为石墙，保存差。墙体分布于小庙沟与那林沟之间的台地上，地处哈日吉拉沟沟口两岸。起自战国赵北长城小庙长城 7 段墙体止点处，沿起伏较大的山麓延伸，穿过数条南向下泄的沟谷，在哈日吉拉沟东岸折转呈西北行，于沟口处穿过河槽后再转呈西南行，沿台地边缘作下坡行进，末端复与赵北长城小庙长城 10 段墙体止点相接。其中，前小段墙体长 994 米，用石块砌筑而成，于地表呈石垄状，隆起较低矮，底宽 2~3、顶宽 1~1.5、残高 0.5~1 米；后小段墙体长 715 米，为土墙上分段加筑石墙，原筑土墙呈宽缓的土垄状，底宽 6~9.5、顶宽 2、残高 0.3~1 米；加筑的石墙分布于土墙体顶部或西半部，共有 8 段，规格与前小段石墙相同，长者 136 米，短者仅 3 米，累计长 276 米（彩图三三九、三四〇）。在该段墙体与战国赵北长城墙体之间的哈日吉拉沟台地沟口东岸，复查发现石筑烽燧，墩台坍塌，为汉代修筑。

3. 哈拉罕长城 10 段（1508233821020200049）

该段长城起自乌拉特前旗白彦花镇哈拉罕嘎查西北 5.04 千米处，止于哈拉罕嘎查西北 5.18 千米处。墙体大体作直线分布，呈南—北走向。

墙体长 225 米，为石墙，保存差。墙体为土石混筑，以自然山岭为基础，用较大石块垒砌两边，中间填充土石而成。大部分墙体已坍塌，现存墙体底宽 1.5~2、顶宽 1~1.5、残高 0.2~0.5 米。墙体分布在胡鲁斯台沟与呼都格宝力格沟之间南北向山岭的脊部，东西两侧坡地陡立，北部接自然山体，南端接近哈拉罕 9 段墙体，但并未与之相衔接。石墙修筑在山岭的低凹处，显然系为封堵这条处在沟口部位的山岭而修筑。

第七章

结 论

蜿蜒于燕山山脉西麓与阴山山脉南麓的战国赵北长城，依山麓而筑，东西横亘，绵延500余千米，是在自然天险下构筑而成的工程浩大的军事工程。下面，主要从长城墙体的修筑方法、墙体沿线烽燧和障城的设置、长城沿线的军事建制等方面，对战国赵北长城作一些概要总结。

一 本次调查的数据统计

在对战国赵北长城的调查中，共划分了454段墙体，包括土墙241段、石墙9段、山险墙1段、山险2段、消失段201段。墙体总长504552米，其中土墙长173973米、石墙长5229米、山险墙长4米、山险长15240米、消失段落长310106米。在总长173973米的土墙中，保存一般部分长5269米、较差部分长45542米、差部分长102781米、消失部分长20381米，分别占土墙总长的3%、26.2%、59.1%和11.7%。在总长5229米的石墙中，保存较差部分长1122米、差部分长4055米、消失部分长52米，分别占石墙总长的21.5%、77.5%和1%。战国赵北长城沿线共调查单体建筑177座，包括烽燧126座、障城50座、古城1座。具体统计见下表：

表一 战国赵北长城数据简表

分布区域		墙体（单位：米）								消失段	山险	山险墙	单体建筑（座）		
		总长	土墙				石墙						烽燧	障城	古城
			一般	较差	差	消失	较差	差	消失						
乌兰察布市	兴和县	54162	0	1793	12639	150	0	2904	0	30842	5834	0	0	1	0
	察哈尔右翼前旗	50359	0	16321	0	2307	0	0	0	31731	0	0	0	5	0
	集宁区	13176	0	0	10281	640	0	0	0	2255	0	0	0	3	0
	卓资县	73797	0	1289	13241	1050	1100	0	0	57117	0	0	0	10	0
呼和浩特市	赛罕区	4588	735	1522	1193	583	0	0	0	555	0	0	2	0	0
	新城区	37483	1165	3509	6087	1225	0	316	33	25148	0	0	17	6	0
	回民区	13986	1505	1811	33	477	0	0	0	10160	0	0	5	2	0
	土默特左旗	68964	852	3999	9906	1021	0	302	19	52865	0	0	6	4	0

续表

分布区域		墙体（单位：米）								消失段	山险	山险墙	单体建筑（座）		
		总长	土墙				石墙						烽燧	障城	古城
			一般	较差	差	消失	较差	差	消失						
包头市	土默特右旗	36649	0	134	877	35	0	0	0	35603	0	0	3	1	0
	东河区	19339	59	17	2163	206	0	0	0	7488	9406	0	15	0	0
	石拐区	17404	953	3822	7625	815	22	451	0	3712	0	4	6	3	0
	青山区	22404	0	2549	6698	1298	0	0	0	11859	0	0	4	2	0
	昆都仑区	15814	0	2145	7460	789	0	0	0	5420	0	0	4	4	1
	九原区	23184	0	2556	9891	790	0	42	0	9905	0	0	20	4	0
巴彦淖尔市	乌拉特前旗	53243	0	4075	14687	8995	0	40	0	25446	0	0	44	5	0
合计		504552	5269	45542	102781	20381	1122	4055	52	310106	15240	4	126	50	1

二　墙体构筑特点

墙体的构筑特点，可从两个方面试作分析。一方面是在复杂的地形条件下，墙体如何选择最佳的修筑地势；另一方面是墙体本身的构筑，采用何种材质，不同材质的墙体有何特点。

（一）墙体构筑地形地势的选择

从大的地形环境看，卓资县卓资山镇是一个重要的节点，由此向东战国赵北长城主要穿行于山间谷地之中，由此向西，战国赵北长城主要穿行于山前台地之上。战国赵北长城从兴和县东端起点至卓资县卓资山镇，这一区域之内的墙体整体作外向弧线形分布，先沿开阔的川地西北行，然后折向西行，穿越狭窄的谷地及低山丘陵地带，前后通过五次连续的外向折线形变线延伸，进入乌兰察布市集宁区后转西行，再沿北六洲村至东边墙村谷地转西南行，翻山越岭进入大黑河谷地。卓资山镇以西的战国赵北长城墙体，先是沿大黑河谷地北岸坡脚行，西出呼和浩特市新城区保合少镇后，进入广阔的土默特平原，长城墙体紧贴大青山、乌拉山南麓构筑，随山体的伸出与收缩而弯曲变化。

根据不同地形、地貌条件下战国赵北长城的分布情况，大体可归纳出七类墙体选择修筑地势的延伸方式。

第一类，为沿山脚和山前坡地延伸的长城墙体。此类墙体，大部分作直线分布，或内外略有弯曲。分布于山嘴地带的墙体，往往呈"V"状内折线环绕，如卓资县义丰长城，于卓资山盆地呈乳状凸出。从卓资山盆地向西，典型的此类长城段落包括：呼和浩特市赛罕区东干丈长城1段至西干丈长城7段、新城区界台长城1~4段，包头市土默特右旗楼房沟长城2段、青山区二相公长城5段至东边墙长城3段、昆都仑区杨树沟长城2段、九原区阿贵沟长城6段至梅力更长城2段，巴彦淖尔市乌拉特前旗阿贵高勒长城7段等。

与之相反，山体收缩的沟口地带或山窝处的墙体，常常追随山脚作外折线分布，典型长城段落包括：呼和浩特市新城区水泉石沟长城2段至面铺窑长城1段、面铺窑长城5~7段、哈拉更长城1段至坡根底长城1段，包头市土默特右旗哈只盖长城2~4段、石拐区大庙长城2段、昆都仑区西水泉长城

5～7段、哈德门长城3段至九原区阿嘎如泰长城1段、阿嘎如泰长城6～8段、乌兰不浪长城3段、梅力更长城4段、巴彦淖尔市乌拉特前旗哈拉罕长城1～3段、哈拉罕长城9～12段，等等。

第二类，为分布于开阔川地上的折线形长城墙体。乌兰察布市的战国赵北长城墙体，在兴和县先直向西北行，至高家村转西行；进入察哈尔右翼前旗后，又作西北行，至于家沟村南沿谷地西行；在喜红梁村再转西北行，至董家村西行；半哈拉沟长城西北行，至大哈拉沟村北又转向西行；进入到集宁区，也有西北行再转西行的墙体。在开阔川地上，墙体前后出现五次大幅度变线，渐进式外向扩张，追寻阴山山脚，进入卓资山盆地。

第三类，为沿沟谷地穿行的长城墙体。乌兰察布市察哈尔右翼前旗于家沟长城、喜红梁长城，沿丘陵谷地穿行；察哈尔右翼前旗北六洲长城1段至卓资县胜利长城2段之间长达28.5千米的墙体，几乎都是沿宽阔谷地的北坡脚构筑；卓资县西湾子长城，沿狭窄谷地翻越汗海梁山；卓资县义丰长城至那只亥长城，沿大黑河谷地北山脚构筑。包头市石拐区大青山北麓的低山丘陵地带，后坝长城8段至边墙壕长城5段近8千米的墙体，总体上选择狭窄的谷地修筑；自此向西，包头市昆都仑区西水泉9段、九原区梅力更长城5～8段，巴彦淖尔市乌拉特前旗阿贵高勒长城3～5段，亦构筑于谷地之中。

第四类，为沿丘陵顶部和山脊构筑墙体。选择山脊营筑长城，在战国赵北长城全线所占比例较少，共有三个段落。一是乌兰察布市卓资县官营盘长城2段，为石墙，沿丘陵脊部作下坡行，两侧临沟壑；一是包头市石拐区南福永居长城1段至后坝长城5段，沿大青山主峰之一的老爷庙山北坡山岭脊部作下坡行，跨过石拐子西沟谷地后再沿山脊作上坡行，终止于后坝障城西北部；一是巴彦淖尔市乌拉特前旗哈拉罕长城7段后小段墙体及哈拉罕长城8段，沿山前台地顶部构筑。

第五类，为大沟口地带的"几"字形墙体、小沟口地带的"八"字形墙体。阴山南麓大沟口的墙体通常呈"几"字形构筑，以拓展沟口防御纵深。呼和浩特市回民区元山子长城2段至西乌素图长城3段之间，首先元山子长城2段墙体沿山脚西南行，环绕前方山嘴后折入二道营子村所在的乌素图沟谷地，沿谷地东岸山脚西北行，而后折向西南，垂直穿过乌素图沟河槽，至西岸山脚作东南向折返，于西乌素图村西出谷地，墙体总体作"几"字形分布。包头市九原区梅力更沟沟口墙体，先沿沟口河槽东岸上溯，而后垂直穿过河槽，再沿西岸台地回折后复沿山脚行，在沟口地带略呈"几"字形布局。在巴彦淖尔市乌拉特前旗巴润乌布拉格沟口，阿贵高勒长城6、7段墙体先于沟口东部作较大的"S"状环绕，绕至沟口处最终完成穿越，总体呈"几"字形分布；乌日图高勒嘎查所在的小庙沟沟口，小庙长城5段墙体呈"几"字形分布；哈拉罕长城5～8段墙体，在达拉盖沟沟口西岸台地上作"几"字形分布；大坝沟沟口外河槽两岸，哈拉罕长城15～17段墙体呈"几"字形分布。

小沟口处的墙体常常作"八"字形分布，亦见有个别倒"八"字形。呼和浩特市土默特左旗霍寨长城1、4段前小段墙体，在霍寨沟与红格里沟沟口均作"八"字形分布；在抢盘河南口，东圪塔长城1段墙体于沟口两岸作"八"字形分布。包头市石拐区边墙壕长城6段前小段、青山区前口子长城中小段墙体，在穿过较小的缓沟谷时呈倒"八"字形分布。

第六类，为"Z"形折弯墙体。为躲避山脉、沟壑，墙体通常设置为两个连续的直角折转弯。乌兰察布市察哈尔右翼前旗于家沟长城至董家村长城墙体，先在于家沟村西行，于喜红梁村西转作西北行，翻越山岭，进入董家村谷地后复转西行，前后出现两个略大于90°的墙体折弯。包头市昆都仑区西水泉长城7段墙体，为躲避西行中途遇到的山体，转而顺山岭东坡脚南折，至山嘴处再西折，总体呈"Z"形分布；九原区阿贵沟长城3～5段墙体，分布于阿贵沟西侧山岭上，过阿贵沟向西作上坡行，至山岭顶部直角南折，避开山体后又沿山脚直角西折；梅力更沟河谷两岸的墙体亦为此类分布，整体合成"几"字形。巴彦淖尔市乌拉特前旗巴润乌布拉格沟东岸墙体、小庙沟两岸的小庙长城4～8段墙体，总体上亦属此类范畴。

第七类，为沿山前台地构筑的墙体。乌拉山西缘南麓有一些山前台地，为躲避水患，选择在台地上修筑墙体，又因台地上沟谷分布众多，不得已而走下台地，穿梭于台地上下。乌拉特前旗小庙长城6段墙体，分布于小庙沟沟口西岸台地上，其下为河槽，为躲避洪水侵袭，从而选择陡峭的坡台地上建筑墙体；又西南有并列双沟，台地中断，墙体随台地出现而复现；小庙长城8段墙体沿台地边缘作下坡行，前方台地再次中断，小庙长城9段为消失段，小庙长城10段墙体遗存在台地上；穿过哈日吉拉沟及其西侧那林沟，墙体再次走下台地。由此再西，大部分台地下的墙体消失。哈拉罕长城1段墙体在台地上，沿台地边缘西行，抵柏树沟沟口，沟口处墙体消失；哈拉罕长城3段墙体于沟口西岸台地上再现，西南行又走下台地，哈拉罕长城4段墙体消失于台地下，分布于达拉盖沟沟口东岸台地上的哈拉罕长城5段墙体得以保存。自大坝沟往西，台地渐失，沿山脚构筑的墙体多毁于水患；每逢暴雨，山洪倾泻于沟口，放射状冲刷，遗迹难觅。

（二）墙体构筑材质分类

战国赵北长城墙体绝大部分为夯筑土墙，自然冲沟断面提供了墙体规格及基础方面的大量信息。包头市石拐区南福永居长城4段起点处墙体断面清晰，基础为洪积砂砾层，经水平修整，其上以红褐土逐层夯筑墙体，墙体基宽6.2、顶宽5.8、残高2.7米；夯层厚8~10厘米。石拐区边墙壕长城2段前小段墙体，冲沟东壁暴露出墙体横截面，为水平基础，以黄土夯筑墙体，实测墙体基宽7、顶宽5.3、残高6米；夯层厚6~8厘米。石拐区边墙壕长城4段后小段墙体冲沟东壁显示，墙基为洪积砂砾层，经平整夯实，形成低于原地表0.2米的水平凹槽，在此基础上用黄土逐层夯筑墙体，夯土板结致密，夯筑精良，实测墙体基宽7.2、顶宽5.6、残高6.5米。石拐区大青山北的低山丘陵地带，黄土充裕，土质纯净，夯层薄而分明，夯筑精细，该区域的墙体原始基宽6.2~7.2、残存最高为6.8米。包头市九原区梅力更长城4段墙体，墙基原为松软的淤积沙质土，先做水平修整，而后加夯，夯窝深浅不一，最深达20厘米；夯窝分布稀疏，夯制粗糙，基础处理远不及墙体夯筑精细。

包头市土默特右旗哈子盖长城1段墙体，基宽数据为5米和6.2米；昆都仑区卜尔汉图长城8段墙体基宽6.2米，哈德门长城1段墙体基宽5.1米；九原区的9个墙体基宽数据，在3~6.2米之间。巴彦淖尔市乌拉特前旗阿贵高勒长城5段墙体，阿贵高勒6号烽燧南侧地表暴露的墙体轮廓线，宽3.15米。

综合以上调查数据，不同地域的战国赵北长城墙体，宽窄尺度也不尽统一，原始基宽在3~7.2米之间。墙体修筑大都是就地取材，其宽窄变化，应与不同地域筑墙用土多寡有关。阴山南麓黄土较为丰富，当为长城沿山脚修筑的首要因素；而沿线个别地段土量匮乏，筑墙用土则需要外运。包头市九原区梅力更长城16段墙体，修筑在冲洪积地貌之上，东至哈德门沟皆此地貌，方圆1千米内几乎无土可用，筑墙土需从周边运输而来，难度较大，墙体变窄亦在情理之中。

土筑墙体向上均有收分。包头市青山区边墙壕长城1段墙体，南壁原始轮廓显露，测得墙体收分坡度在80°~85°之间。墙壁上发现板筑痕迹，筑墙夹板高0.4米。土筑墙体大部分为直线构筑，变换方向一般是钝角折弯，偶见直角弯，不见弧形弯。

战国赵北长城全线石墙较少，共调查9段，总长5229米。其中，呼和浩特市的两段石墙长670米，实则是在低洼地段采用了石筑墙基，去除这部分墙体，真正意义上的石墙长4559米。其中，乌兰察布市兴和县发现三段石墙，长2904米。石墙分两种修筑形式，一是整体用石块垒砌墙体，二是两侧砌筑石块、中间用黄土夯筑的墙体。卓资县官营盘长城 2 段墙体长 1100 米，两侧垒砌石块，中间夯土而成，墙体基宽约 3.5 米。包头市石拐区南福永居长城 5 段墙体长 473 米，为土石混筑墙体，基宽 2 米。九原区阿贵沟长城 4 段墙体长 42 米，全部用石块垒砌，基宽 2.1 米。巴彦淖尔市乌拉特前旗战国赵北长城末端与乌拉山山体相连接的石墙长 40 米。

个别存在山险墙与山险段落。燕山山脉西端尾闾有山亦称大青山，矗立于兴和县城东北部，山峦高峻，其西缘山体作半环形，山岩裸露，战国赵北长城依山为险，不筑墙体。东南方向而来的墙体接大青山南麓山体，出大青山西麓再筑墙体，其间利用山险直线距离长 5834 米。墙体同山险的衔接形式，与赵北长城西端点如出一辙。

包头市东河区庙沟长城山险段长 9406 米，分布于庙沟沟口至老爷庙山北坡之间，依阴山山脊为险，气势雄伟。先利用庙沟峡谷峭壁为险，后沿两侧为陡坡的山岭延伸至阴山分水岭，沿山脊西北行。山脊险峻地段完全依赖自然山险，较缓地段山脊的山头上加筑烽燧，山垭地段补筑石墙，补充自然山险之不足。烽燧间陡险山段开辟巡防马道，以便于日常巡防。

战国赵北长城全线仅发现山险墙一段，为包头市石拐区后坝长城 2 段山体外壁有明显的凿刻加工痕迹，推测山险墙之上应加筑有土墙，以保证墙体基本标高。山险墙两端均为土墙，局部利用了自然石崖，显示出墙体修筑的灵活性。

三　烽燧构筑特点

战国赵北长城沿线共调查烽燧 126 座，均分布于被汉代加筑沿用的战国赵北长城沿线；而单纯的战国赵北长城沿线，主要是乌兰察布市境内则不见烽燧。这些烽燧均仅见土筑墩台，其他组成部分不清。绝大部分墩台坍塌呈圆形土包状，只有 3 座烽燧的墩台仍然挺拔耸立，为包头市土默特右旗庙湾烽燧、东河区庙沟 2 号烽燧和巴彦淖尔市乌拉特前旗公庙 3 号烽燧。

烽燧修筑与墙体的关系，可分为依托于墙体修筑、修筑于墙体内侧、修筑于墙体外侧三类。有 2/3 的烽燧墩台依托于长城墙体修筑，还有少部分烽燧修筑于墙体内侧的坡地之上、小山之巅，只有个别烽燧建于墙体外侧。

有 5 座烽燧与障城修筑于一处。东数第 1 座为包头市昆都仑区卜尔汉图烽燧，建筑在卜尔汉图障城内中央部位，位于平房沟沟口东岸高台地上；第 2 座为包头市九原区阿嘎如泰 1 号烽燧，附筑在阿嘎如泰障城东北角，处在大坝沟沟口西岸台地上；第 3 座为包头市九原区乌兰不浪 1 号烽燧，建筑在乌兰不浪障城东北角外侧，位于乌兰不浪沟沟口西岸高台地上；第 4 座为包头市九原区梅力更 3 号烽燧，修筑在梅力更召障城北墙中部外侧；第 5 座为梅力更沟烽燧，深入于梅力更沟口北 0.86 千米的沟谷中山梁顶部建设，附设于梅力更沟障城西北角，向北正对梅力更沟。

烽燧之间的距离远近不等，大多 300~500 米。地势平缓的地段设置距离较近，如梅力更 3 号烽燧与梅力更 4 号烽燧相距 200 米。低山丘陵地带的烽燧多建筑在墙体内侧的山头之上，视野开阔，设置距离相对较远，最大间距约 2400 米，主要分布于包头市石拐区境内。

四　障城构筑特点

战国赵北长城沿线共调查障城 50 座，大体可分为战国障城 39 座、汉代障城 9 座，还有始筑于战国、汉代加筑沿用的障城 2 座。具体见下表：

表二 战国赵北长城沿线障城一览表

序号	名称	行政区划	形制	时代
1	小哈拉沟障城	乌兰察布市兴和县	平面呈正方形，边长40米	战国
2	翁家村障城	乌兰察布市察哈尔右翼前旗	平面呈正方形，边长30米	战国
3	董家村障城		平面呈正方形，边长32米	战国
4	半哈拉沟障城		平面呈正方形，边长26米	战国
5	北六洲障城		平面呈正方形，边长32米	战国
6	十二洲障城		平面呈正方形，边长55米	战国
7	宋泉村障城	乌兰察布市集宁区	平面呈正方形，边长30米	战国
8	顶兴局障城		平面呈正方形，边长55米	战国
9	高凤英村障城		平面呈长方形，东西40、南北35米	战国
10	东边墙障城	乌兰察布市卓资县	平面呈长方形，东西52、南北45米	战国
11	小山子障城		破坏不清	战国
12	西边墙障城		平面呈正方形，边长35米	战国
13	后卜子障城		平面呈不规则长方形，东墙、西墙53米，南墙58米，北墙46米	战国
14	边墙村障城		平面呈正方形，边长30米	战国
15	桌子山障城		平面呈正方形，边长70米	战国、汉代
16	城卜子障城		平面略呈正方形，东西180、南北188米	战国
17	福生庄障城		破坏不清	战国
18	大窑子障城		破坏不清	战国
19	察哈少障城		破坏不清	战国、汉代
20	面铺窑障城	呼和浩特市新城区	破坏不清	汉代
21	李古窑障城		破坏不清	战国
22	奎素障城		平面呈正方形，边长46米	汉代
23	陶思浩障城		破坏不清	汉代
24	塔沟障城		破坏不清	战国
25	乌兰不浪障城		平面呈长方形，东西50、南北30米	战国
26	坝口子障城	呼和浩特市回民区	平面呈正方形，边长25米	战国
27	乌素图召障城		平面呈正方形，边长30米	战国
28	霍寨障城	呼和浩特市土默特左旗	平面呈正方形，边长65米	战国
29	东圪塔障城		破坏不清	战国
30	西沟门障城		平面呈正方形，边长37米	战国
31	古城村障城		平面呈长方形，东西100、南北118米	汉代

续表

序号	名称	行政区划	形制	时代
32	沙兵崖障城	包头市土默特右旗	平面呈正方形，边长25米	战国
33	后坝障城	包头市石拐区	平面呈正方形，边长76米	战国
34	克尔玛沟障城		平面呈长方形，东西29、南北24米	战国
35	铜铺窑障城		平面呈长方形，东西210、南北180米	汉代
36	二相公障城	包头市青山区	破坏不清	战国
37	边墙壕障城		平面呈长方形，东西70、南北110米	汉代
38	昆都仑召障城	包头市昆都仑区	平面呈长方形，北墙82、东墙残长40米	战国
39	虎奔汉沟北障城		平面呈长方形，东西70、南北47米	战国
40	虎奔汉沟南障城		平面呈长方形，东西144、南北115米	汉代
41	卜尔汉图障城		平面呈长方形，东西90、南北72米	战国
42	阿嘎如泰障城	包头市九原区	平面呈长方形，东西25、南北32米	战国
43	乌兰不浪障城		平面呈长方形，东西32、南北63米	战国
44	梅力更召障城		平面呈正方形，边长46米	汉代
45	梅力更沟障城		平面呈长方形，东西40、南北25米	战国
46	达拉盖沟障城	巴彦淖尔市乌拉特前旗	平面呈正方形，边长23米	战国
47	大坝沟障城		平面呈正方形，边长25米	战国
48	哈日宝力格障城		平面呈正方形，边长25米	战国
49	公庙沟口障城		平面呈正方形，边长140米	汉代
50	公庙障城		平面呈正方形，边长28米	战国

乌兰察布市境内的19座障城均为始筑于战国时期的障城，从中可以看出战国赵北长城沿线的战国障城在这一区域之内的分布规律，相互间距多在5.5千米。巴彦淖尔市乌拉特前旗境内调查的战国障城，间距多约3.5千米。呼和浩特市、包头市境内战国赵北长城沿线的障城保存不完整，尚难以明确分布规律，但大体不会与乌兰察布市、巴彦淖尔市的情形相差太远。调查单纯的战国障城39座、被汉代沿用的战国障城2座、位于哈德门沟古城之内的战国障城1座，另推断疑似或消失战国障城33座，这样加起来总数为75座。除这75座外，巴彦淖尔市、包头市境内一些消失的战国障城尚未能充分估算在内。在战国时期，500余千米的战国赵北长城墙体沿线，可能分布有近90座障城。

战国赵北长城沿线的障城绝大部分依托于墙体修筑，往往是北墙借用长城墙体另筑其他三面障墙。只有少数障城建筑于墙体之外，自东向西有桌子山障城、大窑子障城、塔沟障城、梅力更沟障城、哈日宝力格障城。桌子山障城、哈日宝力格障城都建筑于长城墙体之外的山顶之上，而大窑子障城、塔沟障城、梅力更沟障城都建筑于长城墙体之外的沟谷之中。

战国赵北长城沿线的汉代障城绝大部分为新筑，一般分布于阴山山前沟口地带的台地之上，规模普遍大于赵国障城，较小的障城则往往在障前加筑关厢。汉代障城相互间距较远，多在 8 千米以上。在察哈少山以西的战国赵北长城沿线部分沟口地带，往往分布有赵国障城、汉代障城各一座。调查单纯的汉代障城 9 座、沿用自战国障城的汉代障城 2 座，另推断疑似或消失汉代障城 8 座，这样加起来总数为 19 座。汉代在战国赵北长城沿线修筑的障城，还要远大于此数的。

五　战国时期赵北长城沿线的行政军事建制

公元前 307 年，赵国于赵武灵王在位时期，发动了"胡服骑射"的变革，开始向内蒙古中南部地区发展势力。当时，在内蒙古中南部地区活动的部族有林胡、楼烦等，他们均已发展到了游牧阶段，史籍统称之为戎狄。公元前 300 年，赵武灵王北破林胡、楼烦，"筑长城，自代并阴山下，至高阙为塞。而置云中、雁门、代郡。"赵国一举将内蒙古中南部地区纳入其管辖范围，并沿燕山山脉、阴山山脉的南麓地带修筑了拒胡的长城。相对于赵国以前"属阻漳、滏之险"修筑的赵南长城，这道长城一般被称为赵北长城，亦称作赵武灵王长城。而此前活动于这一地区的林胡、楼烦等游牧部族，或北遁阴山，或成为赵国羁縻部族，或西渡黄河迁徙至今鄂尔多斯高原北部地区。

赵国在赵北长城沿线设置的云中、雁门、代三个边郡，只有云中郡在今内蒙古地区。经考古调查与发掘证实，云中郡旧址为位于今托克托县古城镇西侧的古城村古城。北魏地理学家郦道元在《水经注》一书中引《虞氏记》，介绍了云中城的修筑经过，云："赵武侯自五原河曲筑长城，东至阴山。又于河西造大城，一箱崩不就，乃改卜阴山河曲而祷焉。昼见群鹄游于云中，徘徊经日，见大光在其下，武侯曰：此为我乎？乃即于其处筑城，今云中城是也。"这一段文字中，赵武侯即为赵武灵王，文中关于其修建云中城的一些描述，类似于坊间野史，令人难以相信。

"云中"地名的来源，应与关中、汉中、蜀中、黔中、阆中、榆中等古史中常见的古代地名一样，"中"是一个后缀，带有"中"字后缀的地名，往往都是表示某一边界范围不是非常清楚而面积又较为广阔的地理区域。在战国秦汉时期，云中指的正是今天的呼和浩特平原，到北魏时期称作"云中川"，而战国时期大约今天的包头平原，被称作"九原"，亦归云中郡管辖。由于"九原"一名屡见于关于赵国拓边的史籍记载中，有时与云中并列，有的学者便认为赵国曾设置九原郡，这样的观点是难以成立的。赵国的疆域范围"西至云中、九原"的记载，应理解为西至云中、九原这两个地方，而不应该径直理解为西至云中郡、九原郡。

战国时期，归属云中郡管辖的战国赵北长城，其东界约在呼和浩特平原东北端，再向东进入山地丘陵区之后，也就进入雁门郡辖区。卓资县城卜子障城是雁门郡设在赵北长城沿线的一个重要军事城邑，起到管理雁门郡辖区内长城防御事务的作用。雁门郡与代郡辖区的分界线，在察哈尔右翼前旗与兴和县之间的南北向山峦一线。战国赵北长城的修筑，将阴山以南地区纳入了中原国家的管辖之中。同时，赵国的北进加速了匈奴、林胡、楼烦等游牧部族的统一化进程，匈奴帝国随着秦帝国的一统应运而生了。

六　汉代赵北长城沿线的行政军事建制

赵北长城所在的阴山一线，历代均为北方防守之襟要。公元前 214 年，秦始皇派大将蒙恬修筑了"起临洮，至辽东，延袤万余里"的万里长城。万里长城在阴山地区沿用了战国赵北长城，沿用区域西起阴山高阙，东至今乌兰察布市卓资县卓资山镇一带。西汉建国之后，继续沿着阴山一线设防，除对战国赵北长城墙体作了加筑沿用之外，还在长城沿线修筑了烽燧、障城等单体建筑，构成了西汉王朝云中郡、五原郡的北部主要防线。汉代沿用的战国赵北长城，西起阴山高阙，东至今乌兰察布市卓资县旗下营镇西侧的察哈少山。从察哈少山向东，延伸为灰腾梁汉长城。

察哈少山以东的战国赵北长城，并未被汉代沿用。察哈少山以东的战国赵北长城沿线未发现烽燧。这就是说，时代单纯的战国赵北长城沿线不见烽燧，而为汉代沿用的战国赵北长城沿线才见有烽燧。由于秦朝国祚短暂，存留的相关遗迹几乎可忽略不计，这些烽燧的时代应以汉代为主，两两相望、东西绵延于阴山山前地区。由此可见，所谓的赵北长城沿线烽燧，绝大部分系汉代烽燧。

西汉王朝的行政管理体制实行郡县制，而边疆军事管理体系则是郡都尉制。一郡的郡守，既是一郡的最高行政长官，也是一郡的最高军事长官。边郡之下，往往设立数个都尉，协助郡守管理边防军事。云中、五原两郡均设立有东、中、西三个部都尉。部都尉之下，设有候官、部、燧三级军事建制，候官多驻守于障城之中，而部、燧均驻守于烽燧之中，从而构成了长城沿线的一个完善的军事防御体系。

西汉沿用的赵北长城，由东向西分别归属于云中郡东部都尉、中部都尉，五原郡东、中、西三部都尉管辖。云中郡东部都尉治所在呼和浩特市赛罕区塔利古城，同时为云中郡陶林县治所；管辖的长城，东起乌兰察布市卓资县察哈少山，西至呼和浩特市回民区坝口子古城。云中郡中部都尉治所在土默特左旗毕克齐古城，同时为云中郡北舆县治所；管辖的长城，东起坝口子古城，西至呼和浩特市土默特左旗哈素海北侧的西白石头沟。五原郡东部都尉治所在包头市土默特右旗大城西古城，同时为五原郡稒阳县治所，东汉废治；管辖的长城，东起西白石头沟，西至包头市东河区古城湾古城。五原郡中部都尉治所在包头市昆都仑区哈德门沟古城，名为原高城；管辖的长城东起古城湾古城，西至巴彦淖尔市乌拉特前旗三顶帐房古城。五原郡西部都尉治所在乌拉特前旗公庙沟口障城，名为田辟城；管辖的长城东起三顶账房古城，西至乌拉山小红石沟。此外，赵北长城沿线，由东向西还分布有三道营古城（定襄郡武要县）、不浪沟古城（定襄郡襄阴县）、坝口子古城（云中郡武泉县）、平基古城（云中郡咸阳县）、东老丈营古城（五原郡蒱泽县）、古城湾古城（五原郡临沃县）、麻池古城（五原郡九原县）、三顶帐房古城（五原郡成宜县）、张连喜店古城（五原郡西安阳县）等汉代城邑。

七　北魏是否沿用战国赵北长城

以前关于北魏长城的研究，多认为北魏于泰常八年（423年）曾修筑过一条东西向的长城，命名为"泰常八年长城"。史料依据主要是《魏书·太宗纪》的一条记载：泰常八年"二月戊辰，筑长城于长川之南，起自赤城，西至五原，延袤二千余里，备置戍卫。"后来的调查者和研究者并没有确认这道长城的墙体遗迹，于是认为其或沿用了战国赵北长城，或沿用了阳山秦汉长城。

战国赵北长城沿线山口地带的障城中，发现的遗物以战国秦汉时期为主，个别所见北魏遗物并不能成为"泰常八年长城沿用战国赵北长城说"的主要证据。北魏太和十八年（494年），郦道元随孝文帝拓跋宏北巡，看到了绵延于今大青山蜈蚣坝山前地带的战国赵北长城墙体，"顾瞻左右，山椒之上，有垣若颓基焉。沿溪亘岭，东西无极，疑赵武灵王之所筑也。"这段长城的确是战国赵武灵王所筑的赵北长城，郦道元当时看到的已经是作为历史陈迹的残垣了。这也从另一个侧面证明，北魏并没有利用赵北长城。

那么，北魏"泰常八年长城"究竟在哪里呢？还需要从史料中寻找答案。首先，如果北魏于泰常八年修筑了长城的话，这段长城仅限于长川之南，《魏书·太宗纪》的这段记载需要重新标点："二月戊辰，筑长城于长川之南。起自赤城，西至五原，延袤二千余里，备置戍卫。"从赤城至五原之间，北魏并没有全线修筑长城，而只是"备置戍卫"。长川为今乌兰察布市兴和县东洋河流域，在这一区域之内迄今尚未发现北魏长城，只是发现了北魏的长川城（今兴和县民族团结乡张家村元山子土城子古城）[1]。重新审视这条史料，是不是记载有误呢？可否作如下释读："二月戊辰，筑长（川）城于长川之南。起自赤城，西至五原，延袤二千余里，备置戍卫。"《魏书·天象志》的记载似亦支持后者：泰常"八年春，筑长城，距五原二千余里，置守卒，以备蠕蠕。"如果泰常八年修筑的是长川城，这里讲的是长川城距离五原二千余里。从北魏五原城（今包头市九原区孟家梁古城）到长川城，直线距离约350千米；从五原城到今河北省赤城县，直线距离约500千米。看来，"延袤二千余里"说的还是五原至赤城的距离。《魏书·天象志》记载的"距五原二千余里"的信息并不准确，属于误抄误记，但透露出的一个信息是，北魏并不存在赤城至五原的长城，只有"距五原二千余里"的"长（川）城"。

长川城仅见于《水经注》的记载，而不见于《魏书》。翻检《魏书》，有关"长城"的记载较多，除一般认为的"长城"本意外，还有郡县名、人名等。如《魏书·地形志》中，原州有长城郡，北华州中部郡有长城县；如《魏书·穆崇列传》中，有兄弟两人，兄长名平城，弟弟名长城。上述兄弟二人是否是以城邑名作为名字呢？这是非常有可能的。北魏时期，叫"川"的地名非常普遍，通常指大范围的平原地形，如长川、牛川、云中川、大宁川等。建于川地的城邑，多以川为名，如牛川有牛都，云中川有云中镇，大宁川有大宁城。建于长川的城邑理所当然就叫长城，长川城也许只是一个后起的俗称而已。

如此看来，《魏书》关于"筑长城于长川之南"的记载是确凿的，长城作为一座城邑，修筑于泰常八年。同年，北魏在燕山至阴山以南一线，并未修筑所谓"泰常八年长城"，而是设置了一系列戍城等防御设施，加强燕山—阴山一线的戍卫。这些戍城，从《魏书》《水经注》的记载中零散可见，考古调查亦有所发现，自东向西包括赤城（约在今河北省赤城县县城一带）、大宁城（约在今河北省张家口市南郊一带）、小宁城（约在今张家口市万全县县城一带）、长城（今兴和县元山子土城子古城）、叁合城（今察右前旗三号地土城子古城）、武要城（今卓资县三道营古城）、白道城（今呼和浩特市回民区坝口子古城）、塞泉城（今土默特右旗东老丈营古城）、五原城（今包头市九原区孟家梁古城）等，形成了燕山—阴山戍卫线。此后，从5世纪30年代开始，北魏王朝开始于漠南草原构筑东西六镇，形成了以军镇为据点的游防体系。

泰常八年，北魏既然没有修筑所谓的"泰常八年长城"，也就无从谈起其沿用战国赵北长城之说。

八　战国赵北长城沿线可能存在唐代烽燧

唐朝在对边疆地区推行羁縻制度的同时，也配合有军事镇戍，著名的便是三受降城的建立。唐中宗景龙二年（708年），朔方道行军大总管张仁愿在河套地区修筑三受降城，将对突厥的防线向北推进至阴山山脉一线。在修筑三受降城的同时，张仁愿又在牛头朝那山北设置烽堠180所（或记载为1800所，似太多），派大将论弓仁为朔方军前锋游弈使巡视。

关于三受降城的初址，经调查考证，西受降城为今巴彦淖尔市临河区高油坊古城，中受降城为今达拉特旗二狗湾古城，东受降城为今托克托县东沙岗古城之中的大黄城，由西向东镇戍于后套平原、

---

[1] 常谦：《北魏长川古城遗址考略》，《内蒙古文物考古》1998年第1期。

包头平原、呼和浩特平原；西受降城、东受降城因濒临黄河，受黄河水患后均被迫迁址，西受降城迁址为今乌拉特中旗奋斗古城，东受降城迁址为今呼和浩特市赛罕区白塔古城。张仁愿在牛头朝那山北设置的180所烽堠，尚无法具体确认。东受降城迁址于绥远烽南，绥远烽可能是位于阴山之下、赵北长城沿线、白塔古城正北的一座唐代烽燧。

参考文献

一　古籍

（西汉）司马迁：《史记》，中华书局点校本，1982年。
（西汉）班固：《汉书》，中华书局点校本，1962年。
（南朝宋）范晔：《后汉书》，中华书局点校本，1965年。
（西晋）陈寿：《三国志》，中华书局点校本，1959年。
（北魏）郦道元：《水经注》，陈桥驿校证本，中华书局，2007年。

二　工具书、专著、考古报告与论文集

内蒙古文物工作队编：《内蒙古文物资料选辑》，内蒙古人民出版社，1964年。
张维华：《中国长城建置考》，中华书局，1979年。
中国考古学会编：《中国考古学会第一次年会论文集》，文物出版社，1979年。
文物编辑委员会编：《中国长城遗迹调查报告集》，文物出版社，1981年。
谭其骧主编：《中国历史地图集》，中国地图出版社，1982年。
李文信：《李文信考古文集》，辽宁人民出版社，1992年。
李逸友编著：《内蒙古历史名城》，内蒙古人民出版社，1993年。
李逸友：《北方考古研究（一）》，中州古籍出版社，1994年。
周清澍主编：《内蒙古历史地理》，内蒙古大学出版社，1994年。
内蒙古文物考古研究所编：《内蒙古文物考古文集》第一辑，中国大百科全书出版社，1994年。
中国长城学会编：《长城国际学术研讨会论文集》，吉林人民出版社，1995年。
内蒙古文物考古研究所编：《内蒙古文物考古文集》第二辑，中国大百科全书出版社，1997年。
国家文物局主编：《中国文物地图集·内蒙古自治区分册》（上、下册）西安地图出版社，2003年。
内蒙古自治区文物考古研究所编：《内蒙古文物考古文集》第三辑，科学出版社，2004年。
武汉大学历史地理研究所编：《石泉先生九十诞辰纪念文集》，湖北人民出版社，2007年。
辛德勇：《秦汉政区与边界地理研究》，中华书局，2009年。
张久和主编：《内蒙古通史》第一卷《远古至唐代的内蒙古地区》（一、二），人民出版社，2011年。

三 考古简报与论文

何清谷：《高阙地望考》，《陕西师大学报》1986 年第 3 期。

李兴盛、郝利平：《乌盟卓资县战国赵长城调查》，《内蒙古文物考古》1994 年第 2 期。

朝克：《呼和浩特地区长城遗存》，《内蒙古文物考古》1994 年第 2 期。包头市文物管理处、达茂旗文物管理所：《包头境内的战国秦汉长城与古城》，《内蒙古文物考古》2000 年第 1 期。

李逸友：《中国北方长城考述》，《内蒙古文物考古》2001 年第 1 期。

张久和：《战国时代燕、赵、秦诸国对今内蒙古部分地区的经略和管辖》，《内蒙古大学学报》2002 年第 2 期。

郭建中：《北魏泰常八年长城寻踪》，《内蒙古文物考古》2006 年第 1 期。

魏坚：《河套地区战国秦汉塞防研究》，《边疆考古研究》第 6 辑，科学出版社，2007 年。

贾衣肯：《蒙恬所筑长城位置考》，《中国史研究》2006 年第 1 期。

董珊：《内蒙古卓资县城卜子古城遗址出土陶文考》，《古代文明研究通讯》总第 39 期（2008 年 12 月）。

内蒙古师范大学历史文化学院考古文博系、内蒙古自治区文物考古研究所：《卓资县城卜子古城遗址 2010 年发掘简报》，《草原文物》2011 年第 1 期。

赵志强：《秦末汉初北部边界考略》，《中国历史地理论丛》2011 年第 3 辑。

内蒙古自治区文物考古研究所、乌兰察布市博物馆、卓资县文物保护管理所：《卓资县土城子村遗址发掘简报》，《草原文物》2013 年第 2 期。

地图·彩图

图 例

土墙		长城分隔符	
石墙		烽火台	
砖墙		敌台	
消失的墙体		营堡	
山险		挡马墙	
河险		城楼	
山险墙		砖瓦窑	
界壕		题记刻碑	
壕堑		居住址	
其他墙体		其他相关遗存、遗迹	

审图号：蒙S(2014)022号

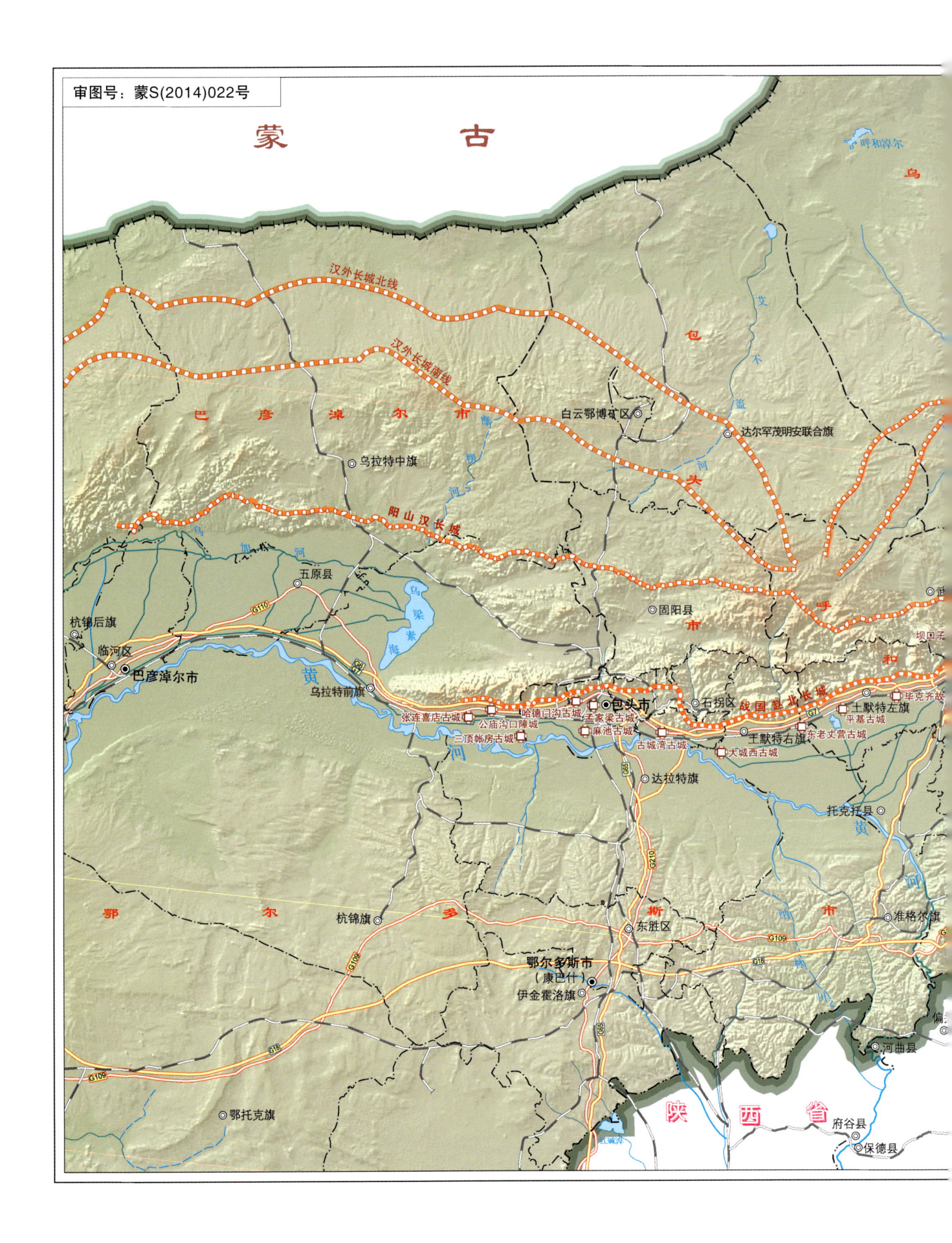

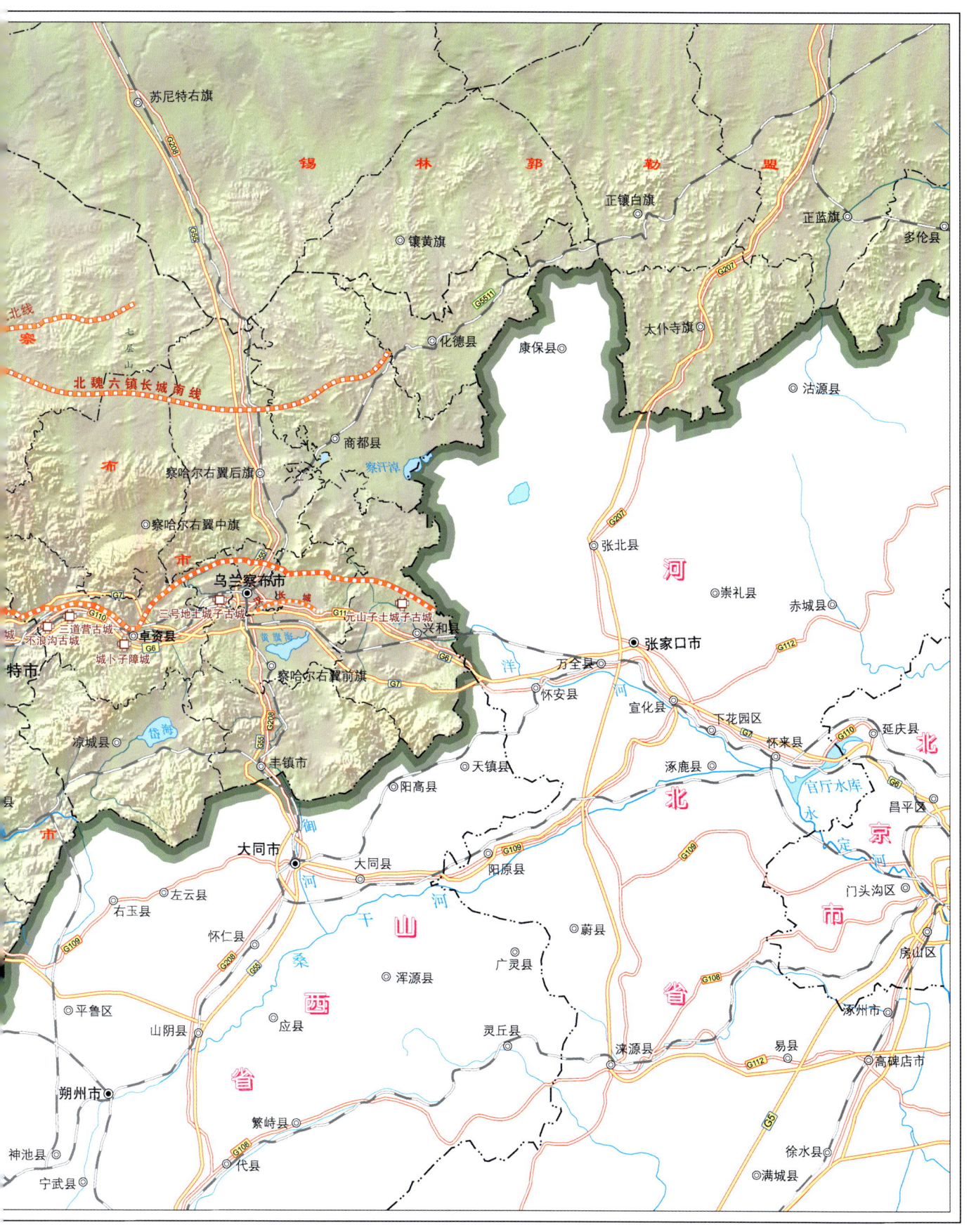

地图一　内蒙古自治区战国赵北长城总分布图

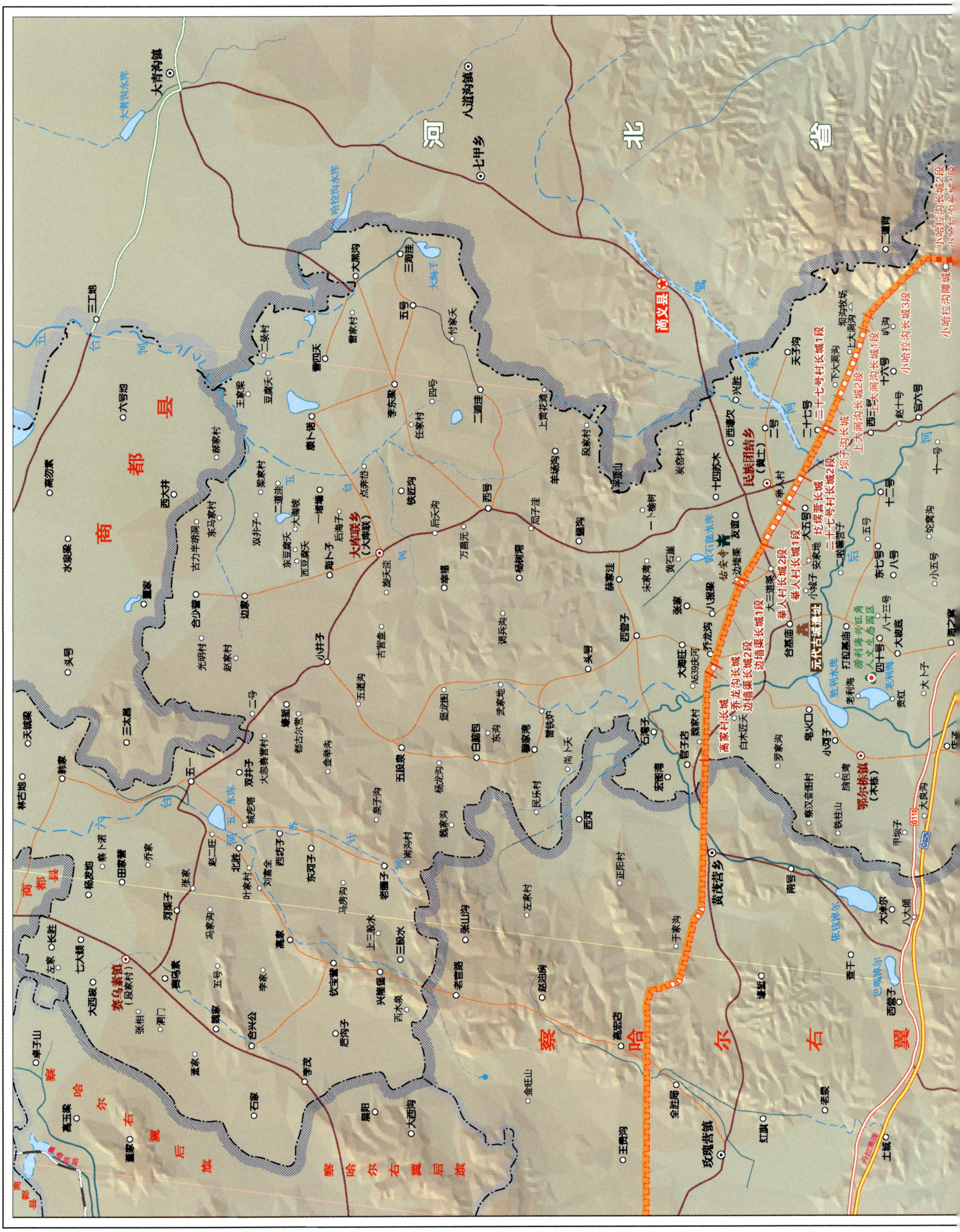

河
北
省
尚义县
商都县
察哈尔右翼后旗
察
哈
尔
右
翼
大青沟镇
八道沟镇
七甲乡
大库联乡
(大库联)
民族团结乡
(黄土)
黄茂营乡
赛乌素镇
(段家村)
鄂尔栋镇
(木栋)
玫瑰营镇
元代古城遗址
大青沟水库
哈拉沟水库
大海子
五台河

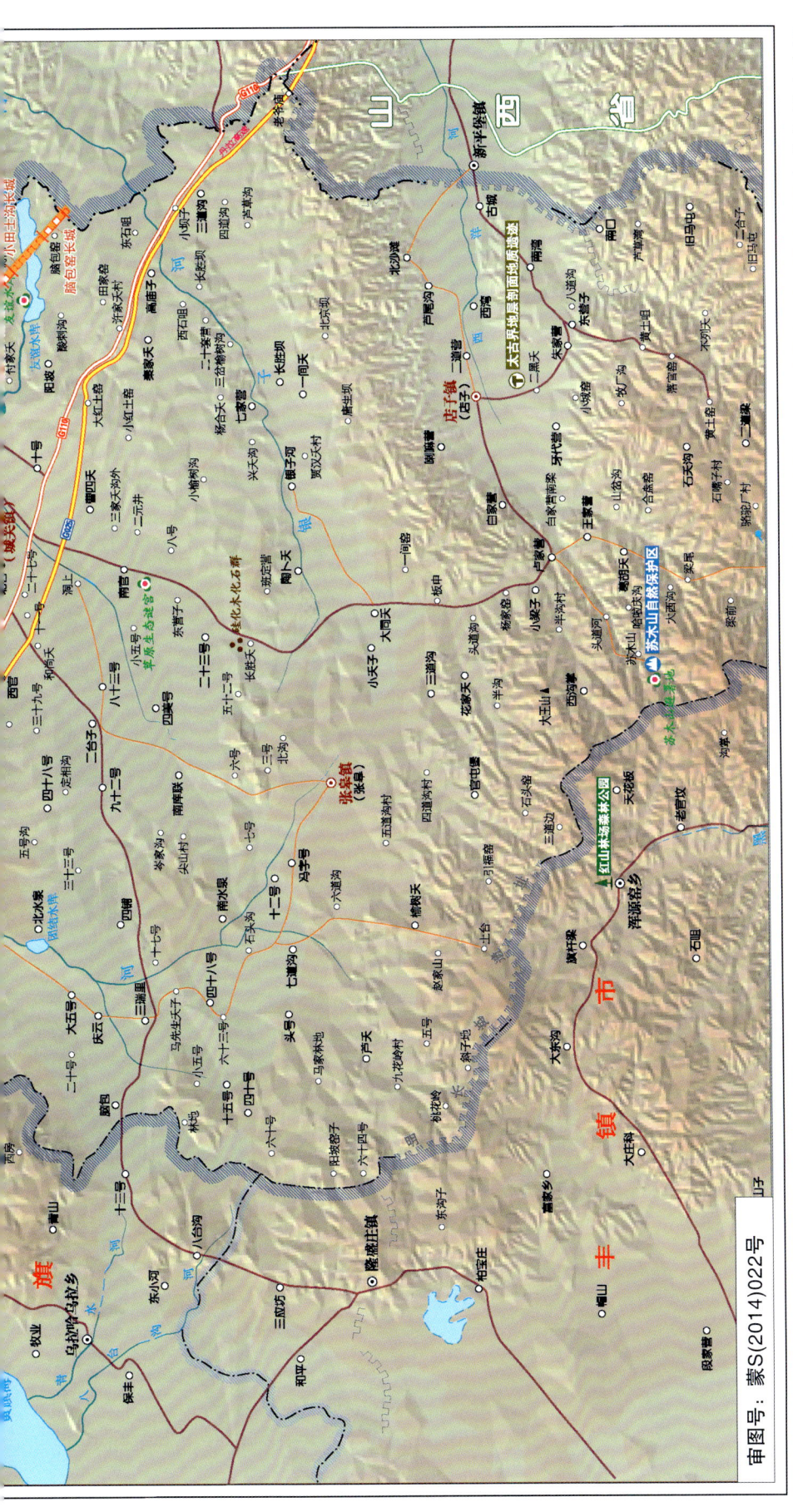

地图二　乌兰察布市兴和县战国赵北长城分布图

察哈尔右翼中旗
察
哈
尔
右
翼
乌
兰
察
布
市
辖
区
二泉子
忽来报
察汗沟
大滩
红格尔图
白塔沟
庙壕子
东风
头道
巴音
四林沟
东沟
师家
小东号
韩家村
常四坊子
窑卜
大河湾
胜利
梁
腾
五里坡
小红山
白银度假村
三胜村
大庙村
元家房子
大三号
三股泉
哈伊尔
马莲渠
灰
五忽浪
高凤英村障址
顶兴局长城1～2段
白家村
黄家村
闫家海子
小土城长城
高凤英村长城1～2段
大西沟
十一州
三股泉长城
南洼
弓沟
韩庆坝
宋泉村长城1～3段
大哈拉沟长城
西海卜子
十二洲长城1～2段
十六号村长城1～2段
曹家村
四股泉
顶兴局障城
三成沟
十二洲
南六洲
五间房
北六洲障城
十四号
大口咀
二道洼长城
宋泉障城
半哈拉沟
李家坡
半哈拉
西五洲长城
西九洲
北六洲长城1～2段
黑豆沟水库
红海子
十二洲障城
李家
罗家村
合义永
半哈拉沟障城
东边墙障址
西九洲长城
启唐脑包
小石槽
煤窑
马
莲
七苏木
玉
泉玉林水库
海八子
西南河
东边墙长城
东南河
霸
前唐脑包
王河
李长庆
哈不泉
喇嘛
东房子
安家村
油葫芦湾
集宁北站
红海子
泉玉岭
泉脑子
红海子
王
沙帽营
集宁区
黄土场
西房子
快乐
三岔口站
西沟
玻璃图
风雪湾
印
三岔口
十八台
集宁南站
白海子镇
富贵
卓
马莲渠乡
阿拉善
半化沟
东沟
西坡
土城子
乔家
水坑
乌兰察布市
大湾子村
益元兴
三岔口乡
（白石头）
赵秀沟
西土坑外
辛家村
河
土城子
翠盖营
南界
哈丰景
东井
来家地
贾家湾
二口村
黄旗滩
南卜子
察汗营
上三号地
沙泉
巴音
郑家地
老羊圈
黄旗海镇
（八大宏）
徐家村
朝鲁
十号地
古营盘
四号卜
大西房
古营盘站
郝家
石匠房子
六苏木
资
乔神沟
李家村
平一
谢家沟
印山湾
沙渠
平三
平地泉镇
（平地泉）
三号地村
平二
大喇嘛营
赛汉
土城
后八音沟
浩齐德
天生圈
十八台镇
辽代契丹女尸墓
张仁沟
红房子
小水泉
苏集站
元山子
东营
南村
大哈
富河
苏集
沉家
泉脑子
梅力盖图
土布栋营村
大山后
花尔
巴音沟
吉丰
泉脑子
布宏岱
孟家村
二文庄村
八印滩
杨家村
红富
谷力脑包
南店
熟地渠
南营村
西德布尔
武家村
下营子
县
北滩
礼拜寺
杨士村
民生
段家村
碱滩
九苏木
红蒿洼
脑包沟
黄
旗
海
三股泉
馒头沟
哈毕格
半沟
黑
纳鲁站
小乌尔图
厂汉梁
五股子
西河子
乌尔图
老圈沟
沟口子
小纳令沟
南营
小黑沟
大纳令沟
西胜利
大湾子
脑包洼
土贵山
大卜子
乌兰忽洞
周尔班湖洞恪
泉脑滩
天皮山
庙卜
东胜利
许家村
小水沟
旗杆梁
察哈尔右翼前旗
（土贵乌拉镇）
忽力进
温井梁
大窑湾
大庙村
大井村
长胜
凉
大北店
•1807
沟口子
索家村站
麻迷图
饮马泉
双盛堂
瓦窑沟
七股半
段家沟
徐家村
甲拉
城
陈永
五福圣
万金胜
十里库联
半印
县
卓素图
陈胜
丰
镇
•1274

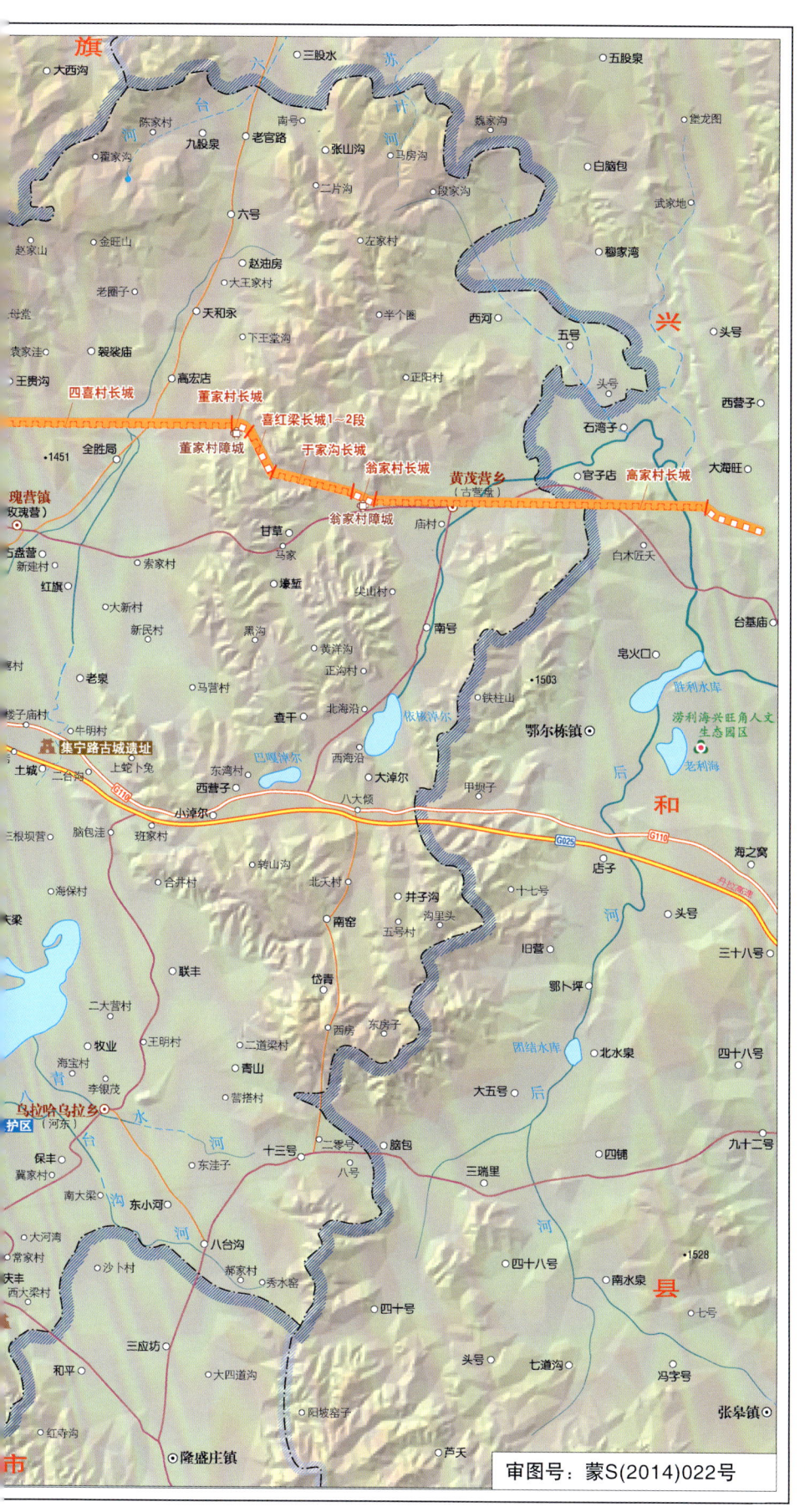

地图三　乌兰察布市察哈尔右翼前旗、集宁区战国赵北长城分布图

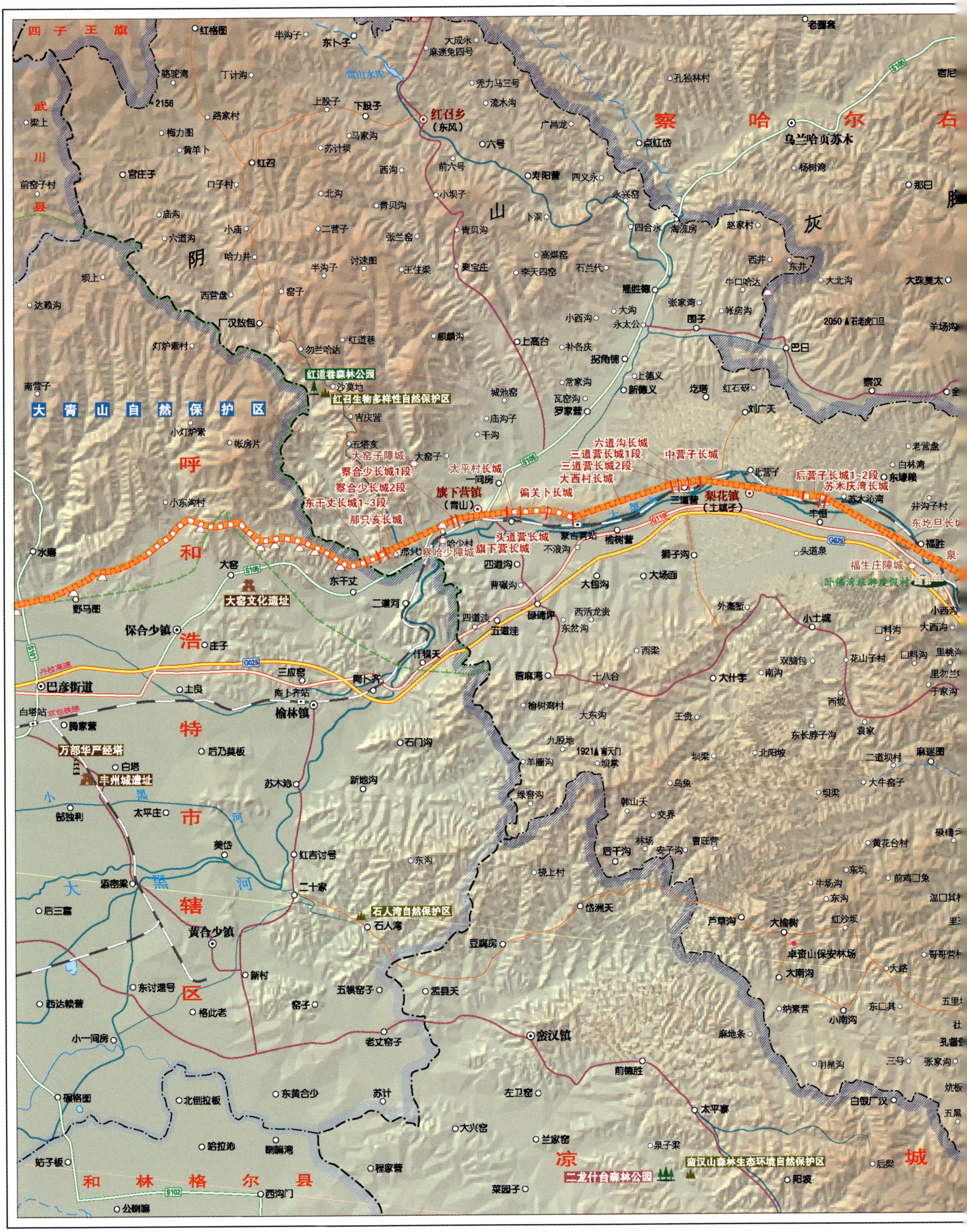

四子王旗
武川县
察哈尔右
灰
阴
山
呼
和
浩
特
市
辖
区
大青山自然保护区
凉
城
和林格尔县
红格图
半沟子
东卜子
大成永
麻迷兔四号
老圈套
骆驼湾
丁计沟
青山水库
秃力马三号
孔独林村
2156
上股子
下股子
红召乡
（东风）
流水沟
广昌龙
梁上
梅力图
路家村
马家沟
六号
点红岱
乌兰哈页苏木
黄羊卜
苏计坝
前六号
寿阳营
四义永
杨树湾
前窑子村
官庄子
红召
口子村
西沟
小坝子
永兴窑
那日
北沟
青贝沟
卜洞
庙沟
小庙
二营子
张兰窑
青贝沟
四合永
海流房
赵家村
六道沟
哈力井
讨速图
王住梁
聚宝庄
高煤窑
西井
东井
半沟子
李天四窑
石兰代
坝上
窑子
骆驼窑
牛口哈达
大北沟
大珠莫太
达赖沟
西营盘
厂汉敖包
小西沟
大沟
张家湾
帐房沟
永太公
2050 石老虎口
羊场沟
灯炉素村
勿兰哈达
红道巷
麒麟沟
上高台
补各庆
围子
巴日
拐角铺
红道巷森林公园
沙莫地
上德义
南营子
红召生物多样性自然保护区
城池窑
常家沟
新德义
圪塔
红石砑
察汉
青庆营
瓦窑沟
罗家营
刘广天
小灯炉素
庙沟子
帐房片
五塔亥
干沟
六道沟长城
三道营长城1段
中营子长城
老营盘
大窑子障城
大窑子
太平村长城
三道营长城2段
白林湾
察合少长城1段
北营子
后营子长城1~2段
东壕赖
察合少长城2段
一间房
大西村长城
苏木庆湾长城
旗下营镇
（青山）
偏关卜长城
梨花镇
（土城子）
苏木沁湾
东干丈长城1~3段
三道营
井沟子村
小东沟村
丰恒
东圪旦长城
那只亥长城
哈少村
头道营长城
旗下营长城
察哈少障城
蒙古营站
榆树营
头道泉
福胜
水磨
不浪沟
狮子沟
大窑
赤只
四道沟
福生庄障城
东干丈
大包沟
大场面
背碾沟
卧佛湾旅游度假村
大窑文化遗址
野马图
二道河
外壕堑
小土城
西活龙贵
小西沟
四道洼
碌碡坪
东岔沟
口料沟
大西沟
保合少镇
庄子
五道洼
西梁
双脑包
花山子村
什拐天
口料沟
里桃沟
三应窑
蘑麻湾
十八台
大什字
南沟
巴彦街道
西卜齐
里勿兰
土良
西卜齐站
榆树窑村
西坡
于家沟
白塔站
榆林镇
大东沟
王贵
东长脖子沟
袁家
腾家营
石门沟
九股地
1921 首天门
北阳坡
麻迷图
后乃莫板
羊圈沟
坝梁
二道坝村
万部华严经塔
白塔
新地沟
乌兔
坝梁
大牛窑子
丰州城遗址
苏木沁
绿窑沟
韩山天
小
黑
河
太平庄
部独利
交界
碌碡
美岱
林场
安子沟
曹庄营
黄花台村
红吉讨号
东沟
后干沟
东坝
前鸡口兔
大
黑
河
添密梁
二十家
挠上村
牛场沟
温口其村
后三富
石人湾自然保护区
石人湾
岱州天
芦草沟
东沟
大榆树
红沙坝
黄合少镇
豆腐房
卓资山保安林场
哥哥营村
新村
大南沟
大路
东讨速号
五镇窑子
孟县天
西达赖营
格此老
窑子
纳寨营
东口其
小南沟
小一间房
老丈窑子
蛮汉镇
麻地条
北卧拉板
东黄合少
苏计
左卫窑
前德胜
附星沟
三号
张家沟
太平寨
白银厂汉
哈拉沁
大兴窑
兰家窑
泉子梁
鄂麻湾
程家营
二龙什台森林公园
蛮汉山森林生态环境自然保护区
姑子板
后梁
西沟门
菜园子
阳坡
公喇嘛
G110
G025
S105
S101
S102
G028
丹拉高速
京包铁路

地图四 乌兰察布市卓资县战国赵北长城分布图

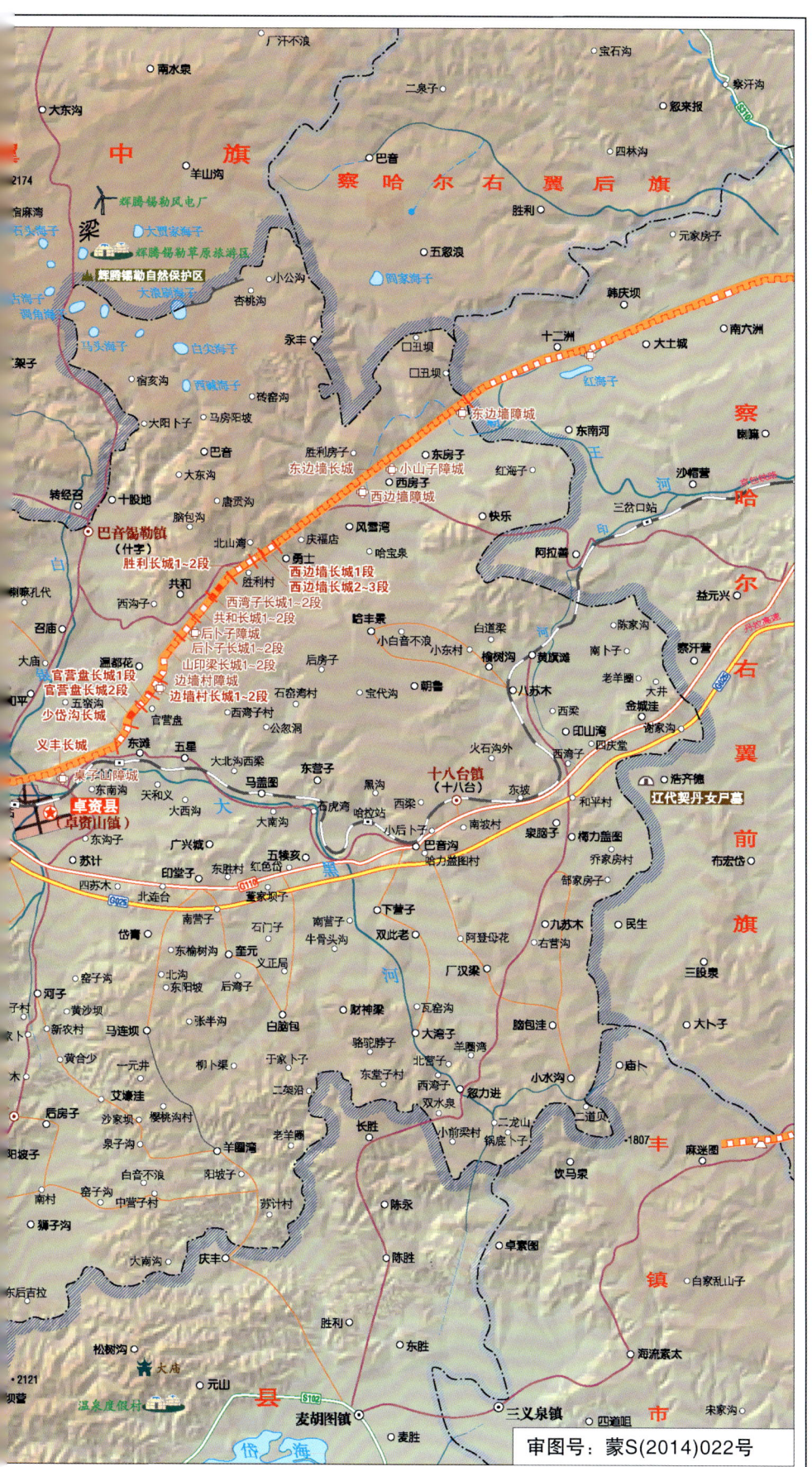

马王庙
三圣太
乌兰忽洞
车铺
卜圪素
定相营
安子号
义兴元
德胜营
武川县
（可可以力更镇）
大兴昌
福如东
干只圪
小滩
大兴有
五道沟
大青山乡
哈达门高原牧场
井尔沟
坝顶
青
乌兰不浪2号烽燧
乌兰不浪1号烽燧
姚家湾长城1～3段
陶思浩长城1～3段
坡根底1号烽燧
坡根底2号烽燧
乌兰不浪长城
哈拉更
塔沟障城
乌兰不浪障城
姚家湾烽燧
陶思浩烽燧
哈拉沁
革命遗址
坡根底长城1～2段
哈拉更长城1～2段
生盖营
坡庙长城
坡庙1号烽燧
坡庙2号烽燧
红山口长城1～2段
自然保护区
段家窑
大
坝口子长城
红山口1号烽燧
毫沁营
红山口2号烽燧
元山子长城1～2段
坝口子障城
新城区
呼和浩特市
东乌素图1号烽燧
东乌素图2号烽燧
二道营子长城1～3段
乌素图森林公园
二道营子烽燧
西乌素图烽燧
西乌素图长城1～4段
乌素图召烽燧
西乌素图
乌素图召障城
东棚子长城1～3段
攸攸板
回民区
店上
合林
赛罕区
大饭铺乡
水磨
小黑河镇
三间房
台阁牧镇
玉泉区
金河镇
脑包
牛牛营
后桃花
毕克镇
后白
大阳高
土
昭君博物院
（昭君墓）
闫桂房
后本滩
百什户
旭泥板
一间房
默
小洪津
茂林太
曙光
泉子什
后岱
特
津桥
白子镇
后毛道
连家营
新营子
左
四得堡
什不斜气
白皮营
大圪贲
旗
练家营
甲尔旦
六犋牛
西什拉乌素
S311
S104
G110

地图五　呼和浩特市市属三区战国赵北长城分布图

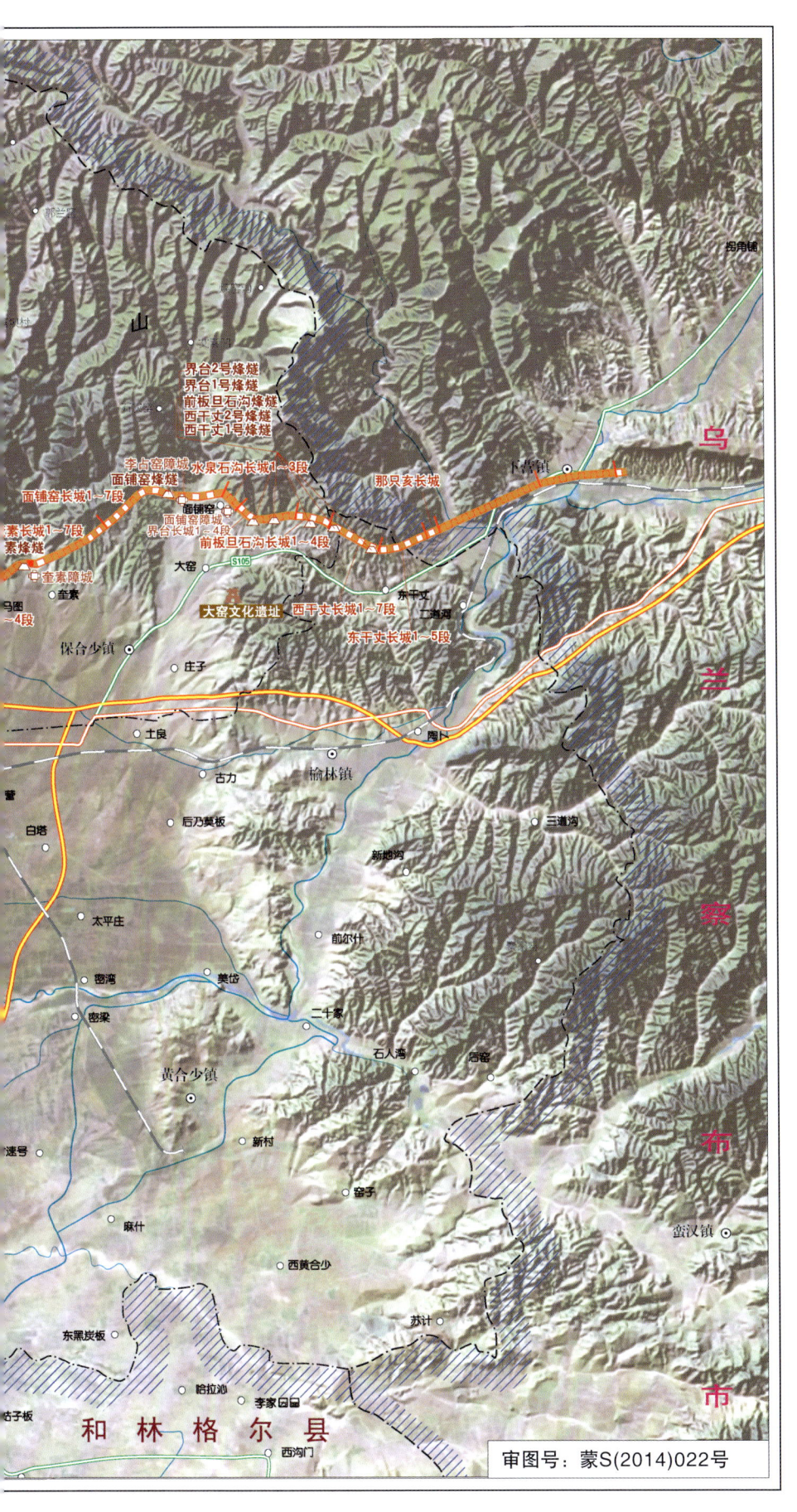

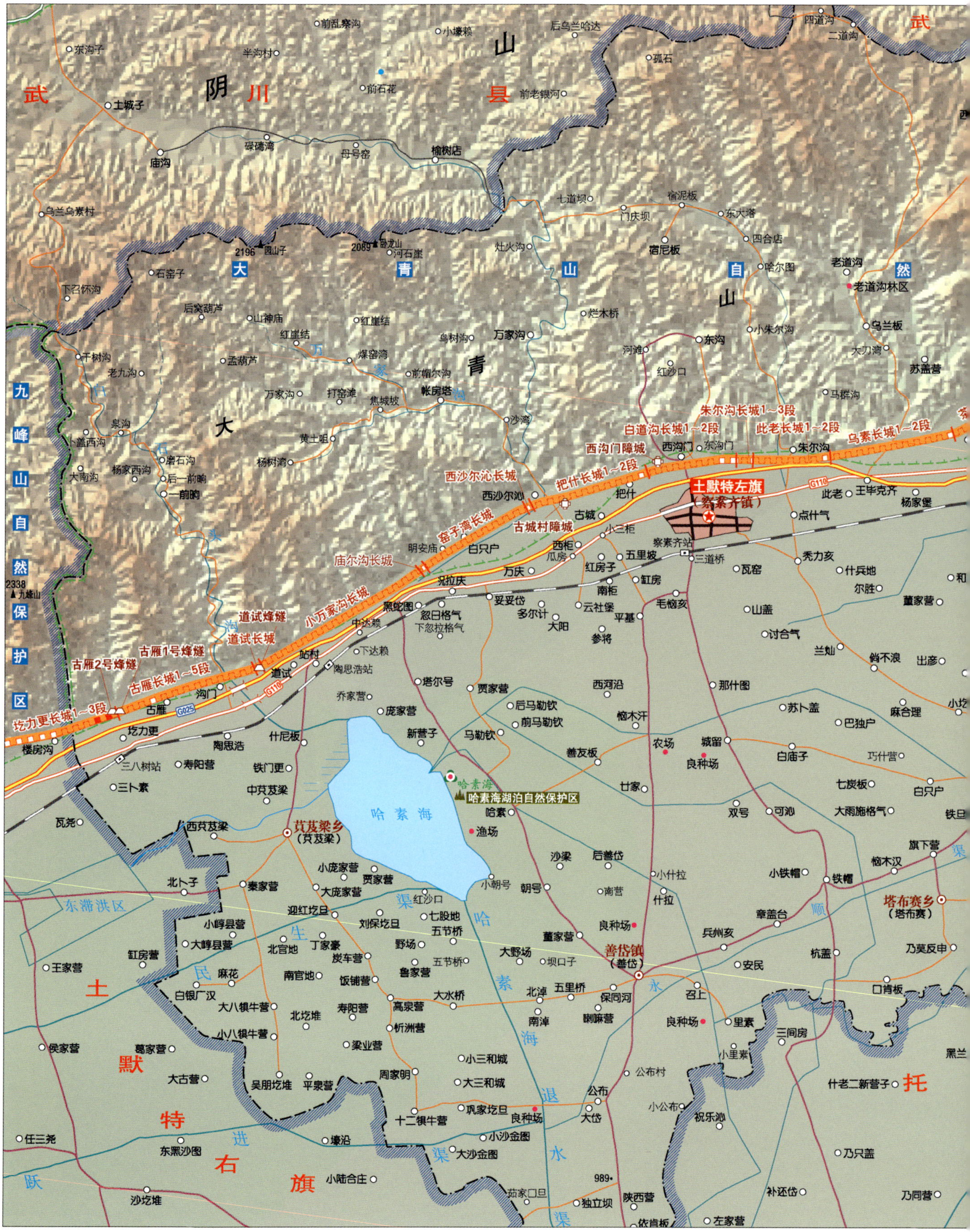

阴山
大青山
武川县
九峰山自然保护区
土默特左旗
（察素齐镇）
土默特右旗
托
武
哈素海
哈素海湖泊自然保护区
艾拔梁乡
（艾拔梁）
善岱镇
（善岱）
塔布赛乡
（塔布赛）
老道沟林区
朱尔沟长城1～3段
白道沟长城1～2段
此老长城1～2段
乌素长城1～2段
西沟门障城
西沙尔沁长城
把什长城1～2段
古城村障城
窑子湾长城
庙尔沟长城
小万家沟长城
道试烽燧
道试长城
古雁1号烽燧
古雁2号烽燧
古雁长城1～5段
圪力更长城1～3段
东滞洪区
民生渠
哈素海退水渠
永顺渠
跃进渠
2196 圆山子
2089 卧龙山
2338 九峰山
989
G110
G025
东沟子
土城子
庙沟
乌兰乌素村
下召怀沟
石窑子
后窑葫芦
山神庙
红崖结
孟葫芦
干树沟
老九沟
泉沟
盖西沟
大南沟
杨家西沟
磨石沟
后一前晌
一前晌
万家沟
打窑滩
焦城坡
黄土咀
杨树湾
帐房塔
前帽尔沟
爆窑湾
红崖结
乌树沟
万家沟
沙湾
烂木桥
灶火沟
河石崖
前乱察沟
半沟村
小壕赖
前石花
碌碡湾
母号窑
榆树店
后乌兰哈达
前老银河
孤石
七道坝
门庆坝
窑泥板
东大塔
四合店
宿尼板
哈尔图
老道沟
乌兰板
大刀湾
苏盖营
马塔沟
小朱尔沟
东沟
河滩
红沙口
四道沟
二道沟
西沟门
东沟门
朱尔沟
此老
王毕克齐
杨家堡
点什气
把什
西沙尔沁
古城
小三柜
西柜
瓜房
察素齐站
三道桥
五里坡
红房子
南柜
缸房
瓦窑
秀力亥
什兵地
尔胜
董家营
毛恼亥
平基
参将
云社堡
大阳
多尔计
妥妥岱
明安庄
白只户
万庆
兑拉庆
黑炭图
忽日格气
下忽拉格气
中达赖
下达赖
站村
陶思浩站
道试
沟门
古雁
圪力更
楼房沟
乔家营
庞家营
塔尔号
贾家营
后马勒钦
前马勒钦
马勒钦
新营子
陶思浩
什尼板
寿阳营
三八村站
三卜素
铁门更
中艾拔梁
西艾拔梁
瓦窑
西河沿
恼木汗
农场
城留
良种场
善友板
廿家
那什图
苏卜盖
巴独户
麻合理
乃什营
白庙子
七炭板
白只户
双号
可汹
大雨施格气
铁旦
讨合气
兰灿
鹤不浪
出彦
山盖
哈素
渔场
沙梁
后善岱
小什拉
什拉
南营
朝号
小朝号
良种场
小铁帽
铁帽
旗下营
恼木汉
章盖台
兵州亥
安民
杭盖
乃莫反申
口肯板
北卜子
秦家营
小庞家营
大庞家营
贾家营
红沙口
迎红圪旦
小聍县营
大聍县营
北官地
丁家豪
刘保圪旦
七股地
五节桥
野场
五节桥
炭车营
鲁家营
南官地
麻花
饭铺营
白银厂汉
大八犋牛营
小八犋牛营
北圪堆
寿阳营
高泉营
析洲营
梁业营
大水桥
大野场
坝口子
董家营
北淖
南淖
五里桥
保同河
喇嘛营
召上
良种场
里素
三间房
小里素
王家营
缸房营
葛家营
侯家营
大古营
吴朋圪堆
平泉营
周家明
小三和城
大三和城
公布村
公布
小公布
祝乐沁
什老二新营子
十二犋牛营
巩家圪旦
良种场
大岱
小沙金图
大沙金图
任三尧
东黑沙图
壕沿
小陆合庄
沙圪堆
茹家口旦
独立坝
陕西营
依肯板
补还岱
左家营
乃只盖
乃同营
黑兰

地图六　呼和浩特市土默特左旗战国赵北长城分布图

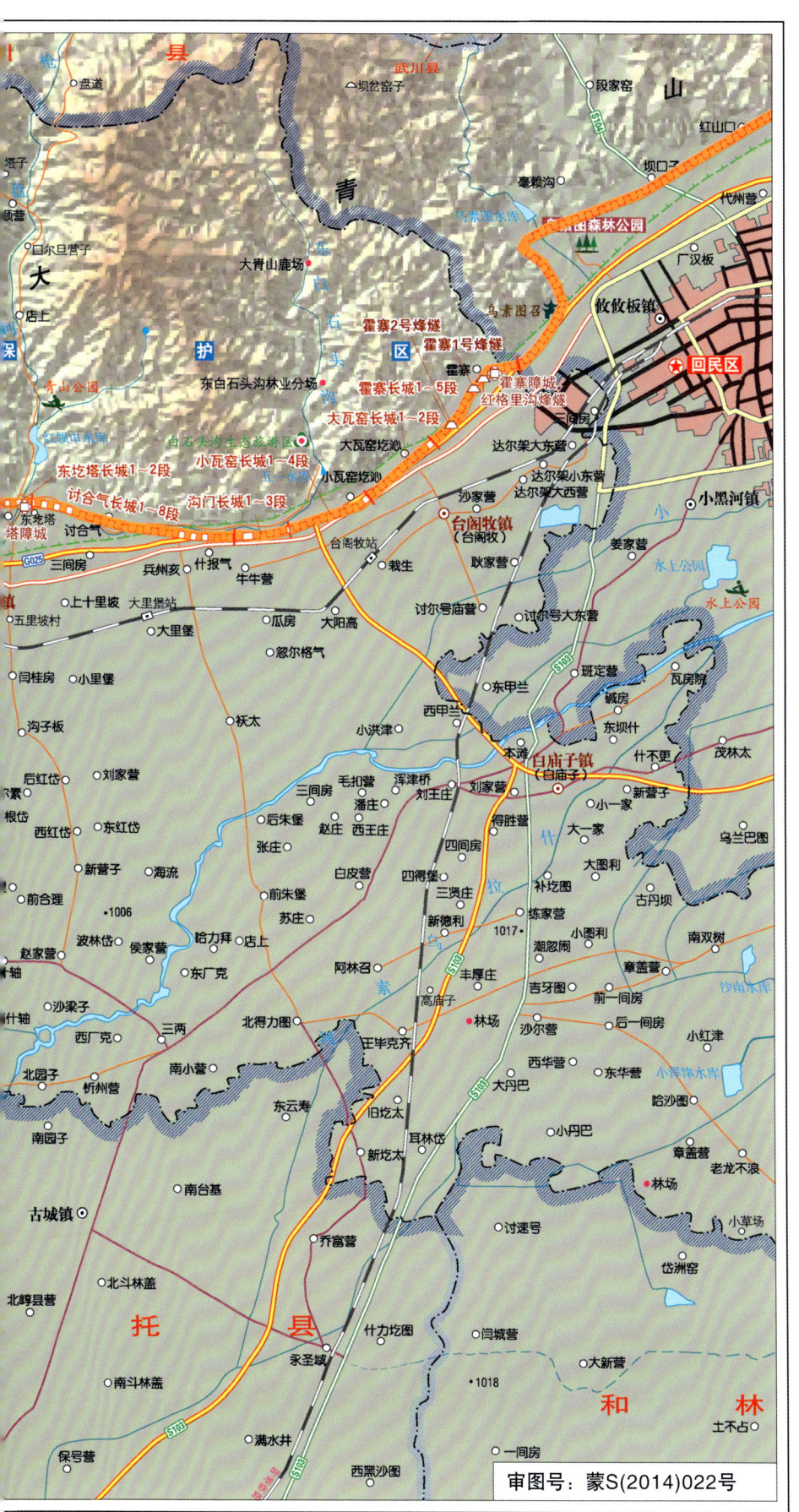

审图号：蒙S(2014)022号

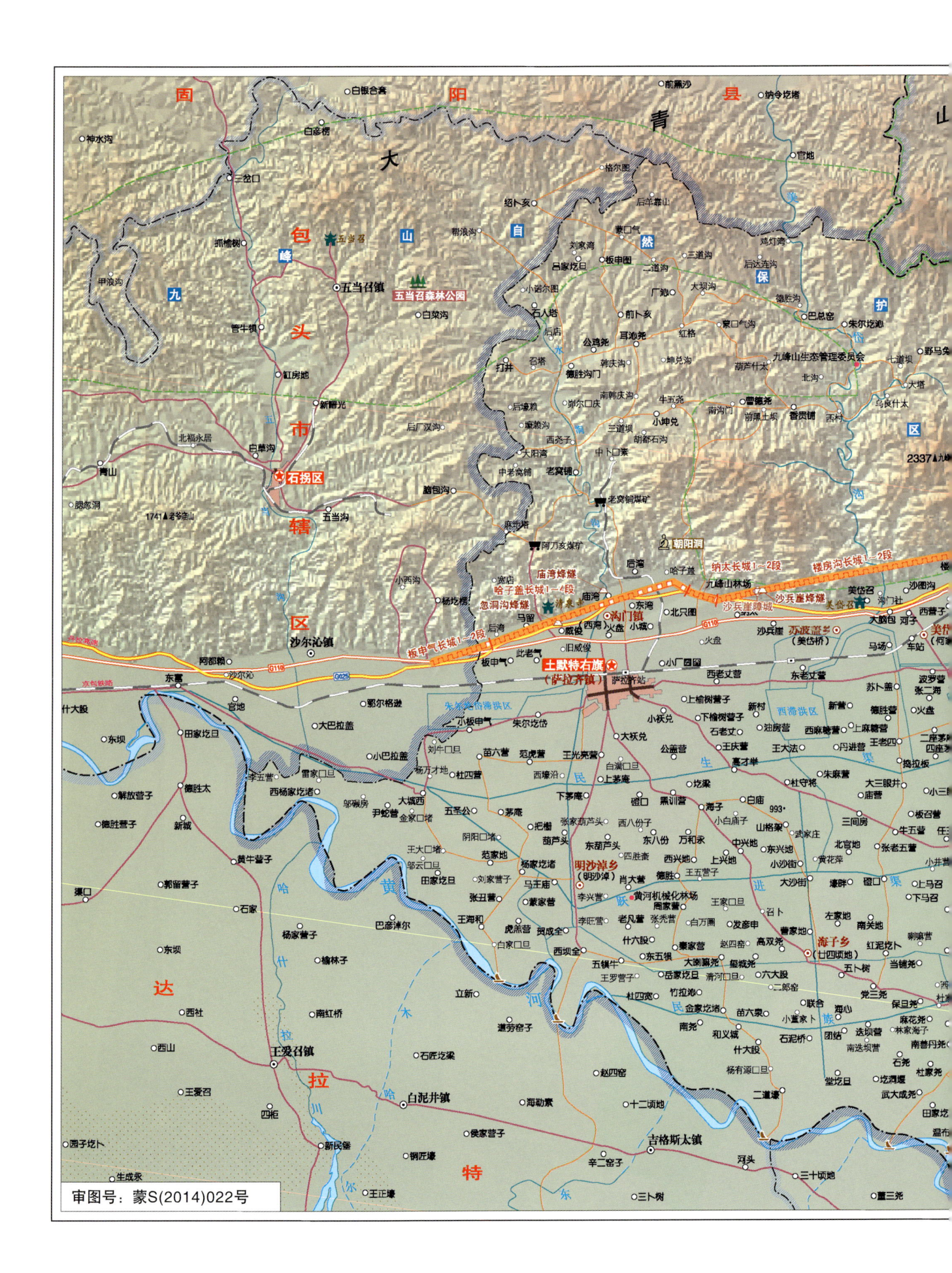

地图七　包头市土默特右旗战国赵北长城分布图

巴彦淖尔市

- 乌拉山自然保护区
- 石门水利风景区
- 梅力更自然保护区
- 南海子湿地

长城及烽燧（由西向东）

- 梅力更沟障城
- 卜尔汉图障城
- 卜尔汉图烽燧
- 哈德门沟障城
- 杨树沟长城1～2段
- 虎奔汉沟北障城
- 虎奔汉沟南障城
- 边墙壕长城1～7段
- 前口子长城
- 色气湾长城1～4段
- 二海壕长城1～3段
- 银海新村长城1～4段
- 王老太窑长城1～10段
- 萨罗铺长城1～2段
- 昆都仑沟障城
- 西水泉长城1～10段

梅力更一带

- 乌兰不浪长城1～3段
- 阿贵沟长城1～2段
- 梅力更长城1～18段
- 西滩长城1～9段
- 梅力更沟障城
- 乌兰不浪障城
- 阿嘎如泰障城
- 虎奔汉沟长城1～4段
- 卜尔汉图长城1～9段
- 阿嘎如泰长城1～11段
- 昆都仑召障城
- 昆都仑召长城1～3段
- 边墙壕障城

烽燧

- 西滩烽燧
- 梅力更召障城
- 梅力更4号烽燧
- 梅力更3号烽燧
- 梅力更2号烽燧
- 梅力更1号烽燧
- 阿贵沟2号烽燧
- 阿嘎如泰1号烽燧
- 阿嘎如泰2号烽燧
- 阿嘎如泰3号烽燧
- 阿嘎如泰4号烽燧
- 阿嘎如泰5号烽燧
- 阿嘎如泰6号烽燧
- 阿嘎如泰7号烽燧
- 阿嘎如泰8号烽燧
- 乌兰不浪1号烽燧
- 乌兰不浪3号烽燧
- 乌兰不浪4号烽燧
- 阿贵沟1号烽燧
- 西水泉1号烽燧
- 西水泉2号烽燧
- 西水泉3号烽燧
- 昆都仑1号烽燧

包头市

- 青山区
- 昆都仑区
- 九原区

鄂尔多斯

- 明安镇
- 台梁
- 毛家窑渠
- 哈业胡同镇
- 柴脑包
- 打不素太
- 哈林格尔镇
- 麻池镇
- 全巴图
- 李虎
- 蒲圪卜
- 昭君镇
- 展旦召苏木
- 新河
- 东坝
- 巴音
- 恩格贝镇

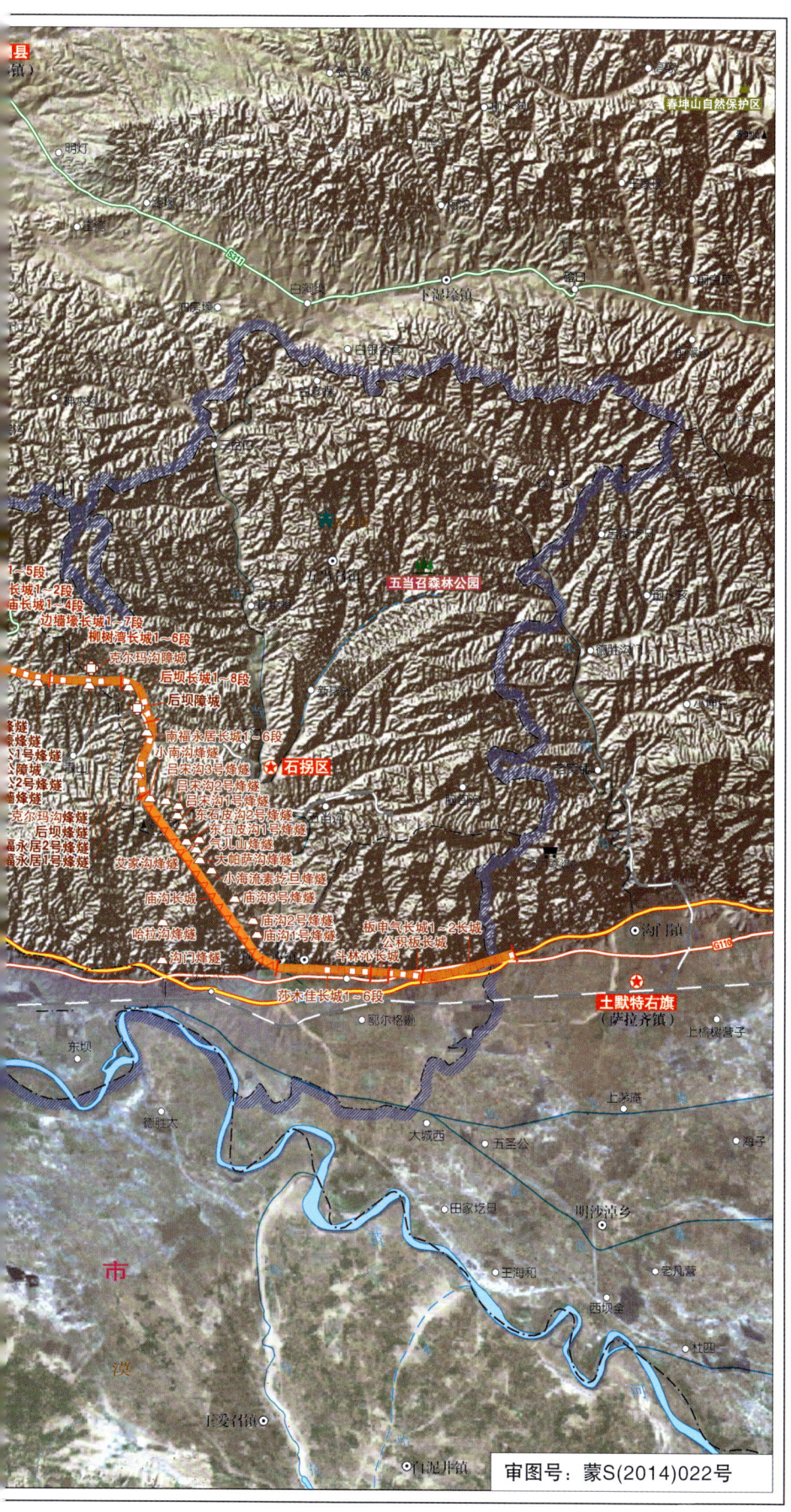

审图号：蒙S(2014)022号

0 3.5 7.0 10.5 14.0 17.5千米

地图八　包头市市属五区战国赵北长城分布图

彩图一　脑包窑长城（西北－东南）

彩图二　大田土沟长城1段（西北－东南）

彩图三　大田土沟长城4段（北—南）

彩图四　芦草沟长城2段（南—北）

彩图五　小哈拉沟长城2段（北—南）

彩图六　小哈拉沟长城2段末端墙体（南—北）

彩图七　小哈拉沟障城（北－南）

彩图八　大青山西南部的山险：小哈拉沟长城3段航片（西南－东北）

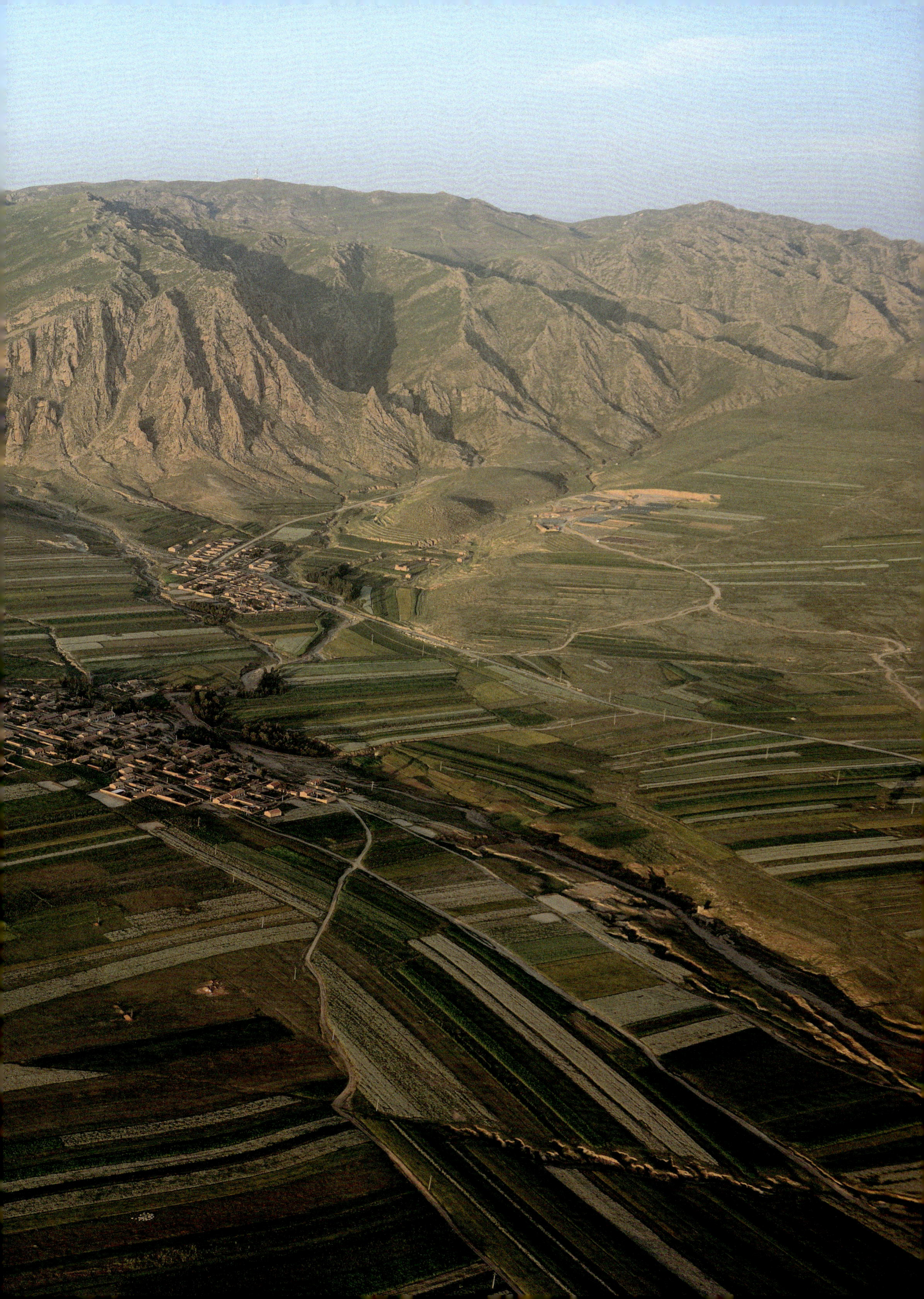

彩图九　上大涧沟长城2段前小段墙体（西-东）

彩图一〇　上大涧沟长城2段后小段墙体（西-东）

彩图一一　圪塄营长城（西北－东南）

彩图一二　举人村长城1段（西北—东南）

彩图一三　边墙渠长城1段遭破坏墙体（东南-西北）

彩图一四　边墙渠长城1段墙体断面上暴露的夯层（东南－西北）

彩图一五　乔龙沟长城（东南—西北）

彩图一六　翁家村长城（东南－西北）

彩图一七　建于长城墙体内侧的翁家村障城（东南－西北）

彩图一八　喜红梁长城1段谷地中的墙体（西北—东南）

彩图一九　喜红梁长城1段后小段墙体断面（南—北）

彩图二〇　董家村长城后小段墙体（西南-东北）

彩图二一　董家村障城（东-西）

彩图二二　半哈拉沟长城（东南—西北）

彩图二三　半哈拉沟障城（东南—西北）

彩图二四　十六号村长城2段（东-西）

彩图二五　北六洲长城1段（东北-西南）

彩图二六　十二洲长城1段（东北—西南）

彩图二七　十二洲障城（西北—东南）

彩图二八　西九洲长城（东—西）

彩图二九　宋泉村长城1段前小段墙体（东南-西北）

彩图三〇　宋泉村长城1段后小段墙体（东南-西北）

彩图三一　宋泉村障城东墙（东-西）

彩图三二　宋泉村障城城内现状（西北-东南）

彩图三三　宋泉村长城3段前小段墙体（东-西）

彩图三四　宋泉村长城3段后小段墙体（东—西）

彩图三五　顶兴局长城1段（东—西）

彩图三六　顶兴局障城（西北－东南）

彩图三七　三股泉长城（东南－西北）

彩图三八　高凤英村障城（东南－西北）

彩图三九　东边墙障城（西北－东南）

彩图四〇　西边墙长城1段（东北-西南）

彩图四一　西边墙障城（东北-西南）

彩图四二　西边墙长城3段（西南－东北）

彩图四三　胜利长城2段（西南－东北）

彩图四四　西湾子长城2段前小段墙体（东北－西南）

彩图四五　西湾子长城2段后小段墙体（东北－西南）

彩图四六　共和长城1段中小段墙体（东北-西南）

彩图四七　后卜子长城1段前小段墙体（东北-西南）

彩图四八　后卜子障城（东北-西南）

彩图四九　后卜子障城航片

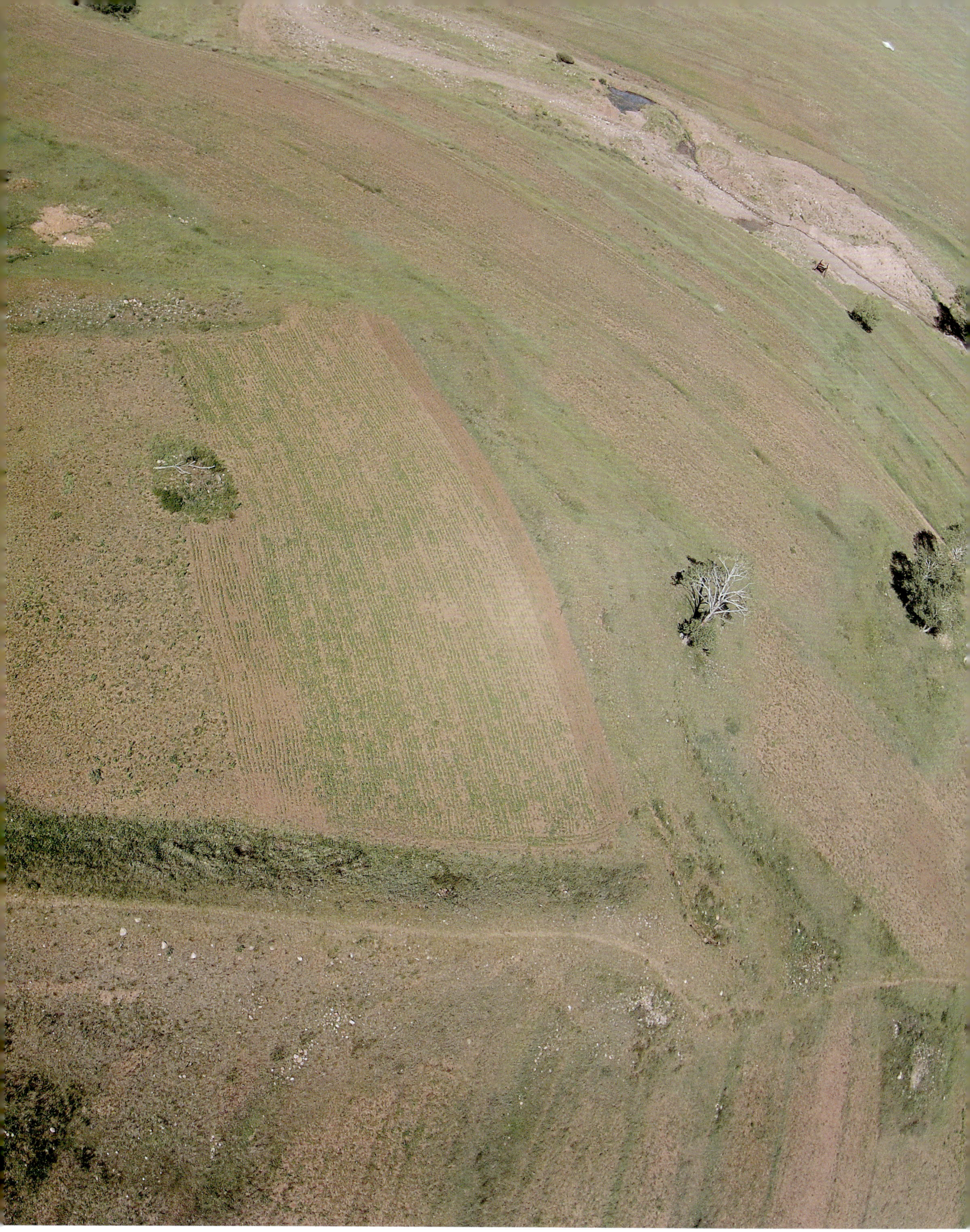

彩图五〇　后卜子长城2段后小段墙体（西南－东北）

彩图五一　山印梁长城2段后小段墙体（西南－东北）

彩图五二　边墙村长城1段中小段墙体（东北-西南）

彩图五三　边墙村障城（东南-西北）

彩图五四　官营盘长城1段（东北—西南）

彩图五五　官营盘长城2段（西南—东北）

彩图五六　少岱沟长城（西南—东北）

彩图五七　桌子山障城内部（东南—西北）

彩图五八　城卜子障城城内（南－北）

彩图五九　城卜子障城北墙（西南－东北）

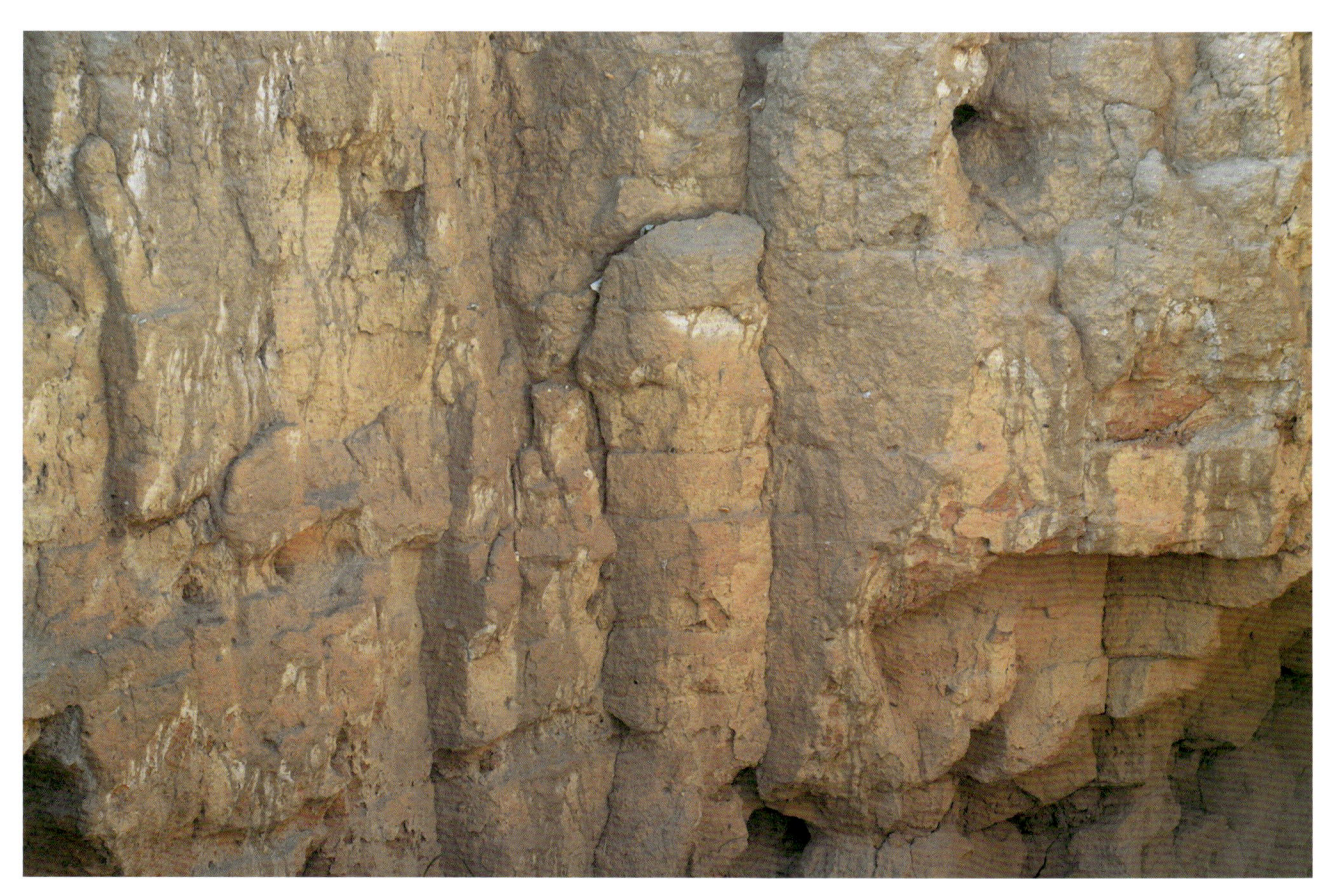

彩图六〇　城卜子障城南墙夯层

彩图六一　泉子梁长城1段（南—北）

彩图六六　头道营长城后小段墙体（东-西）

彩图六七　偏关卜长城（西-东）

彩图六八　太平村长城（东—西）

彩图六九　察哈少长城1段（东北—西南）

彩图七〇　东干丈长城3段（东-西）

彩图七一　东干丈长城3段墙体断面夯层（西-东）

彩图七二　西干丈长城1段（东—西）

彩图七三　西干丈1号烽燧（西北—东南）

彩图七四　西干丈长城5段墙体冲沟断面（西南－东北）

彩图七五　西干丈长城6段残留墙体（西北－东南）

彩图七六　西干丈长城7段（东南－西北）

彩图七七　西干丈2号烽燧（南－北）

彩图七八　前板旦石沟长城2段（东-西）

彩图七九　前板旦石沟烽燧（西-东）

彩图八〇　前板旦石沟长城4段（东—西）

彩图八一　界台1号烽燧（东—西）

彩图八二　界台长城4段（东-西）

彩图八三　界台长城4段墙体与界台2号烽燧（西北-东南）

彩图八四　水泉石沟长城2段（东南-西北）

彩图八五　面铺窑长城1段（东-西）

彩图八六　面铺窑长城3段（东-西）

彩图八七　面铺窑烽燧（南-北）

彩图八八　奎素长城2段（东北-西南）

彩图八九　奎素长城4段（东北－西南）

彩图九〇　奎素障城北墙及东北角角台（西南－东北）

彩图九一　奎素障城东南角角台（北-南）

彩图九二　奎素长城5段墙体与建筑在长城外侧的奎素烽燧（东-西）

彩图九三　奎素烽燧（东-西）

彩图九四　野马图长城1段墙体断面夯层（西-东）

彩图九五　野马图烽燧（南—北）

彩图九六　古路板烽燧（北—南）

彩图九七　姚家湾烽燧（南—北）

彩图九八　塔沟障城（东南—西北）

彩图九九　乌兰不浪1号烽燧（西－东）

彩图一〇〇　乌兰不浪2号烽燧（西南－东北）

彩图一〇一　哈拉更长城1段（东-西）

彩图一〇二　坡庙2号烽燧（西北-东南）

彩图一〇三　红山口1号烽燧（东—西）

彩图一〇四　元山子长城1段（东—西）

彩图一〇五　二道营子长城1段（东北－西南）

彩图一〇六　东乌素图1号烽燧（东北－西南）

彩图一〇七　二道营子烽燧（东北-西南）

彩图一〇八　二道营子长城3段墙体断面夯层（西-东）

彩图一〇九　西乌素图烽燧（北—南）

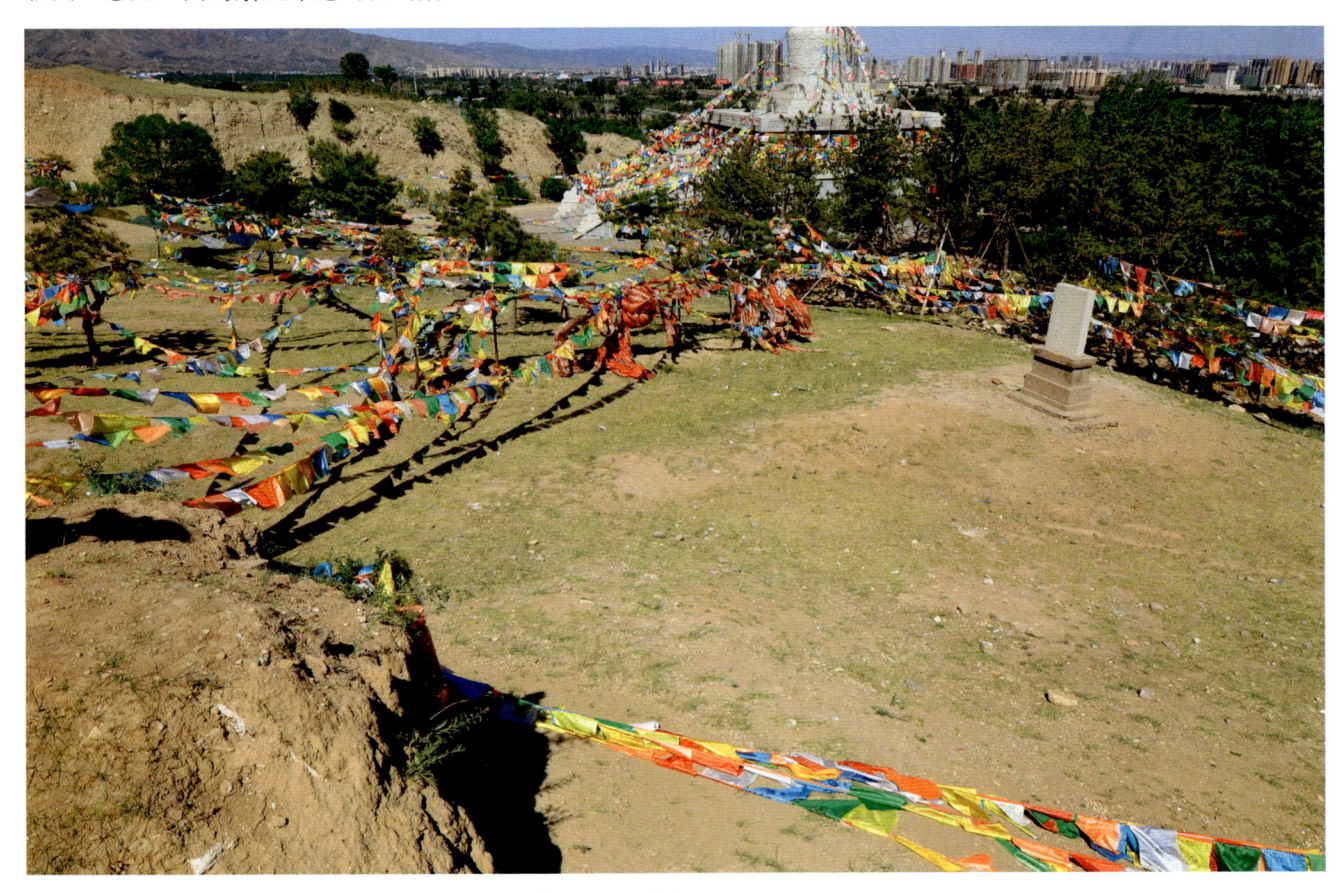

彩图一一〇　乌素图召障城西墙及南墙局部（西北—东南）

彩图一一一　西乌素图长城4段（西南－东北）

彩图一一二　西乌素图长城4段墙体断面（西－东）

彩图一一三　东棚子长城1段（东北-西南）

彩图一一四　东棚子长城3段墙体断面（西北-东南）

彩图一一五　霍寨长城4段（东南-西北）

彩图一一六　霍寨长城4段裸露墙体夯层（东南-西北）

彩图一一七　霍寨障城北墙及东北角台（西－东）

彩图一一八　霍寨障城城内、北墙及西北角台（东南－西北）

彩图一一九　红格里沟烽燧（东南－西北）

彩图一二〇　霍寨1号烽燧（西南－东北）

彩图一二一　霍寨2号烽燧（东—西）

彩图一二二　水磨长城2段（西—东）

彩图一二三　朱尔沟长城3段（西-东）

彩图一二四　朱尔沟长城3段墙体纵断面（南-北）

彩图一二五　白道沟长城1段（西-东）

彩图一二六　西沟门障城（北-南）

彩图一二七　古城村障城（西南-东北）

彩图一二八　道试烽燧（东北-西南）

彩图一二九　古雁1号烽燧（北－南）

彩图一三〇　古雁2号烽燧（北－南）

彩图一三一　建筑在古雁沟口两侧台地上的古雁1号、2号烽燧（东北-西南）

彩图一三二　圪力更长城1段（东-西）

彩图一三三　沙兵崖烽燧（南-北）

彩图一三四　沙兵崖障城与烽燧（北-南）

彩图一三五　纳太长城1段（西-东）

彩图一三六　哈子盖长城1段墙体夯层（西-东）

彩图一三七　哈子盖长城3段（东南-西北）

彩图一三八　庙湾烽燧南侧面（南-北）

彩图一三九　庙湾烽燧北侧面（北—南）

彩图一四○　板申气长城1段地貌（西南-东北）

彩图一四一　板申气长城2段覆盖在地表下的长城墙体（东—西）

彩图一五〇　女儿壕圪旦与小海流素圪旦间的大青山分水岭（西北－东南）

彩图一五一　庙沟1号烽燧（西—东）

彩图一五二　庙沟2号烽燧（北—南）

彩图一五三　庙沟3号烽燧远眺（北-南）

彩图一五四　庙沟3号烽燧采集陶片

彩图一五五　小海流素圪旦烽燧（东南—西北）

彩图一五六　小海流素圪旦烽燧采集陶片

彩图一五七　小海流素圪旦烽燧西坡开凿的巡防马道（西北-东南）

彩图一五八　大帕萨沟烽燧（东-西）

彩图一五九　艾家沟烽燧（西-东）

彩图一六〇　艾家沟烽燧采集陶片

彩图一六一　气儿山烽燧（东—西）

彩图一六二　东石皮沟2号烽燧（东-西）

彩图一六三　东石皮沟2号烽燧北侧山垭处补筑的石墙（南-北）

彩图一六四　吕宋沟1号烽燧及其北侧山垭处石墙前小段（北－南）

彩图一六五　吕宋沟1号烽燧采集陶片

彩图一六六　吕宋沟2号烽燧及其南部山垭处石墙后小段（南－北）

彩图一六七　吕宋沟3号烽燧与小南沟烽燧（东南－西北）

彩图一六八　小南沟烽燧（南－北）

彩图一六九　哈拉沟烽燧（东北-西南）

彩图一七〇　沟门烽燧（东南-西北）

彩图一七一　沟门烽燧及其西侧所控扼的阿善沟（东南-西北）

彩图一七二　南福永居长城1~3段沿山脊北行的长城墙体（南—北）

彩图一七三　南福永居长城1段（北—南）

彩图一七四　南福永居长城2段（南—北）

彩图一七五　南福永居1号烽燧（南—北）

彩图一七六　南福永居长城4段起点处墙体剖面（南-北）

彩图一七七　南福永居长城5段（西南-东北）

彩图一七八　南福永居长城5段（西南-东北）

彩图一七九　南福永居2号烽燧（北-南）

彩图一八〇　后坝长城2段墙体北壁上的凿刻岩体痕迹（东北-西南）

彩图一八一　后坝长城4段（北—南）

彩图一八二　后坝障城局部（东北－西南）

彩图一八三　后坝障城（南－北）

彩图一八四　后坝长城5段（西北－东南）

彩图一八五　后坝长城7段（西北－东南）

彩图一八六　后坝长城8段（东-西）

彩图一八七　后坝烽燧（东-西）

彩图一八八　柳树湾长城2段墙体剖面（东-西）

彩图一八九　柳树湾长城4段（西-东）

彩图一九〇　柳树湾长城6段墙体及其南侧的克尔玛沟烽燧（东-西）

彩图一九一　柳树湾长城6段（西-东）

彩图一九二　克尔玛沟障城（西—东）

彩图一九三　边墙壕长城2段墙体东坝岩沟东壁剖面（西-东）

彩图一九四　边墙壕烽燧（东-西）

彩图一九五　边墙壕烽燧采集陶片

彩图一九六　边墙壕长城4段（东-西）

彩图一九七　边墙壕长城4段墙体剖面（西-东）

彩图一九八　边墙壕长城6段（东—西）

彩图一九九　边墙壕长城7段（东—西）

彩图二〇〇　大庙长城2段墙体断面（东-西）

彩图二〇一　大庙长城2段（东-西）

彩图二〇六　三元沟长城2段沿线采集瓦片

彩图二〇七　二相公长城2段前小段墙体（东北－西南）

彩图二〇八　二相公1号烽燧（北-南）

彩图二〇九　二相公长城4段（西南-东北）

彩图二一〇　二相公障城地貌（南－北）

彩图二一一　东边墙长城1段前小段墙体（西南－东北）

彩图二一二　东边墙长城1段后小段墙体（东－西）

彩图二一三　二相公2号烽燧（东南－西北）

彩图二一四　东边墙烽燧（东北－西南）

彩图二一五　东边墙烽燧采集陶片

彩图二一六　东边墙长城3段（东南-西北）

彩图二一七　笸箩铺长城1段（西—东）

彩图二一八　笸箩铺长城2段沿线采集陶片

彩图二三三　边墙壕长城1段墙体内侧原始壁面（东-西）

彩图二三四　边墙壕长城7段墙体夯层（北-南）

彩图二三五　边墙壕障城（西南-东北）

彩图二三六　昆都仑召长城2段（东-西）

彩图二三七　西水泉长城1段前小段墙体（东南-西北）

彩图二三八　西水泉长城1段山垭处墙体（西-东）

彩图二三九　西水泉2号烽燧东北坡采集陶片

彩图二四〇　西水泉长城5段（东-西）

彩图二四一　西水泉长城7段（北—南）

彩图二四二　西水泉长城7段墙体夯窝

彩图二四三　西水泉长城9段（东–西）

彩图二四四　西水泉3号烽燧（东–西）

彩图二六九　阿嘎如泰6号烽燧（西－东）

彩图二七〇　阿嘎如泰7号烽燧（西－东）

彩图二七一　阿嘎如泰8号烽燧（东北-西南）

彩图二七二　乌兰不浪长城1段（西-东）

彩图二七七　乌兰不浪2号烽燧（北－南）

彩图二七八　乌兰不浪3号烽燧（东－西）

彩图二七九　乌兰不浪4号烽燧（南—北）

彩图二八〇　阿贵沟1号烽燧（西—东）

彩图二八一　阿贵沟长城7段后小段墙体（东-西）

彩图二八二　梅力更长城4段墙体基础夯窝（北-南）

彩图二八三　梅力更长城6段（东南—西北）

彩图二八四　梅力更1号烽燧（东南—西北）

彩图二八五　梅力更长城10段前小段墙体（东南—西北）

彩图二八六　梅力更长城14段（东—西）

彩图二八七　梅力更3号烽燧采集陶片

彩图二八八　梅力更召障城（东北-西南）

彩图二八九　梅力更沟障城与梅力更沟烽燧（西南－东北）

彩图二九〇　梅力更沟障城采集"谒长"陶文

彩图二九一　梅力更4号烽燧（西—东）

彩图二九二　梅力更长城16段河槽东岸墙体剖面（西—东）

彩图二九三　梅力更长城18段（东－西）

彩图二九四　西滩长城2段（东南－西北）

彩图二九五　西滩长城4段（西-东）

彩图二九六　西滩长城6段（东-西）

彩图二九七　西滩烽燧（东南-西北）

彩图二九八　西滩长城8段（东-西）

彩图二九九　乌布拉格1号烽燧（东—西）

彩图三〇〇　乌布拉格长城4段起点处墙体（东南—西北）

彩图三〇一　乌布拉格3号烽燧（西—东）

彩图三〇二　乌布拉格4号烽燧（西—东）

彩图三〇三　乌布拉格5号烽燧（东-西）

彩图三〇四　和顺庄1号烽燧（南-北）

彩图三〇五　和顺庄3号烽燧（东-西）

彩图三〇六　和顺庄4号烽燧（东-西）

彩图三〇七　阿贵高勒1号烽燧（西—东）

彩图三〇八　阿贵高勒2号烽燧（东—西）

彩图三○九　阿贵高勒3号烽燧（南-北）

彩图三一○　阿贵高勒长城5段（西北-东南）

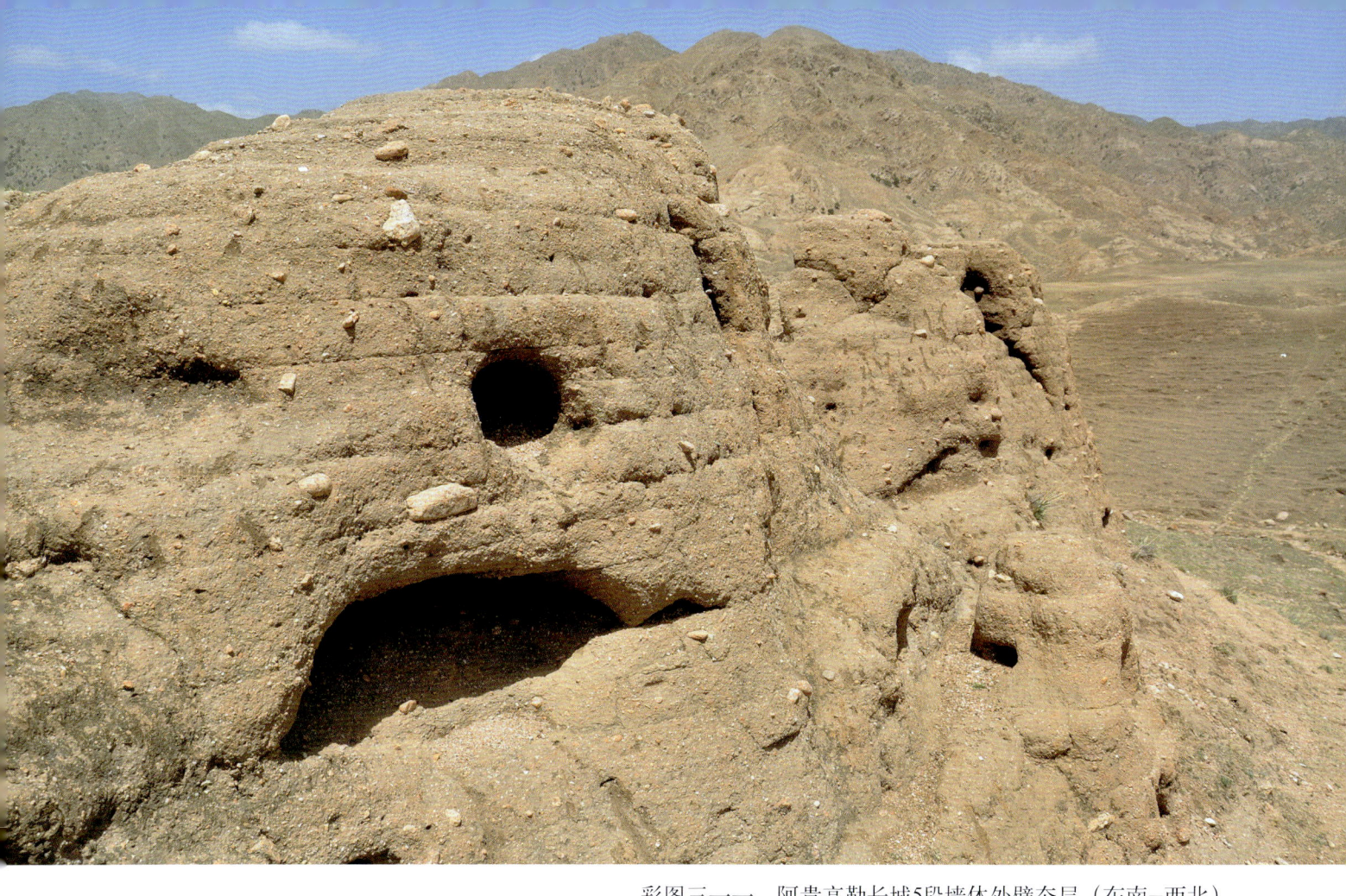

彩图三一一　阿贵高勒长城5段墙体外壁夯层（东南－西北）

彩图三一二　阿贵高勒6号烽燧及内侧地表显现的墙体轮廓线（东南－西北）

彩图三一三　阿贵高勒长城7段（东北－西南）

彩图三一四　小庙长城6段起点墙体夯层（东南－西北）

彩图三一六　小庙长城10段（西—东）

彩图三一七　小庙3号烽燧（南－北）

彩图三一五　小庙1号烽燧（西－东）

彩图三一八　小庙4号烽燧（东－西）

彩图三一九　哈拉罕长城7段、达拉盖沟障城及哈拉罕5号烽燧航片（东北－西南）

彩图三二〇　哈拉罕6号烽燧（北－南）

彩图三二一　哈拉罕7号烽燧（东-西）

彩图三二二　哈拉罕长城9段（南—北）

彩图三二三　哈拉罕8号烽燧（南—北）

彩图三二四　哈拉罕长城15段（东南—西北）

彩图三二五　哈拉罕9号烽燧（西北－东南）

彩图三二六　哈拉罕10号烽燧（东南－西北）

彩图三二七　大坝沟障城（北—南）

彩图三二八　哈拉罕11号烽燧（南—北）

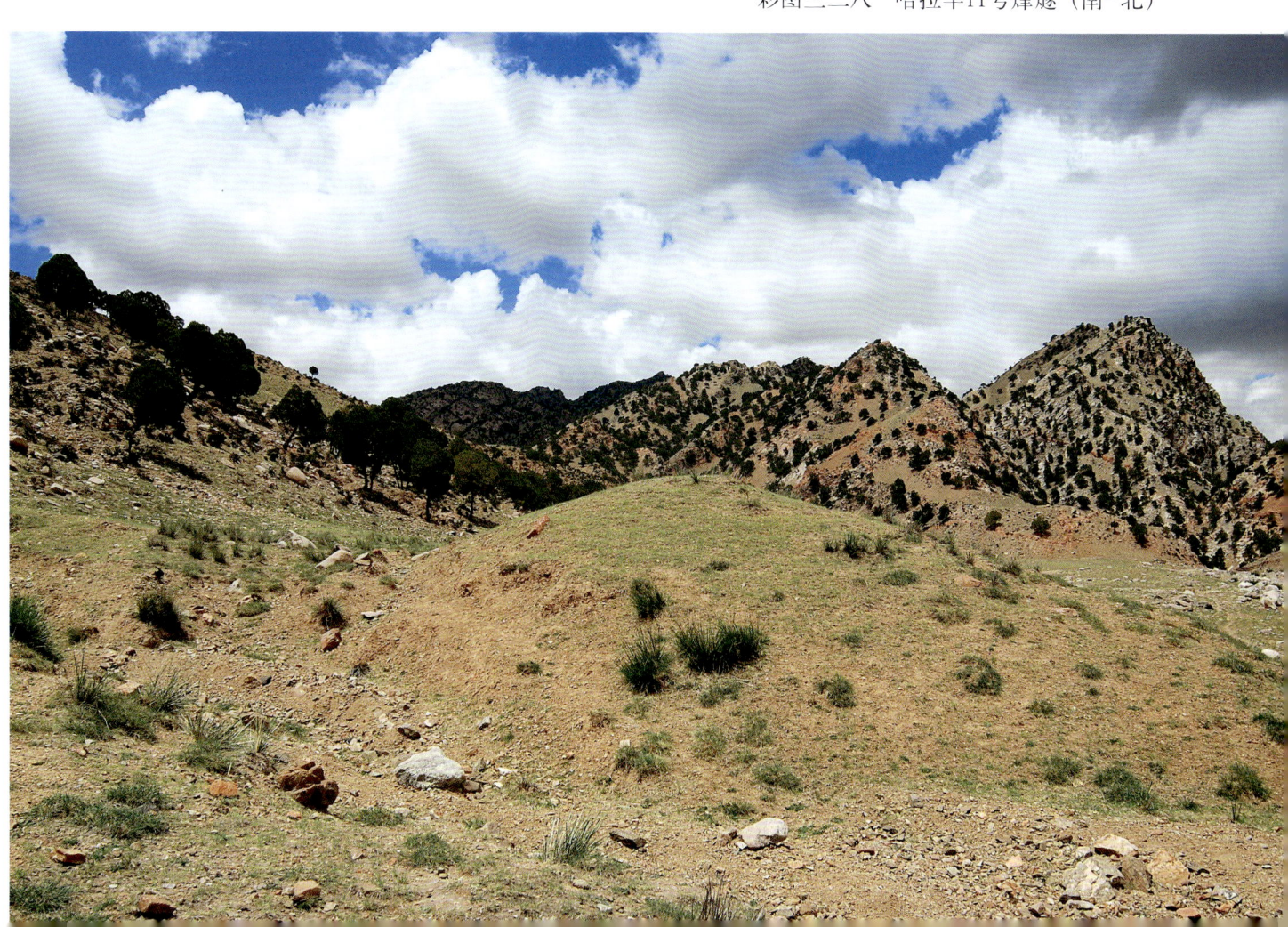

彩图三二九　哈日宝力格障城（北-南）

彩图三三〇　公庙1号烽燧（北-南）

彩图三三一　公庙2号烽燧（北—南）

彩图三三二　公庙3号烽燧（北—南）

彩图三三三　公庙障城（东南-西北）

彩图三三五　公庙4号烽燧及其西侧墙体（东北-西南）

彩图三三六　乌兰布拉格1号烽燧（东南-西北）

彩图三三四　公庙长城11段断续保存的墙体（东-西）

彩图三三七　乌兰布拉格5号烽燧（南-北）

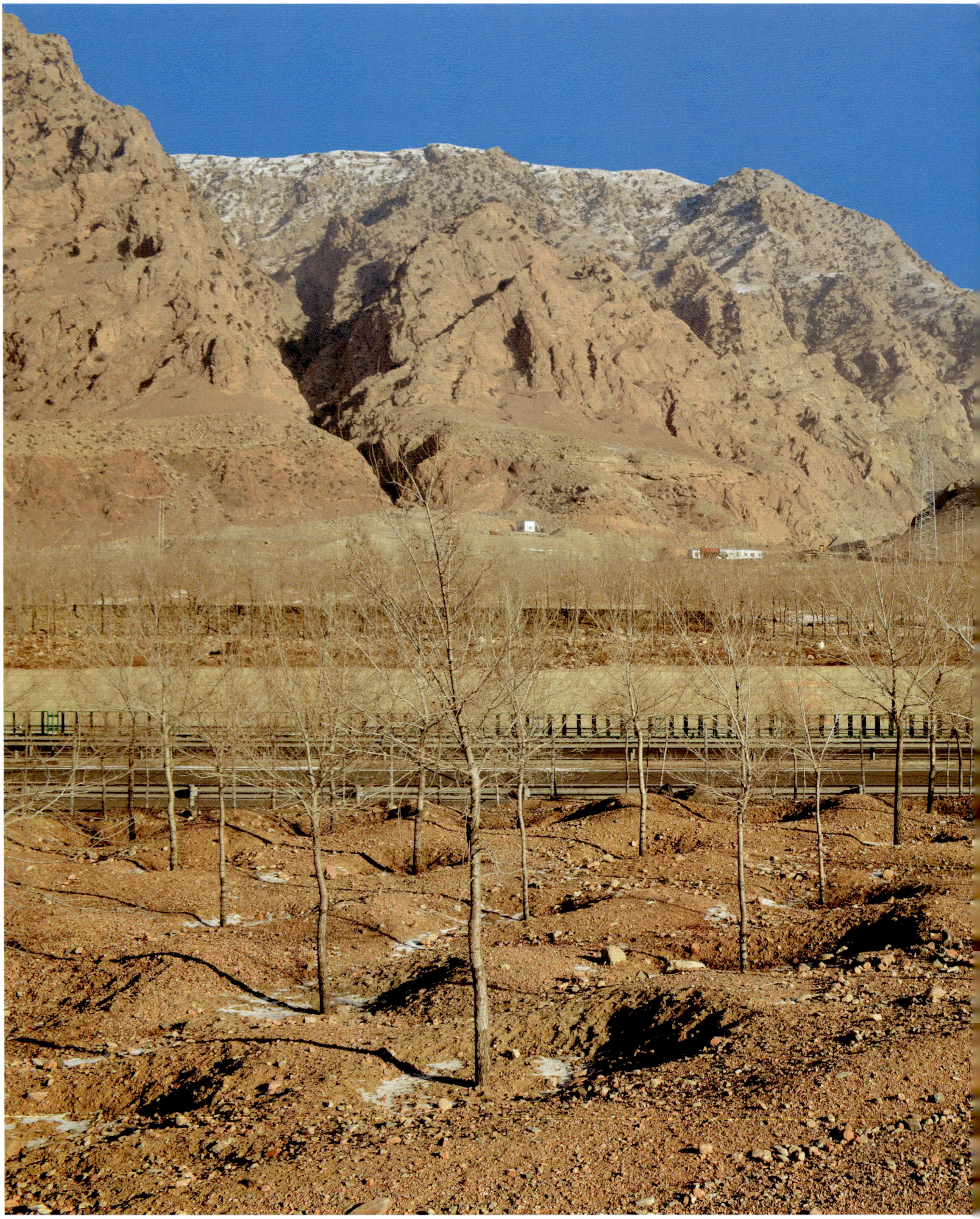

彩图三三八 张连喜店村北侧的大沟口（南-北）

彩图三三九　小庙长城11段山脚下的石墙

彩图三四〇　小庙长城11段中土筑墙体上分段加筑的石墙（西南－东北）